IIDP　北理国际争端预防和解决研究丛书

李寿平◎总主编

"一带一路"

国际商事仲裁指引

付俊伟　主编

Guide to International Commercial Arbitration under

THE BELT AND
ROAD INITIATIVE

社会科学文献出版社

SOCIAL SCIENCES ACADEMIC PRESS (CHINA)

丛书总主编简介

李寿平，教授、博士研究生导师，国际宇航科学院社会科学学部院士，北京理工大学法学院院长、北京理工大学空天政策与法律研究院院长，中国国际法学会常务理事、北京国际法学会会长、中国欧盟法研究会副会长。主要从事国际空间法、国际组织法研究。2009年入选教育部"新世纪人才支持计划"，2011年入选北京市社会科学理论人才"百人工程"。出版《外层空间法专论》《外空活动新发展及其法律规制》等多部著作，在《当代法学》《时代法学》等期刊上发表《美国通用航空产业发展的法治经验及对中国启示》《论武力攻击民航飞机的法律性质及其国际责任》《发展空间太阳能电站的国际法律规制》等文章。

本书主编简介

付俊伟，北京理工大学国际争端预防和解决研究院副院长、法学院副教授、硕士生导师，荷兰蒂尔堡大学民法学博士。主要研究方向为民商法学、仲裁法。于美国圣路易斯华盛顿大学（2008~2009年）、泰国朱拉隆功大学（2013年1月至4月）从事访学研究，2017~2018年挂职北京市房山区人民法院副院长、审委会委员。在《苏州大学学报》（哲学社科版）、《中央党校学报》、《山东社会科学》、《民商法论丛》、《甘肃社会科学》等刊物上发表多篇文章。主持过教育部人文社科青年项目、教育部留学回国人员科研启动基金项目。兼任中国欧洲学会欧洲法律研究会理事、北京市法学会物权法研究会理事、北京市法学会科技学研究会理事、北京市法学会娱乐法研究会理事。

编撰者简介

李华，北京理工大学国际争端预防和解决研究院院长助理、法学院副教授、硕士生导师，韩国首尔国立大学法学院博士，哈佛大学法学院访问学者。主要研究方向为国际投资法、WTO 法、国际贸易法、国际投资仲裁。著有 *Study on the New Foreign Investment Law（Draft）of China*，《试论〈SCM 协定〉下事实上的出口补贴——以美国诉欧盟及其成员国影响民用大型飞机贸易措施案为例》等，在《法学评论》、*Korean Journal of International Economic Law* 等中外法学核心期刊发表论文十余篇，主持或参与国家级、省部级课题六项。

周建华，北京理工大学国际争端预防和解决研究院院长助理、法学院副教授、硕士生导师，法国蒙彼利埃第一大学法学博士，美国哥伦比亚大学法学院访问学者。主要研究方向为纠纷解决、ADR、民事诉讼法。著有《司法调解：合同还是判决？——从中法两国的比较视野出发》，在《法学家》、《当代法学》、*Les Cahiers de droit* 等中外法学核心期刊发表论文二十余篇，主持和参与国家级、省部级课题五项。

蔡颖慧，北京理工大学国际争端预防和解决研究院院长助理、法学院助理教授，美国西北大学与中国政法大学联合培养法学博士，美国西北大学法学院访问学者。主要研究方向为纠纷解决、ADR、民事诉讼法。在《法律适用》《河北法学》等法学核心期刊发表论文十余篇，主持和参与省部级课题四项。

连俊雅，国际法学博士，毕业于武汉大学法学院，师从我国著名国际私法学家黄进教授，现任北京理工大学国际争端预防和解决研究院秘书长、法学院讲师，曾赴瑞士比较法研究所和台湾地区台北大学法律系访学和交流。主要研究方向为国际私法、国际争端预防和解决。著有《中国旅游业非诉纠纷解决机制的完善》《可分割制度在承认和执行外国法院判决中的适用及其启示》《"一带一路"倡议下跨国民商事司法救助合作问题研究》等，在《江西社会科学》《中国国际私法与比较法年刊》《旅游学刊》《河北法学》等中文核心期刊发表论文近十篇，并有两篇论文被《中国社会科学文摘》和人大复印报刊资料《国际法学》全文转载，参与省部级课题五项。

总　序

自 2013 年习近平主席提出共建"丝绸之路经济带"和"21 世纪海上丝绸之路"的重大倡议以来，沿线各国秉持共商、共建、共享的理念，不断推动开放连通、合作共进、互利共赢。我国与"一带一路"倡议参与国间的经贸合作增长迅猛，经贸及投资纠纷、争议、争端也呈现上升趋势。然而，现有国际争端解决机制主要由欧美等西方国家创设并主导，难以满足涉"一带一路"国际争端解决的需求。构建公正、便捷、开放、高效的"一带一路"国际争端预防和解决机制，不仅有利于保证"一带一路"倡议相关项目的有效落地，还有助于提高我国在涉"一带一路"国际争端解决上的话语权。因此，强化对"一带一路"国际争端预防和解决的研究具有重大的学术意义。

2018 年 10 月，北京理工大学与中国国际贸易促进委员会合作共建了北京理工大学国际争端预防和解决研究院（以下简称"北理工国争院"）。北理工国争院致力于建成促进国家"一带一路"建设的国家级法律智库，通过集中法学教育和研究、理论与实践等各类国际化资源，为"一带一路"建设提供高质量智库服务。北理工国争院已培育了一支老中青结合、科研热情高昂的科研队伍，在"一带一路"法律、国别地区、区域合作、争端预防和解决等方面积极开展研究，已形成了一批有深度有分量的学术成果。

北理工国争院打造的此套国际争端预防和解决研究丛书，选取具有影响力的高质量、高层次科研成果进行出版，以期发挥智库功效、服务国家需要，并提供与学界和实务界开展学术交流与合作的渠道。

李寿平

国际宇航科学院院士

北京理工大学法学院院长、教授、博士生导师

序

  中国政府 2013 年倡议的"一带一路"国际合作得到了越来越多国家的积极响应。随着"一带一路"建设的实质性推进,中国作为一个大国在全球经济版图中逐步崛起,中国企业携资金和技术不断"走出去"。然而,"一带一路"建设参与国,尤其是"一带一路"沿线国家,在社会组织形态、政治经济运行状态、法律体系构建方式、宗教文化和民族特征等方面各有不同,其中一些国家政治环境不稳定、经济体系和基础较为单薄、市场诚信意识相对欠缺,这些因素使得中国企业在"走出去"和参与"一带一路"建设过程中难免与投资地国的政府和企业发生争端,尤其是在国际商事领域。在国际经贸、投资、科技合作的争端解决中,仲裁作为主要的国际商事争端解决方式一直是当事人的优先选择。

  国际商事仲裁是由具有公认独立客观地位的第三方对国际商事争议的双方当事人基于协议提交的争议进行审理并作出裁决。仲裁裁决一旦作出,即对双方都具有拘束力。如果一方不予执行,另一方有权向法院或其他执行机构提出申请,要求强制执行。仲裁裁决具有终局性,不允许当事人再向法院起诉。企业在与外国政府或企业签订合同时,若约定采用仲裁解决该合同所引起的或与之相关的任何争端,可选择到第三国进行仲裁。选择在第三国进行仲裁不仅有利于独立公正地审理案件,且该第三国作出的仲裁裁决通常能依据《纽约公约》在全球 150 多个国家(地区)得到承认和执行。鉴于此,如何通过国际商事仲裁有效解决国际商事争端和维护自身的合法权益是企业"走出去"的必修课。然而,目前专门针对中国企业编写的"一带一路"国际商事仲裁实务指南方面的书籍还不多。可喜的是,北京理工大学国际争端预防和解决研究院在此方面作出了重要贡献。

  北京理工大学和中国国际贸易促进委员会为落实中共中央办公厅、国务院办公厅 2018 年 6 月印发的《关于建立"一带一路"国际商事争端解决机制和机构的意见》,强强联合,合作共建了北京理工大学国际争端预防和解决研究院（Institute of International Disputes Prevention and Settlement, IIDPS）。研究院以"一带一路"建设的法律需求为导向，旨在为行业企业提供高水平的风险预防和争端管控方案；为社会培养有关国际争端预防和解决的高层次人才；为相关国际组织和国家提供高质量的智库支持；为学界提供开放的学术交流和国际合作平台。作为研究院服务"一带一路"建设的系列成果之一，本书全面系统地介绍了部分"一带一路"倡议参与国的仲裁机构。本书的绪论部分介绍了仲裁的概念、仲裁的特点、仲裁的历史沿革、国际商事仲裁的特殊性、国际商事仲裁的起源和发展、中国国际商事仲裁以及"一带一路"建设与国际商事仲裁的发展。本书的主体部分选取了40多个国际性和"一带一路"倡议参与国的商事仲裁机构，包括国际商会国际仲裁院、斯德哥尔摩商会仲裁院、香港国际仲裁中心、新加坡国际仲裁中心等。本书就选取的仲裁机构的成立时间、背景、所在地等进行概括性介绍，对仲裁机构的特色和优势进行归纳总结，并结合仲裁机构的最新仲裁规则就仲裁机构的仲裁流程、费用以及其他事项进行全面的介绍。

总体而言，本书内容翔实，涵盖了主要的"一带一路"建设参与国的国际商事仲裁机构，为中国企业参与"一带一路"建设和及时、高效、经济地解决国际商事争端提供了实用性的指引。

张月姣

世界贸易组织上诉机构原主席

解决投资争端国际中心仲裁委员会委员

清华大学教授

目 录

绪 论 …………………………………………………… 1

国际商会国际仲裁院（ICC） ………………………… 13

国际投资争端解决中心（ICSID） …………………… 21

世界知识产权组织（WIPO）仲裁与调解中心 ……… 36

斯德哥尔摩商会仲裁院（SCC） ……………………… 47

伦敦国际仲裁院（LCIA） …………………………… 55

德国仲裁协会（DIS） ………………………………… 64

巴黎国际仲裁院（CAIP） …………………………… 73

意大利米兰仲裁院（CAM） ………………………… 80

瑞士商会仲裁院（SCAI） …………………………… 87

西班牙马德里仲裁院（MCA） ……………………… 97

葡萄牙工商会仲裁中心（CAC） …………………… 104

荷兰仲裁协会（NAI） ……………………………… 114

芬兰商会仲裁院（FAI） …………………………… 120

罗马尼亚工商会国际商事仲裁院（CCIR） ……… 128

波兰商会仲裁院（SAKIG） ………………………… 140

捷克共和国经济商会和捷克共和国农业商会附属仲裁法院（CAC） …… 145

保加利亚工商会（BCCI）仲裁院 ………………… 154

立陶宛维尔纽斯商事仲裁法院（VCCA） ………… 165

美国仲裁协会国际争议解决中心（ICDR） ……… 174

加拿大商事仲裁中心（CCAC） …………………… 184

新西兰争端仲裁裁判所（DTNZ） ·············· 194

澳大利亚国际商事仲裁中心（ACICA） ·············· 200

墨西哥仲裁中心（CAM） ·············· 207

迪拜国际金融中心 – 伦敦国际仲裁院（DIFC – LCIA） ·············· 214

沙特商业仲裁中心（SCCA） ·············· 223

卡塔尔国际调解和仲裁中心（QICCA） ·············· 231

开罗地区国际商事仲裁中心（CRCICA） ·············· 242

毛里求斯国际仲裁中心（MIAC） ·············· 251

中非联合仲裁中心（CAJAC） ·············· 259

南部非洲仲裁基金会（AFSA） ·············· 262

日本商事仲裁协会（JCAA） ·············· 271

俄罗斯联邦工商会国际商事仲裁院（MKAC/ICAC） ·············· 281

新加坡国际仲裁中心（SIAC） ·············· 288

韩国商事仲裁院（KCAB） ·············· 299

印度仲裁与调解协会（IIAM） ·············· 315

印度国际替代性争端解决中心（ICADR） ·············· 324

亚洲国际仲裁中心（AIAC） ·············· 332

哈萨克斯坦国际仲裁中心（KIA） ·············· 340

蒙古国际与国家仲裁中心（MINAC） ·············· 348

越南国际仲裁中心（VIAC） ·············· 355

中国国际经济贸易仲裁委员会（CIETAC） ·············· 364

中国海事仲裁委员会（CMAC） ·············· 374

北京仲裁委员会（BAC） ·············· 383

香港国际仲裁中心（HKIAC） ·············· 392

参考文献 ·············· 404

绪　论

一　仲裁的概念

仲裁（Arbitration）的含义是产生争议的双方当事人通过协议把争议交给具有公认独立客观地位的第三者，由该第三者对争议作出裁决的一种争议解决制度和方式。仲裁活动和法院的审判活动都涉及当事人的实体权益，属于解决民事争议的方式之一。仲裁双方的当事人自愿将其争议提交给由非司法机构的仲裁员组成的仲裁庭进行裁判，并受该裁判约束。

仲裁须满足以下三个要素：

①仲裁是以双方当事人自愿协商为基础的争议解决制度和方式；

②仲裁是由双方当事人自愿选择的中立第三者进行裁判的争议解决制度和方式；

③仲裁的裁决对双方当事人具有约束力。

与调解和诉讼一样，仲裁也是解决争议的一种方式，但仲裁是非经司法诉讼途径即具有法律约束力的争议解决方式。仲裁协议有两种形式：一种是在争议发生之前订立的，它通常作为合同中的一项仲裁条款出现；另一种是在争议发生之后订立的，它是决定把已经发生的争议提交仲裁的协议。这两种形式的仲裁协议的法律效力是相同的。

二　仲裁的特点

1. 自愿性

双方自愿达成仲裁协议是仲裁的前提。仲裁的意思自治是从国际私法中解决法律冲突的意思自治原则发展而来的，其核心是允许当事人选择适用于他们之间法律关系的法律。进入 20 世纪后，由于仲裁制度在各国的普及，加上国际经贸的发展，该原则获得了广泛的运用和进一步的发展，进而允许当事人选择解决具体争议的方法。仲裁程序必须尊重当事人的意思自治，仲裁实质上是解决争议的一种合同制度，当事人同意将他们之间的争议或将来可能发生的争议交给仲裁员或仲裁庭解决。作为一种合同安排，纠纷是否提交仲裁、向哪一仲裁机构提起仲裁、仲裁庭的组成、仲裁的审理方式和审理形式以及仲裁实体法律的选择等都是在当事人自治的基础上，由双方当事人自愿协商确定的。自治原则有利于消除当事人之间及当事人与仲裁者之间的对抗性，有利于促进商事纠纷的解决。所以当事人选择仲裁是其意思自治的充分体现。

2. 便捷性

仲裁具有一裁终局性，仲裁裁决一经仲裁庭作出即发生法律效力，可使当事人之间的纠纷迅速解决，极具便捷性。国际商事仲裁虽然是以当事人的自愿和协议为基础的，但当事人一旦达成仲裁协议，即对当事人产生法律约束力，当事人必须将争议提交仲裁。同时，仲裁员作为裁判者有权无须经当事人同意而作出对双方当事人有约束力的裁决。而且在裁决作出后，一方当事人不履行裁决的，他方当事人可以向法院申请强制执行。仲裁的准司法性保证了仲裁的高效性、便捷性。

3. 专业性

专业性也是民商事仲裁的重要特点之一。民商事仲裁过程中会涉及许多复杂的法律、经济贸易和有关的技术性问题，需要专家学者提供专业权威的审理判断。因此，大多由具有一定专业水平的专家担任仲裁员，这是保证仲裁公正的重要前提。仲裁机构大都提供不同专业的专家组成的仲裁员名册，由当事人进行选择。在国际商事仲裁中，当事人可以自主选择相关领域专家担任仲裁员，从而有利于仲裁案件得到准确和迅速的解决。

4. 保密性

不公开审理是仲裁的原则。仲裁法律和规则也规定了仲裁员及仲裁秘书等人员负有保密义务。我国《仲裁法》第40条规定："仲裁不公开进行。"仲裁委员会秘密审理案件，几乎成为世界各国仲裁机构的习惯做法，否则将会被视作"违背商事性质"而不受欢迎。仲裁多涉及商业信誉，当事人之间发生财产权益纠纷，往往不愿公示于众，为当事人保密便成为仲裁的显著特征。仲裁不公开审理是就纠纷的外部环境而言的，对于当事人的内部分歧，则是通过公开的辩论查清事实，准确适用法律，体现公平公正。

5. 独立性

仲裁机构独立于行政机构以及其他仲裁机构，仲裁机构之间也不具有隶属关系。仲裁庭在仲裁过程中独立进行仲裁，不受任何机关、社会团体和个人的干涉，也不受其他仲裁机构的干涉，这一特点显示了仲裁的独立客观性。在国际民商事交往中，不同国家的当事人都力图将争议提交本国法院依照本国法律解决，因为他们互不相信对方国家法院的公正性。而在国际商事仲裁中，尽管仲裁员或仲裁机构是当事人选定的，但前者并不代表后者，而是居中评判是非，具有中立性。尤其国际上有一些仲裁机构本身不隶属于任何国家，其在仲裁案件时可以中立于当事人所属国之外，不受任何一方当事人所属国司法制度和公共政策的影响。

6. 经济性

仲裁的经济性主要表现在：仲裁的便捷性使得仲裁所需时间成本相对降低；仲裁无须多审级收费，所以一般情况下仲裁费低于诉讼费；仲裁的自愿性和保密性使当事人之间通常没有激烈的对抗，且商业秘密可以得到更好的保护，对当事人之间今后的商业机会影响也较小。

7. 涉外性

随着现代经济的国际化，当事人之间进行国际仲裁也越来越常见。仲裁案件的国际性因素也越来越多。国际仲裁的双方当事人一般都是不同国家的法人或者自然人，只在少数情况下，才是同一国的自然人或者法人。这是国际仲裁同国内仲裁的主要区别，其国际性决定了它比国内仲裁更加灵活，并受国际协议规范。

8. 法律性

仲裁如今更加制度化、法律化，有利于更有效地发挥其解决纠纷的特有优势。法律或国家公权力虽在一定程度上影响仲裁，但未动摇仲裁的根本，并未磨灭仲裁与诉讼的区分。仲裁的民间性和自愿性并不能完全排除仲裁应当遵守当事人选定或者法律规定必须适用的仲裁程序法和民事实体法，不得排除适用强行法。另外，仲裁与诉讼还保持一定的联系，由于仲裁机构无权采取强制性措施，我国仲裁过程中的证据保全、财产保全以及仲裁裁决和调解协议的执行，只能借助法院根据法律依靠国家强制力来执行，这就属于诉讼或法院对仲裁的支持。还有法院以撤销而不是变更仲裁裁决的方式监督仲裁。仲裁的法律化使得仲裁的性质由原初纯粹的民间性和自愿性发展到独立性、自愿性和法律性的融合。

9. 局限性

当然，与诉讼相比，仲裁有一些局限性，主要是缺乏诉讼的强制性、严密性和统一性。比如，仲裁以当事人的自愿和协议为基础，缺少第三人程序，故仲裁员无权强迫那些可以最终对裁决的执行承担全部或部分责任的第三人加入仲裁程序，这影响争议最终有效的解决。

三　仲裁的历史沿革

仲裁最早可以追溯到古希腊和古罗马时代。希腊雅典城邦的执政官德拉古曾把雅典法律写成明文，其中就出现了最早的仲裁内容。到了古罗马共和时代，伴随着商品经济的发展，古罗马共和国制定了著名的十二铜表法。十二铜表法也对仲裁制度作了规定。其后高卢入侵罗马，铜表被毁，但仲裁制度被流传下来，并得到不断发展。到了中世纪时期，生产力进一步提高，商品经济不断发展，临时仲裁制度出现，并且在欧洲得到推广；其制度内容就是当事人约定在争议发生后，由争议双方各自选择一名德高望重、知识渊博或为人公道正派的人担任仲裁人，再由这两名仲裁人共同选定第三人为首席仲裁人，此三人共同组成临时仲裁庭，这是现代仲裁制度的雏形。14 世纪初出现了国际商事仲裁。14 世纪中叶瑞典确认仲裁是解决民商事经济纠纷的有效制度。14 世纪末瑞典地方法典对仲裁制度赋予了法律地位。英国议会于 17 世纪正式承认了仲裁制度，但同时还奉行"法院管辖不容剥夺"的原则，规定法院有权撤销任何排除法院管辖的仲裁协议，仲裁庭对法律问题必须以"特别案由"报法院决定。1892 年英国建立了伦敦仲裁会，但一直到 1979 年英国公布《仲裁法》后才解决仲裁的独立性问题。

资产阶级革命后，商品经济进一步发展，出现了更多更复杂的经济纠纷，仲裁制度在许多国家相继建立。如，1806 年的法国《民事诉讼法典》、1887 年的德国《民事诉讼法典》、1890 年的日本《民事诉讼法》、1925 年的《美利坚合众国统一仲裁法典》、1929 年的瑞典《仲裁法》，以及随后出现的荷兰《民事诉讼法典》、瑞士《国际私法法案》、比利时《司法法典》、韩国《仲裁法》、加拿大《商事仲裁法案》。

与此同时，各国仲裁机构陆续诞生。继英国伦敦仲裁院建立后，1917 年瑞典建立了斯德哥尔摩商会仲裁院，1921 年日本建立了海运集会所，

1926年美国建立了仲裁协会，1931年苏联建立了国家仲裁署。仲裁机构的建立标志着仲裁程序逐渐优化，仲裁员业务素质和仲裁效率不断提高，仲裁制度进入了日臻完善的发展阶段。

四　国际商事仲裁

国际商事仲裁是解决对外经济、贸易、运输和海事中产生的争议、纠纷的一种制度和方式。一般的，双方当事人应订立仲裁协议，如未订立仲裁协议但双方均同意采取仲裁方式解决争议亦可，将争议提交仲裁协议中规定的或双方共同选择的仲裁机构进行仲裁。仲裁裁决一旦作出，即对双方具有拘束力，当事人应自动执行。如果一方不予执行，另一方有权向法院或其他执行机构提出申请，要求强制执行。凡双方当事人订有通过仲裁解决争议的合同条款或协议，则争议发生后，任何一方不得向法院起诉，必须通过仲裁解决。仲裁裁决一般是终局裁决，不允许向法院起诉，但法律另有规定的除外。可以说，国际商事仲裁的特殊性主要表现为以下几点。

1. 国际商事仲裁面临国际层面的竞争

著名的国际商事仲裁机构有伦敦国际仲裁院、斯德哥尔摩商会仲裁院、美国仲裁协会、国际商会国际仲裁院等。另外亚太地区新兴的商事仲裁机构，如香港国际仲裁中心、新加坡国际仲裁中心、韩国商事仲裁院等也都在全球范围内积极地拓展业务，争取案源。可见一个国家的仲裁在世界仲裁界的地位，不仅关涉一个国家的投资贸易法律环境的优化，也关系一个国家的国际竞争力。要想开创中国国际商事仲裁工作的新局面，积极促进中国仲裁活动的产业化发展，获取中国作为国际商事仲裁中心的地位，应当加快推进国际化和本土化兼备的仲裁法律制度完善和仲裁实践发展的进程，其中建立与国际接轨的仲裁法律制度、营造良好的仲裁法律环境是关键。

国际商事仲裁发展的趋势是国际化与本土化的协调统一。仲裁的国际化要求内国实行与国际接轨的仲裁法律制度，适应经济全球化和国际贸易自由化的发展需要。仲裁的本土化需要内国根据其本国法律文化传统，弘扬其仲裁制度中独具内国特色的方面，发挥其自身长处，从而找到仲裁国际化和本土化的结合点，实行国际化和本土化相结合的仲裁法律制度。中国国际仲裁必须坚持以人为本、提供公平公正裁判的理念，适当减轻当事人的费用负担，节约当事人的时间，以及利用仲裁与调解相结合的传统经验，发展仲裁领域的中国特色。积极总结和宣传中国仲裁的特色与优势，促进中国仲裁在国际上的广泛认可和蓬勃发展。

2. 临时仲裁与机构仲裁并存

国际商事仲裁的特殊性还表现在国际商事仲裁领域临时仲裁与机构仲裁并存。从国际商事仲裁的发展历史看，是先有临时仲裁，后有机构仲裁。虽然近现代国际商事仲裁日益呈现机构化的发展趋势，但机构仲裁不会也不可能取代临时仲裁。当前，国际商事争议通过临时仲裁得以解决的多于通过仲裁机构解决的，这是一个值得注意的现象。

中国的仲裁法律目前没有赋予境内临时仲裁以合法的地位。仲裁程序主要适用仲裁程序进行地国家的法律，仲裁法不认可境内临时仲裁，排除了当事人将其国际商事纠纷约定在中国进行临时仲裁的可能性。大量的此类案件不能在中国境内裁判，成为我国国际仲裁发展的一大瓶颈。机构仲裁和临时仲裁不应对立起来，两种制度其实可以互为补充。仲裁机构也可以在临时仲裁中发挥作用。临时仲裁的存在可能会对机构仲裁带来压力和冲击，但是也可以促进仲裁机构注重质量、提高竞争能力。对于临时仲裁的建立和发展，需要以长远的目光审慎地加以考虑。

五　国际商事仲裁的起源与发展

国际商事仲裁的起源之一是中世纪的商人习惯法，它既不是由现代意义上的国家立法机关制定的，也不是法学家们的作品，而是商人们在长期的国际商事交易中发展起来的。中世纪的商人习惯法之所以在当时具有普遍性，是因为从事国际商事交易的商人们无论在英国伦敦，还是在德国科隆或意大利的威尼斯经商，都适用相同的商事惯例。这些惯例形成和发展的一个主要原因是商人们在各主要集市均设立了处理他们之间商事争端的行商法院，这些行商法院具有现代调解或仲裁的性质，而非严格意义上的法院，它们具有常设国际仲裁庭的特点。非职业性的仲裁员被召集在一起，负责在各地解决争端，无论处理争端的法院设在何处，地方惯例有何差别，他们都会明确地适用相同的商业惯例。

19 世纪末，随着商事交易的发展以及仲裁解决争端的普遍适用，仲裁

逐步发展成为解决争端的一项国内法上的制度。进入 20 世纪以来，特别是
二战后，随着科技进步和国际经贸的迅速发展，通过仲裁解决国际商事争
端已得到各国法律的普遍认可。各国间承认与执行在他国作出的仲裁裁决
的国际义务已经固定在 1958 年的《承认及执行外国仲裁裁决公约》（简称
《纽约公约》）中。鉴于一国法院的判决在另一国家申请执行时可能遇到的
种种问题，可以这样认为，国际商事仲裁已成为商人们首选的也最受欢迎
的解决争端的方法。

　　国际商事仲裁经过近两个世纪的发展，尤其是在二战之后，伴随着科
技和经济的发展，建立了一套完整的仲裁体系，成为解决跨国纠纷的有效
手段之一。近年来，国际商事仲裁呈现前所未有的繁荣景象。

六　中国国际商事仲裁的发展

　　仲裁制度作为一种现代的制度，在法律进程中有着久远的历史。民国
政府建立以后先后颁布了《有关商事公断处章程》《商事公断处办事细
则》。1994 年《中华人民共和国仲裁法》（简称《仲裁法》）经历了十多年
的发展进程最终确立，并于 1995 年开始在我国施行，此法的颁布，标志着
我国对仲裁法的专门规定正式成型。《中外合资经营企业法》《中外合资经
营企业法实施条例》《中外合作经营企业法》《民事诉讼法》等相关部门
法都对仲裁协议进行了详细的规定。《仲裁法》颁布之后，我国的行政仲
裁的体制从根本上得到了改变，但是在仲裁协议的规范上并没有实质性的
变化。

　　中国内地有两个涉外仲裁机构：中国国际经济贸易仲裁委员会和中国
海事仲裁委员会。中国国际经济贸易仲裁委员会受理中外当事人之间、外
国当事人之间的商事纠纷。自 1999 年以来，中国国际经济贸易仲裁委员会
每年受理案件 200 件以上，已成为主要的国际商事仲裁机构之一。中国海
事仲裁委员会是中国唯一受理涉外海事纠纷的常设机构。另外中国香港设
有香港国际仲裁中心，该中心受理国际商事争议和香港特别行政区内的争
议案件。

　　1986 年六届全国人大常委会第十八次会议通过决议，中国正式加入
1958 年联合国主持制定的《承认及执行外国仲裁裁决公约》，同时作出两
项保留，使中国仲裁制度和国际仲裁制度有机地结合在一起。中国国际经

济贸易仲裁委员会和中国海事仲裁委员会都有自己的仲裁规则,当事人也可以选择采用联合国国际贸易法仲裁委员会仲裁规则。香港国际仲裁中心受理国际商事争议适用联合国国际贸易法仲裁委员会仲裁规则,受理香港特别行政区内的争议案件适用自己的仲裁规则。根据国务院办公厅1996年发布的相关文件,各地组建的民商事仲裁委员会可以凭当事人协议受理国际商事争议案件。

在经济全球化和贸易自由化的今天,中国作为WTO的成员国,国际商事纠纷解决的工作与日俱增。在充满激烈竞争的环境下,越来越需要快速经济地为商事主体解决纠纷,而仲裁与调解相结合的方式,正提供了这样一个既有法律严肃性又能充分体现当事人双方意愿的友好环境,因此,必然会发挥越来越重要的作用,体现越来越强大的生命力。

七 国际商事仲裁的发展现状

随着世界经济一体化进程的加快,国际交流及经济活动日趋频繁,跨国纠纷也逐渐增多。国际商事仲裁作为解决跨国纠纷的有效手段之一发展迅速。当今世界上几乎各个国家和地区都建立了仲裁制度和仲裁机构,不仅建立了国内仲裁机构,而且建立了涉外仲裁机构,其中比较著名的有英国伦敦国际仲裁院、瑞士商会仲裁院、瑞典斯德哥尔摩商会仲裁院、国际商会国际仲裁院、美国仲裁协会、日本商事仲裁协会、国际投资争端解决中心、新加坡国际仲裁中心、中国国际经济贸易仲裁委员会、中国海事仲裁委员会、香港国际仲裁中心等。并且出现了国际性的仲裁立法,比如《承认及执行外国仲裁裁决公约》《关于解决各国和其他国家的国民之间投资争端的公约》等。

1. 国际商事仲裁发展迅速

以中国为例,《中国国际商事仲裁年度报告(2017)》的数据显示,2017年中国253家仲裁委员会共受理案件239360件,比2016年增加30815件,同比增长近15%,房地产类和金融类案件数量居前两位。在涉外仲裁案件方面,2017年中国国际经济贸易仲裁委员会受理的案件涉案总标的额达人民币718.88亿元,同比增长22.5%;平均个案标的额高达人民币3128.29万元,创历史新高。

作为中国受理涉外案件的主要仲裁机构,中国国际经济贸易仲裁委员会公布了《国际投资争端仲裁员名册》的相关情况，在 79 名投资仲裁员中，外籍仲裁员的占比达到 2/3。其中，为服务"一带一路"建设，聘任了来自 12 个"一带一路"沿线国家的仲裁员 15 人。

2. 仲裁机构由欧洲转向亚太地区

以前国际商事仲裁机构大多数设在欧洲。如国际商会国际仲裁院总部在巴黎，斯德哥尔摩商会仲裁院总部在瑞典，伦敦国际仲裁院总部在伦敦，世界知识产权组织仲裁与调解中心总部设在瑞士日内瓦。随着亚太地区经济的迅速发展，亚太地区国际商事仲裁也异常活跃。世界主要国际商事仲裁机构都在亚太地区设立了办公室。亚太地区各国家和地区先后设立了自己的国际商事仲裁机构，如新西兰争端仲裁裁判所，澳大利亚国际商事仲裁中心，中国国际经济贸易仲裁委员会、香港国际仲裁中心，日本商事仲裁协会等。有些国际商事仲裁机构已成为世界主要国际商事仲裁机构之一，如中国国际经济贸易仲裁委员会。国际商会国际仲裁院在 1983 年时亚太地区的当事人仅占 3.2%，到 2000 年则上升为 15.1%，如果包含澳大利亚在内则达到 16%。

3. 国际仲裁法趋向于统一实体立法

世界各国大都制定了本国的仲裁法，采取分布式立法方式确立了现代国际商事仲裁制度。为更好地协调本国的仲裁法，国际社会共同制定了若干区域性和全球性国际公约，通过统一实体法立法加强国际商事仲裁的公正性和便捷性。按照 2002 年 6 月 21 日联合国国际贸易法委员会第 35 次会议通过的《国际商事调解示范法》的有关规定，不同国家的当事人之间的商事纠纷可以提请调解人予以调解，达成一致协议，该协议对当事人有效而且可申请执行机构强制执行。《国际商事调解示范法》又被称为"准国际仲裁法"。

4. 法律选择由大陆法系向英美法系转变

过去国际仲裁的法律选择以大陆法系为主。司法诉讼制度中法律选择和适用依法院地确定已经成为现代国际私法中的共识和普遍性原则。但是，当事人选择通过仲裁来解决国际商事争议时，不仅可以选择仲裁程序法和仲裁规则，而且可以选择实体法，甚至可以选择第三国法律。现代国际商事仲裁的法律选择和适用由传统大陆法系向英美法系转变，呈现多元化法律选择和适用发展趋势。以国际商会国际仲裁院为例，2000 年的报告表明选择英美法系最普遍，其次是大陆法系；相比以前，中东国家的法律选择和适用增长较快,而东南亚国家的法律选择和适用有所下降。

八 "一带一路"与国际商事仲裁的发展

中国已经成为国际货物贸易第一大国,与"一带一路"沿线国家的货物贸易量不断攀升,占中国与世界各国贸易总量的1/10以上。中国企业在"一带一路"沿线国家的海外直接投资已经达到上百亿美元,随着中国成为资本净输出国,这一数据仍然在不断上升。在国际经济贸易与投资领域,中国企业已有的竞争力和参与国际经济贸易与投资的愿望与行动,都会促进"一带一路"建设的充分实施。

在"一带一路"建设中,中国仲裁发展的机遇与挑战并存。一方面,"一带一路"建设带来的是中国企业"走出去"的巨大机遇,同时带来了商事争议解决的广阔市场。利用商事仲裁这一国际领域广受欢迎的争议解决机制,可以帮助中国企业又好又快地"走出去"。另一方面,企业"走出去"面临国际商事交往中的种种法律风险。如何抓住"一带一路"建设的机遇,同时提高风险处理和防范的能力是我国国际仲裁当下应该重点关注的问题。"一带一路"建设中商事争议的专业性、法律关系的复杂性以及可能存在的投资保护,使得仲裁这种争议解决方式成了中国企业"走出去"后的首要考虑。要充分发挥仲裁制度优势,仲裁地的选择、仲裁机构所在国(地区)的法律框架、承认和执行仲裁裁决国的司法环境等重要因素必须纳入考量。伴随越来越频繁的商事交往而来的商事争议也呈现多样化的态势。

1. "一带一路"建设中的仲裁问题

(1)涉及的行业领域广阔。"一带一路"建设涉及道路航运、基础设施建设、产业链分布、能源建设、商贸与文化旅游产业及信息产业等诸多领域。相比传统产业,"一带一路"建设相关产业专业性强、科技含量高,为此,争议解决相关从业人员除了须具备专业的法律知识外,还须具备行业专业知识,这要求仲裁员不断提高自己的专业素养。

(2)面临的法律争议复杂。在国际竞争中,跨国公司之间的交往及由此带来的争议将会不断增多,"一带一路"共建国家众多,所涉争议的法律适用涵盖了大陆法系、英美法系,甚至以宗教教义为基本内涵的伊斯兰法系;在法律渊源上,成文法、判例法及宗教法相互交织,这些都会导致争议法律关系愈加复杂，解决难度愈发加大。任何贸易与投资都伴随着风险，特别是在投资环境和贸易环境不是很理想的地区。"一带一路"沿线国家具有多元化、发展水平差异大等特点，大多为基础设施不够完善、法律制度不够健全的国家，特别是在投资环境方面，这些区域还是存在诸如政策不稳定、可能的内乱、法律不断变化等较大的现实问题与各种风险。

（3）政府和企业之间关系处理的难点。中国的企业在参与国际商事活动时，往往会和当地政府打交道，也出现了因商事争议与东道国政府产生纠纷的情况。如何规避东道国利用豁免以及公权力等政策因素给中国企业投资利益带来的不确定的风险，必须在"一带一路"建设的仲裁发展完善中予以重视。

2. "一带一路"建设中仲裁发展的展望

自《中华人民共和国仲裁法》颁布以来，中国仲裁制度发展迅速。但是中国的仲裁理念过于陈旧，与新时代"一带一路"背景下国际贸易的发展产生了一定程度上的不适应。在以中国企业为代表的跨国企业选择仲裁产品与服务时，在提高中国仲裁机构处理跨国纠纷、投资纠纷的品牌优势，以及打造仲裁友好型的中国国际争议解决中心方面，我们还有很长的路要走。在"一带一路"背景下，要不断提升中国国际商事仲裁在全世界的核心竞争力，需要从以下几个方面思考仲裁的发展。

（1）建立一个与现行国内民商事仲裁相对独立、并行的国际商事仲裁制度

我国现行《仲裁法》适用于解决国内仲裁，对于国际商事仲裁没有很好的适用性。仲裁员选聘制度、仲裁协议有效性认定、仲裁机构性质规定等过于死板，不适合自治性要求更高的国际商事仲裁，对于当事人的自由选择作出了较大的限制，影响了国际仲裁效能的发挥。我国仲裁法律的制定，应在现有国内仲裁法的基础上，将联合国《国际商事调解示范法》的先进仲裁理念，融入我国国际商事仲裁立法之中，与国内法并存且相互独立，以与世界先进仲裁制度接轨，保持我国国际商事仲裁的先进性。

（2）扩大适用当事人意思自治原则

国际商事仲裁立法在世界范围内广泛认可了国际私法领域中的当事人意思自治原则，当事人自行选择解决争议的实体法是最充分的体现，当事人意思自治原则已具备了仲裁庭审理国际商事案件的首选法律依据的特质。世界各国的国际私法、仲裁法或者诉讼法，一般都体现了当事人的意

思自治。以往的当事人明确表示选择仲裁程序规则的案例很少，而当前，当事人意思自治原则已经扩展适用于选择争议解决的方式、确定仲裁地点和机构、合议仲裁事项、选择仲裁员或者委托选定仲裁员、确定仲裁中使用的语言、协商确定仲裁的审理方式、对于和解或者调解问题有无异议、同不同意作出部分裁决、是否在裁决书上写明争议的事实及裁决理由等方面。当事人意思自治并不限于法律选择问题，但是必须在保证仲裁公正、有效且不违背公共秩序的前提下，适用当事人意思自治原则。

（3）发展互联网时代的新型仲裁

随着互联网技术的不断发展，我国电子商务也在"一带一路"建设的大潮中走向了国际化。电子商务纠纷越来越多，为有效地解决网上争议及纠纷，互联网仲裁应运而生。中国国际经济贸易仲裁委员会在国际上率先采用互联网仲裁的方式，走在了互联网仲裁的前列，为网络上的一些争议提供了更为简单有效、节省时间的解决方式。中国国际经济贸易仲裁委员会积累了很多互联网仲裁的经验，为中国的互联网仲裁发展发挥了重要作用。中国国际商会充分利用网上解决域名争议的经验，尽量满足当事人以快捷方式解决电子商务纠纷的需求，在构建"一带一路"和谐友好、共商共建的营商环境中，也不断提高我国仲裁与科技的结合程度。

（4）逐步提高司法机关对仲裁制度的支持和协助

在当前国内司法环境下，虽然各项法律及司法解释均鼓励仲裁制度的发展，但实践中司法机关对仲裁的支持还有较大的提升空间。在中国，仲裁裁决作出后仍然面临着不同地域、不同层级的司法审查。各级法院对仲裁审查的标准尺度不一，导致仲裁裁决的实际效力处于不确定的状态。这种不确定的状态将大大削弱仲裁当事人对我国仲裁的信任，还会造成极大的司法资源浪费，影响各国商事主体对中国仲裁的选择。在"一带一路"建设的新时期，中国企业要"走出去"，中国的仲裁也要完善自身，提高公信力，加快"走出去"步伐。这需要司法机关在实务中对仲裁提供进一步的支持和协助。

◇ 国际商会国际仲裁院（ICC）

一 机构介绍

国际商会国际仲裁院（International Chamber of Commerce International Court of Arbitration，简称 ICC），网址：www.iccwbo.org/court。

国际商会（International Chamber of Commerce）是在 1919 年由比利时、法国、意大利和美国工业界领导人发起建立的世界各国工商业者的国际团体，旨在通过各国工商业者的民间交往，促进国际经济合作与发展。总部设在巴黎的国际商会长期致力于国际商业纠纷的处理，成为该领域处在世界领先地位的机构。目前，国际商会的会员已扩展到 100 多个，由数万个具有国际影响的商业组织和企业组成，已在 59 个国家成立了国家委员会或理事会，组织和协调国家范围内的商业活动。国际商会早在 1923 年便设立了自己的仲裁机构——国际商会仲裁院，于 1989 年更名为国际商会国际仲裁院（通常仍称为"国际商会仲裁院"，以下简称为"仲裁院"）。从创立至今，国际商会仲裁院已办理了涉及全球 170 多个国家和地区的当事人之间的 13000 多个案件，成为当今世界上处理国际仲裁案件最多的机构。

国际商会仲裁院设在巴黎，但它同时管理着在很多国家进行的国际仲裁，因此它是一家无可争议的最重要、最活跃、最国际化的国际仲裁机构。国际商会仲裁院的纠纷处理机制主要针对的是在国际领域产生的商业纠纷。

国际商会仲裁院由一名主席和若干名副主席及成员组成。仲裁院的日常工作是由设在国际商会巴黎总部的仲裁院秘书处承办。该秘书处为国际商会仲裁院办理的所有案件提供密切的跟踪服务，并能利用 20 多种不同语言提供服务和信息帮助。该秘书处设有若干个案件工作小组（team），每个案件工作小组在一名顾问（counsel）的领导下工作。每一个案件由一个案件工作小组具体负责跟踪服务。

二　仲裁特色

（一）拟定审理条款

仲裁庭在进入实体审理之前必须先拟定一份名为"审理条款"（Terms of Reference，也有人翻译为"审理事项"）的文件。这也是国际商会仲裁程序中比较独特的一种做法。国际商会仲裁规则中对审理条款这一文件的内容作了规定，主要包括当事人和仲裁员的名称及基本状况的说明、仲裁地点、当事人索赔事实和理由的概括归纳以及对应适用的仲裁程序规则的说明。审理条款一般还应列举本案争议的和需裁决的焦点问题（但对某些案件仲裁庭认为没有必要时也可不予列举）。仲裁庭在起草审理条款的过程中，同时会拟定一份初步的审理日程表（a provisional timetable）。当事人各方可以对仲裁庭起草的审理条款及初步审理日程表提出自己的建议和补充意见。审理条款由各方当事人和仲裁员共同签署后开始生效执行；如果某一方当事人拒绝签署，则该审理条款须提交仲裁庭批准后生效执行。仲裁庭必须在秘书处将案卷材料移交给它之后的两个月内，向仲裁院提交经过各方签署的审理条款。

（二）核阅仲裁裁决书

仲裁院的一项重要职能便是对仲裁裁决书进行核阅（scrutiny）。与其他一些仲裁机构的规则有所不同的是，国际商会的仲裁规则特别规定，仲裁庭在签署裁决前，应将其草稿提交仲裁院。仲裁院可提出对裁决形式的修改意见。在不影响仲裁庭对案件实体问题作出决定的情况下，仲裁院也可提请仲裁庭对实体问题注意。在仲裁院对裁决书的形式作出批准之前，仲裁庭不得签发裁决书。裁决书的核阅是国际商会仲裁院仲裁中确保裁决质量的一项重要环节，有利于降低裁决被国内法院撤销或不予执行的可能性。由于仲裁裁决是终局的，不允许当事人上诉，所以裁决书的核阅无疑也为当事人增添了一项保护措施。这一独特的质量控制机制有利于确保国际商会仲裁院仲裁的可靠性。

三　仲裁流程

（一）仲裁申请

申请人提起仲裁时需要向位于巴黎的仲裁院秘书处递交其仲裁申请书（Request for Arbitration）。该仲裁申请书的格式无专门要求和规定，但其主要内容应该包括：（1）各方当事人的名称、地址、身份状况；（2）提出索赔争议的性质和产生经过；（3）请求救济的方式，并尽可能说明索赔金额；（4）有关协议，尤其是仲裁协议；（5）按照《国际商会仲裁规则》对仲裁员人数、产生方式和人选要求作出说明；（6）对仲裁地点、适用的法律和仲裁使用的语言提出要求或作出说明。

（二）预付管理费

申请人在递交仲裁申请的同时，应支付一笔预付管理费（advance payment on administrative expenses）。这笔费用是不予返还的，但可抵作申请人预付仲裁费的一部分。在审核了申请人的申请文件后，秘书长通常要求申请人再预付一笔在签署仲裁审理条款这一文件之前所需的预付仲裁费。该笔费用也将抵作此后仲裁院要求双方预付仲裁费中申请人应付份额中的一部分。预付仲裁费总额由仲裁院确定后，仲裁院将通知申请人和被申请人按平均比例各自支付（但在某些情况下，仲裁院也会根据仲裁请求的索赔金额和反请求的索赔金额分别确定双方应支付的份额）。这一点与其他一些仲裁机构的做法不同。

（三）仲裁答辩与反请求

被申请人应当在收到秘书处转来的申请书之日起30日内提交答辩书，其中包括以下内容：（1）被申请人名称全称、基本情况、地址和其他联系信息；（2）在仲裁中代表被申请人的任何人士的名称全称、地址和其他联系信息；（3）对于请求仲裁的争议的性质、情况以及请求依据的意见；（4）对于所请求的救济的答复；（5）基于申请人的建议，对于仲裁员人数、仲裁员选择方式，以及提名的仲裁员人选的任何意见或建议；（6）关于仲裁地、适用的法律规则和仲裁语言的任何意见或建议。

被申请人的任何反请求应当与答辩书一起提交，并载明以下内容：

（1）引起反请求的争议的性质及情况，以及提出反请求的依据；（2）所请求的救济，连同任何已量化的反请求的数额，以及对任何其他反请求可能得出的金额估值；（3）任何有关协议，特别是仲裁协议；（4）如果反请求是按照多项仲裁协议提出的，应写明每项反请求所依据的仲裁协议。被申请人可以在提交反请求时，一并提交其认为适宜的或可能有助于有效解决争议的其他文件或信息。

（四）仲裁庭的组成

争议由 1 名独任仲裁员或由 3 名仲裁员裁决。当事人没有约定仲裁员人数的，仲裁院应任命 1 名独任仲裁员，除非仲裁院认为案件争议需要指定 3 名仲裁员。在后一种情况下，申请人应在收到仲裁院上述决定的通知之日起 15 日内提名 1 名仲裁员，被申请人应在收到申请人提名仲裁员的通知之日起 15 日内提名另一名仲裁员。当事人未提名仲裁员的，由仲裁院任命。

如果当事人约定由 1 名独任仲裁员解决争议，他们可以协议提名独任仲裁员供仲裁院确认。如果在申请人的仲裁申请书被对方当事人收到之日起 30 日内，或在秘书处许可的延长期内，双方当事人未能提名 1 名独任仲裁员，则仲裁院将任命 1 名独任仲裁员处理案件。

如果当事人约定由 3 人仲裁庭解决争议，每一方当事人均应各自在其申请书或答辩书中提名 1 名仲裁员以供确认。当事人未提名仲裁员的，由仲裁院任命。如果争议由 3 人仲裁庭审理，担任首席仲裁员的第 3 名仲裁员由仲裁院任命，除非当事人约定另一种任命程序；通过当事人约定程序选定的第 3 名仲裁员由仲裁院确认。在前两名仲裁员得到确认或指定后 30 日内按照当事人约定程序未能提名第 3 名仲裁员的，或在当事人约定或仲裁院确定的任何其他期限内未能提名第 3 名仲裁员的，第 3 名仲裁员由仲裁院任命。

如果存在多方申请人或多方被申请人，且争议由 3 人仲裁庭审理，则应由多方申请人共同提名 1 名仲裁员，由多方被申请人共同提名 1 名仲裁员。如果追加仲裁当事人，且争议由 3 人仲裁庭审理，追加当事人可与申请人或被申请人一起提名仲裁员。如果多方申请人与多方被申请人不能共同提名仲裁员，且各当事人之间不能就仲裁庭的组成方式达成一致意见，则由仲裁院任命仲裁庭全部成员并指定其中一人担任首席仲裁员。在这种情况下，仲裁院可以自主选择其认为适当的任何人担任仲裁员。

（五）仲裁地点

仲裁地由仲裁院确定，但当事人另有约定者除外；经与各当事人协商，仲裁庭可在其认为适当的任何地点开庭和举行会议，但当事人另有约定者除外；仲裁庭可以在其认为适当的任何地点进行合议。

（六）仲裁语言

当事人没有约定仲裁语言的，仲裁庭应当在适当考虑包括合同所用语言在内的所有情况后决定使用一种或数种语言进行仲裁。

（七）仲裁期限

仲裁庭必须作出终局裁决的期限为六个月。该期限自仲裁庭成员在审理条款文件上最后一个签名之日或者当事人在审理条款文件上最后一个签名之日起算，或者，在第23条第（3）款的情况下，自秘书处通知仲裁庭仲裁院已批准审理条款文件之日起算。仲裁院可基于按第24条第（2）款制定的审理日程表，另行确定一个不同的期限。

仲裁院可依仲裁庭的合理请求延长该期限，或在其认为必要时自行决定延长该期限。

（八）仲裁裁决

仲裁庭由数名仲裁员组成的，应根据多数意见作出裁决。如果不能形成多数意见，裁决将由首席仲裁员独自作出。裁决应说明其所依据的理由。裁决应视为在仲裁地于裁决书中载明的日期作出。

四　仲裁费用

（一）费用预付金

1. 请求按照《国际商会仲裁规则》开始仲裁必须同时交付申请费5000美元。该费用概不退还，但将充抵申请人应付的费用预付金。

2. 秘书长根据《国际商会仲裁规则》确定的临时预付金数额一般不超过国际商会行政费用、按照请求金额确定的仲裁员最低报酬以及预计仲裁庭拟定审理条款文件或举办案件管理会议的花费的可报销开支数额的总和。如果请求没有具体数额,将由秘书长自主决定临时预付金数额。申请人交付的临时预付金将充抵仲裁院规定的应由其承担的费用预付金。

3. 一般说来,仲裁庭将只对已经足额交付了应付费用预付金的仲裁请求或反请求进行审理。

4. 仲裁院根据《国际商会仲裁规则》第 37 条第 (2) 款或第 37 条第 (4) 款确定的费用预付金由仲裁员报酬、仲裁员的仲裁开支和国际商会行政费用组成。

5. 当事人应当以现金全额支付其费用份额。但是,如果某当事人的费用预付金份额超出 500000 美元 ("限额"),该当事人可通过银行担保支付该超出限额的部分。仲裁院可在任何时间自行决定修改该限额。

6. 仲裁院可以授权当事人在满足仲裁院认为适当的任何条件 (包括支付一笔额外的国际商会管理费) 的前提下,分期支付费用预付金或任何当事人的费用预付金份额。

(二) 详细的仲裁费用

仲裁员可以就费用作出决定,但仲裁院规定的费用除外,并在仲裁期间的任何时候下令支付费用。在这样做时,仲裁员可以考虑他们认为适当的情况,包括当事人在整个仲裁过程中的行为。

仲裁费用包括仲裁员的费用和仲裁院根据现行费用表确定的国际商会行政费用、仲裁庭任命的任何专家的费用和开支、当事人为仲裁所支付的合理的法律费用和其他费用。

一旦仲裁员的费用和国际商会的行政费用在仲裁程序结束时由仲裁院确定了,仲裁庭就确定仲裁中的仲裁费用,并决定当事人应当承担哪些仲裁费用或者他们以何种比例承担仲裁费用。仲裁费用应由当事人双方承担。

如果仲裁在到达最终裁决阶段之前终止,仲裁院将确定仲裁员的费用和开支以及国际商会的行政费用。如果当事人未就仲裁费用的分配或其他有关费用的相关问题达成一致,则此类事项应由仲裁庭决定。如果仲裁庭在仲裁撤回时尚未成立,任何一方都可以要求仲裁院着手仲裁庭的组成,以便它可以就费用作出决定。

(1) 仲裁员费用

仲裁员的费用由仲裁院管理,并根据相关比例确定。仲裁院将考虑程序是否加快、仲裁员的勤奋程度、花费的时间、仲裁的速度和争议的复杂性。根据争议金额及相关比例可以确定一名仲裁员的费用最低和最高限额。

费用乘以仲裁员的数量。在特殊情况下，仲裁院可以将仲裁员的费用确定为高于或低于适用相关比例表所产生的数字。如果未说明争议金额，法院将自行决定仲裁员的费用。

支付给仲裁员的费用不包括任何可能的增值税或其他适用于仲裁员费用的税费或费用。缔约方有义务支付任何此类税费。但是，任何此类费用或税收的追回仅仅是仲裁员与当事人之间的事情。

仲裁员的费用或支出也由仲裁院管理，包括旅行费、住宿费、膳食费、快递费和听证设施费等费用。

（2）ICC 行政费用

"ICC 行政费用"是指 ICC 管理案件的费用。仲裁申请附带的 5000 美元付款是管理费用的预付款，不予退还。

仲裁院根据一定比例确定行政费用，或者，如果未说明争议金额，则由其自行决定。仲裁院可以将管理费用确定为低于或高于根据一定比例所产生的数额。规定费用不得超过最高金额（即 150000 美元）。

国际商会的任何行政费用可能会按现行税率交纳增值税或类似性质的费用。

（3）专家的费用和开支

在仲裁庭下令寻求专业知识的情况下，仲裁庭确定专家的费用和开支，并负责管理和支付各方的费用和开支。仲裁院确定的费用预付款不包括专家的费用，尽管秘书处可以将账户作为对仲裁庭的服务进行管理。

（4）法律费用

当事人为仲裁所支付的合理的法律费用和其他费用不包括在国际商会要求的费用预付款中。它们包含在仲裁庭裁决的仲裁费用中。

（5）成本预付

国际商会的成本预付制度旨在确保仲裁机构在仲裁员和机构的相关费用和开支得到满足后立即进行仲裁。

预付款款项如下：

①行政费用预付款（申请费），申请人应在仲裁请求中支付第一笔 5000 美元的行政费用。该费用不可退还。

②临时预付款，在对请求进行审查之后，秘书长通常要求申请人支付

临时预付款，以用于支付仲裁费用，直至制定审理条款为止。通常，此预付款不得超过以下各项相加所得的金额：产生的行政费用；仲裁员费用的最低限额；在适用快速程序规定时，仲裁庭在编制审理条款或召开案件管理会议时产生的预期可报销费用。

这些计算仅基于申请人的索赔。目前的做法表明，临时预付款通常为整个仲裁计算的预付款的 25% ~ 35%。

③成本预付款。在切实可行的情况下，仲裁院考虑到所有索赔和反索赔，确定申请人和被申请人以平等份额支付费用预付款（已经支付的临时预付款金额，包括最初的 5000 美元，归为申请人的份额）。

在某些情况下，仲裁院可以就申请和反诉单独确定预付款。仲裁院确定的预付款是针对整个仲裁计算的，可以在程序的任何阶段进行修改。

如果申请人或被申请人支付了其在费用预付款中的份额，而另一方拒绝支付，则前者将被邀请代表后者付款。

五 其他事项

平均而言，建筑和工程纠纷占所有 ICC 仲裁案件的近 1/4，而金融和保险案件则占 20%。

作为世界领先的仲裁机构，ICC 擅长处理复杂案件，包括高价值、多方和多合同纠纷。向 ICC 提交的所有案件中约有一半涉及三方或多方。

2017 年推出的加急程序使低价值案件的处理速度更快、成本更低。

ICC 仲裁是一种中立且全球可信赖的方式，可以在包括中国在内的几乎所有 "一带一路" 沿线国家有效解决争议。

国际商会仲裁院的代表处足迹遍布全球 100 多个国家和地区，其中许多都位于 "一带一路" 沿线，预计将受益于 "一带一路" 倡议所带来的贸易和活动的增加。正是这种本地和区域专业知识使 ICC 与寻求解决 "一带一路" 建设过程中产生的纠纷的其他争议解决机构区别开来。ICC 在世界范围内举办的活动和培训也为沿着 "一带一路" 航线的争议解决专业人员和用户带来了 ICC 的经验和见解。

◇ 国际投资争端解决中心（ICSID）

一　机构介绍

（一）简介

国际投资争端解决中心（International Centre for Settlement of Investment Disputes，简称 ICSID），网址为 https://icsid. worldbank. org/en/。

国际投资争端解决中心是依据《解决国家与他国国民之间投资争端公约》（又称《华盛顿公约》或《ICSID 公约》）而建立的自治国际机构，现有 163 个成员。该公约提出了国际投资争端解决中心的任务、组织和核心功能，该中心的主要目的是为调解和仲裁国际投资争端提供便利。

《华盛顿公约》于 1965 年 3 月 18 日签署，于 1966 年 10 月 14 日生效。公约旨在消除由非商业风险和缺乏应对解决投资争端的专业国际方法引起的主要障碍，避免影响私人投资的自由国际流动。公约将国际投资争端解决中心视作一个公正的国际论坛，它通过调解或仲裁程序为解决符合条件的双方间的法律纠纷提供便利，只有在各方同意的基础上才会诉诸国际投资争端解决中心。

鉴于其庞大的会员量、相当大的办案量以及在投资条约和投资法领域仲裁结果的巨大引用量，ICSID 在国际投资和经济发展领域扮演着重要角色。

今天，国际投资争端解决中心被认为是投资者与国家之间争端解决的领先国际仲裁机构。

（二）组织机构

1. 行政理事会

行政理事会是 ICSID 的管理机构。其组成、职能和决策程序由《华盛顿公约》第 4 条至第 8 条规定。

行政理事会由每一个缔约国各派一名代表组成。在首席代表未能出席会议或不能执行任务时，可以由副代表担任代表。如果不指定代表或候补代表，则缔约国所指派的银行的理事和副理事是其在国际投资争端解决中心行政管理方面的代表和副代表。

行政理事会不对个别案件进行管理，其主要职能是：

①通过中心的行政和财政条例；

②交付调解和仲裁的程序规则；

③通过调解和仲裁的程序规则；

④批准通过世界银行达成的关于使用其行政设施和服务的协议；

⑤确定秘书长和副秘书长的服务条件；

⑥通过中心的年度收支预算；

⑦批准关于中心的活动的年度报告。

世界银行集团主席是行政理事会主席（《华盛顿公约》第 5 条）。行政理事会主席负责召集和主持会议，对行政理事会的事项没有表决权。

行政理事会主席的职能包括：

①为 ICSID 每一个仲裁员小组和调解员小组指定 10 名成员；

②在特定情形下组成调解委员会和仲裁庭；

③任命特设委员会；

④如果其他成员意见均等，可决定取消一名独任仲裁员、仲裁庭过半数成员或委员会一名成员资格的提案。

ICSID 行政理事会成员及主席因履行其职责所需的报酬并不是由 ICSID 支付。每个成员国享有行政理事会一票表决权，对任何事项没有加权表决。除了程序规则的采用、年度预算需要以委员会 2/3 多数通过以外，大多数行政理事会的决定以简单多数通过。对《ICSID 公约》的修改需要得到所有成员国的批准。行政理事会必须至少每年举行一次会议，通常在世界银行集团秋季年会期间举行。

2. 秘书处

秘书处约有 70 名不同背景和国籍的工作人员。秘书处由秘书长一人、副秘书长一人或数人以及工作人员组成。秘书长是中心的法定代表和主要官员，副秘书长协助秘书长的工作，秘书长和副秘书长由主席提名，经行政理事会 2/3 多数票选产生，任期不超过 6 年，可以连任，主席同行政理事会成员磋商后，对上述每一职位提名一个或几个候选人。

英语、法语和西班牙语是中心的官方语言，案件管理小组主要运用这些语言，但秘书处有能力用 25 种以上的语言进行交流。每个案件管理小组都由经验丰富的法律顾问担任仲裁庭、各委员会和特设委员会的秘书。

对于中心的案件，秘书处的主要职责是为国家与投资者之间的争端解决提供支持。它涉及流程的各个方面，包括：

①在法律程序中担任书记官（例如，接收、审查和登记仲裁和调解请求以及认证裁决）；

②协助成立调解委员会、仲裁庭和特设委员会；

③协助当事方和委员会、仲裁庭处理案件程序的各个方面；

④组织和协助召开听证会；

⑤管理每个案件的财务；

⑥委员会、仲裁庭要求提供的其他行政支持。

关于非 ICSID 案件：秘书处还支持适用中心规则以外的规则解决国家与国家之间，以及投资者与国家之间的争端。包括适用《贸易法委员会仲裁规则》（*UNCITRAL Arbitration Rules*）和其他争端解决规则的案件。秘书处在这些程序中的服务范围为从支持组织听证到与中心案件中提供的服务相当的全面行政服务。在这些情况下，双方可自由选择所需服务的范围。除案件管理外，秘书处还承担一些与机构事务和知识传播有关的任务，它提高了人们对 ICSID 争端解决程序以及有关国际投资国际法发展的认识。

秘书长和副秘书长的职责不得与执行任何政治任务相联系，秘书长或副秘书长除经行政理事会批准外，不得担任任何其他 ICSID 职务。在秘书长缺席或不能履行职责时，或秘书长职位空缺时，由副秘书长履行秘书长职责。如果有一个以上的副秘书长，应由行政理事会在事前决定他们替补秘书长的次序。

3. 仲裁员小组和调解员小组

《华盛顿公约》规定，调解员小组和仲裁员小组各由合格的人员组成。每一缔约成员可以向每个小组指派四人，他们可以是但不一定是该缔约国国民。主席可以向每个小组指派最多十人，所指派人员应具有不同的国籍。小组成员的任期为 6 年，如果小组的成员死亡或辞职，指派该成员的机构有权指派另一人在该成员剩余的任期内服务。小组成员应继续任职直至其继任人可以连任。小组成员可以同时在两个小组任职。所有的指派

应通知秘书长,并从接到通知之日起生效。(《华盛顿公约》第12条至第16条)

各小组所列仲裁员和调解员可供 ICSID 仲裁庭、调解委员会和特设委员会挑选,仲裁员小组也用于任命特设委员会成员。如果一个人被一个以上的缔约国或被一个或一个以上的缔约国主席指派在同一个小组服务,他应被认为是被首先指派他的机构所指派;或者如果其中一个指派他的机构是他国籍所属国家,他应被认为是被该国所指派。

每一成员国可在其有空缺职位的任何时候指定调解员小组和仲裁员小组的候选人(《行政和财务条例》第21条)。一旦一国确定候选人身份,该国应将这些人的姓名通知秘书长,并提供其简历副本(见成员国的信函样本)。指派小组服务人员所遵循的过程完全是在谨慎的范围内进行,指派的人员应具有高尚的道德品质,并且具有可以被信赖做出独立判断的能力,对于仲裁员小组的人员而言,在法律方面的能力尤为重要。

(三) 仲裁规则

1. 简介

《仲裁规则》适用于在登记仲裁请求后根据《华盛顿公约》进行的仲裁。《华盛顿公约》第44条规定,仲裁将按照当事各方同意仲裁之日生效的《仲裁规则》进行,如果发生该公约或《仲裁规则》或双方同意的任何规则未作规定的程序性问题,则该问题由仲裁庭决定。

2. 仲裁庭的组成

希望采取仲裁程序的任何缔约国或缔约国的任何国民,向秘书长提出书面请求,由秘书长将该项请求的副本送交另一方,该项请求应包括有关争端事项、双方的身份以及他们同意依照交付调解和仲裁的程序规则提交仲裁等内容,秘书长应登记此项请求,除非他根据请求的内容,认为此项争端显然在中心的管辖范围之外,他应立即将登记或拒绝登记通知双方。仲裁庭应在上述请求登记之后尽快组成。

(1) 仲裁庭应由双方同意任命的独任仲裁员或任何非偶数的仲裁员组成。如双方对仲裁员的人数和任命的方法不能达成协议,仲裁庭应由三名仲裁员组成,由每一方各任命仲裁员一名,第三人由双方协议任命,并担任首席仲裁员。如果在秘书长发出仲裁请求登记通知后90天内,或在双方可能同意的其他期限内未能组成仲裁庭,行政理事会主席经任何一方请求，并尽可能同意双方磋商后，可任命尚未被任命的一名仲裁员或数名仲裁员。

（2）每一方指定一名共同仲裁员，共同仲裁员就第三名仲裁员，即仲裁庭首席仲裁员达成协议。如果共同仲裁员未就首席仲裁员人选达成一致，则由秘书长（或国际投资争端解决中心行政理事会主席）任命首席仲裁员。

仲裁庭组成方法的达成作为协议的一部分，当事各方可同意通过一项关于拟议候选人的名单程序。名单程序可用于独任仲裁员或首席仲裁员或仲裁庭所有仲裁员。常用的名单程序包括：

（1）双方交换一份候选人名单；每一方将其接受或拒绝的候选人通知另一方；

（2）缔约方要求 ICSID 向其提供一份候选人名单；每个缔约方都可以选出一定数量的候选人，并对这些候选人进行排名；排名靠前的候选人中如果出现两个或多个排名相同的候选人，则 ICSID 将从中选择一人。

国际投资争端解决中心支持缔约方协议商定的任命方法，并将遵循商定的方法，尽可能推动这一进程。如果双方不能任命，根据既定方法，任何一方均可援引中心指定仲裁员的默认机制。

附：默认机制

如果当事各方在仲裁请求登记后 60 天内未能就仲裁员的人数和指定方法达成协议，任何一方均可提出申请启动《华盛顿公约》第 37（2）（B）条规定的默认机制。

（1）仲裁庭由三名仲裁员组成；

（2）每一方指定一名仲裁员；

（3）第三人由双方协议任命，并担任首席仲裁员。

适用《ICSID 公约》的默认机制时，应根据《仲裁规则》第 3 条，由双方任命仲裁庭仲裁员。

（1）一方任命一名仲裁员，并可以提名一人担任仲裁庭首席仲裁员；

（2）另一方任命一名仲裁员，可以同意对方提名的首席仲裁员或者提名另一人为首席仲裁员；

（3）如有另一方的提名，则由第一次任命的一方作出是否同意新的首席仲裁员提名的表示；

（4）双方提名和反提名的次数不受限制。

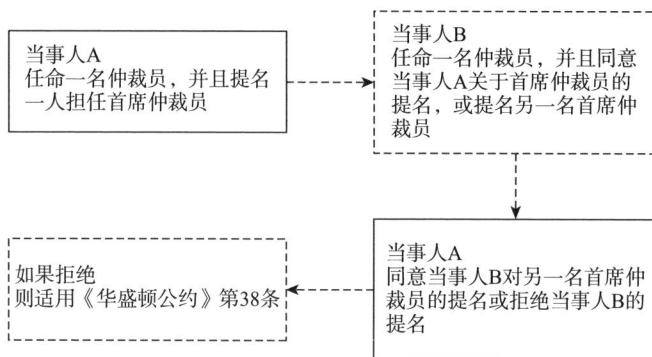

图 1 仲裁庭组成的默认机制

二 仲裁程序

1. 《华盛顿公约》仲裁的主要步骤

ICSID 仲裁程序不仅要遵守《华盛顿公约》(*Convention on the Settlement of Investment Disputes between States and Nationals of Other States*),还要遵守《调解和仲裁程序启动规则》(简称《启动规则》)(*Rules of Procedure for the Institution of Conciliation and Arbitration Proceedings*,"the Institution Rules")、《仲裁规则》(*the Rules of Procedure for Arbitration Proceedings*,"the Arbitration Rules")和《行政和财务条例》(*the Administrative and Financial Regulations*,"the Regulations")的规定。《华盛顿公约》的内容虽不多,但绝大多数为强制性规定,而《仲裁规则》和《行政和财务条例》则相对灵活。在不违反《华盛顿公约》强制性规定的前提下,争议双方可通过协议对《仲裁规则》中的条文进行修改,在《行政和财务条例》有明文规定的情形下,也可作出与条例的内容不同的约定。

在 ICSID 管理下进行的"附加便利仲裁"适用《附加便利规则》(*Additional Facility Rules*)和《附加便利仲裁规则》(*Additional Facility Arbitration Rules*)。大多数适用于"附加便利仲裁"的规定与《ICSID 公约》中适用于"公约仲裁"的规定是相同或相似的。

(1)根据《华盛顿公约》提起仲裁

拟提起仲裁的缔约国或缔约国公民必须向 ICSID 总部秘书处提交书面

申请（同时提交五份已签署的副本）和一份电子版申请，申请必须使用 ICSID 确定的官方语言之一（英语、法语或西班牙语），由申请人或其指定代表签名，并注明日期。尽管在实践中还未有先例，但《调解和仲裁程序启动规则》允许争议双方共同提交申请。

仲裁申请需包含争议事由、双方的主体资格以及提交仲裁的合意。据此，《调解和仲裁程序启动规则》第 2 条第（1）款规定，仲裁申请应当：

①具体指明争议双方及其地址；

②如争议一方是缔约国有关部门或机构，需表明该国家已根据《ICSID 公约》第 25 条第（1）款接受国际投资争端解决中心管辖；

③表明合意达成的时间以及记载该合意的文件；若合同一方为缔约国的有关部门或其代理人，则还需提交该国对合意的批准，除非该国向国际投资争端解决中心明示无需获得批准；

④当申请人为缔约国国民时，需说明仲裁合意达成之日申请人的国籍，若申请人为自然人：（a）提交仲裁申请时申请人的国籍；（b）申请人于仲裁合意达成之日或提交仲裁申请之日不拥有东道国国籍；（c）若申请人为在仲裁合意达成之日拥有本案东道国国籍的法人，需提交双方达成的将申请人一方视为《华盛顿公约》中"另一缔约国国民"的协议；

⑤包含关于争议事项的信息，表明双方之间存在因投资直接引起的法律争端；

⑥若申请人为法人，还需说明其已经完成所有为授权提出仲裁申请所必需的内部手续。

（2）确定仲裁员的人数和任命仲裁员的方法

如果当事双方已对仲裁庭人数和选定仲裁员的方法进行了约定（如在投资协议或可适用的条约中进行约定），申请人应当在仲裁申请中说明此等约定。如果没有约定或约定不明确，适用《华盛顿公约》及《仲裁规则》相关规定。详细内容可参照前述仲裁庭的组成方法和默认机制。

（3）仲裁申请的确认与登记

ICSID 秘书长首先会向申请人发送对仲裁申请的确认。一旦申请方交纳了申请费，秘书长将会把仲裁申请及相关文件的副本转寄给被申请人。秘书长若认为申请材料中明显表明仲裁申请事项不属于国际投资争端解决中心管辖（例如，一方既不是缔约国又不是缔约国国民，或申请人没有证据证明其与另一方达成提交 ICSID 仲裁的合意），将会拒绝该申请。除此以外的情形，案件将得以登记。

若对一项仲裁申请是否符合 ICSID 管辖权的要求存在疑问，或者仲裁申请在其他方面不完整，秘书处会联系申请方代表并给予更正或补充仲裁申请的机会。如秘书长以技术缺陷问题（technical deficiency）为由拒绝了登记申请，申请人仍可就同一请求在技术缺陷问题修复之后再次向机构提起仲裁申请。在实践中，很少出现因存在严重缺陷问题而被拒绝登记的仲裁申请。当然，秘书长作出的关于登记案件的决定，并不会预先对仲裁庭及仲裁机构是否有管辖权作出判断。

（4）仲裁程序的进行

①仲裁庭的首次开庭及基本程序

仲裁庭应当自正式组庭之日起 60 天内，或在当事人约定的其他期限内首次开庭（first session）。首次开庭中，首席仲裁员有义务查明当事人关于程序事项的意见。秘书处会发送一份标准议程（standard form agenda），当事人可以就议程上的条款进行协商。实际开庭为当事人提供了一次面对仲裁庭的机会，可以看到仲裁庭成员之间的互动，也是双方当事人及其律师之间的会面。根据《仲裁规则》的规定，如果当事人没有相反约定，IC-SID 仲裁程序包括书面程序以及之后的口头程序两个阶段。

②书面审理程序

ICSID 仲裁书面审理程序中的申辩文书通常包含：申请人提出的纪要书（Memorial）以及被申请人提交的答辩纪要书（Counter-Memorial）。如果仲裁庭有要求或当事人有约定，当事人还可以发表第二轮意见：申请人提交申请人回复书（Reply），被申请人提交反驳答辩书（Rejoinder）。仲裁庭有权要求当事人提供庭后纪要书（Post-hearing Memorials）。

申请人纪要书应当包括相关事实、适用法律、申请人主张（claimant's submissions）、救济请求（request for relief）。被申请人的答辩纪要书、申请人回复书以及被申请人反驳答辩书都必须包含对在前的申辩文书中有关事实和适用法律问题的回复，也可以包含其他有关事实。在实践中，与申辩文件同时提交的还有各方当事人主张所依赖的同期文件（contemporaneous documents）、证人证言以及专家报告，并构成仲裁记录（record）的一个重要部分。

《华盛顿公约》第 46 条和《仲裁规则》第 40 条规定了直接由主要争议标的引起的反请求（counterclaims）、附带请求（incidental claims）和附加请求（additional claims）的提出。被申请人应在提交答辩纪要书前提出反请求。申请人应在提交回复书之前提出附带请求和附加请求（统称附属请求），如果没有第二轮意见陈述，则不得迟于其提交纪要书之时。附属请求的内容可以包括请求支付利息和费用等，只要该请求在双方同意提交仲裁的范围内，并符合 ICSID 有关管辖权的要求。仲裁庭可以同意一方在有正当理由的情况下延迟提交附属请求。实际上，仲裁庭在接受附属请求的问题上通常是宽容的。

ICSID 仲裁的当事人应当向 ICSID 秘书处提交经签署的所有原版文件及 5 份副本；相关的文件、证人证言以及专家报告需随申辩文书一同在规定期限内提交。与其他形式的国际仲裁一样，在 ICSID 仲裁中书面陈述以及随附的同期文件是仲裁记录中最关键的部分。仲裁庭非常青睐结构合理、资料翔实、清楚明确的申辩文书（well-organized，well-researched，clear and measured pleadings），以及可信度高的、直接的（reliable and straightforward）证人证言和专家报告。

③口头审理程序

口头审理包括一次或多次关于案件的管辖权问题、实体问题和有关金额问题（jurisdiction，merits and quantum）的庭审。庭审耗时通常较短，即使是对复杂案件的事实进行的庭审也极少超过两周。庭审只允许当事人及其代表、证人和专家参加，当事人和仲裁庭另有约定的除外。

仲裁庭有权决定是否接受证据，并对其证明价值作出判断。在作出决定时，仲裁庭要考虑许多因素，主要的一点是对普通法系和大陆法系律师的平衡。如果一方未配合提供证据，仲裁庭应对这种不履行及其理由作"正式记录"。

（5）仲裁裁决

ICSID 仲裁经过对管辖权、实体问题和金额问题进行审理之后，当事人完成了对案件的陈述，仲裁庭将宣布程序结束。一旦程序结束，则仲裁庭只有在发现新证据或"对特定问题的说明有显著必要时"才会重新开庭。程序通常在完成对案件事实和有关金额问题的庭审之后结束。如果当事人需要提交庭后纪要书的，程序在该庭后纪要书提交后结束。宣布程序结束后，仲裁庭须在 120 天内作出裁决。在当事人同意的情形下，国际投资争端解决中心才能公开裁决或决定。当事人可以而且往往都会单方面公开裁决。

```
                    ┌──────────────────────┐
                    │  申请人提交书面仲裁申请  │
                    └──────────────────────┘
                              ↓
                    ┌──────────────────────┐         ╭──────────╮
                    │  筛查并登记仲裁申请      │- - - - →│ 拒绝登记   │
                    └──────────────────────┘         │ 仲裁申请   │
                              ↓                       ╰──────────╯
                    ┌──────────────────────┐
                    │  确定仲裁员的人数和任命仲 │
                    │  裁员的方法             │
                    └──────────────────────┘
                              ↓
                    ┌──────────────────────┐
                    │     仲裁员的任命        │
                    └──────────────────────┘
                              ↓
┌──────────────┐    ┌──────────────────────┐
│ 其他程序：      │    │ 仲裁庭已组成并开始仲裁程序 │
│ ·明显缺乏法律价值│    └──────────────────────┘
│ ·初步反对意见   │              ↓
│ ·保密性和透明度 │    ┌──────────────────────┐
│ ·撤销仲裁员资格 │    │ 仲裁庭向双方当事人启动第一 │
│ ·出现分歧      │    │ 部分程序                │
│ ·临时措施      │    └──────────────────────┘
│ ·出示文件      │              ↓
│ ·实地访问      │    ┌──────────────────────┐
│ ·非争议方提交   │    │ 书面审理程序（管辖、事实和赔 │- - - - - ┐
│ ·仲裁程序的终止 │    │ 偿问题可以分别或统一审理） │          │
└──────────────┘    └──────────────────────┘          │
                              ↓                        │
                    ┌──────────────────────┐          │
                    │ 口头审理程序（管辖、事实和赔 │          │
                    │ 偿问题可以分别或统一审理） │          │
                    └──────────────────────┘          │
                              ↓                   ┌ ─ ─ ─ ─ ─ ┐
                    ┌──────────────────────┐      关于管辖和/或
                    │        审议           │- - →│ 赔偿责任的临  │
                    └──────────────────────┘      时决定
                              ↓                   └ ─ ─ ─ ─ ─ ┘
                    ┌──────────────────────┐
                    │   裁决（案件的处理结果）  │
                    └──────────────────────┘
                              ↓
                    ┌──────────────────────┐
                    │ 裁决后的救济办法：       │      ┌ ─ ─ ─ ─ ─ ┐
                    │ ·补充决定与改正         │       承认与执行
                    │ ·废止                  │      └ ─ ─ ─ ─ ─ ┘
                    │ ·修改                  │
                    │ ·解释                  │
                    └──────────────────────┘
```

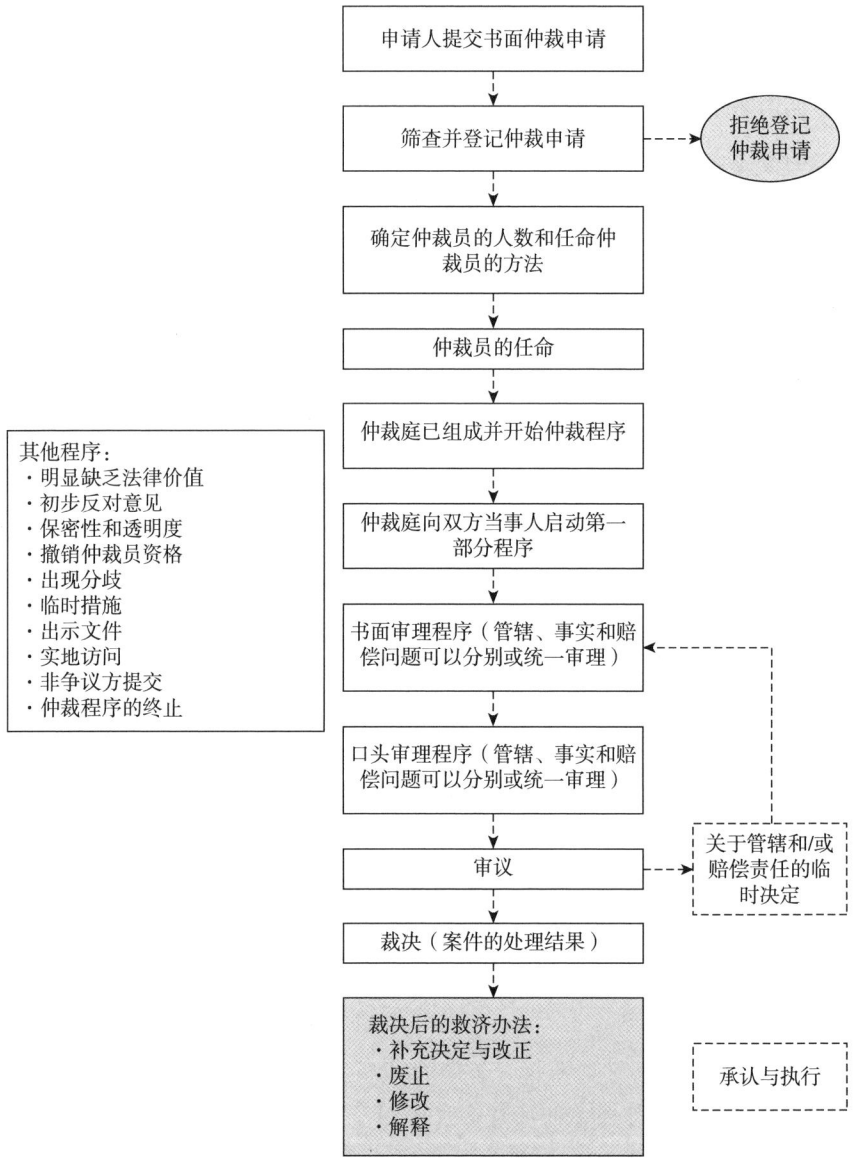

图 2   ICSID 仲裁程序

仲裁庭的合议必须秘密进行，仲裁员必须对合议的内容保密。若仲裁员未能在一项裁决或决定中达成一致意见，应根据多数意见作出裁决或决定，弃权票视为反对票。

2. 其他程序

在仲裁过程中，如果情况适合，还可以启动其他程序。这些程序包括：

（1）明显缺乏法律价值；

（2）初步反对意见；

（3）保密性和透明度；

（4）撤销仲裁员资格；

（5）出现分歧；

（6）临时措施；

（7）出示文件；

（8）实地访问；

（9）非争议方提交；

（10）仲裁程序的终止。

三　仲裁费用

中心的仲裁费用包括：双方当事人的费用（包括法律代理费用）；支付给 ICSID 的预付款；仲裁员、调解员或委员会成员费用，以及中心行政费用；提起仲裁的当事方支付的住宿费。

（一）当事人的律师费和专家费用

当事人对出席仲裁的法律代表和专家的费用负责。这取决于案件的复杂性以及诉状和口头听证的次数，这些费用可能是相当多的。仲裁庭或特设委员会有权酌情决定这些费用。

（二）给国际投资争端解决中心的预付款项

在 ICSID 案件中要求当事各方支付仲裁费用的数额不是根据争议金额计算的，而是根据实际费用、仲裁庭的合理支出和 ICSID 的服务确定。中心定期要求仲裁程序各方支付预付款项，以根据《行政和财务条例》第 14 (3) 条支付费用。预付款是在与首席仲裁员、委员会或行政理事会主席协商后估计的，计算通常在三至六个月内发生的费用。第一笔预付款是在仲裁庭成立后提出的，通常每个缔约方为 100000～150000 美元。从当事方预付款中支付的仲裁费用总额取决于案件的复杂性、时间长短、诉状和口头听证的次数。

（三）仲裁庭、仲裁委员会或特设委员会成员的费用及支出

通常，预付款的主要部分用于支付仲裁庭、仲裁委员会或特设委员会成员的费用和支出。每个成员有权获得如下款项：

（1）与仲裁有关的会议或其他工作的费用约为每天 3000 美元（相当于每小时 375 美元）；

（2）报销与旅行及其他有关的合理费用，包括每日津贴。

有关费用应享权利在 ICSID 仲裁员费用备忘录中作了解释。费用标准载于费用表内。费用及开支不得超过备忘录和收费表中的金额。由于特殊情况而提出的更高数额的请求，必须通过秘书长提出，并必须得到每一个争议方的同意。[见《ICSID 公约》第 60 条和《行政和财务条例》第 14（1）条]

（四）ICSID 的费用和行政费用

中心不按小时收费，而是收取年费，目前为 42000 美元。此费用包括专门案件小组所有成员所花费的时间，包括秘书在听证会上的协助和案件账户的财务管理。这笔费用通常由当事双方平分，并适用于由 ICSID 管理的所有 ICSID 案件和非 ICSID 案件。其他服务提供者的服务，例如口译、仲裁庭报告、餐饮、视频会议和信使等的费用，则由当事方预付款支付。国际投资争端解决中心在世界银行任何办公场所使用听讯设施的费用包括在行政费用中。

（五）申请费

一方当事人应向中心支付不可退还的 25000 美元：

（1）根据《ICSID 公约》或附加机制提起调解、仲裁或实施调查程序；

（2）申请撤销根据《ICSID 公约》作出的仲裁裁决；

任何一方均须向中心支付 10000 美元不可退还的费用：

（1）请求对所作仲裁裁决作出补充决定或更正；

（2）请求解释或修改仲裁裁决；

（3）请求在撤销裁决后将争端重新提交新的仲裁庭；

（4）要求根据附加机制（《行政和财务条例》第16条）作出补充决定，更正或解释裁决。

申请费必须在提交相关请求时支付，对于需要启动裁决后补救办法的，当事人必须在《华盛顿公约》或附加机制规定的时限内支付。

（六）案件账户的管理

一旦仲裁庭、委员会或特设委员会成立，秘书处就为案件设立一个收入账户。中心将当事方的预付款存入该账户，用于付款和索赔，并随时向仲裁庭、委员会或特设委员会通报余额。所有从账户支付的款项都由中心审核并根据《行政和财务条例》第14（2）条通过行政长官审批。

秘书处每季度要求仲裁员提出费用要求，以确保财务报表的准确性。每一笔预付款请求均提供详细报表，并可在任何时候应请求向当事各方或仲裁庭、委员会或特设委员会提供。ICSID在程序结束时发送财务报表给当事各方，其中包括每名仲裁员、调解员或委员会成员的费用及支出细目。

（七）预付款项分摊

一般来说，在仲裁中当事双方各支付预付款的一半，尽管仲裁庭可以在仲裁的任何阶段进行不同的分摊。仲裁期间的费用分配不影响仲裁庭在裁决中就费用作出的最后决定。

在废止程序（根据《华盛顿公约》作出裁决后的补救办法）中，申请废止的一方完全负责支付中心要求的预付款，但不影响特设委员会关于费用的最后决定。在调解案件中，仲裁费用由当事人平均承担。

四　其他事项

ICSID提供专门为解决投资者和国家之间的国际投资争端而设计的规则。这两个主要文书是《华盛顿公约》和《附加便利规则》，为仲裁、调解和事实调查程序提供了程序框架。除了根据《仲裁规则》进行程序管理外，中心还根据其他规则处理仲裁案件，例如根据《联合国国际贸易法委员会仲裁规则》处理临时投资者－国家和国家－国家案件。在仲裁程序中，ICSID 本身并不作出程序性裁决或争议裁决。在每个案件中成立的独立调解委员会和仲裁庭均被赋予权力就程序问题作出裁决，并解决当事方的争端。

（一）《华盛顿公约》的特点

《华盛顿公约》为国际投资争端解决中心成员国与符合国际投资争端解决中心国民资格的投资者之间发生的投资争端提供了调解和仲裁的基本程序框架。它是成员国之间建立的一个独立、公正和自成一体的制度。IC-SID 程序独立于国内程序，这意味着地方法院不干预 ICSID 进程。其独立性主要体现为：

（1）依据《华盛顿公约》作出的裁决是终局裁决，具有约束力，任何成员国的法院不得撤销裁决，公约本身规定了有限的裁决后救济办法；

（2）所有成员国，不论是否为争端当事方，都承认并执行《华盛顿公约》的裁决，将其作为最终裁决；

（3）一旦争议各方同意将争议提交 ICSID 仲裁，除非它们另有协议，否则它们接受 ICSID 仲裁为专属救济办法；

（4）除非在特殊情况下，成员国不能向同意根据公约进行仲裁的任何本国国民提供外交保护；

（5）仲裁地点，即举行听证的地方，对成员国没有法律意义；

（6）与会者在仲裁过程中享有法律程序的豁免。

根据《华盛顿公约》第 25 条，ICSID 进行仲裁或调解有几个基本的管辖条件：

（1）争端必须是国际投资争端解决中心成员国与另一个国际投资争端解决中心成员国的投资者之间的争端；

（2）该争议必须是直接由投资引起的法律纠纷；

（3）争议各方必须书面同意将其争端提交国际投资争端解决中心仲裁或调解。

只要符合这些强制性的管辖条件，ICSID 就可登记调解或仲裁案件，并成立调解委员会或仲裁庭。

（二）ICSID《附加便利规则》的特点

ICSID《附加便利规则》授权 ICSID 秘书处管理属于公约范围之外的

国家和外国国民之间的某些类型的程序。这些程序包括：

（1）争端当事国或外国国民母国不是投资争端解决中心成员国，且由直接投资引起的争端的调解和仲裁；

（2）当事各方之间（其中至少有一方是成员国或成员国的国民）的并非直接因投资而引起的争端的调解和仲裁。

（三）证据

当事人应在书面申请中提供证据，以支持其主张或抗辩。这些证据必须能够证明或反驳他们希望被认定或否定的事实。在书面程序中提出的证据可以是文件证据（例如证人陈述和专家报告），也可以是非文件证据（例如音频和视频档案，还可要求仲裁庭在与争端有关的地点进行实地访问）。

提交证据的类型以及提出证据的方式、形式和时间通常在仲裁庭第一次会议上讨论，并在第1号程序令中作了规定。如果证据是以程序语言之外的语言提出的，则必须以原文提交。通常双方同意只有部分冗长文件不需要全部翻译，除非仲裁庭需要完整的翻译。

仲裁庭裁定证据的可采性，首先依据《仲裁规则》第34（1）条判断，当事方和仲裁庭往往一致认为，在审议证据的可采性和其他证据问题时，仲裁庭可遵循《国际律师协会关于在国际仲裁中取证的规则》（简称《国际律师协会证据规则》）。他们还常常同意在无特殊情况时，任何一方都不得在提交最后一份书面诉状后，即在口头审理之前，提出补充证据。

◇ 世界知识产权组织（WIPO）仲裁与调解中心

一　机构介绍

（一）世界知识产权组织简介

世界知识产权组织（World Intellectual Property Organization，WIPO）成立于 1967 年，现拥有成员 192 个。

总干事：弗朗西斯·高锐。

总部所在地：瑞士日内瓦。

驻外办事处：里约热内卢、北京、东京、莫斯科、新加坡以及设在纽约的协调处。

作为联合国成立时间最长的专门机构之一，世界知识产权组织有着悠久的历史。

（二）WIPO 仲裁与调解中心简介

WIPO 下设的仲裁与调解中心成立于 1994 年，是一个争议解决机构，提供中立、国际性和非营利的替代性争议解决方式（ADR）。通过调解、仲裁、快速仲裁和专家鉴定等途径让当事方可以在法院外高效解决知识产权与技术争议。同时还是《统一域名争议解决政策》（*Uniform Dispute Resolution Policy*，UDRP）域名争议解决服务的机构。

总部所在地：瑞士日内瓦。

办事处：新加坡 Maxwell Chambers。

二　仲裁特色

1. 知识产权领域的专业性。WIPO 仲裁与调解中心（以下简称中心）

是隶属于世界知识产权组织的仲裁机构，在知识产权领域具有高度专业性，在知识产权资料和数据方面具有独特优势。该中心仲裁员具有知识产权领域高度的专业性和中立性。在知识产权领域的仲裁方面享有较高的声誉和权威。

2. 单一程序。通过 ADR，双方可以约定在一个程序中解决涉及在许多不同国家受到保护的知识产权的争议，从而避免多重司法管辖权诉讼带来的巨额费用和复杂性，以及结果不一致带来的风险。

3. 仲裁裁决的可执行性。联合国 1958 年《承认及执行外国仲裁裁决公约》，即《纽约公约》，一般规定承认与国内法院判决相同的仲裁裁决，不对案情进行审查。这极大地促进了跨境裁决的执行。

4. 中立。WIPO 仲裁与调解中心可以对当事人的法律、语言和制度文化保持中立，从而避免了在法院诉讼中因熟悉适用当地的法律和程序而拥有策略优势的一方当事人在诉讼中享有主场优势的情况。

5. 保密。ADR 程序是私法性质的，因此，双方可以协商一致保持程序和任何结果的机密性。这使他们能够专注于争议解决，而不用担心其公共影响，这在涉及商业声誉和商业秘密的情况下显得特别重要。

三　仲裁流程

1. WIPO 仲裁与调解中心争议解决的一般程序

调解作为一个非正式的协商过程，由中间人即调解员以当事各方的利益为出发点，中立地帮助当事方达成和解。调解员不得强制和解，但和解协议具有合同的效力。调解后仍可诉诸法院或仲裁程序。

仲裁程序中，当事人将争议提交一名或多名仲裁员，以便仲裁员依据当事方各自的权利和义务作出有约束力的、可根据仲裁法予以执行的最终决定或裁决。作为一种私下的替代性解决方案，仲裁一般将法院选项排除在外。

快速仲裁是一种时长较短、花费较低的仲裁程序，一般由一名独任仲裁员主持。

专家裁决。由当事方将具体事项（如技术问题）提交一名或多名专家作出裁决的一种合意行为。当事方可商定裁决结果是否具有法律约束力。

2. WIPO仲裁与调解中心的仲裁流程

（1）提交仲裁申请书

申请人将仲裁申请书发送给中心和被申请人。仲裁开始的日期即中心收到仲裁申请书之日。

（2）提交答复书

被申请人应当在收到申请人的仲裁申请书之日起30日内，向中心和申请人发出答复书，答复书应当写明对仲裁申请书中任何项目的意见，有反请求或主张抵销的，可以一并提出。

（3）指定仲裁员

当事人约定了仲裁员指定程序的，从其约定。如果依照当事人约定的程序，仲裁庭未在当事人约定的期间内成立；或者无约定期间，未在仲裁开始后45日内成立，则应当由中心按规定视具体情况成立仲裁庭或补足仲裁庭人数。

（4）预备会议

仲裁庭应当与当事人举行适当形式的预备会议，按省时高效的原则组织和排定后续程序；预备会议一般应当在仲裁庭成立后30日内举行。

（5）提交请求书

请求书未与仲裁申请书一并提交的，申请人应当在收到中心的仲裁庭成立通知后30日内，将请求书发送给被申请人和仲裁庭。请求书应当全面说明仲裁请求所依据的事实和法律理由，包括说明请求的救济。请求书应当尽可能附具申请人所依据的证据，证据应开列目录。证据数量特别多的，申请人可以附注说明准备提交的其他证据。

（6）提交答辩书

被申请人应当在收到请求书后30日内，或者在收到中心的仲裁庭成立通知后30日内，将答辩书发送给申请人和仲裁庭，期限以较晚者为准。答辩书应当对请求书写明的各项内容作出答复。答辩书附具被申请人所依据的证据。被申请人有反请求或主张抵销的，应当在答辩书中提出，在特殊情况下，经仲裁庭批准，也可以在随后的仲裁程序中提出。

（7）开庭

a. 一方当事人申请开庭的，仲裁庭应当开庭，根据当事人的申请让证人作证，包括让专家证人作证，或者进行辩论，或者既进行证人作证也进行辩论。当事人未申请的，是否开庭由仲裁庭决定。不开庭的，程序应当只依据文件和其他资料进行。

b. 开庭时，仲裁庭应当将开庭的日期、时间和地点适当提前通知各方当事人。

c. 开庭不公开进行，但当事人另有约定的除外。

d. 开庭是否制作记录，如果制作，则记录应采取何种形式，均由仲裁庭决定。

（8）程序结束

a. 仲裁庭认为当事人已有充分机会提出意见和证据时，应当宣布程序结束。

b. 仲裁庭认为情况特殊、确有必要的，可以在裁决作出前的任何时间，自行或应一方当事人的申请，决定恢复进行仲裁庭已宣布结束的程序。

（9）作出最终裁决

a. 仲裁的审理和宣布程序结束，应当尽可能在递交答辩书或仲裁庭成立后 9 个月内完成，以较晚者为准。最终裁决应当尽可能在程序结束后 3 个月内作出。

b. 未在规定的期间内宣布程序结束的，仲裁庭应当向中心发出仲裁情况报告，并将副本抄送给各方当事人。此后，在程序未宣布结束的期间，仲裁庭应当每经过 3 个月再向中心发出一份情况报告，并将副本抄送给各方当事人。

c. 最终裁决未在程序结束后 3 个月内作出的，仲裁庭应当向中心提交书面逾期说明，并将副本抄送给各方当事人。此后在最终裁决作出前，仲裁庭应当每经过 1 个月再向中心发出一份说明，并将副本抄送给各方当事人。

（10）裁决书的更正和补充裁决

a. 当事人可以在收到裁决书后 30 日内，就裁决书中的书写、打印或计算错误通知仲裁庭，请求仲裁庭作出更正，通知副本应抄送中心和对方当事人。仲裁庭认为申请有正当理由的，应当在收到申请后 30 日内作出更正。更正构成裁决书的一部分，应当采取另行出具备忘录的形式，并由仲裁庭依照规定署名。

b. 仲裁庭可以在裁决日期后 30 日内自行更正上款所述类型的任何错误。

c. 当事人可以在收到裁决书后 30 日内，就在仲裁程序中已提出而裁决书中漏裁的仲裁请求通知仲裁庭，请求仲裁庭作出补充裁决，通知副本应抄送给中心和对方当事人。仲裁庭在对申请作出决定前，应当给各方当事人发表意见的机会。仲裁庭认为申请有正当理由的，应当尽可能在收到申请后 60 日内作出补充裁决。

3. WIPO 仲裁与调解中心的快速仲裁流程

（1）提交仲裁申请书

申请人应当将仲裁申请书发送给中心和被申请人。

（2）提交答复书

被申请人应当在收到申请人的仲裁申请书之日起 20 日内，向中心和申请人发出答复书，答复书应当写明对仲裁申请书中任何项目的意见。

（3）仲裁庭组成

由当事人提名的一名独任仲裁员组成的仲裁庭，应当由中心批准指定，且应符合第 17 条和第 18 条的要求。指定自中心通知当事人起生效。仲裁员的提名在仲裁开始之后 15 日内未作出的，则由中心按规定指定仲裁员。

（4）预备会议

仲裁庭应当与当事人举行适当形式的预备会议，按省时高效的原则组织和排定后续程序；预备会议一般应当在仲裁庭成立后 15 日内举行。

（5）请求书

请求书应当全面说明仲裁请求所依据的事实和法律理由，包括说明请求的救济。请求书应当尽可能附具申请人所依据的证据，证据应开列目录。证据数量特别多的，申请人可以附注说明准备提交的其他证据。

（6）答辩书

答辩书应当对请求书写明的各项内容作出答复。答辩书应当附具被申请人所依据的证据。被申请人有反请求或主张抵销的，应当在答辩书中提出，在特殊情况下，经仲裁庭批准，也可以在随后的仲裁程序中提出。

（7）开庭

a. 一方当事人申请开庭的，仲裁庭应当开庭，根据当事人的申请让证人作证，包括让专家证人作证，或者进行辩论，或者既进行证人作证也进行辩论。当事人未申请的，是否开庭，由仲裁庭决定。不开庭的，审理应当只依据文件和其他资料进行。

b. 开庭应当在申请人收到答辩书后 30 日内进行。仲裁庭应当将开庭的日期、时间和地点适当提前通知各方当事人。除特殊情况外，开庭不应超过 3 日。当事人应当争取让仲裁庭充分理解争议，开庭所需的人员在开庭时应一并到场。

c. 开庭不公开进行，但当事人另有约定的除外。

d. 开庭是否制作记录，如果制作，记录应采取何种形式，均由仲裁庭决定。

e. 开庭后，当事人可以在约定的短暂期间内向仲裁庭和对方当事人发出庭后意见书；当事人未约定期间的，期间由仲裁庭决定。

（8）作出最终裁决的期限

a. 仲裁的审理和程序结束，应当尽可能在递交答辩书或仲裁庭成立后 3 个月内完成，以较晚者为准。最终裁决应当尽可能在程序结束后 1 个月内作出。

b. 未在（a）款规定的期间内宣布程序结束的，仲裁庭应当向中心发出仲裁情况报告，并将副本抄送给各方当事人。此后在程序未宣布结束的期间，仲裁庭应当每经过 1 个月再向中心发出一份情况报告，并将副本抄送给各方当事人。

c. 最终裁决未在程序结束后 1 个月内作出的，仲裁庭应当向中心提交书面逾期说明，并将副本抄送给各方当事人。此后在最终裁决作出前，仲裁庭应当每经过 1 个月再发出一份说明，并将副本抄送给各方当事人。

（9）裁决书的更正和补充裁决

a. 当事人可以在收到裁决书后 30 日内，就裁决书中的书写、打印或计算错误通知仲裁庭，请求仲裁庭作出更正，通知副本应抄送给中心和对方当事人。仲裁庭认为申请有正当理由的，应当在收到申请后 30 日内作出更正。更正构成裁决书的一部分，应当采取另行出具备忘录的形式，并由仲裁庭依照规定署名。

b. 仲裁庭可以在裁决日期后 30 日内自行更正（a）款所述类型的任何错误。

c. 当事人可以在收到裁决书后 30 日内，就在仲裁程序中已提出而裁决书中漏裁的仲裁请求通知仲裁庭，请求仲裁庭作出补充裁决，通知副本应抄送给中心和对方当事人。仲裁庭在对申请作出决定前，应当给各方当事人发表意见的机会。仲裁庭认为申请有正当理由的，应当尽可能在收到申请后 30 日内作出补充裁决。

四 仲裁费用

1. 中心立案费

（1）申请人提交仲裁申请，应当向中心交纳立案费，立案费不予退还。立案费的数额为中心收到仲裁申请书之日适用的费用表中规定的数额。

（2）被申请人提出反请求，应当向中心交纳立案费，立案费不予退还。立案费的数额为中心收到反请求之日适用的费用表中规定的数额。

（3）立案费交纳前，中心不对仲裁申请或反请求采取行动。

（4）申请人或被申请人在收到中心书面催款通知后 15 日内未交纳立案费的，视为撤回仲裁申请或反请求。

2. 管理费

（1）申请人应当在收到中心的付款数额通知后 30 日内向中心交纳管理费。

（2）被申请人提出反请求的，也应当在收到中心的付款数额通知后 30 日内向中心交纳管理费。

（3）管理费的数额依照仲裁开始之日适用的费用表计算。

（4）增加请求或反请求的，管理费的数额可以依照第（3）款规定适用的费用表增加，增加的费用视具体情况由申请人或被申请人交纳。

（5）当事人在收到中心书面催款通知后 15 日内未交纳应付的管理费的，根据具体情况，视为撤回请求或反请求，或者视为撤回增加的请求或反请求。

（6）仲裁庭应当及时将请求和反请求的金额以及请求和反请求的增加金额通知中心。

3. 仲裁费用

仲裁费用的数额、币种及其支付方式和时间由中心与仲裁员和当事人协商后，依照中心收到仲裁申请书之日适用的费用表确定。

（1）预付款

a. 申请人和被申请人应当在收到中心的仲裁庭成立通知后，交存相等数额的款项，作为仲裁费用的预付款。预付款数额由中心确定。

b. 在仲裁过程中，中心可以要求当事人追加预付款。

c. 如果要求支付的预付款在收到相应通知后 20 日内未足额交纳，中心应当通知各方当事人，以便一方当事人可以交纳要求支付的款项。

d. 如果反请求的金额远高于请求的金额，或者需审查的事项存在重大不同，或者在表面看来适当的其他情形下，中心可以依其裁量权为请求和反请求分设两项预付款。分设预付款时，与请求有关的预付款由申请人全额交纳，与反请求有关的预付款由被申请人全额交纳。

e. 当事人在收到中心书面催款通知后 15 日内未按要求交纳预付款的，视为撤回有关的请求或反请求。

f. 裁决作出后，中心应当依照裁决书，为当事人开具收到的预付款账目，并向当事人返还未用余款，或者要求当事人补足欠款。

（2）仲裁费用的承担

a. 仲裁庭应当在裁决书中核定仲裁费用，仲裁费用由下列各项构成：

（Ⅰ）仲裁员费用；

（Ⅱ）合理发生的仲裁员差旅费、通信费和其他支出；

（Ⅲ）专家咨询费和仲裁庭根据本规则要求的其他此种协助产生的费用；

（Ⅳ）进行仲裁程序所需的其他支出，包括会议和开庭设施的费用。

b. 上述费用应当尽可能从预付款中支出。

c. 仲裁庭应当根据所有情形和仲裁结果，在当事人之间分摊仲裁费用和中心的立案费与管理费，但当事人有约定的除外。

4. 当事人费用的承担

仲裁庭可以根据所有情形和仲裁结果，在裁决书中命令一方当事人支付另一方当事人因陈述主张而发生的全部或部分合理支出，其中包括法律代理人和证人发生的支出，但当事人有相反约定的除外。

5. 支付方式

对 WIPO 仲裁与调解中心的付款只能通过以下方式进行。

（1）银行转账。

美元付款：WIPO 账户 IBANCH6804835063039782000，瑞士信贷，CH－1211 日内瓦 70，瑞士，SWIFT 代码 CRESCHZZ80A。

欧元付款：WIPO 账户 IBANCH3304835048708082003，瑞士信贷，CH－1211 日内瓦 70，瑞士，SWIFT 代码 CRESCHZZ80A。

瑞士法郎付款：WIPO 账户 IBANCH5104835048708081000，瑞士信贷，

CH - 1211 日内瓦 70，瑞士，SWIFT 代码 CRESCHZZ80A。

英镑付款：WIPO 账户 IBANCH6504835048708082000，瑞士信贷，CH - 1211 日内瓦 70，瑞士，SWIFT 代码 CRESCHZZ80A。

进行转账时，须说明付款的目的，包括当事各方的姓名等。

（2）从 WIPO 账户扣除。

（3）信用卡。

中心不接受支票或现金付款。支票将会被退还给寄件人。

所有与中心付款有关的银行手续费、转账费或其他费用均由付款方负责。

6. 费用标准

中心坚信仲裁应该具有成本效益。经与当事人和仲裁员协商后，中心确保 WIPO 程序所收取的费用与争议的情形相吻合。仲裁的费用受到不同因素的影响，包括争议金额和争议的复杂性。当事人的行为亦会影响仲裁所收取的费用。

当争议金额不超过 1000 万美元时，WIPO 快速仲裁收取固定的仲裁费用。

表 1　WIPO 仲裁与调解中心收费标准

单位：美元

费用类别	争议金额	快速仲裁费用	仲裁费用
立案费	任何金额	1000	2000
管理费*	不超过 250 万	1000	2000
	超过 250 万但不超过 1000 万	5000	10000
	超过 1000 万	5000 + 超过 1000 万部分的 0.05%，但最高收费 15000	10000 + 超过 1000 万部分的 0.05%，但最高收费 25000
仲裁员费用*	不超过 250 万	20000（固定收费）**	由中心与当事人和仲裁员商定 参考费率：每小时 300~600
	超过 250 万但不超过 1000 万	40000（固定收费）**	
	超过 1000 万	由中心与当事人和仲裁员商定	

* 均为一起争议应付费用的总金额，例如在快速仲裁中，如果争议金额为 500 万美元，应交纳的管理费是 5000 美元（而不是将 5000 美元和 1000 美元两项费用相加之和的 6000 美元）。

** 依据争议的复杂性以及仲裁员花费的时间，该金额可能减少或者增加。

（1）中心可以用已向其交纳的调解或专家裁决的管理费来全部或部分抵销为同一起争议应付给中心的仲裁立案费和管理费。

（2）仲裁庭成立前，中心应与当事人和仲裁员协商，确定仲裁员的小时费率或日费率。确定费率时，中心应考虑以下因素：争议金额、当事人人数、争议的复杂性以及对仲裁员提出的身份及任何特别资格要求。

（3）仲裁员应当详细、准确地记录在仲裁上所做的工作和花费的时间。仲裁终止后，应将此种记录的副本连同仲裁员的发票提供给当事人和中心。

（4）经与当事人和仲裁庭协商后，中心应当考虑小时费率或日费率和最高费率，以及诸如争议标的和仲裁的复杂程度、仲裁员总共花费的时间、仲裁庭的勤勉以及仲裁程序的速度等其他因素，确定最后支付给独任仲裁员或分别支付给首席仲裁员及其他仲裁员的金额。

（5）计算调解的费用时，以美元以外的货币支付的请求金额，如有必要，应按付款之日的现行官方汇率折算成美元金额。

（6）计算仲裁员的费用时，任何反请求的案值应当加在请求金额中。

（7）上文仅第（1）、（3）、（5）和（6）项适用于快速仲裁程序。

（8）如果一方当事人（或者双方当事人）是《专利合作条约》（Patent Cooperation Treaty，PCT）下已公布的申请中的申请者或发明者、海牙体系和马德里体系下国际注册的所有权人或者 WIPO 绿色技术的供应者或者搜寻者，则其就中心的立案费和管理费可享有 25% 的折扣。

五　其他事项

1. 仲裁员组成

中心作为一个独立和公正的机构，是世界知识产权组织的一部分。它秉持中立人员的素质和承诺对于每个案件的令人满意的解决的至关重要的理念，因此，该中心协助各方选择中心数据库中的调解员、仲裁员和专家。这个数据库包括 1500 多名中立人士，他们具有解决知识产权纠纷的专业知识和经验。在个别情况下，如有必要，中心将利用其全球联系人确定具有所需背景的其他候选人。在任命之后，该中心还在时间和成本效益方面对其案件进行监督。

WIPO 仲裁与调解中心的 ADR 程序中的各方可以利用不断更新的数据库，其中包括 1500 多名独立的 WIPO 仲裁与调解中心仲裁员、调解员和专家。WIPO 仲裁与调解中心中立名单的成员包括高度专业化的从业者和专家，他们在专利、商标、版权、设计或其他形式的知识产权领域具有专业知识，是经验丰富的商业纠纷解决通才。他们来自全球各个国家，符合中心解决争议的国际性质。

WIPO 仲裁与调解中心中立名单不向公众提供。但是，中心确实发布了一个单独的、更加侧重于制定 WIPO 域名的专家组名单。虽然 WIPO 仲裁与调解中心中立名单中包括更多专门从事知识产权其他领域的中立者，但 WIPO 域名专家组名单可以向感兴趣的各方表明中心对一般候选人选择类型的倾向。（WIPO 仲裁与调解中心中立名单也包括国际商标协会商标调解员小组成员）

2. 仲裁员的人数和指定

（1）由当事人提名的一名独任仲裁员组成的仲裁庭，应当由中心批准指定。指定自中心通知当事人起生效。

（2）仲裁员的提名在仲裁开始后 15 日内未作出的，指定依照下列程序进行。

a. 中心向各方当事人发出一份相同的候选人名单。名单一般应当包含至少三名候选人的姓名（按字母顺序排列）。名单应当包含或附有每名候选人资格的说明。当事人就任何特定资格有约定的，名单应当包含符合资格的候选人。

b. 当事人有权删除其反对指定的候选人的姓名，对剩余的候选人，应当用数字标明优先顺序。

c. 当事人应当在收到名单后 7 日内将标注完毕的名单送还中心。当事人未在该期间送还标注完毕的名单的，视为已认可名单上所列的所有候选人。

d. 在收到各方当事人送还的名单之后，或者未收齐名单，在前项规定的期间届满之后，中心应当尽快按照当事人提出的优先顺序和反对意见，从名单中指定一人担任仲裁员。

e. 如果送还的名单中没有双方当事人均可接受的仲裁员人选，则仲裁员由中心指定。被指定人选不能或不愿接受邀请担任仲裁员，或者存在其他事由使该人不能担任仲裁员，而名单上已无双方当事人均可接受的仲裁员人选时，仲裁员也由中心指定。

f. 尽管有上述规定的程序，中心如果依其裁量权认定案件不适合该程序，有权以其他方式指定仲裁员。

◇ 斯德哥尔摩商会仲裁院（SCC）

一　机构介绍

斯德哥尔摩商会仲裁院（Arbitration Institute of the Stockholm Chamber of Commerce，简称SCC）成立于1917年，隶属于斯德哥尔摩商会但独立于斯德哥尔摩商会，下设理事会和秘书处。SCC为瑞典和国际当事人提供高效的争议解决服务。

背景：SCC在20世纪70年代为美国和苏联所承认，成为中立的东西方贸易争端解决中心。中国也于同一时期承认SCC为解决国际争端的机构。此后，SCC不断扩展其在国际商事仲裁领域的服务，从而成为国际上最重要的、经常被选用的仲裁院之一。

近年来，SCC国内与国际案件的受理量均显著增长。国际案件数量占比接近50%，这无疑体现了SCC作为备受国际商界青睐的争议解决机构的优势地位。每年，来自多达30~40个国家的当事人选择使用SCC的服务。

SCC在全球双边和多边投资保护领域也发挥着非凡的作用。目前至少有120份双边投资协定（Bilateral Investment Treaty，简称BIT）选择SCC作为解决投资者与东道国间争议的机构。如今，SCC是全球第二大的投资争议解决机构。

1. 秘书处

SCC秘书处的职责包括日常案件管理、活动组织和出版物制作等。

秘书处由秘书长领导，其9名成员掌握多种语言。秘书处下设3个分部，每个分部设1名法律顾问和1名办案秘书，可使用英语、瑞典语、俄语、西班牙语或德语来管理案件。当事人也可以在仲裁庭组成之后，约定在仲裁程序中使用其他的语言。

秘书处的办公地点位于斯德哥尔摩Brunnsgatan大街2号。

2. 理事会

SCC 理事会由 1 名主席、2~3 名副主席以及最多 12 名其他成员组成，他们来自瑞典国内外，并且均为国际商事争议解决领域声望卓著和专业水平高超的专家。

SCC 理事会的职能是根据 SCC 的仲裁规则作出决定，这些决定的范围涵盖了初步管辖权、仲裁员任命、仲裁员资格异议和仲裁费用等各方面。

二　仲裁特色

1. 可执行性

SCC 的仲裁裁定在 150 多个国家具有可执行性。在瑞典和其他国家，仲裁都是公认的法庭外解决争议的方式。仲裁比法庭诉讼快速，而且已成为传统并具有悠久的历史，这点不仅仅体现在争议双方习惯于选择仲裁为解决争议的方式的瑞典。仲裁要求争议各方之间有协议（仲裁协议）。在斯德哥尔摩商会仲裁院仲裁的前提是争议各方一致同意他们之间的争议将按照 SCC 的仲裁规则通过仲裁方式解决。最常见的方式是合同各方在主合同中加入一个条款（仲裁条款）。如果没有这样的一致意见，SCC 将不能受理该争议。

2. 公正性、独立性

争议各方有很大的可能在仲裁中自行形成程序，指定仲裁员并且以此使仲裁庭中对某种特殊知识的需求得到满足。仲裁员必须是公正和独立的。

3. 高效性

SCC 在仲裁中的主要职责是根据 SCC 的规则作出裁决，包括：指定仲裁员、确定仲裁费用、决定资格问题、保证裁决及时作出。高效解决仲裁中的相关程序问题是 SCC 追求的主要目标之一。

4. 终局性

仲裁裁决具有终局性的特点，这就意味着对于仲裁作出的裁决，当事人不能上诉。

三　仲裁流程

仲裁程序从申请人向斯德哥尔摩商会仲裁院提交仲裁请求开始，在提交仲裁请求的同时，申请人应当交纳仲裁费用。

1. 仲裁申请书内容

（1）当事人及其法律顾问的名称、地址、电话号码和电子信箱；（2）争议要点；（3）申请人索赔要求的初步说明，包括所涉请求金钱价值的估算；（4）据以解决争议的仲裁协议或仲裁条款的副本或说明；（5）如果请求是根据多个仲裁协议提出，应注明据以提出每个请求的仲裁协议；（6）有关仲裁员人数和仲裁地的意见；（7）如果适用，申请人指定的仲裁员的姓名、地址、电话号码以及电子信箱。

2. 交纳注册费

提交仲裁申请的同时，申请人应当支付注册费。费用金额依据提交仲裁申请之日现行有效的费用表确定。如果申请人在提交仲裁申请时未交纳应当支付的注册费，秘书处将限定申请人应当交纳注册费的期限。如果注册费未能在限定期限内交纳，秘书处应当撤销仲裁申请。

3. 案件移交仲裁庭

如果仲裁庭已经指定，预付费用业已支付，秘书处应当将案件移交仲裁庭。

4. 仲裁庭进行仲裁程序

在遵守本规则规定以及当事人约定的前提下，仲裁庭可以其认为适当的方式进行仲裁程序。在任何情况下，仲裁庭均应当公正、高效而快捷地进行仲裁程序，给予各方当事人平等、合理的机会陈述案件。

5. 案件管理会议和时间表

（1）案件移交仲裁庭后，仲裁庭应及时与当事人召开案件管理会议，以组织、安排和确定仲裁案件进行的程序。

（2）案件管理会议可以见面会的形式进行，也可以其他方式进行。

（3）根据案件情况，仲裁庭和当事人应尽力采用有利于使仲裁高效和快捷的程序安排。

（4）在案件管理会议期间或结束后，仲裁庭应立即确定包括裁决作出日期在内的仲裁案件进行的时间表。

（5）在征询当事人意见后，仲裁庭可以再次召开案件管理会议，如认为适当，可签发修订后的时间表。

6. 庭审

（1）如果一方当事人提出申请，或者仲裁庭认为适当，案件应当开庭审理。

（2）仲裁庭征询当事人意见后应决定庭审的日期、时间和地点，并合理地通知当事人。

（3）除非当事人另有约定，庭审不公开进行。

7. 仲裁庭指定的专家

（1）征询当事人后仲裁庭可以指定一个或多个专家，就仲裁庭确定的特定问题向仲裁庭出具书面报告。

（2）在收到指定专家出具的报告后，仲裁庭应将报告副本发送给当事人，并给予当事人就报告提交书面意见的机会。

（3）应一方当事人的请求，仲裁庭应当给予当事人机会，在庭审时对仲裁庭指定的专家进行盘问。

8. 程序终结

如果仲裁庭认为当事人业已获得合理的机会陈述案件，仲裁庭应当宣布仲裁程序终结。在特殊情况下，仲裁庭在作出最终裁决前，可以自行宣布仲裁程序终结。

9. 裁决和决定

（1）当仲裁庭由一名以上仲裁员组成时，裁决或者决定应当根据多数仲裁员的意见作出，或者在不能形成多数意见时，根据首席仲裁员的意见作出。

（2）仲裁庭可以决定由首席仲裁员单独作出程序指令。

10. 裁决的作出

（1）仲裁庭的裁决应当以书面形式作出。除非当事人另有约定，仲裁庭应当说明裁决的理由。

（2）裁决应当载明裁决日期以及确定的仲裁地。

（3）裁决应当由仲裁员予以签署。即使一名仲裁员未予签署，由多数仲裁员签署，或不能形成多数意见时由首席仲裁员签署的裁决仍为有效，只要在裁决中说明未予签署的原因。

（4）仲裁庭应当毫不迟延地将裁决书送达各方当事人和仲裁院。

（5）如果仲裁员无正当理由未参加仲裁庭就某一事项的合议，该行为并不妨碍其他仲裁员作出决定。

11. 最终裁决时限

最终裁决应当在案件移交仲裁庭之日起六个月内作出。理事会基于仲裁庭合理的请求或者认为有必要时，可以延长该时限。

12. 附加裁决

收到裁决后 30 日内，一方当事人经通知另一方当事人，可以请求仲裁庭就仲裁过程中业已提出但裁决中未予决定的请求作出附加裁决。在给予另一方当事人就请求发表意见的机会后，如果仲裁庭认为请求正当，应当在收到该请求后 60 日内作出附加裁决。如认为必要，理事会可以延长该60 日的时限。

四　仲裁费用

1. 注册费

根据 SCC 的规则，申请费为 3000 欧元（不含增值税），包含增值税是3750 欧元。简单的仲裁申请的申请费为 2500 欧元（未含增值税）。在瑞典国外登记的公司不用支付增值税。注册费必须付至斯德哥尔摩商会在斯德哥尔摩 Skandinaviska Enskilda Banken AB（publ）的账号，并应将银行转账凭证副本附上。

账号（IBAN）：SE13 50000000 0512 3822 5837。

偿付行识别代码：ESSESESS。

增值税号：SE555095795201。

2. 仲裁庭费用

（1）理事会根据仲裁员费用表（见表 1）并基于案件争议金额确定首席仲裁员或独任仲裁员费用。

（2）仲裁庭中其他仲裁员的费用分别是首席仲裁员费用的 60%。经商仲裁庭后，理事会可决定适用不同的百分比。

（3）争议金额应当是本请求金额、反请求金额和抵销请求金额的总和。如果争议金额不能确定，理事会将在考虑所有相关情形的基础上确定仲裁庭费用。

（4）特殊情况下，理事会可以不执行费用表所规定的金额。

3. 管理费

（1）管理费应当根据管理费表（见表 2）确定。

（2）争议金额应当是本请求金额、反请求金额和抵销请求金额的总和。如果争议金额不能确定，理事会将在考虑所有相关情形的基础上确定管理费。

（3）特殊情况下，理事会可以不执行费用表所规定的金额。

实际开支除仲裁员费用和管理费外，理事会应当确定仲裁员及仲裁院的合理实际开支金额。仲裁员的实际开支可以包括仲裁庭根据仲裁规则第34条所指定的专家的费用和实际开支。

表 1　仲裁员费用

单位：欧元

争议金额	首席仲裁员/独任仲裁员费用	
	最低金额	最高金额
≤25000	4000	12000
25001~50000	4000 + 25000 以上部分的 2%	12000 + 25000 以上部分的 14%
50001~100000	4500 + 50000 以上部分的 5%	15500 + 50000 以上部分的 5%
100001~500000	7000 + 100000 以上部分的 2%	18000 + 100000 以上部分的 4%
500001~1000000	15000 + 500000 以上部分的 1%	34000 + 500000 以上部分的 3%
1000001~2000000	20000 + 1000000 以上部分的 0.8%	49000 + 1000000 以上部分的 2.3%
2000001~5000000	28000 + 2000000 以上部分的 0.4%	72000 + 2000000 以上部分的 1.4%
5000001~10000000	40000 + 5000000 以上部分的 0.2%	114000 + 5000000 以上部分的 0.5%
10000001~50000000	50000 + 10000000 以上部分的 0.05%	139000 + 10000000 以上部分的 0.2%
50000001~75000000	70000 + 50000000 以上部分的 0.05%	219000 + 50000000 以上部分的 0.12%
75000001~100000000	82500 + 75000000 以上部分的 0.03%	249000 + 75000000 以上部分的 0.05%
≥100000001	由理事会决定	由理事会决定

表 2　管理费用

单位：欧元

争议金额	管理费用
≤25000	3000
25001~50000	3000 + 25000 以上部分的 4%
50001~100000	4000 + 50000 以上部分的 2.4%

续表

争议金额	管理费用
100001～500000	5200＋100000 以上部分的 2%
500001～1000000	13200＋500000 以上部分的 0.8%
1000001～2000000	17200＋1000000 以上部分的 0.5%
2000001～5000000	22200＋2000000 以上部分的 0.3%
5000001～10000000	31200＋5000000 以上部分的 0.14%
10000001～50000000	38200＋10000000 以上部分的 0.04%
50000001～75000000	54200＋50000000 以上部分的 0.02%
≥75000001	59200＋75000000 以上部分的 0.02%
	最高 60000

五　其他事项

SCC 没有仲裁员名单，当事人可自由指定任何国家的、任何身份的人作为仲裁员。通常当事双方各自选择一位同胞作为仲裁员，并共同选择第三名仲裁员从而组成三人仲裁庭。此举提高了仲裁的速度和效力，也便于在各个国家执行。

1. 仲裁员的指定

（1）当事人可以约定仲裁员的指定程序。

（2）当事人没有约定仲裁员的指定程序，或未能在约定期限内指定仲裁员，或未约定期限时，则仲裁员的指定应当在理事会规定的期限内根据第（3）～（7）款进行。

（3）如果仲裁庭由一名独任仲裁员组成，当事人应当在 10 日内共同指定一名独任仲裁员。如果当事人未能在该期限内作出指定，理事会应当指定独任仲裁员。

（4）如果仲裁庭由一名以上仲裁员组成，每一方当事人应指定同等人数的仲裁员，并由理事会指定首席仲裁员。如果一方当事人未能在规定期限内指定仲裁员，理事会应当予以指定。

（5）如果申请人或被申请人为多方，且仲裁庭由一名以上的仲裁员组成，申请人各方、被申请人各方均应各自共同指定同等人数的仲裁员。如果一方未能共同指定，则整个仲裁庭可以由理事会予以指定。

（6）如果当事人双方具有不同的国籍，除非双方当事人另有约定或者理事会认为合适，独任仲裁员或者仲裁庭首席仲裁员的国籍应当不同于双方当事人的国籍。

（7）在指定仲裁员时，理事会应当考虑争议的性质和情形、适用法律、仲裁地和仲裁语言以及当事人的国籍。

2. 仲裁员独立、公正和时间保证

（1）仲裁员必须独立公正。

（2）在被指定前，候选仲裁员应当披露可能对其独立公正性产生合理怀疑的任何情形。

（3）如果被指定，仲裁员应当向秘书处提交业经签署的"独立公正以及时间保证和接受指定的声明书"，披露可能对其独立公正性产生合理怀疑的任何情形。秘书处应将该声明书副本发送给当事人及其他仲裁员。

（4）如果在仲裁程序中出现可能对其独立公正性产生合理怀疑的任何情形，仲裁员应当立即书面通知当事人和其他仲裁员。

3. 临时措施的快速决定

任何一方当事人需要临时措施的话，可以申请一个应急仲裁员，在5日内获得快速决定。

有时一方当事人在仲裁程序开始之前，需要得到临时措施的决定以确保该方权利。这时，按照SCC规则，该方可以向斯德哥尔摩商会仲裁院申请任命应急仲裁员。

在申请人提交应急仲裁员申请的时候，应同时向SCC支付申请费。申请书的副本由秘书处在收到后尽快发给另一方当事人。SCC会尽可能在收到申请后的24小时内任命一个应急仲裁员，应急仲裁员应在收到案件后5日内作出决定。

临时措施作出后对双方是有约束力的，但任何一方可以要求应急仲裁员修改或废除临时措施。

仲裁庭不受应急仲裁员的决定或者论证理由的约束。仲裁庭可以作出决定使临时措施停止有效。如果仲裁程序在临时措施作出之后30日内不启动，或仲裁案件没有在临时措施作出之后90日内被提交仲裁庭，临时措施也停止有效。

◇ 伦敦国际仲裁院（LCIA）

一　机构介绍

伦敦国际仲裁院（London Court of International Arbitration，简称 LCIA），网址：www.lcia.org。

LCIA 是世界上最古老的仲裁机构，于 1892 年成立，称为伦敦仲裁会；后几经更名和改革，于 1903 年改名为伦敦仲裁院；1975 年，伦敦仲裁院与皇家仲裁员协会合并；1981 年，改名为伦敦国际仲裁院。LCIA 是世界领先的解决商业纠纷的国际机构之一。受理的案件中有 80% 以上的当事人都非英国国籍。它不仅具有悠久的历史、较高的仲裁质量和良好的国际声誉，而且在机构设置、适用法律、仲裁规则、国际合作等方面颇有特色。近年来，为扩大国际影响和服务覆盖范围，LCIA 先后在伦敦以外设立了三个国际办公室，分别是伦敦 – 印度国际仲裁中心（LCIA India）、伦敦 – 毛里求斯国际仲裁中心（LCIA MIAC）和迪拜 – 伦敦国际仲裁中心（DIFC LCIA）。

LCIA 的运行结构包括公司、仲裁院、秘书处三个层次。（1）LCIA 是一家非营利性的有限责任公司。LCIA 董事会主要由伦敦有名的仲裁从业人员组成，主要关注 LCIA 业务的运营和发展以及遵守公司法。（2）仲裁院是正确适用 LCIA 规则的最终权力机构，主要职能是指定仲裁庭、解决仲裁员指定的问题和控制成本。仲裁院由来自全球的 35 位委员组成，其中具有英国国籍的不超过 6 位。通常情况下，仲裁院的大部分职能由主席、副主席或仲裁院的一个三人或五人小组行使。（3）秘书处设在伦敦的国际争议解决中心，由秘书长领导，负责提交给 LCIA 的所有争议的日常管理。

LCIA 最新《仲裁规则》于 2014 年 10 月 1 日生效。

二 仲裁特色

1. 在指定仲裁员方面享有较大权力

当 LCIA 认为当事人提名的仲裁员候选人不适合时，其可以拒绝指定该仲裁员。

2. 对于仲裁员的国籍有特殊要求

当仲裁当事人为不同国籍时，独任仲裁员或首席仲裁员不能为与任何一方当事人具有相同国籍的人员，但当事人另有书面约定的除外。

3. 快速组织仲裁庭

在特别紧急的情况下，任何一方当事人都可以向秘书处提交有关加快组成仲裁庭的书面申请，并通知其他仲裁相关人员。

4. 紧急仲裁程序

LCIA 在正式组成仲裁庭之前，有权指定一个临时的独任仲裁员就临时措施进行裁决。

5. 灵活的计时收费

大部分仲裁机构都采取根据案件标的额叠加累进的计费方法，而 LCIA 采取灵活的计时收费方法。

6. 仲裁语言

当事人完全可以根据需要约定仲裁语言，不以英文为限。

三 仲裁流程

1. 仲裁申请

申请人向秘书处提交仲裁申请书，内容包含：申请人及其法定代表人、其他当事人的名称和联系方式；仲裁协议；简要声明，总结纠纷的性质和情形、预估的金额或价值、争议的合同交易等；当事人已经同意的仲裁程序事项或申请人在仲裁协议中提起的这些事项；当事人指定仲裁员的信息；注册费的交纳收据；仲裁申请书副本已经提交给其他仲裁当事人的证明。

上述申请和附带材料可以通过电子或书面形式，或同时以两种形式提交。如果是独任仲裁员，提交两份副本；如果是三名仲裁员，则为四份副本。申请人还可选择通过 LCIA 网站的标准电子格式提交。秘书长收到申请书的日期为仲裁的开始日期。

2. 仲裁答辩

仲裁开始后的 28 日内（此期间可由 LCIA 决定延长或缩短），被申请人应当向秘书处提交一份仲裁答辩书，内容包含：答辩人的姓名和联系信息；对仲裁请求的承认或否认；如非完全承认，提交一份简要说明，总结纠纷的性质和情形、预估的金额或价值、争议的合同交易等，以及对申请人提出的反请求；对程序事项的答辩；指定仲裁员；答辩书副本已经提交给其他仲裁当事人的证明。提交方式和提交副本份数，与仲裁申请书的提交要求相同。

被申请人如未及时答辩，将失去指定或提议仲裁员候选人的机会，此弃权不可恢复。但是，未及时提交答辩，不会阻止被申请人否认仲裁请求、辩驳或提交反请求。

3. 仲裁中的交流

当事人和仲裁庭在收到秘书长书面通知仲裁庭组成之日起，应通过面谈、电话会议、视频会议或其他方式尽快联系，最晚不超过 21 日。当事人和仲裁庭的交流可直接进行，只需抄送一份给秘书长即可，除非仲裁庭认为这些交流需要通过秘书长传递。

仲裁程序中的任何两方主体进行交流时，应当抄送给其他主体。例如，秘书长向一方当事人以仲裁庭或 LCIA 名义发送书面文件时，应向其他当事人抄送一份；当事人在向仲裁庭发送任何文件时，无论采取何种方式，应向每个仲裁员、其他当事人和秘书长抄送一份，且需和仲裁庭书面确认进行此等操作。

4. 书面程序

除非当事人另有书面约定或仲裁庭另有决定，仲裁的书面程序时间安排如下：

（1）在收到秘书处书面通知仲裁庭组成之日起 28 日内，申请人应向仲裁庭和其他当事人提交案件陈述或所依据的有关事实及法律意见书，连同对所有其他当事人提出的救济及所有重要文件；

（2）在收到申请人的上述材料后 28 日内，答辩人应向仲裁庭和其他当事人发送：答辩书和反请求申请书；或辩护声明和（如适用）反请求声明，详细列出其所依据的相关事实和法律意见书，以及对所有其他当事人

提出的救济和所有必要文件;

（3）在收到答辩人的上述材料后的 28 日内，申请人应当向仲裁庭和其他当事人提交一份回复的书面文件，在有任何反请求的情况下，还应包括以与辩护声明所要求的相同方式的反请求的辩护声明以及所有必要文件;

（4）在收到申请人的上述材料后的 28 日内，答辩人提交书面答复，连同必要材料。

仲裁庭可就仲裁书面程序的任何部分提供补充指示。上述材料如未及时提交，仲裁庭可以进行仲裁，并作出一项或多项裁决。

仲裁庭应依据已经确定的时间表，在双方当事人最后一次提交后（无论是口头形式或书面形式），尽快作出最后裁决。仲裁庭（不是独任仲裁员）应在当事人最后一次提交后，尽可能留出足够的时间进行审议，并通知各方当事人此预留时间。

5. 仲裁地点和庭审地点

在仲裁庭成立之前，当事人可以书面形式约定仲裁地点；在仲裁庭成立之后，当事人可在事先获得仲裁庭书面同意后确定仲裁地点。如无当事人协议约定，仲裁地点应为伦敦。但仲裁庭可结合案件情况，并在给予当事人合理机会向仲裁庭提出书面意见之后，更改仲裁地点。

仲裁庭与当事人协商后，可在任何方便的地点，或在自己选择的任何地点进行庭审。

适用于仲裁协议和仲裁的法律应是仲裁所在地适用的法律，除非当事人已就其他法律或规则的适用达成书面协议，且此类协议不为仲裁地的法律所禁止。

6. 仲裁语言

在仲裁庭成立前，仲裁的初始语言依据仲裁协议的语言或常用语言而定，除非当事人另有书面约定。如果仲裁协议同时由 2 种或 2 种以上的语言书写，除非仲裁协议规定仲裁程序应从一开始就以这几种语言进行，否则 LCIA 有权确定哪种语言应是仲裁的初始语言。未参与的当事人或缺席的当事人不能以上述语言问题提起申诉。

在仲裁庭成立后，除非当事人已就仲裁语言达成一致，仲裁庭应在给予双方合理机会提出书面意见后，结合仲裁的初始语言以及它认为适当的其他事项，确定仲裁语言。

如文件采用非仲裁语言表达，且提交方未提交文件译文，仲裁庭有权命令或在仲裁庭尚未成立时由秘书长要求以仲裁语言或仲裁地的语言提交该文件的译文。

7. 口头听证

当事人有权在仲裁的任何适当阶段（此阶段由仲裁庭决定），要求仲裁庭对案件进行口头听证，除非当事人书面约定仲裁程序只能依据书面文件进行。

仲裁庭应与当事人协商，提前组织听证会的举行。仲裁庭有充分权力确定听证会的举行，包括日期、形式、内容、程序、时限和地点。听证会可以通过视频、电话会议、面对面的形式进行，或采取三种形式的组合。关于听证会的内容，仲裁庭可以要求当事人罗列一份与纠纷有关的具体问题清单。

仲裁庭应向各方发出合理的书面通知。除非双方另有书面约定，听证会均应不公开进行。

8. 证人

在听证前，仲裁庭可命令当事人提交有关证人的书面说明，表明希望传唤的每一位证人的身份（包括反驳证人），以及该证人证言的主题、内容及与仲裁争议的相关性。

除非仲裁庭另有命令，证人证言可由一方以书面形式提交。仲裁庭有权决定双方之间交换书面证言并提交至仲裁庭的时间、方式和形式；仲裁庭有权允许、拒绝或限制证人（事实证人和专家证人）的书面和口头证言。

仲裁庭和当事人可以要求另一方当事人提供的已经提交书面证言的证人在听证会上接受口头询问。如果仲裁庭命令另一方当事人确保该证人出庭，而证人在没有正当理由的情况下拒绝或未能出席听证会，仲裁庭可以对书面证言的效力进行判断，将其全部或部分排除在外。

在符合仲裁法律的强制性规定的前提下，仲裁庭有权（但不是必须）在听证会上要求证人在提供口头证言前宣誓。各方当事人可在仲裁庭的主持下对证人进行询问，仲裁庭也可以随时对证人进行询问。

9. 专家证人

仲裁庭与当事人协商后，可指定一名或多名专家，以书面形式向仲裁庭和当事人就仲裁庭确定的具体问题提交专家报告。专家应保持公正且独立于当事人，签署书面声明交给仲裁庭，并抄送给所有当事人。

为保证专家完成工作，仲裁庭有权要求任何一方当事人在任何时候向专家提供相关信息，或者在当事人监督的情形下，为专家提供条件查阅各种相关文件、货物、样品、财产、场所等。

如果当事人要求或仲裁庭认为有必要，仲裁庭可在提交专家书面报告后，要求专家参加听证会。各方当事人可向专家提出问题，并提供证人就报告中提出的有关问题作证。

专家的费用和开支可以由当事人预付的款项支付，并构成仲裁费用的一部分。

10. 仲裁裁决

仲裁庭可以在不同时间对不同问题单独作出裁决。这些裁决具有相同的效力。仲裁庭应以书面形式作出裁决，除非各方另有书面协议。仲裁裁决应说明裁决理由、裁决日期和仲裁地点。

仲裁裁决依据多数人意见而确定；如无法达成多数人意见，依据首席仲裁员意见而定。如有仲裁员拒绝或未签署裁决，有多数仲裁员的签名或未形成多数人意见时有首席仲裁员的签名便可，但应记载遗漏签字的理由。

独任仲裁员或首席仲裁员应向 LCIA 提交仲裁裁决，LCIA 在确认当事人已经交纳全部仲裁费用后，把仲裁裁决发送给当事人。发送可采取书面形式，还可采取电子形式；如两者存在差异，以书面的为准。

每项裁决（包括裁决理由）均为最终裁决，对全体当事人均有约束力。当事人承诺立即、毫不拖延地履行裁决，放弃在任何国家的法院或其他法律机构进行上诉、审查或追索的权利，此权利不可恢复，且此放弃不为适用法律所禁止。

如当事人就纠纷达成最终和解，当事人可共同申请仲裁庭作出合意仲裁裁决，记录和解的内容。合意仲裁裁决应在首页明确注明此为当事人共同请求和合意的结果，无需说明理由。如果当事人未共同提出上述请求，LCIA 依据当事人提交的有关和解达成的书面确认，可以解散仲裁庭，主持仲裁程序的进行。

11. 仲裁裁决的更正和补充

在收到仲裁裁决后 28 日内，当事人可以书面通知秘书长（并抄送给所有其他当事人），要求仲裁庭纠正裁决中的计算错误、文书或印刷错误或其他错误。如果仲裁庭认为请求合理，在与当事人协商后，应在收到请求后28日内更正。任何更正均应采用仲裁庭备忘录的形式。仲裁庭可以在裁决作出后28日内，经咨询各方当事人意见后，以备忘录的形式主动纠正这些错误。

在收到最终裁决后28日内，当事人可以书面通知秘书长（并抄送给所有其他当事人），要求仲裁庭对仲裁裁决中未包含的仲裁请求或反请求作出补充裁决。如果仲裁庭认为请求合理，在与当事人协商后，应在收到请求后56日内作出补充裁决。对最终裁决中未包含的仲裁请求或反请求，仲裁庭可自行在裁决作出后28日内，经与当事人协商后，作出补充裁决。

上述事项可以通过备忘录或补充裁决作出，备忘录是仲裁裁决的一部分。

12. 仲裁保密

保密是仲裁的基本原则。当事人应当对仲裁的所有裁决、为仲裁目的而创建的仲裁中的所有材料、另一方在非公开的仲裁程序中提出的文件进行保密。此保密义务扩展至当事人在国家法院或其他法律机构的法律程序中保护和追求法律权利、执行或撤销该仲裁裁决的禁止披露的法律责任。仲裁庭的成员应对仲裁内容进行保密。未经所有当事人和仲裁庭的事先书面同意，LCIA 不会公布任何仲裁裁决或仲裁裁决的任何部分。

四　仲裁费用

1. 管理费

（1）登记费：1750 英镑。在提交仲裁申请时预先支付，不予退还。

（2）LCIA 秘书处的仲裁管理费：

秘书长/副秘书长	250 英镑/小时
顾问	225 英镑/小时
案件管理员	175 英镑/小时
案件财务管理员	150 英镑/小时

（3）LCIA 成员为解决争议而履行职能花费的时间：每小时收费按照 LCIA 成员建议的标准收取。

（4）LCIA 的费用将以英镑金额开具发票，但可以其他可兑换货币支付，按付款时的费率计算。费用可能按现行税率交纳增值税。

2. 仲裁庭的费用和开支

仲裁庭的费用将参照其成员在仲裁方面所做的工作计算，并将根据案件的具体情况（包括复杂性和仲裁员的特殊资格）收取费用。在 LCIA 指定之前，仲裁庭应以书面形式同意符合附表的费率。在指定仲裁庭时，书记官长将向各方通知费率，但如果仲裁的期限或情况发生变化，则可以对其进行修改。

费用应按每小时不超过 450 英镑的费率计算。但是，在特殊情况下，费率可以更高，但前提是：①仲裁庭的费用由 LCIA 根据秘书处的建议，在与仲裁员协商后确定；②费用由各方当事人明确约定。

仲裁庭的费用可能包括出差的费用，还可能包括预留时间的费用，但延迟或取消听证会不适用，且前提是此类收费的依据应以书面形式通知 LCIA 并经批准，当事人也已提前得到通知。仲裁庭还可以收取与仲裁有关的其他合理费用，只要费用收取有发票或收据。

3. 仲裁费用的承担

当事人应对仲裁费用向仲裁庭和 LCIA 承担连带责任（除当事人本身产生的法律费用或其他费用外）。当事人向 LCIA 付款所产生的任何银行手续费用应由付款的一方或多方当事人独自承担。

4. 紧急仲裁员的收费

（1）申请费（不可退还）：8000 英镑。

（2）紧急仲裁员的费用：20000 英镑。

（3）如果因案件的特定情况需要支付更高的费用，LCIA 可以在紧急程序期间的任何时候根据秘书处的建议增加紧急仲裁员的费用。

五　其他事项

1. 仲裁庭的组成

仲裁庭的组成包括独任仲裁员或多名仲裁员。

LCIA 应当在秘书处收到回复后，或仲裁开始后 35 日内未收到回复的，尽快成立仲裁庭。原则上指定独任仲裁员，除非当事人另有书面约定，或 LCIA 依据情形确定仲裁庭由三名以上仲裁员组成较为合适。LCIA 有权结合各种因素指定仲裁员。

2. 仲裁庭的快速组成

当事人在紧急情形下可向 LCIA 提出快速组成仲裁庭的申请。申请以书面形式向秘书处提出，推荐采用电子形式。如申请人提出，需附带一份申请书副本；如被申请人提出，需附带一份答辩书副本。上述副本还应发送给其他当事人。申请中应说明紧急情形下要求快速组成仲裁庭的特殊理由。LCIA 应尽快作出决定；如果理由充足，可不受当事人在仲裁协议中约定期限的限制。

3. 紧急仲裁员的指定

紧急情形下，且在仲裁庭组成或快速组成之前，当事人可向 LCIA 申请立即指定一名临时的独任仲裁员主持紧急程序。申请以书面形式向秘书处提出，推荐采用电子形式。如申请处提出，需附带一份申请书副本；如被申请人提出，需附带一份答辩书副本。上述副本还应发送给其他当事人。申请中应说明紧急情形下要求指定紧急仲裁员的特殊理由和紧急救济的理由，同时交纳相关费用。LCIA 应在秘书处收到上述申请后 3 日内尽快作出决定。

◇ 德国仲裁协会（DIS)

一 机构介绍

德国仲裁协会（Deutsche Institution für Schiedsgerichtsbarkeit，简称DIS）是经注册的社团，旨在促进德国国内和国际仲裁。

成立时间：德国仲裁协会（DIS）的根源可以追溯到 1920 年。

主要秘书处：波恩。

办事处：柏林和慕尼黑。

该协会目前在德国和海外拥有 1400 多名会员，包括领先的经济贸易组织和商会、领先的德国公司、法官、律师和学者。DIS 进行仲裁，并为在德国进行的仲裁相关事务提供必要的支持。

二 仲裁特色

1. 公正、独立

《德国仲裁协会仲裁规则 - 2018》（简称《规则》）适用于在仲裁协议中约定应由仲裁庭按德国仲裁协会（DIS）仲裁规则裁决的争议。除非当事人另有约定或请求，仲裁庭由三名仲裁员组成。仲裁员必须独立公正，并应尽其学识和能力行使职权。DIS 秘书处收到仲裁员的接受声明，且该声明中无明显对仲裁员的公正性或独立性及符合当事人约定之资格条件可能产生怀疑之情事，同时当事人未对仲裁员提出异议，则 DIS 秘书长即可任命所提名的仲裁员。

2. 平等对待

关于法律适用，仲裁庭应根据当事人选择的适用于争议实体的法律规则对争议作出裁决。当事人未作选择的，仲裁庭应适用与争议事项具有最密切联系国家的法律。仲裁庭仅在当事人明示授权时，按照公允及善良原则裁决争议或充任友好仲裁员。在任何情况下，仲裁庭应根据合同条款并应考虑到适用于交易的行业惯例作出裁决。除在仲裁地有效的、当事人不可以排除的仲裁程序的法律规定，以及仲裁规则及当事人约定的补充规则的规定外，仲裁庭应有决定仲裁程序的自由裁量权。当事人应获得平等对待。各方当事人在程序进行的各个阶段均应有充分机会陈述意见。仲裁庭应迅速进行仲裁程序，并应在合理期限内作出裁决。

3. 提高程序效率

在案件管理会议期间，仲裁庭应与当事各方讨论提高程序效率的下列措施。

（1）限制提交文书的长度或数量，包括事实证人的书面陈述以及当事方提供的专家报告。

（2）只进行一次口头听证会，包括取证。

（3）将仲裁程序分为多个阶段。

（4）针对具体问题给出一项或多项部分裁决或程序令。

（5）规定可以向不承担举证责任的一方询问是否要求生成文件，以及可能会限制生成文件的要求。

（6）在双方同意的情况下，向当事人提供仲裁中事实或法律问题的初步非约束性评估。

（7）充分利用信息科技提升效率。

如果当事人不确定是否适用上述一项或多项措施，仲裁庭应在案件管理会议期间尽快决定是否采取这些措施。

4. 当事人自主权

DIS 仲裁规则尽可能授予当事人组织仲裁的自主权，并且他们在数百次仲裁中明确证明了其价值。DIS 将在仲裁的每个阶段协助当事人和仲裁员。

三　仲裁流程

1. 仲裁的开始

仲裁应在请求（无论是否附带）按照规定的至少一种形式被提交至 DIS 的日期开始，条件是请求至少应包括：

（1）当事人的姓名或者名称及住所；

（2）对请求特定救济的说明；

（3）对请求所依据的事实和情况的说明；

（4）申请人所依据的仲裁协议。

如果申请人未能在规定的期限内补充有关上述 4 条要求的信息，则 DIS 可以作出终止程序的行政决定，申请人可在新程序中重新提出申请。

2. 被申请人的通知

在请求提交之日起 21 天内，被申请人应以书面形式通知 DIS 以下信息：

（1）根据《规则》的要求提名的仲裁员；

（2）有关仲裁地点、仲裁语言和适用于案情的法律规则的任何详情或建议；

（3）根据第 7（2）条提出的延长答复时限的请求。

被申请人应在提交请求之日起 45 天内向 DIS 提交答复。应被申请人的请求，DIS 可将时限延长最多 30 天。

如果被申请人认为由于特殊情况共计 75 天不足以提交答复，仲裁庭可以给予更长的时间。如果仲裁庭尚未成立，则仲裁协会可准许临时延长有效期限，直至仲裁庭决定延期请求为止。

3. 答复

被申请人的答复应包含以下内容：

（1）当事人的姓名和地址；

（2）在仲裁中代表被申请人的任何指定律师的姓名和地址；

（3）对答复所依据的事实和情况的描述；

（4）对所要求的具体救济的声明；

（5）有关仲裁协议、仲裁庭的司法管辖权和争议金额的任何详情。

4. 反诉

在可能的情况下，任何反诉都应与答复一起提交，比照仲裁请求要求适用。反诉应向 DIS 提交。

如果被申请人未按要求提交反诉及其附件，或者如果裁决委员会认为反诉不符合要求，则可以设定一个时限，让被申请人补正。如果被申请人未能在规定的期限内提交所需数量的副本或补正，则可以终止对反诉的仲裁。

被申请人应根据仲裁开始时生效的费用表向 DIS 支付反诉的行政费用。如果在 DIS 规定的期限内没有付款，DIS 可以终止有关反诉的仲裁。

仲裁庭有权决定是否受理反诉。

5. 仲裁庭

仲裁庭成立后，应通知当事人，仲裁自此由仲裁庭进行。

在有一名以上仲裁员的仲裁中，除非双方另有协议，否则仲裁庭的一致决定均应以多数票通过。在没有多数票的情况下，首席仲裁员应单独决定。在特殊情况下，首席仲裁员可以单独裁定个别程序问题，只要仲裁庭的其他成员授权这样做。

6. 最终裁决的时限

仲裁庭应在最后一次听证会或最后一次陈述提交后的三个月内（比较晚者为准），根据第 39（3）条将最终裁决送交 DIS 审查。仲裁委员会可自行根据仲裁庭发布最终裁决所需的时间决定减少一名或多名仲裁员的费用。在决定是否减少费用时，仲裁委员会应与仲裁庭协商并考虑案件的具体情况。

7. 仲裁裁决的更正和补充

仲裁庭应任何一方当事人的请求，可对裁决作如下更正：

（1）纠正文书、印刷或计算错误，以及任何其他类似性质的错误；

（2）对在仲裁中提出但未在仲裁裁决中作出裁决的任何请求作出补充裁决。

当事人根据规则提出的更正或补充请求应在仲裁裁决作出之日起 30 天内提交给 DIS，DIS 应迅速将任何此类请求转发给仲裁庭。仲裁庭应在收到请求后 30 天内与当事方协商并作出决定。

在与当事方协商后，仲裁庭也可以主动进行更正或补充。更正或补充应在作出裁决之日起 60 天内作出。

四　仲裁费用

（一）仲裁员费用

1. 仲裁员费用应根据争议金额计算，具体见表 1。

表1　仲裁员费用标准

单位：欧元

争议金额	每位共同仲裁员的费用	首席/独任仲裁员的费用
≤5000	770	1000
5001~20000	1150	1500
20001~50000	2300	3000
50001~70000	3000	4000
70001~100000	3800	5000
100001~500000	4450加上超过100000部分金额的2%	共同仲裁员的费用加30%
500001~1000000	12450加上超过500000部分金额的1.4%	共同仲裁员的费用加30%
1000001~2000000	19450加上超过1000000部分金额的1%	共同仲裁员的费用加30%
2000001~5000000	29450加上超过2000000部分金额的0.5%	共同仲裁员的费用加30%
5000001~10000000	44450加上超过5000000部分金额的0.3%	共同仲裁员的费用加30%
10000001~50000000	59450加上超过10000000部分金额的0.1%	共同仲裁员的费用加30%
50000001~100000000	99450加上超过50000000部分金额的0.06%	共同仲裁员的费用加30%
>100000000	129450加上100000001~650000000部分金额的0.05%；争议金额超过75000000001时，随着争议金额的增加不得进一步增加仲裁费用	共同仲裁员的费用加30%

如果是反诉或针对追加第三人的请求，反诉和针对追加第三人的请求的争议金额总和应作为计算费用的依据。如果请求、反诉或针对追加第三人的请求中缺少有关争议金额的信息，或者如果 DIS 认为任何量化的争议金额明显被低估，则 DIS 可以根据其自行确定的争议金额计算仲裁员的费用，该金额将一直适用，直到能明确争议的金额。如果仲裁当事人超过两方，则每一方的上述规定的仲裁员费用应分别增加10%，总体上不超过50%。在具有特定法律或事实复杂性的情况下，应仲裁庭的请求并经与当事人协商后，仲裁委员会可自行决定增加上述仲裁员费用，但不得超过50%。在决定增加任何此类费用时，仲裁委员会应考虑到争议的复杂性和

经济重要性，以及仲裁庭特别是仲裁员的时间、勤勉和效率及鼓励友好解决争端的贡献。如根据《规则》第 25 条对临时救济申请作出了决定，则应构成上述意义上的特别复杂的案件。如果根据《规则》任命替代仲裁员，仲裁委员会应自行决定替代仲裁员的费用。如果仲裁程序在仲裁庭组成之前终止，则任何已经被任命的仲裁员均无权获得任何费用。

（二）DIS 的行政费用

DIS 的行政费用标准如表 2 所示。

表 2　DIS 的行政费用标准

单位：欧元

争议金额	行政费用
0～50000	争议金额的 2%，最低为 750
50001～1000000	1000 + 超过 50000 部分的 1%
>1000000	10500 + 超过 1000000 部分的 0.5%，最高 40000

如果是反诉或对附加方的请求，应比照适用上述行政费用。在这种情况下，DIS 的行政费用应相当于两方的行政费用之和。

如果请求、反诉或针对附加方的请求不包含任何量化索赔，或者如果 DIS 认为任何量化索赔的金额明显被低估，则 DIS 可以自行确定争议金额并在此基础上计算行政费用。如果仲裁当事方超过两方，则每增加一方，行政费用应分别增加 10%，增幅总和不得超过 20000 欧元。如果仲裁程序在仲裁庭组成之前终止，则可以将行政费用减少最多 50%。如果合并两个或两个以上的仲裁，则各仲裁的争议金额应加在一起，并且每一个仲裁的行政费用应根据这些争议金额的总和计算。争议当事方已支付的任何金额均应扣除。如果反诉或对附加方的请求是以非德语和非英语的语言向 DIS 提交的，则 DIS 可以收取除行政费用之外的翻译费用。如果以下程序是在仲裁开始之前进行，任何已经为此类程序支付的 DIS 行政费用应从仲裁行政费用中扣除。如果在仲裁开始后启动任何此类程序，则不应对此类程序收取额外的 DIS 行政费用：

（1）DIS 调解程序；

（2）DIS 和解程序；

（3）DIS 裁决程序；

（4）DIS 专业知识程序；

（5）DIS 专家裁决程序。

（三）预付款和仲裁庭费用

双方根据《规则》提供的仲裁庭费用应相当于根据规定预计的仲裁员的费用和任何补充金额。DIS 应确定预付款和仲裁庭费用的金额。在计算预付款时，可以考虑整个仲裁庭的费用，或者最初只考虑部分费用。在后一种情况下，计算仲裁庭费用时应考虑剩余费用。如果一方提出反诉或对另一方的请求，应当事方的请求并在与仲裁庭协商后，仲裁委员会可以决定对于相应的索赔，应支付单独的预付款或仲裁庭费用以及单独的行政费用。DIS 可以在仲裁过程中增加或减少预付款和仲裁庭费用。DIS 应管理预付款和仲裁庭费用，直至支付给仲裁庭。在仲裁终止之前，DIS 应承担所有负面利益，并有权获得仲裁庭费用的任何正面利益。

（四）仲裁庭的开支

对于《规则》规定的可报销开支，适用于仲裁开始之日有效的 DIS 费用规则。

（五）增值税

DIS 向仲裁员支付的费用不包括增值税或仲裁员费用可能适用的任何类似税费。当事人有义务向仲裁员支付增值税或任何类似的税收或费用。这些税费的报销应完全在当事人和仲裁员之间进行。为了便于报销，在计算预付款和仲裁庭费用时，DIS 原则上应收取最高 20% 的额外费用，这些费用可用于报销任何此类税款或费用。仲裁员向一方或多方提供相应的发票。DIS 的行政费用可能需要交纳增值税或类似的其他税费，除支付行政费用外，双方还应支付此类税费。

五　其他事项

（一）董事会

DIS 有一个由 18 人组成的董事会，董事会成员包括学术界、商业界和法律界的代表。咨询委员会支持董事会的工作。此外，还不时形成关于仲裁中不同主题的工作组。在这些工作组中，专家们就新的发展和任务发表意见，并提出建议。

（二）理事会

理事会成员应至少为五个国家的国民，并具有国内和国际仲裁的实际经验。在与 DIS 咨询委员会主席协商后，理事会成员应由 DIS 董事会任命，任命委员会成员和秘书处工作人员，DIS 董事会成员不能担任理事会成员。理事会成员的任期为四年，可以连任一次。

（三）仲裁委员会

仲裁委员会应至少由 15 名成员组成（每个成员同时都是理事会成员）。仲裁委员会每年至少举行一次全体会议，讨论并就仲裁委员会具有普遍重要性的议题作出决定。秘书处应出席所有全体会议，并可邀请任命委员会成员出席全体会议。全体会议可以亲自或通过任何适当的通信方式参加。所有具体仲裁案件，均按照仲裁管理内部规则分配给案件委员会专门管辖。仲裁委员会无权审查、更改或撤销案件委员会作出的决定。仲裁委员会可在与秘书处协商后，发布所有案例委员会应遵守的内部规则。

（四）案件委员会

秘书处应设立至少五个案例委员会来监督 DIS 仲裁，每个委员会由三名理事会成员组成。在收到仲裁请求后，秘书处应将仲裁监督工作指派给案件委员会。秘书处可以在仲裁期间的任何时候将一个案件委员会的仲裁监督工作重新分配给另一个案件委员会，或者由另一个理事会成员代替案件委员会的任何理事会成员。秘书处可酌情作出决定，特别考虑到工作量、任何利益冲突以及影响理事会成员可用性的任何其他原因。在仲裁中存在利益冲突的理事会成员应立即向秘书处披露此类冲突，并且自理事会成员获悉冲突之日起，不再参与与此类仲裁有关的决定。理事会成员不得获得与此类仲裁有关的任何其他信息或文件，并且必须返还或销毁已收到的任何信息或文件。案例委员会应依大多数人的意见作出决定。

秘书处应编写一份书面陈述，作为案件委员会任何决定的依据，该陈述应在类似案件中就其他案例委员会的任何现行做法提出建议，并可能包含不具约束力的建议。

（五）专门个案委员会

DIS 可以随时创建专门的案例委员会，例如针对特定地理区域或某些类型的仲裁。

（六）任命委员会

任命委员会由三名主要成员和三名候补成员（统称任命委员会成员）组成。任命委员会成员应具有国内和国际仲裁的实践经验。DIS 有关诚信原则的规定适用于任命委员会成员。在与 DIS 咨询委员会主席协商后，任命委员会成员应由 DIS 董事会根据 DIS 章程第 7.2 条进行任命。根据 DIS 章程，理事会成员和秘书处工作人员、DIS 董事会成员不能担任任命委员会成员。任命委员会成员的任期为三年，可连任一次。在任何仲裁中存在利益冲突的任命委员会成员应立即向秘书处披露此类冲突，并且任命委员会成员从得知冲突时起，不再参与与此类仲裁有关的决定。该任命委员会成员不得获得与此类仲裁有关的任何其他信息或文件，并且必须返回或销毁已收到的任何信息或文件。任命委员会的决定由主要成员作出。如果主要成员因利益冲突或其他原因不能采取行动，秘书处指定的候补成员应代替该主要成员行事。任命委员会的决定需要依多数票作出。秘书处应编写一份书面陈述，作为任命委员会任何决定的依据。

（七）秘书处

在秘书处内，仲裁的管理由案件管理小组在副秘书长的指导下进行。秘书长可以在缺席或其他情况下授权副秘书长或秘书处的其他工作人员根据《规则》决定任命仲裁员。秘书处可为当事方和仲裁员提供资料，或在必要时为仲裁程序的正常进行发出说明和其他文件。

◇ 巴黎国际仲裁院（CAIP）

一　机构介绍

巴黎国际仲裁院（法文 La Chambre Arbitrale Internationale de Paris，英文 International Arbitration Chamber of Paris，简称 CAIP），网址：www. arbitrage. org。

CAIP 设立于 1926 年，其性质为非营利组织，当时的任务是解决农业贸易中的纠纷；之后，随着国际贸易的发展，其任务范围得以扩张，目前已经覆盖所有经济领域的纠纷。CAIP 是法国最古老的仲裁机构之一，也是具有国际盛誉的仲裁机构之一。至今，已经解决了将近 3 万件案件，其中70% 的案件中至少有一方为外国当事人，30% 的案件中两方为外国当事人。

CAIP 最新《仲裁规则》于 2019 年 7 月 1 日生效，同时适用于国内仲裁和国际仲裁。新《仲裁规则》回应了仲裁发展的新需求，突出程序加速和高效的特征，重视当事人自由选择仲裁员的意愿，着重发展电子程序，提高紧急程序的效率，确保临时措施和保全措施的有效性。

二　仲裁特色

1. 多元化的仲裁程序

CAIP 在普通程序之外，增设了两种加速仲裁程序。

（1）对纠纷的加速仲裁程序（法文 Procédure Acceleree de Règlement par Arbitrage des Différends，PARAD），适用于标的价值在 15 万欧元及以下的流动且确定的债权征收，允许债权人借助此简易程序，在独立仲裁员审查和确认请求的真实性后，便可获得债权的偿还，仲裁期限不超过 30 日。

（2）快速仲裁程序（法文 Procédure d'Arbitrage Rapide，PAR），适用

于标的价值在 4.5 万欧元以下的纠纷（除非当事人有相反要求），由独任仲裁员对此进行裁决，仲裁期限原则上为 3 个月。

当事人对三种程序享有自由选择权。

2. 二级仲裁

CAIP《仲裁规则》规定的普通程序原则上为一审，但当事人另有约定的除外。当事人可以通过仲裁协议约定对案件采取二级仲裁审理，即如果当事人对第一审仲裁裁决不服，有权启动第二审，CAIP 便重新组成新的仲裁庭对案件进行第二次审理。

3. 重视调解

依据 CAIP《仲裁规则》，当事人可依据仲裁协议中的调解前置条款或在纠纷产生后，随时启动调解前置程序。依据一方当事人申请，CAIP 可同意采取调解。调解程序依据 CAIP 于 2011 年发布的《调解规则》进行。必要时，中止仲裁程序，等待调解程序的结果。调解失败后，仲裁程序继续。调解期限最多为两个月，自当事人合意选定调解员之日起算；此期限可以在当事人共同同意后，由调解员决定顺延一次，期限为一个月。

4. 仲裁原则

在国际仲裁中，仲裁庭应监督遵守正当程序原则。当事人和仲裁员应当遵循快速和诚信原则。仲裁庭应确保当事人平等和审判原则的遵守。

5. 电子方式的适用

自 2015 年起，CAIP《仲裁规则》附录中特别强调了电子方式在仲裁和调解中的运用。CAIP 可以通过视频会议或音频会议组织听证。

三 仲裁流程

1. 仲裁申请

仲裁申请必须包含当事人及其律师的姓名和地址、争议事实摘要、所要求的措施，并尽可能包括索赔请求的量化估计，以及仲裁协议。CAIP 收到仲裁请求后，应立即通知被申请人。如果申请人通过电子邮件或传真向 CAIP 提交申请，则 CAIP 必须立即通过申请人签署文件确认仲裁请求及其日期。

2. 仲裁答辩

被申请人在收到申请书后应在仲裁庭审之日的 8 日之前提交答辩。在此之后提交的答辩，如果对方当事人提出异议，则该答辩的提交将被视为延迟，仲裁庭不予接受。

3. 仲裁反请求

被申请人如要提出仲裁反请求，应最迟在第一审庭审日的 15 日前，或第二审材料转送至仲裁庭的 15 日内提出。申请人均有机会要求仲裁庭举行庭审，从而提交其意见，仲裁庭随后应确定庭审日期以完成当事人的材料和陈述文件的交换。

4. 对审原则的遵守

仲裁程序应当遵守对审原则，确保辩论权利得到尊重。当事人应按照相应要求发送通知和提交材料。所有电子交流的文件，应当抄送给其他当事人或他们的代理人。邮件的变更应当及时告知 CAIP 和其他当事人。交流无论通过何种方式，都不能直接与仲裁员进行，所有的文件和证明材料、陈述应通过秘书处，当事人也可在秘书处指定的日期和时间进行查询。

5. 仲裁日程

仲裁庭在收到 CAIP 转交的文件后，秘书处传唤当事人出席第一次庭审，仲裁庭和当事人以及代理人商讨并制定仲裁程序日程，确定当事人的任务。第一次庭审可以通过电话会议进行。当事人和仲裁员在日程上签名，不签名不影响其效力。仲裁日程和文件的制定旨在确保当事人秉着诚信原则尽快交换文件，避免拖延。之后有关仲裁日程的修改，仲裁庭都应当与当事人、CAIP 沟通。如当事人没有相反约定，仲裁庭也可根据案件情形决定无须制定仲裁日程。

6. 仲裁期限

仲裁期限原则上是最后一个仲裁员接受任命后的 6 个月。仲裁日程应考虑到此期限。依据一方当事人或仲裁员的请求，或者 CAIP 主席自己认为必要时，可延长仲裁的期限，此期限由 CAIP 主席决定。决定应发送给仲裁员和当事人。同时，此 6 个月期限始终可以依据当事人的合意进行延长。

7. 仲裁语言

当事人可以选择法语或英语作为仲裁程序的语言。该规定优先于当事人在仲裁协议中作出的任何相反约定。作为例外，在 CAIP 主席同意后，当事人可以选择其他语言。当事人无约定时，仲裁语言为法语。但是，仲裁庭依据一方当事人的请求，结合案件情形，可决定采取其他语言。如果当事方未就仲裁指令的语言进行约定，仲裁庭将在法语表述的仲裁指令中确定仲裁语言。

仲裁程序中的文件如果不是用仲裁语言书写，应附上一份翻译文件。在翻译文件的准确性存在争议时，提交该文件的当事人应当提交一份正式认可的官方翻译文件。依据当事人一方的请求，并考虑到案件的情况和仲裁程序，仲裁庭可以决定接受没有附翻译文件的以非仲裁语言撰写的文件。

8. 预审措施

仲裁庭在寻找证据方面拥有最广泛的权力。他们可以要求当事人提供对事实的解释，命令他们提出证据，甚至依职权要求第三方在无法定阻碍事由的前提下提供持有的任何文件。仲裁庭也可以采取他们认为有用的调查措施，当事人有义务协助上述措施，如当事人拒绝协助的，仲裁庭可以对此作出不利于当事人的判断。仲裁庭还可以采取任何形式的咨询。

9. 临时或保全措施

仲裁庭可以命令当事人采取其认为适当的临时或保全措施。应当事人的请求，仲裁庭可以裁决方式作出决定。

在仲裁庭尚未成立时，指定 CAIP 的仲裁协议的存在并不排除一方当事人向国家司法机关请求采取调查措施、临时或保护措施的权利。

10. 仲裁中止

如有必要，仲裁庭可以决定暂停仲裁程序和仲裁期限，直至其确定的事件发生。

11. 缺席

如果被申请人经合法传唤，不出席，也未委托代理人，不提供证据材料和辩论材料，则仲裁庭可以依据现有的材料继续仲裁程序。但仲裁庭应注意通知缺席的被申请人参加程序的每个阶段，以保证对审原则的遵守。

12. 仲裁裁决

仲裁裁决依据大多数意见而定。如当事人达成和解协议，可以要求仲裁庭以裁决形式确认协议的内容。在国际仲裁中，当事人有权放弃对仲裁裁决撤销的救济，此放弃可随时行使。

仲裁裁决中应写明仲裁员和会议秘书的姓名、当事人请求的摘要、各自的主张和事实、裁决的理由和主文。裁决书的原件由所有仲裁员签字，但持异议的少数仲裁员拒绝签署的，则应说明该情况，并盖上 CAIP 指定的会议秘书签章。

13. 紧急仲裁程序

紧急仲裁程序的申请可在提交仲裁申请时提出。CAIP 主席决定是否应当适用紧急仲裁程序，决定无须说明理由。如果紧急仲裁程序请求被拒绝，将适用普通仲裁程序。紧急仲裁程序将组成 3 人仲裁庭，除非当事人约定由独任仲裁员审理，该独任仲裁员由 CAIP 主席指定。紧急仲裁程序中仲裁员的任命期限为 3 个月，但依据当事人的请求，CAIP 主席可以再续延 3 个月。

四　仲裁费用

1. 独任仲裁员审理的仲裁案件

标的额（欧元）	仲裁费（欧元）（包括仲裁员费用和管理费用）
0～50000	4650 + 5%×标的额
50001～100000	6400 + 4%×标的额
100001～500000	8600 + 3.5%×标的额
500001～1000000	10400 + 3%×标的额
1000001～5000000	19000 + 1.85%×标的额
5000001～10000000	30000 + 1.3%×标的额
>10000000	由 CAIP 主席确定

2. 3 人仲裁庭审理的仲裁案件

标的额（欧元）	仲裁费（欧元）（包括仲裁员费用和管理费用）
0～50000	5800 + 5%×标的额
50001～100000	8000 + 4%×标的额
100001～500000	11900 + 3.5%×标的额
500001～1000000	15300 + 3%×标的额
1000001～5000000	28000 + 1.85%×标的额
5000001～10000000	42000 + 1.3%×标的额
>10000000	由 CAIP 主席确定

3. 通过对纠纷的加速仲裁程序（PARAD）/快速仲裁程序（PAR）审理的仲裁案件

标的额（欧元）	仲裁费（欧元）（包括仲裁员费用和管理费用）
0～25000	3450
25001～50000	5800
50001～100000	8000
100001～150000	13600

五　其他事项

1. 仲裁员名单

CAIP 有仲裁员名单（约为 150 名），按照专业进行分类。当事人有权提名名单以外的人员成为仲裁员，只要该人员符合相应条件。指定该仲裁员的权力属于 CAIP 主席。仲裁员可以是法国国籍或其他国籍。无论仲裁员由哪种方式任命，他们都必须承诺独立和公正仲裁。在任何情况下，他们都不能担任当事人的代表人。

2. 仲裁员的人数和组成

仲裁庭原则上由 3 名仲裁员组成。申请人和被申请人均为单数时，申请人在提交仲裁申请后 15 日内指定一名仲裁员，被申请人在收到申请后 15 日内指定一名仲裁员；如果当事人未行使其权利，CAIP 主席依职权指定仲裁员；仲裁庭的首席仲裁员由 CAIP 主席指定。如是多方当事人，则由 CAIP 主席任命仲裁庭的所有组成人员。

如果是独任仲裁员，当事人应在提交仲裁申请后一个月内完成指定；如约定不成，则由 CAIP 主席指定。

3. 申请回避

仲裁员可能因缺乏独立性和公正性而受到质疑，特别是，他不能是当事人的父母、亲友或与案件具有利害关系的人。申请回避应在仲裁员独立和公正声明通知后 15 日内或提出回避申请的当事人自知道回避事由后 15 日内提出。例外情形下，此申请期限可延长一次，增加 15 日。回避申请应当说明提出回避申请的理由。CAIP 主席对回避申请作出决定，无须说明理由。指定该仲裁员的当事人只有在另一方当事人同意的情形下才可对该仲裁员提出回避申请。

4. 仲裁员的替换

如果仲裁庭的成员死亡、拒绝任命、弃权、无法胜任、回避、被撤销或丧失成为仲裁员的资格，应当依据之前任命的方式重新指定一名仲裁员。如果当事人未完成指定，由 CAIP 主席指定替换的仲裁员，仲裁程序继续。然而，如替换发生于辩论终结后，口头辩论需重新进行。

◇ 意大利米兰仲裁院（CAM）

一 机构介绍

意大利米兰仲裁院（意大利文 Camera Arbitrale di Milano，英文 Milan Chamber of Arbitration，简称 CAM），网址：www.camera-arbitrale.it。

CAM 是意大利领先的仲裁机构之一，受理在意大利境内处理的 2/3 的国际仲裁案件，在罗马设立了分支办公室。2017 年，CAM 受理 131 起仲裁案件，包括：国内仲裁 106 件，占 81%；国际仲裁 25 件，占 19%。涉及 345 方当事人，其中 90.4% 为意大利国籍，5% 为欧盟国家国籍，0.3% 为地中海周边非欧盟国家国籍，4.3% 为其他国籍。案件总价值为 6.3 亿欧元。平均审理期限为 13 个月，其中，独任仲裁员平均审理期限为 12 个月，3 人仲裁庭平均审理期限为 15 个月。

CAM 最新《仲裁规则》于 2019 年 3 月 1 日生效。

二 仲裁特色

CAM 最新《仲裁规则》充分吸收意大利仲裁改革的最新内容，对国外仲裁机构的仲裁规则进行比较研究，与仲裁领域的国际标准接轨，呈现三个明显的变化。

1. 临时措施

尽管之前的仲裁规则也规定了临时措施，但新的仲裁规则对临时措施的适用进行了修改，呈现三个新特征。（1）即使在利益处于期待状态时，当事人也可申请紧急临时性保护措施。（2）进一步加强临时性措施对当事人的约束效力，即合同的法律约束力，仲裁庭有权处罚违反决定的行为。（3）仲裁庭有权要求在采取临时性措施前提供合理的担保。

2. 紧急仲裁员

紧急仲裁员在其他国际仲裁规则中早已存在，CAM 最新《仲裁规则》增加了对紧急仲裁员的规定。一方当事人请求采取临时性措施时，可以提出指定紧急仲裁员的申请。CAM 在收到材料后 5 日内，必须指定一位独任仲裁员，并向后者提供相关材料。如果申请的当事人请求，该名仲裁员可以在收到请求后 5 日内发出命令，无须通知其他当事人；然而，仲裁员必须在 10 日内安排一次和所有当事人的会谈。如果申请的当事人没有请求，仲裁员应在收到 CAM 转交的材料后 15 日内发出命令，前提是确保正当程序和对抗程序的遵守。如果在紧急仲裁员确定的期限内没有提出仲裁申请，紧急仲裁员的措施将归于无效。紧急仲裁员在之后的仲裁程序中不能担任仲裁员。

3. 第三方资助

第三方资助是指仲裁当事人以外的人员对仲裁的一方当事人提供财政支持，使其能够承担仲裁的费用。国际立法对是否允许第三方资助的意见不一。在比较各种国际仲裁规则的基础上，CAM 最新《仲裁规则》中承认第三方资助的适用，但要求披露资金的存在和资助方的身份。

三　仲裁流程

1. 仲裁申请

申请人向秘书处提交仲裁申请，内容包含：当事人的姓名和住址、纠纷的说明、申请的声明和标的额、仲裁员的指定、证据、适用法律、仲裁语言和仲裁地点、代理人授权、仲裁协议。秘书处在收到申请后 5 日内发送给被申请人。申请人也可把仲裁申请书直接发送给被申请人。

2. 仲裁答辩

被申请人在收到仲裁申请书后 30 日内提交答辩和反请求。如有正当理由，秘书处可以延长提交期限。仲裁答辩书内容包括：被申请人的姓名和住址、答辩说明、反请求、指定仲裁员、证据、适用法律、代理人授权。秘书处在收到答辩后 5 日内发给申请人。如被申请人不答辩或不参加仲裁程序，仲裁程序继续进行。

3. 仲裁庭的组成

秘书处把仲裁申请书和仲裁答辩书连同附件转交给仲裁员。仲裁员应当在收到材料后 30 日内结合当事人的需求尽快组成仲裁庭。秘书处可依据正当理由适当延长组成期限。

4. 仲裁庭的权力

仲裁庭具有下列权力：（1）有权在第一次庭审前对仲裁程序每个阶段的发展设定条件和时间期限；（2）仲裁开始后，可随时要求当事人的代表人提供授权证明；（3）在仲裁程序中，仲裁庭可力图促成当事人的和解；（4）有权将在仲裁庭进行的与同一纠纷有关的或有联系的多个仲裁程序合并进行；（5）有权将同一仲裁程序的多个纠纷分开审理；（6）如果第三方申请加入正在进行的仲裁程序或一方当事人寻求第三方的参与，在征询当事人意见后结合案件情形决定是否同意。

5. 仲裁地点

当事人在仲裁协议中可以约定仲裁地点是在意大利或其他国家；如无约定，仲裁地点为米兰。但是，仲裁理事会可以结合当事人的请求和其他情形确定仲裁地点。仲裁庭可以决定庭审或其他程序行为在仲裁地点以外的地方进行。

6. 仲裁语言

仲裁语言由当事人在仲裁协议中约定；如无约定，由仲裁庭决定仲裁语言。

7. 仲裁保密

仲裁院、当事人及其代理人、仲裁庭和证人应当对仲裁程序和仲裁裁决保密，但为保护权利所需或法律另有规定的除外。为进行研究的用途，仲裁院可以发布或同意发布匿名的仲裁裁决；但是，如当事人在仲裁裁决作出后 30 日内表示反对的，仲裁裁决不能公布。

8. 仲裁诚信

仲裁院、仲裁员、专家、当事人和代理人应当秉持诚信原则参与仲裁程序。当事人允诺执行仲裁裁决、仲裁员的命令和决定。仲裁庭可以处罚任何违反决定的行为、非法行为、与诚信相悖的行为。在确定仲裁费的分担时，仲裁庭应当考虑当事人和代理人的这些行为。

9. 临时措施

依据一方当事人的请求，仲裁庭可采取任何紧急的和临时的保护措施，也包括适用于期待性质的利益。在任何案件中，除非当事人另有约定，仲裁庭依据一方当事人请求有权采取临时性的措施，此措施对当事人具有约束效力。仲裁庭可以要求申请临时措施的一方当事人提供合适的担保作为采取措施的条件。当事人向司法机构提出的临时措施申请不能豁免仲裁申请或仲裁协议的效力。

10. 庭审

仲裁庭在征询秘书处意见且与当事人交流后确定庭审日期。当事人可以亲自出席庭审，或委托代表人出席，或在代理人的辅助下出席。仲裁庭可以允许任何合适的出席方式。庭审将不公开进行。

11. 取证

仲裁庭允许所有具有关联性和可采性的证据通过合适的方式提出，有权对提交的证据进行评估，必要时可授命成员之一收集证据。

12. 专家证人

依据一方当事人的请求，或仲裁庭自行决定可指定一个或多个专家证人；仲裁庭也可授权仲裁院指定专家证人。专家证人应当允许当事人和他们的专家参与到他的活动中。

13. 新的请求

仲裁庭在征询当事人意见后，结合案件情形和仲裁程序阶段进展，决定是否采纳新的请求。

14. 当事人总结

当仲裁庭认为案件已经准备进入作出最终裁决的阶段，将宣布案件讨论结束时，在此之前邀请当事人提交总结陈述。仲裁庭可以对总结陈述的提出设定期限，并且有需要时可以安排最后一次庭审。案件讨论阶段结束后，当事人不能再提交新请求、提出新事实、提交新材料或建议采纳新证据，除非仲裁庭另有决定。

15. 和解和撤回

当事人及其代理人如想在和解情形下或依据其他理由撤回请求，应当告知秘书处，免除仲裁庭裁决的义务。

16. 仲裁裁决

仲裁裁决由仲裁庭所有成员参加评议，依据大多数意见而定。仲裁裁决中应表明仲裁员签名缺漏的理由。仲裁裁决以书面形式作出，内容包括：仲裁员信息、当事人和代理人信息、仲裁协议、仲裁地点、当事人的总结、裁决理由、裁决主文、仲裁费用的分配。仲裁员可以要求在签发仲裁裁决前，对仲裁裁决草案进行形式审查。

仲裁庭按照当事人人数加一份的数量向秘书处提交仲裁裁决的原件。秘书处把裁决原件在 10 日内发送给各方当事人。

仲裁庭应在组成后 6 个月内向秘书处提交最终裁决, 除非当事人在仲裁协议中另有约定。秘书处可自行决定延长仲裁裁决的提交期限, 但它认为有必要把案件提交仲裁理事会的除外。

仲裁庭可以作出一个或多个裁决, 包括部分裁决或临时裁决。这类裁决不影响提交最终裁决的期限, 除非仲裁员收到延期的请求。

17. 仲裁裁决的纠正

当事人如认为仲裁裁决存在文书错误或计算错误, 应在收到仲裁裁决后 30 日内向秘书处提出。仲裁庭在征询当事人意见后, 在 60 日内作出决定。此决定为裁决的一部分。当事人无须支付额外费用。

四 仲裁费用

仲裁费用依据纠纷的标的额确定, 按照《仲裁规则》确定的费用表(见表 1)收取。费用表中的费用不包括增值税费用和其他法律和财务上的费用。

表 1 意大利米兰仲裁院仲裁费用

单位: 欧元

标的额	仲裁院管理费用	独任仲裁员费用	仲裁庭费用
≤25000	400	600 ~ 1500	1600 ~ 3800
25001 ~ 50000	1000	1500 ~ 2500	3800 ~ 6000
50001 ~ 100000	1700	2500 4500	6000 ~ 12000
100001 ~ 250000	3500	4500 ~ 10000	12000 ~ 25000
250001 ~ 500000	7000	10000 ~ 18000	25000 ~ 40000
500001 ~ 1000000	12000	18000 ~ 25000	40000 ~ 70000
1000001 ~ 2500000	18000	25000 ~ 40000	70000 ~ 100000
2500001 ~ 5000000	24000	40000 ~ 70000	100000 ~ 150000
5000001 ~ 10000000	30000	70000 ~ 90000	150000 ~ 220000
10000001 ~ 25000000	40000	90000 ~ 120000	220000 ~ 280000
25000001 ~ 50000000	55000	120000 ~ 150000	280000 ~ 350000
50000001 ~ 100000000	70000	150000 ~ 180000	350000 ~ 450000

标的额	仲裁院管理费用	独任仲裁员费用	仲裁庭费用
>100000000	70000 + 0.1% × 超过 100000000 的部分（最高不超过 140000）	180000 + 0.05% × 超过 100000000 的部分（最高不超过 240000）	450000 + 0.12% × 超过 100000000 的部分（最高不超过 600000）

注：紧急仲裁员收费标准：仲裁院管理费 4000 欧元，紧急仲裁员费 16000 欧元，总计 20000 欧元。

五　其他事项

1. 仲裁员的人数和指定

当事人有权约定仲裁员人数。如无当事人约定，仲裁庭原则上由独任仲裁员组成，除非仲裁理事会结合纠纷的复杂性和经济价值认为由三名仲裁员组成更为合适。

仲裁员的指定依据当事人的约定进行。如当事人无约定或事后未达成协议，由仲裁理事会指定。如指定独任仲裁员未确定期限，由秘书处确定此期限。

如无当事人约定或其他强制性规则，三人仲裁庭依据下列方法确定：各方申请人在提交申请和答辩时各指定一名仲裁员；如当事人无指定，由仲裁理事会指定；其中，首席仲裁员由仲裁理事会指定，但当事人可以要求由他们共同指定的仲裁员担任或指定首席仲裁员，如仲裁员未在确定期限内就首席仲裁员人选达成一致，首席仲裁员由仲裁理事会指定。

2. 独任仲裁员和首席仲裁员的国籍

当事人具有不同国籍时，仲裁理事会将指定一名不同国籍的人员担任独任仲裁员或首席仲裁员，除非当事人另有约定。在特定情形下，如当事人没有在确定期限内提出反对，仲裁理事会可以指定与当事人相同国籍的独任仲裁员或首席仲裁员。

3. 仲裁员的独立

仲裁员在收到指定指令时，应当在确定期限内向秘书处提交独立声明，应当披露下列情形：是否和当事人、代理人和其他参与仲裁的人员存在可能影响独立和公正的特殊关系（特别是财务关系），是否与纠纷有直接或间接的利益关系或为利害关系人，是否对纠纷中涉及的问题有偏见或保留。秘书处把仲裁员的独立声明复印件抄送给当事人;各方当事人在收到声明后10日内向秘书处提交书面意见,如要对仲裁员提出回避申请,应同时提出理由。秘书处将回避申请转交给仲裁员和其他当事人,并确定提交意见的期限。

4. 仲裁员的更换

在下列情形下,仲裁员应进行更换:仲裁员不接受指定或在接受后卸职的;仲裁员未被确认;仲裁员被所有当事人要求撤换;仲裁理事会支持对仲裁员的回避申请;仲裁理事会在征询当事人和仲裁员意见后,因为仲裁员违反仲裁规则和仲裁员行为规则下仲裁庭的职责或其他理由而撤换仲裁员;仲裁员死亡,或因为疾病或其他严重情形不能履行自己的任务。

◇ 瑞士商会仲裁院（SCAI）

一　机构介绍

2004 年，瑞士的巴塞尔、伯尔尼、日内瓦、纳沙泰尔、提契诺、沃州和苏黎世商业与工业协会成立了联合商会，并共同成立了瑞士商会仲裁院（Swiss Chambers' Arbitration Institution，SCAI），官方网址为 https://www.swissarbitration.org/。2007 年，该仲裁院开始提供调解服务。

仲裁院由各商会的一名代表和国家仲裁委员会的主席组成。国家仲裁委员会的主席承担咨询职能。2004 年，巴塞尔商业与工业协会、伯尔尼商业与工业协会、日内瓦商业与工业协会、纳沙泰尔商业与工业协会、提契诺商业与工业协会、沃州商业与工业协会、苏黎世商业与工业协会共同采用了《瑞士国际仲裁规则》，以取代各商会以往的仲裁规则。2012 年 6 月 1 日，经修订的《瑞士国际仲裁规则》生效。为了在《瑞士国际仲裁规则》下更好地管理仲裁案件，SCAI 成立了由在国际仲裁领域有丰富经验的从业人员组成的仲裁委员会（简称仲裁委）。仲裁委员会根据《瑞士国际仲裁规则》作出裁决，也可授权一个或多个成员或成员委员会以各自内部规则为基础作出相关的特别决定。

SCAI 通过七个商会的秘书处提供仲裁服务。仲裁委秘书处协助仲裁委的日常工作。各个商会都需要指定其秘书处协助对其负责的仲裁案件进行日常管理和监督。各商会秘书处必须确保在收到仲裁申请书之后迅速处理每一个案件。

二　仲裁特色

1. 得到瑞士立法和司法的支持

瑞士是一个政治中立的国家，其政治局势的稳定以及仲裁的公正性，使其成为公认的国际仲裁中心。早在 1987 年，瑞士就颁布了非常现代化的并被其他法域广泛借鉴的国际仲裁法——《瑞士联邦国际私法》。《瑞士联邦国际私法》及判例法与《瑞士国际仲裁规则》具有高度的兼容性。另外，瑞士各州法院都十分支持仲裁，不存在干涉主义态度。例如，撤销仲裁裁决的理由很少，实践中裁定撤销的案例也非常少，且当事方如欲撤销仲裁裁决必须向瑞士最高法院提交申请。

2. 高效且经济

SCAI 约 40% 的案件采用了简易程序。仲裁程序平均耗时 14 个月，简易程序平均耗时 6 个月。当争议标的额小于 200 万瑞士法郎时，SCAI 不收取任何行政费用。

3. 对指定的仲裁员的国籍不存在限制

当事人可自由指定其认为适合的人选担任仲裁员。

4. 对中国当事人具有独特的吸引力

瑞士是第一个正式承认中华人民共和国的西方国家。瑞士企业与中国的国有企业成立了中国首家合资企业。2013 年，瑞士成为继冰岛之后首位与中国签订自由贸易协定的西方经济强国。鉴于瑞士和中国之间多年的密切关系，瑞士对于中国当事人来说是非常具有吸引力的仲裁地。SCAI 2012 年的《仲裁规则》还提供中文版本。

三　仲裁流程

1. 仲裁通知

申请人应向瑞士商会仲裁院的任一办事处的秘书处提交仲裁通知。仲裁通知的内容包括：

（1）将争议提交仲裁的请求；

（2）当事人及其代理人的姓名、地址、电话和传真号码以及电子邮箱地址；

（3）所援引的仲裁条款或单独的仲裁协议文本；

（4）指明引起纠纷或与纠纷相关的合同或其他法律文件；

（5）所主张权利的基本性质，以及对所涉金额的说明；

（6）所要求的救济或赔偿；

（7）对仲裁员人数、仲裁语言和仲裁地点的建议（若之前当事人之间未达成协议）；

（8）申请人对一名或多名仲裁员的指定；

（9）对已按照费用说明表向所选定的办事处的相关账户通过支票或转账方式支付受理费的确认。

仲裁通知份数应以其他当事方的数量提交，同时另向每位仲裁员及秘书处提交一份仲裁通知副本。

仲裁通知应以英语、德语、法语或意大利语提交。

2. 对仲裁通知的答复

被申请人应在收到仲裁通知的 30 日内向秘书处提交对仲裁通知的答复。被申请人可在对仲裁通知的答复中进行仲裁答辩。任何反请求或抵消抗辩原则上须在对仲裁通知的答复中提出。若被申请人不提交对仲裁通知的答复，也不尽心抗辩，则仲裁委应进行裁判，除非当事人之间不存在适用本规则的仲裁协议。

3. 合并仲裁和第三方加入

经正在依照本规则进行仲裁程序的当事人在仲裁通知中提出，仲裁委在与当事人以及任何已确认的仲裁员协商后，可决定将新的仲裁案件合并到正在进行的仲裁程序中。

当一个或多个第三方请求加入依据本规则正在进行的仲裁程序或当事人意图促使一个或多个第三方加入仲裁时，仲裁庭应与所有各方当事人协商，并综合考虑所有相关情形后作出决定。

4. 仲裁员的确认

当事人或仲裁员对仲裁员的指定，均须由仲裁委加以确认方可生效。若某一仲裁员人选未得到确认，仲裁委无义务说明理由，且可要求有关方作出新的指定，或在特殊情况下直接指定。

5. 仲裁员的人数

当事人可就仲裁员的人数达成协议。若未达成协议，则由仲裁委决定将案件交由独任仲裁员或三人仲裁庭审理。

原则上，仲裁委应将有关案件交由独任仲裁员审理，除非案件复杂或争议金额高，使得案件交由三人仲裁庭审理更合适。

若仲裁协议约定组成多人仲裁庭，仲裁委可考虑争议金额或其他情形，在征求当事人的意见后将争议交由独任仲裁员审理。

6. 独任仲裁员的指定

若当事人协议约定将争议交由独任仲裁员审理,则双方应在被申请人收到仲裁通知之日起 30 日内共同指定独任仲裁员。

若未达成协议,则当事人应在收到仲裁委将争议交由独任仲裁员审理的决定之日起 30 日内共同指定独任仲裁员。

若当事人未能在规定期限内指定独任仲裁员,仲裁委将自行指定。

7. 多名仲裁员的指定

若当事人协议约定将争议交由三人仲裁庭仲裁,则各方当事人在约定期限内各指定一名仲裁员,否则由仲裁委指定。除非当事人另有约定,在第二名仲裁员获得确认之日起 30 日内,已被确认的两名仲裁员应共同指定第三名仲裁员,并由其担任首席仲裁员。

8. 仲裁员的回避

只要存在对该仲裁员公正或独立地位产生合理怀疑的情形,任何仲裁员都可被申请回避。

申请仲裁员回避的一方当事人应在其知晓回避事项之日起 15 日内向秘书处递交回避申请。仲裁委对回避请求作出决定,无须说明理由。该决定为终局决定。

9. 仲裁员的解除和替换

若仲裁员不顾其他仲裁员或仲裁委的书面警告而未能履行其职责,仲裁委可解除该仲裁员职务。替换的仲裁员应在仲裁委设定的时间内被指定或任命。仲裁程序原则上应从被替换仲裁员停止履行职责时的阶段继续进行。

10. 仲裁审理程序

在争议金额不超过 100 万瑞士法郎时,应采用简易程序。

仲裁庭可依据本规则按照其认为合理的方式进行审理。仲裁庭在审理程序的任何阶段可安排听取证人证言,或听取口头辩论。经与当事人各方协商后,仲裁庭也可决定根据文件及其他材料审理。

在审理的开始阶段,经与当事人各方协商后,仲裁庭应准备审理程序的暂行时间表,并可委任一名书记员。

经当事人同意,仲裁庭可进行调解。

11. 仲裁地

若当事人未约定仲裁地,或约定不清楚或不完整时,仲裁委应确定仲裁地，或应要求仲裁庭确定仲裁地。

仲裁庭可选择在自己认为合适的任何地点听取证人证言及举行仲裁庭内部会议。

仲裁庭可在其认为合理的任何地点查验货物、其他财产或文件。

仲裁裁决应被视为在仲裁地作出。

12. 仲裁语言

在符合当事人各方协议的前提下，仲裁庭应在成立后立即决定在仲裁审理程序中使用的一种或几种语言。

13. 仲裁请求

申请人应在规定期限内将书面的仲裁请求书传送至被申请人和仲裁员，并应附上合同副本以及证据。如合同未包含仲裁条款，则须在仲裁请求中附上仲裁协议。

仲裁请求书的内容包括：（1）当事人各方的姓名、地址；（2）对支持其请求的事实的描述；（3）争议要点；（4）要求的救济或赔偿。

14. 仲裁答辩

被申请人应在规定期限内，将书面仲裁答辩传送至申请人及仲裁员。

原则上，被申请人应在答辩书中附上支持其答辩的所有文件和证据。

被申请人可在答辩书中对仲裁庭的管辖权或组成提出异议，并载明相关的事实和法律依据，还可提出反请求以及以抵销为目的而提出的请求。

15. 管辖权异议

仲裁庭有权对任何关于管辖权的异议作出决定。

原则上，对仲裁庭管辖权的异议应在对仲裁通知的回复中提出，最迟不得晚于仲裁答辩。若存在反请求，则最迟应在对反请求的答辩中提出。

16. 进一步书面陈述

除仲裁请求和仲裁答辩外，仲裁庭应决定是否需要当事人提交进一步书面陈诉，或可由当事人提交进一步书面陈述。

17. 期限

仲裁庭确定的提交书面陈述（包括仲裁请求书和答辩书）的期限一般不得超过45日。

18. 开庭

采用开庭审理的，仲裁庭应就开庭日期、时间和地点事先告知当事人。在审理中，证人或专家证人可在仲裁庭规定的条件和方式下被询问和调查。仲裁庭指导证人或专家证人通过远程通信方式接受询问和调查。

除非当事人另有约定,开庭审理不公开进行。仲裁庭可要求证人或专家证人在其他证人或专家证人作证时退出庭审。

19. 临时保护措施

应一方当事人申请,仲裁庭可采取任何其认为必要或适当的临时措施。

临时措施以临时裁决的形式作出。仲裁庭有权要求当事人提供适当的担保。

20. 仲裁庭指定的专家

仲裁庭经与各方当事人协商,可委任一名或多名专家就具体事项出具书面报告。在出具报告后,应任一方当事人的要求,专家可出庭陈述,当事人应有机会对专家进行质询。

21. 缺席

申请人未能在设定期限内向仲裁庭提交仲裁请求,且未对此提供充分理由,仲裁庭应作出决定终止仲裁程序。

被申请人未能将仲裁答辩送交仲裁庭,且未对此提供充分理由,仲裁庭应决定继续仲裁程序。

在得到适当通知后,一方当事人未能出席庭审,且未对此提供充分理由,仲裁庭可继续仲裁程序。

22. 审理程序终结

在当事人有合理的机会在即将作出裁决的仲裁程序中表达自己的立场后,仲裁庭可宣布仲裁程序终结。

23. 仲裁决定

由多名仲裁员组成的仲裁庭的任何裁决或其他决定应依多数仲裁员的意见作出。不能形成多数意见时,裁决按首席仲裁员的意见作出。

经仲裁庭授权,首席仲裁员可就程序问题作出决定。

24. 裁决的形式和效力

仲裁裁决应以书面形式作出,且具有终局性,并对当事人各方均具有约束力。

仲裁庭应说明裁决所依据的理由,除非当事人各方同意不说明理由。

25. 适用法律、友好公断人

仲裁庭应将当事人指定的法律作为争议实体的准据法。当事人未指定的，仲裁庭应适用与纠纷有最密切联系的法律。

只有在当事人明确授权仲裁庭的情况下，仲裁庭才可以作为友好公断人或依公允善良的原则作出裁决。

26. 和解或其他终止仲裁程序的理由

在裁决作出前，当事人各方就争议达成和解，仲裁庭应作出决定终止仲裁程序，并可依据和解内容作出仲裁裁决。

在裁决作出前，若存在不必要或不可能继续仲裁程序的情形时，仲裁庭应提前通知当事人各方其将决定终止仲裁程序。

27. 裁决的更正和补充

在收到裁决后的 30 日内，一方当事人经通知秘书处和其他当事人，可请求仲裁庭对裁决书中的计算错误、笔误或打印错误及其他类似错误予以补正，还可要求仲裁庭补充裁决在仲裁程序中已提出而裁决中遗漏的请求。

四　仲裁费用

仲裁费用包括以下几项。

1. 瑞士商会仲裁院的受理费和预存费用。申请人没有交纳受理费或临时预存费用的，有关请求与反请求的仲裁程序不会进行。

表 1　SCAI 受理费用

单位：瑞士法郎

争议金额	受理费用
≤2000000	4500
2000001～10000000	6000
>10000000	8000
金额不能确定	6000

注：该受理费用适用于所有反请求。

简易程序的申请人应支付 5000 瑞士法郎的临时预存费用。

紧急救济程序的申请人应支付 4500 瑞士法郎的受理费，以及 20000 瑞士法郎的预存费用。如果没有交纳受理费和预存费用，仲裁委不会启动紧急救济程序。

2. 仲裁员费用和管理费用。原则上，考虑到每位仲裁员所花费的时间和精力，首席仲裁员应取得全部费用的 40% ~ 50%，而其他仲裁员应取得全部费用的 25% ~ 30%。

表 2　SCAI 独任仲裁员费用

单位：瑞士法郎

争议金额	管理费用	仲裁员费用最低额	仲裁员费用最高额
0 ~ 300000	0	争议金额的 4%	争议金额的 12%
300001 ~ 600000	0	12000 + 超过 300000 部分的 2%	36000 + 超过 300000 部分的 8%
600001 ~ 1000000	0	18000 + 超过 600000 部分的 1.5%	60000 + 超过 600000 部分的 6%
1000001 ~ 2000000	0	24000 + 超过 1000000 部分的 0.6%	84000 + 超过 1000000 部分的 3.6%
2000001 ~ 10000000	4000 + 超过 2000000 部分的 0.2%	30000 + 超过 2000000 部分的 0.38%	120000 + 超过 2000000 部分的 1.5%
10000001 ~ 20000000	20000 + 超过 10000000 部分的 0.1%	60400 + 超过 10000000 部分的 0.3%	240000 + 超过 10000000 部分的 0.6%
20000001 ~ 50000000	30000 + 超过 20000000 部分的 0.05%	90400 + 超过 20000000 部分的 0.1%	300000 + 超过 20000000 部分的 0.2%
50000001 ~ 100000000	45000 + 超过 50000000 部分的 0.01%	120400 + 超过 50000000 部分的 0.06%	360000 + 超过 50000000 部分的 0.18%
100000001 ~ 250000000	50000	150400 + 超过 100000000 部分的 0.02%	450000 + 超过 100000000 部分的 0.1%
> 250000000	50000	180400 + 超过 250000000 部分的 0.01%	600000 + 超过 250000000 部分的 0.06%

表 3　SCAI 三人仲裁庭仲裁员费用

单位：瑞士法郎

争议金额	管理费用	仲裁员费用最低额	仲裁员费用最高额
0 ~ 300000	0	争议金额的 10%	争议金额的 30%
300001 ~ 600000	0	30000 + 超过 300000 部分 5%	90000 + 超过 300000 部分的 20%
600001 ~ 1000000	0	45000 + 超过 600000 部分的 3.75%	150000 + 超过 600000 部分的 15%
1000001 ~ 2000000	0	60000 + 超过 1000000 部分的 1.5%	210000 + 超过 1000000 部分的 9%

争议金额	管理费用	仲裁员费用最低额	仲裁员费用最高额
2000001～10000000	4000＋超过2000000部分的0.2%	75000＋超过2000000部分的0.95%	300000＋超过2000000部分的3.75%
10000001～20000000	20000＋超过10000000部分的0.1%	151000＋超过10000000部分的0.75%	600000＋超过10000000部分的1.5%
20000001～50000000	30000＋超过20000000部分的0.05%	226000＋超过20000000部分的0.25%	750000＋超过20000000部分的0.5%
50000001～100000000	45000＋超过50000000部分的0.01%	301000＋超过50000000部分的0.15%	900000＋超过50000000部分的0.45%
100000001～250000000	50000	376000＋超过100000000部分的0.05%	1125000＋超过100000000部分的0.25%
＞250000000	50000	451000＋超过250000000部分的0.025%	1500000＋超过250000000部分的0.15%

紧急仲裁员的费用在2000瑞士法郎至20000瑞士法郎。只有在征得仲裁委事先同意的特定情况下，此费用才会超过20000瑞士法郎。

3. 仲裁庭和书记员因仲裁而产生的差旅费和其他费用。

4. 仲裁庭要求的专家建议和其他协助的费用。

5. 证人在仲裁庭批准范围内的差旅费和其他费用。

6. 仲裁审理程序进行中提出请求的法律代理与法律协助费用，但限于仲裁庭认为合理的数额范围内。

五　其他事项

1. 紧急仲裁员程序

在所有仲裁员被确认前，若一方当事人根据第26条需要紧急救济措施，则可向秘书处申请紧急救济程序。

紧急仲裁申请的内容包括：（1）对所寻求救济措施的陈述和理由，尤其是构成紧急情况的理由；（2）对仲裁语言、地点及适用法律的意见；（3）通过支票或转账方式已支付受理费以及本规则所要求的紧急仲裁程序费用的确认。

若当事人在提交仲裁通知前提出紧急救济申请，且在申请后的10日内未提交仲裁通知，则仲裁委应终结紧急救济程序。

紧急仲裁员的回避期限缩短为 3 日。

对申请的裁决应在秘书处将文件转交给紧急仲裁员起 15 日内作出。

紧急仲裁员作出的裁决的效力等同于仲裁庭作出的裁决的效力。

除非当事人另有约定，紧急仲裁员不得在其参与过的、与争议有关的仲裁程序中担任仲裁员。

2. 仲裁员名册

瑞士商会仲裁院的仲裁员名册是开放的。当事人可自由指定任何其认为适合的人选担任仲裁员，且仲裁员的国籍不存在任何限制。仲裁院在其官网上为客户提供可供查询的仲裁员和律师数据库（ASA database，共约 750 名）。其中，中国籍的仲裁员和律师共 6 名。另外，其官网上还分别为客户提供大宗商品贸易、海运以及金融贸易争议领域的仲裁员名单，和国际销售争议领域的仲裁员名单。

3. 示范仲裁条款

"基于本合同产生的或者与本合同有关的任何纠纷、争议或权利主张，包括涉及合同有效、无效、违约或合同终止的事项，均应根据提交仲裁申请时有效的瑞士商会仲裁院的《瑞士国际仲裁规则》以仲裁方式加以解决。"

◇ 西班牙马德里仲裁院（MCA）

一　机构介绍

西班牙马德里仲裁院（Madrid Court of Arbitration，简称 MCA），网址：www. arbitramadrid. com。

MCA 于 1989 年由马德里商会（Cámara de Comercio de Madrid）成立。为确保 MCA 的自主权和独立性，马德里商会为 MCA 制定了自己的具体规约（最近于 2014 年修订），确定了 MCA 的执行框架，并为其提供了开展活动所需的必要手段和机构——全体会议、仲裁员指定委员会、秘书处和主席。

2017 年 12 月 18 日，为响应西班牙政府的号召，马德里商会和西班牙商会、民商事仲裁院共同签署备忘录，启动统一仲裁机构的第一步，旨在把西班牙打造成为在国际上与巴黎、伦敦、新加坡、中国香港等主要国际仲裁中心一样的具有国际竞争力的国际仲裁中心，总部位于马德里。

2018 年，MCA 受理案件 111 起，其中 20% 为国际案件。案件标的总额超过 110 亿欧元。仲裁裁决被撤销率为零。

MCA 最新《仲裁规则》自 2015 年 3 月 1 日起生效。

二　仲裁特色

1. 无仲裁员名单

依据 MCA《仲裁规则》，当事人可自由选择仲裁员和约定首席仲裁员。如当事人未在规定期限内完成选定，MCA 将进行指定。MCA 在指定仲裁员时，应考虑案件情况，分析候选人的背景、受教育水平和经历，从而挑选出适合的仲裁员。MCA 通常会从它的仲裁员名单中选择，但也可以指定名单以外的人员。2018 年 7 月 11 日，仲裁员名单被取消，此决议于 2018 年 10 月 12 日生效。

2. 仲裁收费标准细化

MCA 的仲裁收费标准规定很细，不仅有百分比的规定，还有累计数额的规定。

3. 重视期限的遵守

MCA《仲裁规则》第 4 条专门强调了时间期限，特别规定仲裁庭和仲裁员应在仲裁程序的全过程严格遵守规定的期限，避免迟延。2018 年，在 MCA 的仲裁案件中，75% 的期限不超过一年，平均期限为 8 个月。

4. 专门规定对仲裁协议的表面审查程序

当被申请人收到仲裁申请后，率先对仲裁协议的存在、有效性和范围提出异议时，MCA 将在听取其他当事人的意见后，进行表面审查，如认为仲裁协议中已经说明 MCA 对此有仲裁管辖权，仲裁程序继续。如果通过表面审查，认为 MCA 没有仲裁管辖权，将通知当事人不能继续仲裁程序。

5. 平衡仲裁员自由裁量权和正当程序原则

仲裁员可以采取他们认为合适的方式进行仲裁，且必须遵循当事人平等原则，给予他们各自充分陈述案件的机会。

6. 确定仲裁诚信原则

参与仲裁程序的所有人员应当遵循诚信原则，确保仲裁程序高效地进行。

三 仲裁流程

1. 确定仲裁程序日程

仲裁程序开始之初，仲裁庭在征询当事人意见后，应在最后一个仲裁员被确定后的 30 日内发出第一个程序命令，包括：仲裁员和当事人的姓名、地址；采用的交流方式；仲裁语言和地点；适用于案件的法律规则；仲裁程序日程。

仲裁程序日程将基本固定当事人和仲裁员在仲裁程序中完成各项任务的时间点。仲裁程序日程可以由仲裁员进行修改（包括延期或中止），且无次数限制。

2．提交仲裁申请材料

仲裁程序日程确定后，仲裁员告知申请人在30日内提交申请材料。

仲裁申请书内容应当包含：当事人的姓名及联系信息；代理人的信息；对纠纷的简要说明；已经寻求过的救济方式；纠纷产生或与之有关的法律行为、合同或法律交易；仲裁协议；关于仲裁员人数、语言和地点的提议；如需组成三人仲裁庭，指定己方的仲裁员；适用法律。

同时附上：仲裁协议复印件；合同复印件；申请人指定代理人的签名文件；预先交纳仲裁费的证明。应当向每个被申请人和每个仲裁员发送一份申请书及其附件的副本。

3．提交答辩材料

被申请人应在收到仲裁申请材料后15日内提交答辩书。

答辩书内容应当包含：被申请人的姓名等信息；代理人的信息；对申请书中纠纷说明的简要辩驳；对申请人救济请求的立场说明；如反对仲裁，对仲裁协议的存在、有效性和适用的反驳；对申请人就仲裁员、仲裁语言、仲裁地点提议的意见；指定己方的仲裁员；对适用法律的意见。

应当附带：被申请人指定代理人的签名文件；预先交纳仲裁费的证明。应当向每个申请人和每个仲裁员发送一份答辩书及其附件的副本。

4．第三人参与

如果新提交的仲裁申请与MCA正在进行的仲裁程序有法律联系，MCA可以依据该当事人的请求，征询其他当事人和仲裁员的意见后，把此仲裁申请并入正在进行的仲裁程序中。并入的新当事人无权要求重新选择仲裁员。

5．仲裁地点

当事人可自由选择仲裁地点。如当事人无约定，MCA可结合案件情形和当事人建议确定仲裁地点。原则上，庭审和会谈在仲裁地点进行。在当事人同意的情形下，可在仲裁地点以外的地方进行。

6．仲裁语言

当事人可以自由选择仲裁语言。如当事人无约定，MCA可结合案件情形和当事人的建议确定仲裁语言。仲裁庭有权命令仲裁程序中提交的文件附一份仲裁语言译本，除非当事人同意无须翻译。

7．证据

各方当事人应当举证。仲裁员对证据效力进行评估。各方当事人有权利提前在合理期限内知晓其他当事人提供的证据。

8. 庭审

仲裁员可以决定只依据当事人提交的文件进行仲裁,除非当事人请求进行庭审。庭审前,仲裁庭应当合理提前通知当事人。当事人在收到通知后如缺席,提交一份缺席的正当理由说明,庭审继续进行。仲裁庭负责庭审的进行。

9. 证人

证人可以提交书面证言,但当事人一方申请或仲裁员认为需要听取口头证言的除外。需听取口头证言时,如证人未出席且无正当理由,仲裁员对证言的法律效力进行评估。当事人可在仲裁员的主持之下,对证人进行发问;仲裁员也可随时对证人进行发问。

10. 专家证人

仲裁员在征询当事人意见后,有权指定一个或多个专家证人对具体案情进行报告。专家证人应当独立于当事人,保持公正。仲裁员有权命令当事人对专家证人提供便利,并提供相关的信息、材料、事物或证据。

仲裁员把专家报告提交给当事人,当事人可对此提出质疑。当事人有权检查专家在报告中援引的任何文件。在提交报告后,如当事人申请或仲裁员认为需要,专家应出席庭审,仲裁员审查专家报告的内容。

如果专家是由仲裁员指定的,当事人可以提出其他专家,对争辩的问题进行辩驳。由仲裁员决定,两方专家可以先后或同时出现在庭审中。专家的费用和开支是仲裁费用的一部分。

11. 陈述总结

在庭审结束后,或如程序以书面进行,在当事人最后提交材料后,仲裁庭在仲裁程序日程指定日期或在 15 日内告知当事人书面提交最后陈述。仲裁庭也可要求在庭审中进行口头陈述总结;如果所有当事人共同要求,也可采取口头陈述总结。

12. 紧急仲裁员

在仲裁庭组成前,一方当事人可以申请指定一名紧急仲裁员,采取预先的、中期的保全措施(即紧急措施)。紧急仲裁员的决定及其理由对仲裁庭没有约束效力。仲裁庭可以撤销或修改这些决定。

13. 程序终结

仲裁员认为当事人各方已有充分机会就案件发表意见时,应宣告程序终结。在此之后,不能提交任何材料、证据,除非仲裁员因为例外情形允许提交。

14. 作出仲裁裁决的期限

仲裁员应当在答辩材料提交后或提交日期届满后，或者在反请求的答辩材料提交后或提交日期届满后 6 个月内作出裁决。此期限可依据当事人的约定而延长，或依照他们约定的期限而定。仲裁庭应当对决定的作出说明理由，尽可能避免迟延。

15. 仲裁裁决

仲裁员可以对纠纷作出一个裁决，或必要时作出多个部分裁决。所有裁决都视为在仲裁地点和裁决中提及的日期作出。仲裁裁决依据多数仲裁员意见而定，无法达成多数意见时依据首席仲裁员意见而定。

仲裁裁决应当以书面形式作出，由仲裁员签署，可包含不同意见。如果是多名仲裁员，由仲裁员的大多数签署，否则由首席仲裁员签署，并说明其他仲裁员签名缺漏的理由。

仲裁裁决应当说明裁决理由，除非它是依据约定事项而确定的裁决；还应确定仲裁费用的分担。仲裁裁决应当按照参与仲裁的当事人人数确定原件份数，另增加一份提交给仲裁院。

如果在仲裁程序中当事人达成全部或部分和解协议，仲裁院应终结对约定事项的仲裁程序。如果当事人申请，仲裁院也不反对，可以把和解协议以约定条款形式记录在裁决中。

16. 仲裁院对仲裁裁决的事前审查

在签署裁决前，仲裁员应把裁决发送给仲裁院，仲裁院在 10 日之内对裁决的形式进行严格审查。在不影响仲裁员裁决自由的前提下，仲裁院可以要求他们注意案件的部分事项、仲裁成本的确定和分配。仲裁院的事先审查不意味着仲裁院对裁决主文责任的承担。

17. 仲裁裁决的纠正、解释和增加

除非当事人另有约定，在仲裁裁决作出后的 10 日内，各方当事人可以要求仲裁院纠正计算错误、抄写错误、打印错误或其他类似错误；或对裁决中的内容进行解释；或对裁决中遗漏的请求增加裁决。仲裁院应在 10 日内听取其他当事人意见，在 20 日内作出新裁决。如是国际仲裁，仲裁院应在 1 个月内听取其他当事人意见，在 2 个月内作出新裁决。

18. 保密

除非当事人另有约定，当事人、仲裁员和仲裁院有义务对仲裁和裁决保密。仲裁院可以命令采取任何措施，保护交易或工业秘密和其他保密信息。仲裁庭的评议保密。

仲裁裁决在符合下列条件时可以公开：当事人向仲裁院提出公开请求，或仲裁院认为仲裁裁决的公开有利于推动法律学术研究；当事人的姓名和与身份鉴别有关的信息应当删除；在仲裁院确定的日期内当事人没有对公开裁决表示反对。

19. 简易仲裁程序

当事人可以约定采取简易仲裁程序。简易仲裁程序适用于标的总额不超过 10 万欧元且不存在必须适用普通仲裁程序的情形。适用简易仲裁的决定是终局决定。

在简易仲裁程序中，仲裁院可以缩短指定仲裁员的时间；如果当事人要求依据非文件的证据仲裁，仲裁庭可以举办一次庭审，获取证言和专家证言，听取口头总结。仲裁院应在答辩材料提交后或提交日期届满后，或者在反请求的答辩材料提交后或提交日期届满后 4 个月内作出裁决；此期限仅能延长 1 个月。简易仲裁程序由独任仲裁员主持，除非仲裁协议规定选择仲裁庭。如果当事各方在仲裁开始前同意指定三人仲裁庭，仲裁院将邀请当事人同意指定独任仲裁员。

四 仲裁费用

2018 年 12 月 18 日，MCA 新的仲裁收费标准通过，自 2019 年 1 月 1 日生效。

1. 登记费

350 欧元（不含增值税）。

2. 管理费和仲裁员费用（不含增值税）

表 1 MCA 管理费和仲裁员费用

单位：欧元

标的额	管理费			仲裁员费用			
	固定数额		可变数额	最小值		最大值	
至 25000	3.2%	800		3.6%	900	10.8%	2700
至 50000	1.8%	1250		1.35%	1237.5	6.48%	4320

续表

标的额	管理费			仲裁员费用			
	固定数额		可变数额	最小值		最大值	
至 100000	1.5%	2000	相应的固定数额应是仲裁员收取费用的 11%	0.72%	1597.5	4.5%	6570
至 300000	1.2%	4400		0.54%	2677.5	3.15%	12870
至 500000	0.4%	5200		0.45%	3577.5	2.25%	17370
至 1000000	0.2%	6200		0.27%	4927.5	1.575%	25245
至 3000000	0.15%	9200		0.18%	8527.5	0.765%	40545
至 5000000	0.13%	11800		0.09%	10327.5	0.45%	49545
至 10000000	0.12%	17800		0.045%	12577.5	0.225%	60795
至 50000000	0.1%	57800		0.018%	19777.5	0.18%	132795
至 100000000	0.06%	87800		0.009%	24277.5	0.135%	200295
100000000 以上	——	87800		0.0045%		0.045%	—

3. 仲裁费计算器

详见 http://www.arbitramadrid.com/web/guest/calculador-de-costes。

五 其他事项

1. 仲裁员的人数和指定

如当事人未就仲裁员人数进行约定，MCA 将结合案件具体情况确定是否为独任仲裁员或三人仲裁庭。原则上指定独任仲裁员，除非结合案件的复杂性和纠纷的标的额，认为三人仲裁庭更为合适。

如是独任仲裁员，当事人应在 15 日内共同确定；否则，由 MCA 指定。

如要组成三人仲裁庭，双方当事人各推荐一名仲裁员；第三名仲裁员为首席仲裁员，由其他两名仲裁员共同在 15 日内推荐，否则由仲裁院指定。

2. 仲裁员的国籍

在国际仲裁中，如果当事人是不同国籍的，独任仲裁员或首席仲裁员应当与当事人具有不同国籍，除非当事人另有约定，或存在例外情形，且当事人也未在规定期限内提出异议。

◇ 葡萄牙工商会仲裁中心（CAC)

一　机构介绍

葡萄牙工商会仲裁中心（葡萄牙文 Centro de Arbitragem Comercial da Câmara de Comércio e Indústria Portuguesa，英文 Arbitration Centre of the Portuguese Chamber of Commerce and Industry，简称 CAC），网址 www.centrodearbitragem.pt。

CAC 由葡萄牙工商会设立，成立于 1987 年，是葡萄牙最早和最大的仲裁机构。其发展目标是：利用仲裁和 ADR，通过组织和赞助宣传行动，研究和深化与经济性争议有关的事项，促进和宣传争端的解决；管理公共和私人，以及国内和国际的制度性仲裁程序和 ADR 程序；提供与仲裁程序管理有关的服务。它一直在努力发展和改革，以适应公司需求和国际最佳实践，确保物有所值的服务。

CAC 最新《仲裁规则》于 2014 年 3 月 1 日生效，《简易仲裁规则》于 2016 年 3 月 1 日生效。

二　仲裁特色

1. 仲裁规则系统比较完整

既有适合于普通仲裁的《仲裁规则》（其中还对紧急仲裁有系统规定），又有单独制定的《简易仲裁规则》。

2. 赋予 CAC 主席较大的裁量权

在《仲裁规则》中没有任何具体规定的情况下，CAC 主席在仲裁庭组成之前对可能发生的任何程序性事件享有裁量权，但不妨碍仲裁员的专属管辖权。

3. 仲裁规则的灵活性

在不损害仲裁规则的情况下，仲裁庭应以其认为最合适的方式进行仲裁，包括有权制定不违反仲裁规则禁止性条款的程序规则。仲裁庭在行使其仲裁权时，应考虑到有关案件的情况，迅速和有效地促进仲裁程序的进行，并使当事人有合理的机会主张自己的权利，始终享有平等待遇和有权发表意见。

在仲裁协议签订中或之后，当事人也可以制定程序规则，只要它们不与仲裁规则中的禁止性条款相冲突。仲裁程序启动后的程序规则协议，如果是在仲裁庭组成之前签订需经 CAC 主席同意，如在仲裁庭组成后签订需经仲裁庭同意才能生效。

三　仲裁流程

1. 仲裁申请

申请人应向秘书处提交仲裁申请书，并附上提交给另一方当事人的仲裁协议或提案。在仲裁申请书中应注明以下内容：各方当事人的全名、地址以及电子邮件地址（如果有的话）；对争议的简要描述；估计所寻求的救济的索赔和价值；如适用，指定仲裁员，以及与仲裁庭组成有关的任何其他说明；其认为相关的其他情况。

秘书处应在收到申请书后 5 日内通知被申请人，并向其发送仲裁申请书和随附文件的副本。

2. 仲裁答辩

被申请人可在收到仲裁申请通知后 30 日内提交答辩，内容包括：对争议和请求的立场；如果适用，指定仲裁员或提供与仲裁庭组成有关的其他说明；其认为相关的任何其他情况。如果被申请人提出要求并有正当理由，CAC 主席可以延长提交答辩的时限。秘书处应在收到答辩和随附文件的 5 日内向申请人发送答辩副本和随附文件。

3. 仲裁反请求

被申请人可在答辩中对申请人提出反请求，前提是反请求的标的包含在同一仲裁协议或与仲裁请求所依据的仲裁协议相容的其他仲裁协议中。

被申请人也可以向其他被申请人提出请求，前提是请求的标的包含在同一仲裁协议或与仲裁请求所依据的仲裁协议相容的其他仲裁协议中，并且案件情况表明在仲裁协议签订时所有当事人均接受同样的仲裁程序。

在反请求中，被申请人应对争议进行简要说明，并指出相应的价值，即便是估计的价值。对于反请求，其他当事人可以在 30 日内答辩。

如果被申请人提出反请求的标的未包括在构成仲裁请求基础的同一仲裁协议中，且仲裁庭认为对其造成不应有的干扰，仲裁庭可以拒绝受理反请求。

4. 对仲裁请求的修改

在仲裁程序中，任何一方当事人可以修改或补充所提出的事实，包括相关的请求，除非仲裁庭考虑到既定的程序规则、修改所消耗的时间和可能对对方当事人造成的损害，拒绝这种修改。

5. 仲裁第三人的加入

在下列情形下，允许第三人参与到正在进行的仲裁程序中：同一仲裁协议对所有当事人具有约束力；或者，受与仲裁请求所依据的仲裁协议相容的另一仲裁协议约束的，案件情况表明在仲裁协议订立时所有当事人均接受同样的仲裁程序。

在仲裁庭组成之前，第三人要求加入的，CAC 主席在与当事人、第三人协商后有权决定其可否加入。CAC 主席的允许对仲裁庭不具有约束力。在仲裁庭组成之后，第三人要求加入的，仲裁庭应在与当事人、第三人协商后作出决定，第三人必须接受仲裁庭的组成。在任何情况下，任何自发的加入都应当包括对仲裁庭组成的接受。

6. 仲裁庭管辖权

如果仲裁庭缺乏管辖权的问题被提起，并且仲裁庭认为该文件已经包含足够的证据，则应在组成之日起 30 日内就管辖权问题作出决定。但是，如果它认为当事人需要提供进一步的证据或论据，仲裁庭应召集初步听证会，并在与当事人协商后确定其管辖权问题决定的程序和时间表。

7. 临时救济和初步命令

除另有明确约定外，仲裁庭具有采取临时措施和发布初步命令的权力。在采取临时措施时，有权要求有利的一方提供适当的担保；而在发布初步命令的情况下必须要求提供担保，除非仲裁庭认为不合适或不必要。

8. 仲裁地点

当事人可以自由选择仲裁地点。当事人之间未达成协议时，仲裁地点应由仲裁庭根据争议的特点决定。在任何情况下，仲裁庭可以主动或应任何一方的请求在仲裁地点之外的地点举行会议、听证会，允许履行任何取证行为或进行评议。

9. 仲裁语言

当事人可以自由选择仲裁语言。如果当事人之间未达成协议，仲裁语言应由仲裁庭决定。

10. 初步听证会

在仲裁程序中仲裁庭会召集当事人进行初步审理。仲裁庭应在初步听证会或最多 30 日内与当事人协商确定：待决定的问题；临时程序时间表，包括开庭日期；提交请求及证据的规则和时限；提交法律意见的日期；适用于听证会的规则；结束辩论的时限和形式；仲裁标的的价值，但不影响可能的修改。

11. 证据的收集和出示

仲裁庭应确定证据的可采性、相关性和价值。仲裁庭应在尽可能短的时间内确定案件事实，并可拒绝当事人的与裁决无关或明显拖延的请求。但是，如果当事人一方提出要求，仲裁庭应举行听证会以出示证据。

仲裁庭应主动或应一方或双方的请求：听取当事人或第三方的意见；安排提交由当事人或第三方占有的文件；任命一名或多名专家，确定他们的任务并接收他们的证词或报告；进行第一手检查或检验。

在不损害仲裁庭规则的情况下，申请书应附有提出事实的所有书面证据；只有在特殊情况下并经仲裁庭授权后，才能提交新文件。

12. 仲裁程序的结束

一旦结束辩论并且在已经下令进行的任何调查结束后，仲裁程序将被视为已结束。在例外情况下，仲裁庭可在有正当理由和特定目的时重新开始仲裁程序。

13. 仲裁期限

除非双方另有协议，最终裁决应在仲裁程序结束后两个月内作出。当事人可以同意延长或暂停作出裁决的时限。如果在仲裁庭组成后，其组成有任何变更，CAC 主席可应仲裁员的请求，宣布在重新组成仲裁庭时，给予一段新的时间。结束仲裁的总时限为一年，从仲裁庭组成之日起算。

CAC 主席应仲裁庭的正当请求，经协商双方当事人后，可以延长上述时限一次或多次，除非双方均反对延期。

14. 仲裁评议

当仲裁庭由一名以上成员组成时，任何裁决均应以多数票通过，并由所有仲裁员参加审议。如果没有达到多数，裁决应由仲裁庭首席仲裁员决定。如果当事人或仲裁庭的其他成员提供授权，则可由首席仲裁员单独决定与命令程序或任何程序性举措有关的问题。

15. 仲裁依据

仲裁庭应根据适用法律作出决定，除非当事人在仲裁协议或在第一名仲裁员接受任命之前签署的其他文件中授权其依据衡平原则裁决。仲裁庭组成后，当事人授权仲裁庭依据衡平原则裁决的行为，应当为所有仲裁员接受。

在作出决定时，仲裁庭应考虑其认为与当前案件相关和适当的贸易惯例。

在国际仲裁中，在没有任何适用的法律规则的情况下，仲裁庭应适用与争议主题最密切联系国家的法律。

16. 和解

如果在仲裁程序中，当事人双方同意和解解决争议，仲裁庭应终止仲裁程序，并且如果当事人双方提出要求，则应当批准该和解的裁决，除非和解的内容违反公共政策。

17. 仲裁裁决

仲裁庭的最终裁决应以书面形式作出，并应：确定各方当事人；参考仲裁协议；确定仲裁员并指明他们的任命形式；提及争议的主题；列出裁决的理由；表明仲裁的成本，说明当事人之间仲裁费用的分摊，包括支付方式；指明仲裁地点以及作出裁决的地点和日期；至少出大多数仲裁员签字，并在适当的情况下对异议投票进行说明；指明不能或不愿签署的仲裁员，以及（如适用）不签名的原因。仲裁庭可以通过单一裁决或其认为必要的部分裁决来裁决案件。

仲裁裁决作出后，秘书处应立即通知各方当事人，并在程序产生的费用全额支付后立即发送一份副本。

18. 仲裁裁决的更正、解释和补充

仲裁庭可以在仲裁裁决通知后的 30 日内主动提出或应任何一方当事人要求，纠正重大错误或解释裁决中含糊的地方。同时，仲裁庭可以在仲裁裁决通知后的 30 日内应任何一方当事人要求，在询问其他当事人意见后，对仲裁程序中提出的但裁决中遗漏的请求作出补充裁决。

19. 简易仲裁程序

简易仲裁程序适用情形：当事人已在仲裁协议或后续协议中约定；一方当事人提出适用简易仲裁程序，而另一方没有反对；依据 CAC 主席的决定而定。

CAC 主席通常对标的额等于或小于 20 万欧元的仲裁案件有权决定是否适用简易仲裁程序，除非：当事人双方已在仲裁协议或其他后续协议中排除适用；已向双方通知此决定，收到当事人的反对意见；案件情况不适合。CAC 主席也可决定标的额大于 20 万欧元的仲裁案件适用简易仲裁程序，只要该程序适合于该案件且没有任何一方当事人反对。

简易仲裁程序采取独任仲裁员审理。在收到仲裁答辩后 10 日内，当事人提出共同同意的独任仲裁员；当事人也可向 CAC 主席请求由他进行任命。提交的仲裁申请不能超过 35 页。收到仲裁申请后 5 日之内，秘书处通知被申请人。被申请人在 20 日内提交答辩书，也不能超过 35 页。仲裁裁决应在最后一次庭审后 30 日内作出。仲裁期限为仲裁庭组成后的 6 个月。

四 仲裁费用

1. 仲裁费用

仲裁费用包括仲裁员的费用和开支、仲裁的行政费用以及证据制作过程中产生的费用。除非当事人另有约定，仲裁庭有责任考虑案件的所有情况（包括被驳回的请求数量和仲裁期间当事人的行为），并决定分摊仲裁费用的方法。

2. 普通仲裁

每个仲裁员的费用由仲裁中心主席根据费率表（见表 1）和仲裁标的确定。如果仲裁庭由独任仲裁员组成，独任仲裁员的费用应最多增加到表 1 所示数值的 50%。当仲裁庭由三名仲裁员组成时，应付的总费用应相当于表 1 所示数值的三倍，其中 40% 应支付给首席仲裁员，60% 则分别向其他两名仲裁员支付 30%，除非仲裁员另有协议。

表 1　每位仲裁员的费用

单位：欧元

标的额	仲裁员费用
≤50000	2500
50001～100000	2500 + 3.5% ×超过 50000 的部分
100001～250000	4250 + 2.5% ×超过 100000 的部分
250001～500000	8000 + 1.25% ×超过 250000 的部分
500001～1000000	11125 + 0.8% ×超过 500000 的部分
1000001～2500000	15125 + 0.7% ×超过 1000000 的部分
2500001～5000000	25625 + 0.5% ×超过 2500000 的部分
5000001～10000000	38125 + 0.25% ×超过 5000000 的部分
10000001～20000000	50625 + 0.15% ×超过 10000000 的部分
20000001～40000000	65625 + 0.09% ×超过 20000000 的部分
40000001～80000000	83625 + 0.075% ×超过 40000000 的部分
80000001～120000000	113625 + 0.05% ×超过 80000000 的部分
>120000000	133625

表 2　普通仲裁管理费

单位：欧元

标的额	仲裁管理费用
≤50000	2500
50001～100000	2500 + 2.25% ×超过 50000 的部分
100001～250000	3625 + 2% ×超过 100000 的部分
250001～500000	6625 + 0.6% ×超过 250000 的部分
500001～1000000	8125 + 0.3% ×超过 500000 的部分
1000001～2500000	9625 + 0.125% ×超过 1000000 的部分
2500001～5000000	11500 + 0.1% ×超过 2500000 的部分
5000001～10000000	14000 + 0.06% ×超过 5000000 的部分
10000001～20000000	17000 + 0.05% ×超过 10000000 的部分
20000001～40000000	22000 + 0.04% ×超过 20000000 的部分
40000001～80000000	30000 + 0.03% ×超过 40000000 的部分
80000001～120000000	42000 + 0.02% ×超过 80000000 的部分
>120000000	50000

3. 简易仲裁

表 3　独任仲裁员的费用

单位：欧元

标的额	仲裁员费用
≤100000	5300
100001～200000	5300＋2.5%×超过 100000 的部分
200001～500000	7800＋1.25%×超过 200000 的部分
500001～1000000	11550＋0.8%×超过 500000 的部分
1000001～2500000	15550＋0.7%×超过 1000000 的部分
2500001～5000000	26050＋0.5%×超过 2500000 的部分
5000001～10000000	38550＋0.25%×超过 5000000 的部分
10000001～20000000	51050＋0.15%×超过 10000000 的部分
20000001～40000000	66050＋0.09%×超过 20000000 的部分
40000001～80000000	84050＋0.075%×超过 40000000 的部分
80000001～120000000	114050＋0.05%×超过 80000000 的部分
>120000000	134050

表 4　简易仲裁管理费

单位：欧元

标的额	仲裁管理费
≤100000	2500
100001～200000	2500＋2.0%×超过 100000 的部分
200001～500000	4500＋1.0%×超过 200000 的部分
500001～1000000	7500＋0.2%×超过 500000 的部分
1000001～2500000	8500＋0.1%×超过 1000000 的部分
2500001～5000000	10000＋0.08%×超过 2500000 的部分
5000001～10000000	12000＋0.05%×超过 5000000 的部分
10000001～20000000	14500＋0.04%×超过 10000000 的部分
20000001～40000000	18500＋0.03%×超过 20000000 的部分
40000001～80000000	24500＋0.02%×超过 40000000 的部分
80000001～120000000	32500＋0.01%×超过 80000000 的部分
>120000000	36500

4. 仲裁费用计算器

详见 https://www. centrodearbitragem. pt/index. php？ option = com_ content&view = article&id = 11&Itemid = 112&lang = en。

五 其他事项

1. 仲裁员人数

仲裁庭应由独任仲裁员或三名仲裁员组成。当事人未就仲裁员人数达成协议时，仲裁庭应由独任仲裁员组成，除非在与当事人协商后，并考虑到争议的特点和仲裁协议的订立日期，CAC 主席决定仲裁庭由三名仲裁员组成。

2. 仲裁庭的组成

在仲裁协议或后续协议中，当事人可指定仲裁员或确定其任命程序。

如果仲裁庭由独任仲裁员组成，仲裁员应由当事人任命；如果在答辩提交后，双方未在收到任何一方为此目的通知的 20 日内完成任命，则由 CAC 的主席指定。

如果仲裁庭由三名仲裁员组成，并且当事人未能就其组成或各自的任命程序达成一致，则申请人应在仲裁申请中提名一名仲裁员，并且被申请人应在仲裁答辩中提名一名仲裁员，第三名仲裁员由当事人指定的仲裁员在第二名仲裁员接受委任后 20 日内共同选出。如未完成，则由 CAC 的主席指定。

3. 紧急仲裁员

在仲裁庭组成之前，除非另有明确约定，否则任何一方均可根据《仲裁规则》附录 I 所列紧急仲裁员规则，要求由主席任命的紧急仲裁员采取紧急临时措施。但紧急仲裁员不得发布初步命令。紧急仲裁员的决定是通过裁决或其他形式的决定作出的。即使仲裁庭同时成立，紧急仲裁员仍保留决定紧急初步措施的权力。

当紧急仲裁员作出决定时，紧急仲裁员的权力终止，之后仲裁庭将有权发布临时措施。但是，如果仲裁庭在此时尚未成立，则紧急仲裁员在仲裁庭组成之前保留其权力。

紧急仲裁员的决定可以根据任何一方当事人的要求修改和撤销，并且对仲裁庭没有约束力；在仲裁庭组成之前，紧急仲裁员有权修改决定，之后仲裁庭有权修改决定。

4. 仲裁员的独立、公正和有效

仲裁员应保持独立、公正和有效。任何同意成为仲裁员的人员应签署声明，披露任何可能从当事人的角度对其独立、公正和有效产生合理怀疑的情况。在仲裁程序进行中，仲裁员应立即披露可能从当事人的角度对他的独立、公正和有效产生合理怀疑的新情况。

5. 申请回避

只有存在对其独立、公正和有效提出合理怀疑的客观情况，或者缺乏双方当事人同意的资格，才能对仲裁员申请回避。当事人不得对自己指定的仲裁员申请回避，除非发生违规事件或指定后知晓回避理由。回避申请应在申请人知晓回避事由之日起15日内以书面形式向CAC主席提出。另一方当事人、被申请回避的仲裁员、其他仲裁员都有权知晓回避申请，他们均可在10日内发表意见。CAC主席对回避申请作出决定。

6. 仲裁员的更换

如果仲裁员在CAC主席作出决定后拒绝任命、死亡、退出，或由于任何其他原因被永久禁止履行职责或终止其任命，应根据适用于任命的规则对仲裁员进行必要的调整。在特殊情况下，如果仲裁员未按照仲裁规则和道德准则履行其职责，CAC主席可在咨询当事人和仲裁庭后自行更换仲裁员。

当仲裁员必须被更换时，仲裁庭应在与当事人协商后，决定是否以及在何种程度上在重组的仲裁庭成立之前重复先前的程序性行为。但是，替换理由发生于仲裁程序结束后的，则由其余仲裁员作出裁决，除非他们认为这不方便或任何一方当事人明确反对。

7. 仲裁员名单

每当CAC主席被要求指定一名或多名仲裁员时，应从CAC仲裁委员会批准的名单上选择仲裁员，除非该名单不包括符合案件争议性质特定要求的具有资格的人员。在国际仲裁中，CAC主席应考虑指定与当事人不同国籍的仲裁员。

◇ 荷兰仲裁协会（NAI）

一　机构介绍

荷兰仲裁协会（The Netherlands Arbitration Institute，简称 NAI）成立于 1949 年，是依据荷兰法律以独立的基金会形式存在的非营利性组织。NAI 执行委员会由来自商业界、法律界和科学界的人士组成。他们在仲裁、具有约束力的建议以及调解方面拥有丰富的经验。NAI 还有一个咨询委员会。NAI 秘书处及其在鹿特丹的注册办事处负责管理仲裁、具有约束力的建议和调解程序。

NAI 旨在促进一系列不同类型的争议解决方案：仲裁、具有约束力的建议和调解，特别是为贸易和工业提供严格监管的仲裁、具有约束力的建议和调解程序。

NAI 根据 2014 年《仲裁法》和 2015 年《NAI 仲裁规则》进行仲裁。根据 2015 年《NAI 约束性建议规则》进行具有约束力的建议程序；根据 2017 年《NAI 调解规则》进行调解。这些规则由 NAI 起草并发布。规则包括所需条款的文本，这些条款可能包含在商业合同中。通过在合同中加入条款并经双方同意，如果出现任何争议，仲裁、具有约束力的建议或调解将由 NAI 根据各方已知的预定程序进行管理。

二　仲裁特色

1. 公正性和权威性

仲裁由完全公正和独立的仲裁员进行。NAI 不是政府机构，也不从政府或私营部门获得任何补贴，是一家非营利性机构，这使得它可以完全独立和公正地履行其职责。NAI 仲裁管理由一个拥有超过 65 年经验的专业机构负责，该机构是公正、独立和非营利性的。仲裁员应保持独立公正。仲裁员不得与同庭其他仲裁员或任一方当事人有密切的私人或职业关系，也不得与案件的结果有直接的私人或职业上的利益。其在被委任前，不得就该案向任一方当事人发表意见。在仲裁过程中，仲裁员不应与任一方当事人就有关仲裁的事项进行接触。仲裁庭应履行披露义务。

2. 独立性和保密性

独立性和保密性是重要因素。仲裁是在保密的基础上进行的，不予公开。所有仲裁都是受到保护的。例如，作为一个独立的管理机构，NAI 绝不会讨论案件的内容。NAI 不会提供裁决给第三方进行检查，NAI 也不会向第三方提供有关待决仲裁的信息。

3. 将 NAI 仲裁条款纳入协议的主要优势

（1）在发生任何争议之前，已经就进行仲裁达成一致。

（2）仲裁以一种明确且各方都能接受的方式进行。

（3）当事人可以就仲裁的语言、仲裁员的数量、仲裁员的任命方式以及所涉及的时限作出安排。

（4）该条款可以包含在国内和国际协议中。

（5）仲裁由专家——完全公正和独立的仲裁员进行。

（6）仲裁管理由一个拥有超过 65 年经验的专业机构负责。该机构是公正、独立和非营利性的。

（7）仲裁是在保密的基础上进行的，不公开。

（8）所有仲裁都是定制的。在听证会上，各方有充足的时间提出自己的观点。

（9）裁决通常比法院诉讼程序更快。

（10）从国际角度来看，仲裁裁决比法院判决更容易执行。

（11）即使在进行仲裁时，各方也经常继续开展业务。

三　仲裁流程

1. 仲裁开始

在有仲裁协议的情况下，申请人通过电子邮件向 NAI 管理人提交仲裁请求，开始 NAI 仲裁。如果申请人不能通过电子邮件提交请求，可以采用其他方式提交。如果需要，可以使用 NAI 网站上的申请表。管理员将向被申请人发送一份副本。然后，被申请人将有 14 天的时间提交一份简短的答复。被申请人可以同时提出（有条件的或无条件的）反诉。尽管反诉最好在仲裁的最早阶段提出（尤其是为了指定一名或多名仲裁员），被申请人也可以稍后提出反诉。仲裁员接受委托后，被申请人必须最迟在提交答辩书时提出反诉，或者如果没有提交答辩书，则必须在第一次书面或口头答辩时提出。

仲裁请求和简短的答复可以是摘要，其主要目的是：（1）向 NAI 秘书处提供管理仲裁所需的信息；（2）了解与仲裁员人数的确定和仲裁员的任命有关的争议的性质和情况。仲裁员被任命后，双方将有充分的机会提出他们的论点。简短的答复不被认为是"第一抗辩"。仲裁请求和简短的答复也不是一份申请声明和辩护声明，只有在指定了仲裁员之后才能提交。在同一当事人之间尚未就案情进行仲裁且尚未指定仲裁庭的情况下，可以启动简易仲裁程序。

2. 关于仲裁协议不存在的抗辩

（1）仲裁庭将评估被申请人对未达成（NAI）仲裁协议的任何异议。

（2）如果被申请人希望就不存在有效的（NAI）仲裁协议提出答辩，则必须及时提出，即最迟在答辩书中提出，如果没有，则在第一次书面或口头答辩之前提出。如果被申请人未能及时提出申诉，在仲裁程序中或在仲裁庭面前，将没有机会投诉（NAI）仲裁协议的不存在（除非其以争议无法通过仲裁解决为理由提出申诉）。

3. 程序

在指定仲裁员后，实际仲裁程序开始。除非当事人另有安排，仲裁程序将由仲裁庭与当事人协商决定，一般采取下列形式。首先，申请人和被申请人有机会分别提交一份申请声明和一份抗辩声明。随后可能是第二次交换声明（回复声明和重新加入声明）。然后举行听证，双方和/或其律师可在听证中进一步陈述各自的论点。任何证人或专家也可以在本次听证会上或在单独的听证会上进行听证。听证后，仲裁庭进行审议（如果仲裁庭由一名以上仲裁员组成），并作出裁决。裁决书一式四份，由仲裁员签字后，管理人代表仲裁庭将裁决书的核证副本送交双方当事人。

以上是普通仲裁程序的简明版本。双方可自由商定不同的程序。除此之外，仲裁庭还被授权根据争议的性质和情况决定不同的程序。

《NAI 仲裁规则》规定，仲裁庭必须防止程序的不合理拖延，必要时应一方当事人的请求或主动采取措施。

在听证会结束时，仲裁庭将与各方进行沟通，届时将作出裁决。如果双方当事人放弃了听证，仲裁庭将在最后一份陈述书提交后予以通报。如有必要，仲裁庭有权延长裁决作出的期限。但是，在任何情况下，仲裁庭都应迅速作出决定。

四　仲裁费用

1. 费用种类

由于所有程序都是定制的，因此无法提前提供详细的成本估算。仲裁的总费用包括以下种类。

（1）仲裁员费用，即根据案件的时长、经济利益和案件的复杂程度，以小时费率计算的可变金额。根据执行局制定的指导方针，荷兰仲裁协会和仲裁员在确认其任命后同意这一小时费率。关于这个小时费率不能进行谈判，也不能在仲裁员和当事人之间进行谈判。根据经验，三名仲裁员解决争议的费用将大约为独任仲裁员的两倍。

（2）其他费用，包括听证室的使用费和仲裁裁决的存放费用，有时还包括差旅费、秘书、专家、翻译人员的费用。

上述费用，需要支付押金。

（3）NAI的管理费用：根据标的额按比例计算得出的固定金额，从最低500欧元（标的额少于25000欧元的，管理费为500欧元）到最高50000欧元（标的额超过250000000欧元的，管理费为50000欧元）。

（4）法律援助的费用。这是有可能的，但是NAI仲裁并不要求有法律援助。

2. 费用的支付

（1）仲裁员的费用是根据仲裁员从事仲裁程序的时间、申请和反诉的争议金额以及仲裁程序的复杂性来确定的。提出（有条件或无条件）申请或反诉的一方必须向NAI支付仲裁员的费用和其他费用的保证金。

（2）仲裁开始后，管理费用应支付给NAI。

（3）在提交仲裁文件后，仲裁员或（如果有多名仲裁员）首席仲裁员将尽快就预期工作和保证金金额与管理人进行协商，该数额可在仲裁过程中增加。在这种情况下，管理人可以要求申请人和/或被申请人补充保证金。最迟可在最后一次开庭后的第 14 天进行，如果没有开庭，则最迟可在仲裁庭收到最后一次陈述后的第 14 天进行。

（4）原则上，败诉一方当事人将被要求支付仲裁费用。如果双方当事人都部分成功，仲裁庭可以将全部或部分仲裁费用分摊给双方当事人支付。

五　其他事项

1. 在必须指定独任仲裁员时，双方应在管理人发出要求后 14 天内将共同指定的仲裁员的姓名、地址、住所、电话号码和电子邮件地址通知管理人。如果未收到此类通知，则 NAI 应按照规定任命仲裁员。

2. 如果必须组成三人仲裁庭，申请人和被申请人应各自指定一名仲裁员。尚未指定仲裁员的一方应在管理人提出要求后 14 天内指定仲裁员，说明指定仲裁员的姓名、地址、住所、电话号码和电子邮件地址。如果在这段时间内没有收到通知，则 NAI 应按照规定指定仲裁员，该名单应只发送给没有按时指定仲裁员的一方。

3. 三人仲裁庭中已被指定的两名仲裁员应共同任命一名首席仲裁员，说明其名称、地址、住所、电话号码和电子邮件地址，且在管理人提出请求后 14 天内完成。如果在此期间未收到此类任命的通知，则 NAI 应按照规定任命首席仲裁员。

4. 如果在仲裁程序中，当事各方不具有同一国籍，则当事各方可在仲裁请求或简短答复中通知管理人，要求首席仲裁员不具有与任何当事方相同的国籍。

5. 根据规定的程序，仲裁员的任命应在仲裁开始后二个月内进行。

仲裁员的数量是不均衡的——一个或三个，双方可以自行达成一致，荷兰仲裁协会将依此确定人数。在考虑人数时，NAI 应着眼于案件的经济利益、争议的性质和复杂性以及当事人各方的偏好。

6. 任命仲裁员

当事人各方首先有机会自己任命仲裁员。如果必须指定一名独任仲裁员，则当事人自己指定该仲裁员。如果必须任命三名仲裁员，则每一方当事人均任命一名仲裁员。当事人指定的仲裁员共同指定第三名仲裁员，该仲裁员是仲裁庭的首席。如果当事人无约定，将根据清单程序任命仲裁员。NAI 从其数据库（其中包含 500 多名具有特定专业知识和丰富经验的人员）中选择适合的仲裁者，并将这些名称添加到要发送给当事人各方的列表中。此列表将被发送给未能及时指定仲裁员的一方或多方。当事人可以反对任命列表中部分的仲裁员，并按照他们的偏好对剩余的姓名进行编号。根据返回的列表，NAI 指定仲裁员。如果根据返回列表的对比结果无法任命，NAI 将直接指定仲裁员。所有仲裁员，包括当事人自己指定的仲裁员，必须完全独立和公正。在确认任命之前，每位仲裁员必须签署一份声明确认他的独立性和公正性，并将此声明发送给管理人。

◇ 芬兰商会仲裁院 （FAI）

一 机构介绍

芬兰商会仲裁院（Finland Arbitration Institute，简称 FAI）成立于 1911 年，是世界上最古老的仲裁机构之一。自 1919 年以来，它一直与芬兰商会有关。然而，作为一个自主和公正的仲裁机构，它独立于芬兰商会履行其职能。芬兰商会仲裁院管理受《仲裁规则》和《快速仲裁规则》管辖的国内和国际仲裁。另外，它在仲裁协议规定的情况下在临时案件中任命仲裁员，并且根据《联合国国际贸易法委员会仲裁规则》担任指定机构。FAI 还管理受其《调解规则》管辖的国内和国际调解。

FAI 总部设在赫尔辛基世界贸易中心，由董事会和秘书处组成。网址：https://arbitration.fi。

仲裁院的历史始于 100 多年前的芬兰西部城市瓦萨。在 1909 年，瓦萨商人协会提议在赫尔辛基建立仲裁委员会，并迅速按照步骤建立仲裁机构。相关规则于 1910 年起草，并于 1911 年以"赫尔辛基仲裁商业、工业和航运委员会"的名义开始运作。1919 年，仲裁委员会开始在芬兰中央商会的主持下运作，此后它一直在这里运行。1920 年，仲裁委员会修改了规则，并将名称改为"赫尔辛基仲裁委员会"。1928 年，《芬兰仲裁法》颁布后不久，仲裁委员会修改了规则并更名为"芬兰中央商会仲裁委员会"。在现行《仲裁法》颁布后，分别于 1961 年、1979 年和 1993 年对规则进行了修订。1993 年，该机构的名称改为"芬兰中央商会仲裁院"。2004 年，通过了加快仲裁的规则。2011 年 4 月，芬兰中央商会将其英文名称更改为"芬兰商会"，因此，仲裁机构目前的名称是"芬兰商会仲裁院"。2013 年 6 月 1 日，经修订的芬兰商会《快速仲裁规则》和《仲裁规则》生效。在 1920 年至 1950 年，仲裁裁决了大约 300 起争议。直到 20 世纪 80 年代，案件数仍然很少。然而，在 20 世纪 90 年代，提交仲裁的争议数量显著增加，且这一趋势仍在继续。2011 年 10 月，仲裁院在赫尔辛基希尔顿酒店 Kalastajatorppa 酒店举办了研讨会和晚宴，庆祝其成立 100 周年。发言人小组讨论了与芬兰、斯堪的纳维亚和俄罗斯的国际仲裁有关的主题，用户对仲裁的期望和经验，以及国际商事仲裁的当前趋势和挑战。

二 仲裁特色

仲裁是法院诉讼之外的一种争议解决方法。它通常被认为是解决国内和国际商业纠纷的最有效手段。任何可以通过双方协议解决的争议可以提交仲裁作最终裁决。

FAI 的仲裁具有如下优势。

（1）速度。FAI 具有加急仲裁规则。

（2）灵活性。仲裁基于当事人意思自治。当事人可以选择仲裁庭。此外，他们可以自由地定制仲裁程序，以最好地满足他们的个人需求。

（3）专业知识。当事人可以选择具有最佳专业知识、经验和其他资格的仲裁员来解决具体争议。

（4）保密。FAI 保护个人数据和企业数据。

（5）裁决的终局性和可执行性。仲裁裁决构成法律上可强制执行的裁决。它对仲裁当事人具有约束力，不能根据案情提出上诉。根据 1958 年《纽约公约》，仲裁裁决在世界上大多数国家得到承认和执行。

（6）当事人可以同意通过在其主合同中插入仲裁条款或通过签订单独的仲裁协议来提交仲裁。此外，仲裁条款可以包含在有限责任公司或其他公司实体的章程中。

三 仲裁流程

1. 提交仲裁请求书。发起仲裁的一方应按规则要求的份数向仲裁院提交仲裁请求书。仲裁应视为在仲裁院收到仲裁请求之日开始。仲裁请求应以双方商定的仲裁语言提交。没有约定的，仲裁请求书应当用仲裁协议的语言提交。

2. 如果仲裁请求未能按照规定的要求提交，仲裁委员会可指示申请人在仲裁机构规定的期限内对缺陷进行补救。如申请人未能遵守，仲裁院可驳回仲裁请求并终止程序。

3. 一旦申请人提供了足够的副本并支付了申请费，仲裁院应将仲裁请求书和所附文件的副本转交给被申请人。如果申请人未支付申请费，仲裁院应指示申请人在规定期限内支付，如申请人未能遵守，则仲裁院可以驳回仲裁请求并终止程序。

4. 如果申请人在仲裁期间增加了索赔，则仲裁庭应将增加的金额通知仲裁院。仲裁院可要求申请人支付补充的申请费，如果申请人未能遵守，仲裁院可指示仲裁庭将增加的申请视为已被撤回。

5. 对仲裁请求的答复。在收到仲裁请求后 21 日内，被申请人应按规则要求的份数向仲裁院提交对仲裁请求的答复。如果答复不符合规则要求，或如果被申请人未能提供足够的副本，可指示被申请人在规定的期限内补正。被申请人不遵守的，不影响仲裁的进行。

6. 被申请人应支付的申请费。被申请人提出反诉或者抵销请求时，应当交纳规定的申请费，仲裁庭应当在收到案件材料后，及时通知仲裁院。被申请人在提出反诉或者抵销请求时未交纳申请费的，由仲裁院责令被申请人在规定的期限内交纳。如果被申请人不遵守，仲裁院可以驳回反诉或抵销请求，或者在案件材料送交仲裁庭后，指示仲裁庭将反诉或抵销请求视为撤回。被申请人在仲裁过程中提出反诉或者增加抵销请求的，仲裁庭应当按照规定将增加情况通知仲裁院，仲裁院可指示被申请人按照规定补充申请费。如果被申请人未能遵守，仲裁院可指示仲裁庭将增加的反诉或抵销请求视为撤回。

7. 第三人请求合并审理。根据规则进行的待决仲裁的第三人如果希望加入正在进行的仲裁，则应在案件材料转交仲裁庭之前，向仲裁院提交合并审理申请书。不遵守该期限将导致仲裁院驳回合并审理的请求，除非仲裁的所有当事方都同意合并审理。

8. 仲裁庭。仲裁庭的组成尊重当事人的意思自治，当事人可以约定仲裁员的人数和仲裁庭的指定程序。

9. 当事人约定将争议提交独任仲裁员的，申请人和被申请人可以在请求提交之日起 21 日内共同指定独任仲裁员。

10. 当事人对仲裁员人数没有约定，仲裁院决定将争议提交给独任仲裁员仲裁的，当事人可以在收到仲裁院通知之日起 15 日内共同指定独任仲裁员。如果未能在规定期限内共同指定仲裁员，仲裁院应指定独任仲裁员。

11. 如果当事人双方同意将争议提交给由三名仲裁员组成的仲裁庭，仲裁庭的任命程序如下：

（1）申请人应在仲裁请求中指定一名仲裁员进行确认；

（2）被申请人应在对仲裁请求的答复中指定一名仲裁员进行确认；

（3）如果任何一方未能根据第（1）~（2）条或在仲裁院规定的期限内指定一名仲裁员，则仲裁院应指定仲裁员；

（4）申请人和被申请人可以共同指定第三名仲裁员作为仲裁庭的首席仲裁员。如果双方未能在收到仲裁院关于确认或任命第二名仲裁员的通知之日起 15 日内完成共同任命，则仲裁院应任命首席仲裁员。

四　仲裁费用

（一）仲裁费用的确定

仲裁费用应在最终裁决中确定，如果仲裁在最终裁决作出之前终止，则应在终止仲裁的命令中确定。

仲裁费用包括：

（1）仲裁庭的费用；

（2）仲裁员的差旅费及其他开支；

（3）专家咨询和仲裁庭要求的其他协助的费用；

（4）仲裁院的行政费用及开支；

（5）当事人就仲裁而产生的法律费用和其他费用（如已提出该等费用，且仲裁庭认为该等费用的金额是合理的）。

在作出最终裁决或终止仲裁的命令之前，仲裁庭应要求仲裁院根据规定计算费用。仲裁庭应在最终裁决或终止仲裁的命令中列入最终确定的仲裁费用，并指明应付给每名仲裁员和仲裁院的个别费用和开支。除非当事人另有约定，仲裁费用原则上应由败诉方承担。但是，仲裁庭在考虑到案件的情况后，可以其认为适当的比例在当事人之间分摊仲裁费用。

（二）预付费用

在国际仲裁中，仲裁院应确定一笔预付款，当事人必须在案件材料送交仲裁庭之前支付。预付费用的金额应与仲裁的预期费用相当。仲裁院可自行决定在国内仲裁中确定费用预付款。在仲裁庭提出合理要求后，仲裁院可利用预付款支付仲裁费用。在作出最终裁决或终止仲裁的命令后，仲裁院应从费用预付款中支付其确定的仲裁费用。如双方当事人预付的费用超过仲裁院确定的仲裁费用，多余款项应退还给双方当事人。如果仲裁院没有确定费用预付款，仲裁庭可以要求双方预付费用，以确保支付仲裁员费用和开支。

（三）仲裁费用

1. 申请费。根据仲裁院《仲裁规则》第 8 条提交仲裁请求、反请求或抵销抗辩以及根据仲裁院《仲裁规则》第 10 条提出合并请求时，必须支付申请费，具体如下：

（1）争议金额不超过 2000000 欧元的，支付 3000 欧元；

（2）争议金额为 2000001 欧元至 10000000 欧元的，支付 5000 欧元；

（3）争议金额超过 10000000 欧元的，支付 8000 欧元。

若争议金额无法确定，则申请费应为 5000 欧元。

计算争议金额时不应考虑利息。但是，利息金额超过本金金额时，在计算争议金额时，应当仅考虑利息金额，而不是考虑本金金额。

申请费应通过转账方式支付至芬兰商会的银行账户。当争议金额的增加可能影响申请费金额时，仲裁庭应立即通知仲裁院，仲裁院可以要求当事人在规定的期限内补交申请费。

考虑到争议金额的波动、仲裁庭估计费用金额的变化、仲裁进展、仲裁的复杂性，或其他相关情况，仲裁院可在仲裁过程中的任何时候调整费用预付款，并可要求任何一方当事人补交费用预付款。

如果一方未能支付预付款，仲裁院应在规定的期限内，给予另一方代表该方支付未付份额的机会。如果另一方支付了此类款项，仲裁庭可应付款方的请求，作出单独的赔偿裁决。如果费用预付款的任何部分仍未支付，仲裁院可终止仲裁，将未支付费用预付款的请求视为撤回，或在案件材料送交仲裁庭后，仲裁院可指示仲裁庭命令终止仲裁或将尚未支付的费用预付款的请求视为已被撤回。

各方应以现金支付预付款。付款方式为转账至芬兰商会银行账户。如果一方预付的费用金额大于 25 万欧元，该方可就超过该金额的部分出具银行担保。

已足额支付预付款的一方可以通过银行保函支付另一方欠下的未付部分。

2. 仲裁管理费。具体如表 1 所示。

表 1　FAI 仲裁管理费

单位：欧元

争议金额	管理费
≤25000	3000
25001～50000	3000 + 超过 25000 部分的 4.00%，最高为 4000
50001～200000	4000 + 超过 50000 部分的 1.00%，最高为 5500
200001～500000	5500 + 超过 200000 部分的 1.83%，最高为 11000
500001～1000000	11000 + 超过 500000 部分的 1.10%，最高为 16500
1000001～2000000	16500 + 超过 1000000 部分的 0.45%，最高为 21000
2000001～5000000	21000 + 超过 2000000 部分的 0.15%，最高为 25500
5000001～10000000	25500 + 超过 5000000 部分的 0.15%，最高为 33000
10000001～50000000	33000 + 超过 10000000 部分的 0.03%，最高为 45000
50000001～100000000	45000 + 超过 50000000 部分的 0.02%，最高为 55000
>100000000	55000 + 超过 100000000 部分的 0.01%，最高为 60000

注：管理费无需交纳增值税。

3. 仲裁员费用。具体如表 2 所示。

表 2　FAI 仲裁费用

单位：欧元

争议金额	独任或首席仲裁员费用	
	最小值	最大值
≤25000	3000	12000
25001～50000	3000 + 25000 以上金额的 6.00%	12000 + 25000 以上金额的 12.00%
50001～200000	4500 + 50000 以上金额的 2.33%	15000 + 50000 以上金额的 4.00%
200001～500000	8000 + 200000 以上金额的 1.83%	21000 + 200000 以上金额的 3.67%
500001～1000000	13500 + 500000 以上金额的 1.10%	32000 + 500000 以上金额的 2.60%
1000001～2000000	19000 + 1000000 以上金额的 0.60%	45000 + 1000000 以上金额的 2.50%

续表

争议金额	独任或首席仲裁员费用	
	最小值	最大值
2000001～5000000	25000＋2000000 以上金额的 0.30%	70000＋2000000 以上金额的 1.33%
5000001～10000000	34000＋5000000 以上金额的 0.24%	110000＋5000000 以上金额的 0.50%
10000001～30000000	46000＋10000000 以上金额的 0.04%	135000＋10000000 以上金额的 0.18%
30000001～50000000	54000＋30000000 以上金额的 0.05%	170000＋30000000 以上金额的 0.20%
50000001～75000000	64000＋50000000 以上金额的 0.04%	210000＋50000000 以上金额的 0.12%
75000001～100000000	75000＋75000000 以上金额的 0.04%	240000＋75000000 以上金额的 0.06%
＞100000000	由董事会决定	由董事会决定

注：表中提到的费用金额不包括任何可能增加到仲裁员费用中的增值税。

五　其他事项

1. 董事会

董事会应由一名主席、最多三名副主席和最多十二名额外成员（统称为成员）组成。董事会应包括芬兰国民和非芬兰国民。董事会可设立一个或多个委员会，并将作出某些决定的权力委托给委员会，但任何该等决定须在下一届会议上向董事会报告。

董事会成员由芬兰商会任命，任期为三年，可以连任两次。如果董事会成员不再能够行使其职能，芬兰商会可在剩余的任期内任命一名替代成员。

董事会按照《仲裁规则》作出决定。董事会在全体会议上行使决策权，全体会议由主席主持，或者在主席缺席的情况下，由一名副主席主持。如果主席和每一名副主席都缺席，其他成员应任命他们中的一人担任全体会议的主席。法定人数为三名，以多数票决定；如果不能获得多数票，主席将进行决定性的投票。

在适当情况下，董事会可以电子方式作出决定。

在根据规则进行的程序中，董事会不得委任任何成员为仲裁员。但是，经仲裁院确认，当事人或当事人指定的仲裁员可提议成员履行此类职责。在特殊情况下，董事会成员可根据规定被任命为紧急仲裁员。

以任何身份参与仲裁程序的成员必须在得知此类参与后通知秘书处。此类成员不得参与讨论和董事会或其任何委员会有关程序的讨论和决定。每当董事会或其任何委员会审议程序时，此类成员也必须回避。此类成员不得收到与此类程序有关的任何文件或资料。

2. 秘书处

董事会由秘书处协助其工作，秘书处负责仲裁程序有关的行政事务。秘书处还可就董事会委托的事项作出决定。秘书处在秘书长的指导下行事。秘书长由芬兰商会任命。

秘书长或秘书处其他成员不得被任命或以其他方式担任仲裁程序中的仲裁员。

董事会或其任何委员会就仲裁程序的管理向当事方或仲裁员发出的所有通信应仅通过秘书处进行。董事会及其任何委员会的所有决定应由秘书处代表董事会及其委员会进行沟通。

在根据规则提交仲裁的每一案件中，秘书处应将仲裁庭作出的所有裁决和命令、仲裁院的所有决定以及与仲裁院相关的通信的副本保存在其档案中。除非一方当事人或仲裁员在相应期限内要求返还此类文件或信函，否则任何此类文件和信函可在作出最终裁决或终止仲裁的命令起三年后销毁。归还文件或信件的所有相关费用应由请求方或仲裁员支付。

3. 其他规定

主席或（如主席缺席）其中一名副主席有权代表董事会作出紧急决定，但任何该等决定须在下一届会议上向董事会报告。

董事会及其任何委员会和秘书处的工作属于保密性质，由董事会决定谁可以参加会议。

◇ 罗马尼亚工商会国际商事仲裁院（CCIR）

一　机构介绍

隶属于罗马尼亚工商会的国际商事仲裁院（The Court of International Commercial Arbitration，CCIR）成立于1953年，是罗马尼亚最早成立的仲裁机构。在过去的60多年间，CCIR凭借其出色的国内外仲裁员和高质量的裁决树立了良好的信誉。为营造良好的营商环境，自2018年1月1日起，CCIR采用新的《仲裁规则》以提高仲裁效率。

二　仲裁特色

1. 采用国际社会最领先的仲裁规则

CCIR的《仲裁规则》建立在欧盟和国际社会关于仲裁的最优实践基础上。

2. 允许当事人选择其他仲裁规则

罗马尼亚工商会国际商事仲裁院的《仲裁规则》允许当事人选择适用仲裁院《仲裁规则》以外的其他仲裁规则，但只有在其他仲裁规则没有明确禁止自身的适用时才可适用。当事人选择的仲裁规则明确禁止其他仲裁机构适用的，则适用仲裁院的规则。仲裁院在考虑争议的具体情况和当事人选择的仲裁规则后决定其他仲裁规则是否兼容和可适用。仲裁院的管辖权和仲裁庭的组成应继续受仲裁院《仲裁规则》的约束。

3. 强调当事人的和解

CCIR在其《仲裁规则》中明确规定，在仲裁程序进行的任何阶段，仲裁庭均有义务促使双方当事人达成和解。

三　仲裁流程

1. 仲裁通知

提起仲裁的一方当事人应向仲裁院递交仲裁通知书，内容应包含：

（1）当事人的名称、住所或居所，法人的登记名称和注册办事处，以及电邮地址、电话号码、传真号码等信息；

（2）代理人的姓名和行为能力，如果由律师代理，则提供律师的姓名、电话和传真号码、电子邮件地址和办公地址，授权书应附于仲裁通知之后；

（3）纠纷的简要陈述，应包括所请求的救济和请求的金额，包括事实和法律理由并说明申请人准备使用的证据的形式；

（4）仲裁协议的说明，并附有与仲裁协议相关的合同副本或其他文件；

（5）申请人关于仲裁员人数和仲裁地点的意见；

（6）申请人是否申请紧急仲裁程序；

（7）指定仲裁员的姓名，如果该仲裁员不在仲裁员名册，则提供指定仲裁员的地址、电话号码、传真号码和电子邮件地址；

（8）申请人或其代理人的签字。

仲裁通知和附件应以约定的仲裁语言提交，可采用电子形式或书面形式。申请人应为其他各方当事人各准备一份仲裁通知副本，并一块传送至仲裁院。

如果当事人之间未对仲裁语言达成协议，则适用《仲裁规则》第29条的规定。

仲裁通知还可包括根据《仲裁规则》第16条和第17条提出的第三方加入请求或合并请求。

2. 仲裁程序的开始日期

仲裁院秘书处收到仲裁通知之日为仲裁程序开始日期，且申请人应已支付受理费和仲裁费。

若仲裁通知以普通邮件、快递或其他方式传送，则仲裁程序开始日期为邮局或快递员盖邮戳的时间。

3. 对仲裁通知的答复

在申请人支付仲裁费用后，仲裁员秘书处将仲裁通知副本和附件传送至被申请人。

收到仲裁通知后30日内，被申请人应对仲裁通知作出答复：

（1）对仲裁通知中所列细项的意见；

（2）对仲裁协议的存在、效力和适用的意见；

（3）被申请人对申请人提出的仲裁员人数和仲裁地的意见；

（4）被申请人对于是否适用快速仲裁程序的意见；

（5）被指定仲裁员的姓名，以及在适当的情况下，写明仲裁员的邮寄地址、传真号码和电子邮件地址；或在适当情况下，提出对申请人提议任命独任仲裁员及其姓名的意见；

（6）被申请人代表人的姓名和行为能力，如果聘用律师，则提供律师的姓名、电话号码、传真号码和地址；

（7）被申请人及其代理人的签名。

被申请人未作答复不应被认定为接受申请人的请求且也不阻碍仲裁程序的继续。

被申请人的反请求应在答复中提出，且应包含《仲裁规则》第10条第1款第3项和第4项要求的内容。

被申请人的答复还可包括增加当事人或合并仲裁的请求。

4. 信息的补充

如果仲裁请求或反请求的内容未能包含《仲裁规则》第10条中要求的所有信息，仲裁院主席可通过秘书处立即要求当事人在接到通知之日起10日内提供遗漏的信息或符合要求的信息。

如果任何一方当事人未能按要求补充信息，导致仲裁程序难以继续，则仲裁院主席可决定退还仲裁请求书或反请求书。

5. 仲裁合并

当事人在仲裁通知中或答复中申请将新的仲裁程序与正在进行的仲裁程序合并的，如果符合下列情形之一，可以合并：

（1）各方当事人同意合并；

（2）各仲裁中的所有请求均依据同一仲裁协议提出；

（3）请求依据多个仲裁协议提出，但请求救济的权利均涉及或源于同一交易或同一系列相关交易，且各仲裁协议彼此兼容。

仲裁庭在决定是否合并仲裁时应征求各方当事人的意见，且考虑正在进行的仲裁程序中是否存在相同的法律或事实问题，以及仲裁程序的效率。

当决定合并仲裁时，任何已经在新仲裁程序中被任命的仲裁员应自动被取消职权。

如果合并仲裁请求被驳回，则新仲裁程序中的仲裁庭成员依据《仲裁规则》第 19 条进行指定。

6. 仲裁员人数

当事人可就仲裁员人数进行约定，但必须是奇数，即独任仲裁员或三名仲裁员。

如果当事人未约定仲裁员人数，仲裁庭应由三名仲裁员组成。

7. 仲裁员的指定

如果当事人未就仲裁员指定程序达成一致意见，或如果仲裁庭未能在各方当事人约定的期限内，或者当事人未约定期限而由仲裁院主席设定的期限内指定仲裁员，则仲裁员的指定应根据以下方式进行。

仲裁庭由独任仲裁员组成时，各方当事人应在 30 日内共同指定该仲裁员。如果当事人未能在规定期限内指定独任仲裁员，则由仲裁院主席在 5 日内进行指定。

仲裁庭由三名仲裁员组成时，申请人和被申请人应各自指定一名仲裁员。由被指定的两名仲裁员共同指定第三名仲裁员，即首席仲裁员。一方当事人未能在规定期限内指定仲裁员，则由仲裁院主席在 5 日内进行指定。如果被指定的两位仲裁员未能在规定期限内指定首席仲裁员，则由仲裁院主席在 5 日内作出指定。

如果存在多名申请人或被申请人，且仲裁庭由三名仲裁员组成，则由申请人或被申请人在规定期限内共同作出指定。如果未能作出指定，仲裁院委员会任命所有的仲裁员。

在指定仲裁员时，仲裁院主席或仲裁院委员会，应考虑纠纷的特点、适用的实体法、仲裁地和仲裁语言，以及当事人的国籍。

8. 仲裁庭的组成时间

仲裁庭应在首席仲裁员或独任仲裁员指定之日组成。

自组成之日起，仲裁庭有权就仲裁请求和其他关于仲裁程序的请求作出决定，除非根据法律规定和《仲裁规则》规定，这些请求事项属于其他司法机构专属管辖范围。

9. 仲裁员的公正性和独立性

每位仲裁员必须公正和独立。

仲裁员应当自收到任命通知之日起 5 日内填写并签署独立和公正声明，并应说明可能导致对其公正性或独立性产生合理怀疑的情形。

仲裁员未能在规定的期限内填写并签署独立和公正声明的，则视为拒绝履行仲裁员职责。

仲裁院秘书处应向各方当事人和其他仲裁员转交声明副本，并将原件保留在案件档案中。

在仲裁过程中出现对仲裁员的公正性或独立性产生合理怀疑的任何情况时，该仲裁员应立即以书面形式通知当事人和其他仲裁员。

10. 申请仲裁员回避

如果出现对被指定的仲裁员的公正性和独立性的合理怀疑时或仲裁员不具备当事人约定的资质时，可申请仲裁员回避。

一方当事人对其指定的仲裁员的质疑只能基于在指定后才获悉的或发生的对该仲裁员公正性和独立性产生合理怀疑的理由。

回避申请应以书面形式提交至仲裁院的秘书处，且期限为仲裁庭组成之日起 10 日内。如果对仲裁员资质产生怀疑的情形发生在仲裁庭组成后或在仲裁庭组成后才被一方当事人知悉，则期限为自该方当事人知悉该情形之日起 10 日内。

如果各方当事人均同意该仲裁员回避，则仲裁员的职责应终止。

11. 仲裁员职责的终止

仲裁院委员会在出现以下情形时应考虑终止仲裁员的职责：

（1）仲裁员请辞；

（2）对仲裁员的质疑；

（3）仲裁员在被指定后发现因身体或精神障碍在长时间内无法履行职责；

（4）仲裁员在仲裁过程中死亡。

在仲裁员被解除职责前，各方当事人和仲裁员均应被给予机会以书面形式提交意见。

12. 仲裁员的替换

如果仲裁员被终止履行职责，则应根据《仲裁规则》第 19 条替换仲裁员。

如果整个仲裁庭成员被替换，新组建的仲裁庭应决定是否以及在多大程度上有必要重新部分审理或者全部审理。

13. 审理方式

在仲裁庭组成后，仲裁院秘书处应立即将案卷材料传递给仲裁庭。

除非当事人另有约定或《仲裁规则》有明确规定，仲裁庭可以按照其认为适当的方式审理案件。在任何情形下，仲裁庭均应公平和公正地行事，给予双方当事人陈述与辩论的合理机会。

如果《仲裁规则》没有明确规定，仲裁庭应依照《仲裁规则》中的精神进行。如果当事人未约定，《仲裁规则》或仲裁庭均未对某些事项予以规定或规定不足，则可依据《民事诉讼法》进行。

仲裁庭的审理方式包括书面审理和口头审理。

仲裁庭应以公正、高效和快捷的方式开展审理，给每方当事人提供合理机会陈述案件和抗辩。

在仲裁程序进行的任何阶段，仲裁庭均应促使双方当事人达成和解。

如果一方当事人在被合理通知后仍未出席，则仲裁程序应继续。

14. 仲裁地

除非当事人有约定，仲裁地应为仲裁院的办公场所。

在征求当事人的意见后，仲裁庭应在其认为适合的地点进行部分或全部的仲裁程序，产生的额外费用由当事人承担。

仲裁裁决应被视为在仲裁地作出。

15. 仲裁语言

除非当事人有约定，仲裁语言应为罗马尼亚语。

在任一方当事人的请求下，仲裁庭在考虑当事人所处的情形和所在区域后，可以罗马尼亚语以外的语言进行仲裁程序。

仲裁院秘书处或仲裁庭可要求当事人提供除上述两种语言之外的其他语言制成的文件的翻译文本。

当事人请求翻译时，仲裁庭应为其提供翻译员。翻译费用由该当事人自行承担。

16. 法律适用

对于国际案件，仲裁庭应根据各当事人选择的法律裁决案件。如果当事人未作出法律选择，应适用其认为最适合的法律。当事人选择的某一国家的法律仅至实体法而不包括冲突规范。

只有得到当事人明示的授权，仲裁庭才可以根据公平的原则（作为友好公断人或依公允善良的原则）作出裁决。

17. 开庭审理

开庭审理应按当事人约定或仲裁庭认为适合的方式进行。

仲裁庭在征求当事人的意见后，应决定开庭的日期、时间和地点，并对当事人进行合理通知。

除非当事人另有约定，只允许当事人或其代理人参加开庭。

18. 证人和专家证人

证人可以公证文书形式提供证言，或包含证人签名的声明或由其律师证明其身份的声明。

当事人提供的证人或专家应在仲裁庭前或当事人前提供证言，除非仲裁庭在征求当事人意见后作出其他决定。

19. 仲裁庭指定的专家

在征求当事人的意见后，仲裁庭可指定一名或多名专家就具体的问题提供报告。当事人应向专家提供有关的证据以供检验。

仲裁庭在征求当事人的意见后，结合具体问题的专业性，应决定被指定的专家及应支付的费用和支付方式。如果被指定的专家未能在规定期限内完成任务，仲裁庭可决定降低费用，或根据案件情况驳回增加额外专家费用的请求。

仲裁庭可要求专家提供关于提交报告的日程表。

经任何一方当事人请求，仲裁庭允许当事人指定专家参与检验。

当事人应被给予机会就专家报告发表评论或表示反对意见。

经任何一方当事人请求，仲裁庭可允许当事人在开庭中质询专家。

20. 缺席

一方当事人未能按照《仲裁规则》的规定或仲裁庭发布的指令出席，且未提供充分理由，则仲裁庭可指令仲裁程序中止或根据具体情况采取其他适当的措施。

21. 临时和保全措施

经任何一方当事人申请，仲裁庭可指令其认为适当的临时或保全措施。

仲裁庭可指令申请临时措施的当事人为此提供适当担保。

仲裁庭组成前，当事人希望申请紧急临时救济的，可根据规定的程序申请救济，并由紧急仲裁员作出决定。

当事人向司法主管机关申请临时救济的行为，与《仲裁规则》不冲突。

22. 审理程序的终结

如果当事人均有合理的机会在审理过程中表达自己的意见，则仲裁庭可宣布仲裁审理程序终结。

仲裁庭可在其认为存在特殊情形和经证明的合理理由时，重新启动审理程序。

23. 仲裁申请的放弃

如果申请人缺席，导致六个月内仲裁程序没有进展，则仲裁申请被视为放弃。

24. 仲裁裁决作出的期限

除非双方当事人另有约定，裁决应于仲裁庭成立之日起六个月内作出。

出现下列情形时，仲裁期限应暂停计算：

（1）处理对仲裁员的质疑；

（2）处理违宪审查请求；

（3）处理向仲裁庭提出的附带请求；

（4）根据法律规定中止仲裁程序；

（5）仲裁庭指令准备专家报告。

当事人可在仲裁程序的任何时间通过书面或口头方式向仲裁庭申请延长仲裁期限，并在程序令中予以记录。

如果仲裁庭发现一方当事人妨碍仲裁程序的进行或存在其他正当理由，可指令延长仲裁期限。

当事人的法人资格不复存在或者其中一方当事人死亡时，期限自动延长三个月。

25. 仲裁裁决

仲裁程序应以作出仲裁裁决为终结。

如果被申请人接受申请人的部分主张，则仲裁庭在申请人的请求下，可就该部分主张作出部分裁决。

如果申请人撤回其仲裁申请或在仲裁庭组成后立即放弃其请求，则仲裁庭作出终止仲裁程序的决定，或根据案件情况驳回就争议事项进行仲裁的请求。

如果当事人在仲裁裁决作出前达成和解，则仲裁庭可应当事人的请求依据和解协议的内容作出裁决。

如果仲裁程序在仲裁庭组成后基于任何原因终结，则仲裁庭可在对争议事项作出裁决前作出终止决定，并在决定中说明仲裁程序终结的原因。

如果申请人撤回其仲裁申请或在仲裁庭组成后立即放弃仲裁请求，则仲裁院主席应指令终结仲裁程序。

26. 仲裁裁决的作出

裁决应在自审理程序结束之日起一个月内以书面形式作出，或在当事人约定的时限内作出。

仲裁院主席可根据仲裁庭的合理请求延长作出裁决的期限。

仲裁庭由三名仲裁员组成的，应当以多数仲裁员的意见作出裁决。如果在决议过程中出现两种或两种以上意见的，应以意见较相似且占多数的仲裁员的意见作出裁决。如果未形成多数意见，则应以首席仲裁员的意见作出裁决。

持不同意见的仲裁员应当说明理由并签字，将异议附于裁决书后。

27. 裁决的内容

裁决应以书面形式作出，并应包括以下内容：

（1）仲裁员的姓名、仲裁助理的姓名、作出裁决的地点和日期；

（2）当事人的姓名、住所或总部位置，当事人的代理人姓名以及其他参与仲裁的人员的姓名；

（3）仲裁程序启动所依据的仲裁协议；

（4）争议的主要事项，并简要陈述当事人的主张；

（5）裁决的事实和法律依据，或者如果仲裁裁决依据公允善良的原则作出，则应说明裁决的理由；

（6）执行部分；

（7）所有仲裁员的签名以及仲裁助理的签名。

如果其中一名仲裁员未能在裁决书上签字，应说明原因并由首席仲裁员签字；如果首席仲裁员未签字，则由仲裁院的主席签字。

28. 裁决的效力

仲裁裁决是终局的且对各方当事人具有约束力。

仲裁助理应在仲裁员在仲裁裁决上签字之日起 3 日内将裁决书传送给各方当事人。

29. 裁决的更正和解释

仲裁庭主动或经当事人请求，可在当事人收到仲裁裁决之日起 15 日内对裁决中的姓名、计算或文书错误或遗漏进行更正或解释。

如果认为对仲裁裁决执行部分的含义、范围和适用问题有必要进行解释，或者裁决中包含不一致的条款，一方当事人可在收到裁决书之日起15日内请求仲裁庭作出解释或将不一致之处删除。

如果仲裁庭认为请求对裁决内容进行更正或解释的理由合理，则应在接到该请求之日起30日内作出更正或解释，或主动在作出裁决之日起30日内进行更正或解释。

30. 裁决的补充

在收到裁决书之日起15日内，一方当事人经通知其他当事人后，可请求仲裁庭对在仲裁程序中提起而被裁决书遗漏的请求予以补充裁决。

同样，该规则也适用于仲裁庭遗漏关于证人、专家、翻译员或代理人权利的内容，而由上述人员提出的补充裁决的请求。

补充的仲裁裁决应附于裁决书之后，且属于裁决的组成部分。

四　仲裁费用

仲裁费用包括受理费、行政管理费、仲裁员的费用、证据管理费用、笔译和口译费用、律师费、专家费、顾问费、差旅费（当事人、仲裁员、证人、专家、法律顾问等的差旅费）以及其他与仲裁相关的费用。

表 1　行政管理费和仲裁员费用

单位：罗马尼亚列伊

争议金额	行政管理费	仲裁员费用
≤2000	300	200
2001 ~ 5000	300 + 超过 2000 部分的 5%	200 + 超过 2000 部分的 5%
5001 ~ 10000	450 + 超过 5000 部分的 4%	350 + 超过 5000 部分的 4%
10001 ~ 50000	650 + 超过 10000 部分的 3%	550 + 超过 10000 部分的 3%
50001 ~ 100000	1850 + 超过 50000 部分的 2%	1750 + 超过 50000 部分的 2%
100001 ~ 200000	2850 + 超过 100000 部分的 1%	2750 + 超过 100000 部分的 1%
200001 ~ 700000	3850 + 超过 200000 部分的 0.5%	3750 + 超过 200000 部分的 0.5%
>700000	6350 + 超过 700000 部分的 0.3%	6250 + 超过 700000 部分的 0.3%

表 2　行政管理费

单位：欧元

争议金额	行政管理费
≤20000	800
20001～50000	800 + 超过 20000 部分的 5%
50001～100000	2300 + 超过 50000 部分的 3%
100001～500000	3800 + 超过 100000 部分的 1.5%
500001～1000000	9800 + 超过 500000 部分的 0.7%
1000001～2000000	13300 + 超过 1000000 部分的 0.5%
>2000000	18300 + 超过 2000000 部分的 0.3%

五　其他事项

1. 紧急仲裁员程序

申请紧急救济的当事人可根据《仲裁规则》第 40 条第 3 款的规定提交指定紧急仲裁员的申请。

仲裁庭组成之日紧急仲裁员的权力即终止。

指定紧急仲裁员的申请应该包括以下内容：

（1）仲裁通知里当事人提起仲裁所应提供的信息；

（2）争议的概述；

（3）所寻求临时措施或保全措施的陈述和理由，特别要陈述构成紧急情况的理由；

（4）对仲裁地点、适用法律和仲裁语言的意见；

（5）支付紧急救济程序费用的证明；

（6）有助于审查临时措施或保全措施的文件或信息。

如果决定接受申请，仲裁院主席应在收到申请后 48 小时内指定紧急仲裁员。紧急仲裁员不得为后来针对同一争议组成的仲裁庭的成员，除非当事人另有约定。指定紧急仲裁员后，仲裁院应通知申请的当事人各方并将案卷移交给紧急仲裁员。

当事人约定的仲裁地即为紧急救济程序仲裁地。当事人未约定的，应由紧急仲裁员确定紧急救济程序仲裁地。

紧急仲裁员可以其认为适当的方式进行紧急救济程序，并有权决定对其管辖权的异议。

紧急仲裁员应自仲裁院向其移交案卷之日起 10 日内，就临时措施或保全措施作出紧急决定或裁决。仲裁院主席可应紧急仲裁员的合理请求延长这一期限。

紧急决定在以下情况下不再具有约束力：

（1）紧急仲裁员或仲裁庭决定其不具有约束力；

（2）仲裁庭作出最终裁决；

（3）仲裁程序未能在紧急决定作出后 30 日内开始；

（4）仲裁庭未能在紧急决定作出后 90 日内组成，或紧急救济程序的费用未能在紧急决定作出后 90 日内支付；

（5）申请人撤销仲裁申请。

2. 仲裁员名册

罗马尼亚工商会国际商事仲裁院建立了仲裁员名册，包括罗马尼亚籍仲裁员（107 名）和外籍仲裁员（63 名）。外籍仲裁员中目前有 1 名中国籍仲裁员。

3. 示范仲裁条款

"凡因本合同引起的或与之相关的任何争议，包括合同的存在、效力、解释、履行或终止，均应提交罗马尼亚工商会国际商事仲裁院管理的机构仲裁，根据其《仲裁规则》最终解决。仲裁裁决是终局性的，对各方当事人均有约束力且具有可执行性。"

另外，当事人可同时约定以下内容：

"仲裁庭应由（三名仲裁员/独任仲裁员组成以及仲裁员的指定方式）"；

"仲裁地应为（国家/城市）"；

"仲裁语言应为（当事人所选择的语言）"；

"本仲裁协议适用的法律为……"或者"仲裁庭应按照公允善良的原则对争议作出裁决"。

◇ 波兰商会仲裁院（SAKIG）

一　机构介绍

波兰商会仲裁院成立于 1950 年 1 月 1 日，最初是作为一个独立的机构在波兰对外贸易商会的仲裁委员会的名义下运作，旨在解决国际贸易争端。

自 1990 年以来，仲裁院一直在华沙波兰商会下继续开展业务，现已成为最著名和最受欢迎的波兰常设仲裁院，并且在欧洲地区越来越受欢迎，几乎 20% 的案件具有国际性。除了波兰最好的律师，该仲裁院的仲裁员名单上还有很多外国仲裁专家。仲裁院根据《联合国国际贸易法委员会仲裁规则》处理临时仲裁程序。它还进行调解程序，并促进学术界和商业界的仲裁交流和发展。

二　仲裁特色

1. 保密性、快捷性

波兰商会仲裁院向所有希望迅速、保密和有效解决争端的商业实体开放。波兰商会仲裁院不仅仲裁国内和国际争端，而且还进行调解和临时仲裁。提交仲裁的案件由仲裁庭以快速有效的方式保密审理。

2. 国际性、区域性

波兰商会仲裁院审理的案件中有近 20% 为国际案件。根据《承认及执行外国仲裁裁决公约》，波兰商会仲裁院的裁决可在该公约的 140 多个签署国得到承认及执行。

目前，波兰商会仲裁院仲裁员名单上包含了 194 名波兰和外国著名仲裁员。其中包括来自奥地利、比利时、捷克共和国、法国、西班牙、印度、德国、斯洛伐克、瑞士、美国、匈牙利、英国和意大利的知名律师。波兰商会仲裁院的国家调解员名单上现在有 106 人。波兰商会仲裁院与世界各地的仲裁机构缔结了许多合作协议。它是国际商事仲裁机构联合会的创始成员，是国际商事仲裁理事会、巴黎国际商会（ICC）的欧洲仲裁组和联合国经济委员会特别委员会的成员。波兰商会仲裁院在欧洲具有较强的优势。

三　仲裁流程

1. 仲裁条款

双方的协议中包含了仲裁条款，内容大致如下："本协议或与本协议有关的所有争议将由波兰商会仲裁院根据规定解决。"

2. 申请书

通过提交申请书来启动仲裁，该申请书应包含：

（1）当事各方的姓名及各自的地址，如果是法人，需提供法人在法院登记册或其他公共登记簿上的信息；

（2）仲裁协议（仲裁条款）或证明仲裁院管辖权的任何其他理由；

（3）争议金额；

（4）请求的确切说明及其理由和支持所述情况的证据。

申请书还可以指定仲裁员，提议由独任仲裁员审理案件或由仲裁委员会提名仲裁员。

3. 仲裁院要求填写申请说明并支付费用。由申请人指定或仲裁院默认指定仲裁员。

仲裁院将申请书连同申请人指定的仲裁员或默认指定的信息一起发送给被申请人。

被申请人对申请书作出答复，并提供有关其指定的仲裁员的信息。如果被申请人没有指定仲裁员，波兰商会仲裁院将作出默认指定。

4. 仲裁院向当事人指定的仲裁员或默认指定的仲裁员发送任命书和公正声明。

5. 已被指定的两名仲裁员任命首席仲裁员并通知仲裁院秘书处有关任命。秘书处将案件档案和公正声明发送给首席仲裁员。

6. 仲裁庭在听证会上对案件进行审查，除非当事人同意在未举行听证会的情况下进行仲裁程序，或者当事人详尽地提出他们认为与维护其权利有关的所有情况，并且仲裁庭认定案件足够清楚，即可无须举行听证会。但是，如果一方当事人不同意未经举行听证会而进行仲裁程序，仲裁庭将在听证会上审理此案。听证会是保密的。除了当事人及其法律代理人之外，听证会只能由被传唤的人和其他有关人员参加，前提是经当事人和仲裁庭同意，且每一方不得超过两人。听证会可由仲裁院院长、仲裁院秘书长和仲裁委员会成员参加。

首席仲裁员确定听证会的日期后，发布准备听证会所需的命令，以便在可能的情况下在第一次听证会后解决案件。仲裁院秘书长将听证会的日期和地点通知当事方。

首席仲裁员主持听证会。独任仲裁员拥有首席仲裁员和仲裁庭本身的权力。

7. 仲裁庭通过作出裁决来解决案件，该裁决对双方当事人具有约束力。裁决应在案件审理结束后一个月内作出。

四　仲裁费用

1. 仲裁程序的费用

（1）经当事人申请，仲裁庭应当在终结仲裁程序的裁定中确定仲裁程序的费用，反映仲裁程序的结果和其他有关情况。

（2）仲裁程序的费用应包括：

a. 注册费；

b. 仲裁费；

c. 根据《仲裁规则》和仲裁开始之日生效的收费标准确定的与提起仲裁有关的各方的合理费用。

（3）如有必要，一方当事人可在听证会结束前或在仲裁庭指定的另一期限内，提交一份仲裁程序费用的申请书，附上费用发生的清单和证据。

2. 在仲裁过程中产生的应由当事人支付的仲裁费用

（1）仲裁员的交通费和住宿费。

（2）证人的交通费和住宿费以及证人的收入损失。

（3）在仲裁过程中与信件和通知服务有关的费用，但不包括挂号信或电子邮件。

（4）专家证人和笔译/口译人员的费用。

（5）根据一方当事人的请求准备的用视频设备录制听证过程的全部费用。

（6）根据多方当事人的申请准备的，使用音频和视频设备制作的听证记录的录音本的成本。

（7）与使用有偿电信资源进行的通信有关的费用。

（8）在该案件中采取其他证据的费用。

3. 仲裁当事方不支付费用的项目

（1）仲裁院行政机关（办公室）的运作。

（2）在仲裁过程中以挂号信或电子邮件的方式发送信件和书面通知。

（3）用音频设备录制听证过程的费用。

（4）仲裁员之间的沟通。

（5）报销（退款）所收取的费用和预付款。

4. 注册费

（1）一般情况下，申请人应支付 2000 波兰兹罗提的注册费。

（2）注册费为 500 波兰兹罗提的情形：

a. 争议金额不超过 10000 波兰兹罗提；

b. 合作社、基金会或协会的章程中包含将争议提交波兰商会仲裁院的条款，无论争议金额多少；

c. 在调解程序中。

（3）因互联网域名"pl"的注册而导致权利受到侵犯的，注册费应为 200 波兰兹罗提。

（4）如果发生以下情况，将不收取注册费：

a. 该案的诉讼程序在波兰商会仲裁院撤销裁决后恢复；

b. 当事人提出了在调解程序中达成的和解申请，并以裁决书的形式提出。

5. 一般程序中的仲裁费

（1）申请人和提出抵销的一方应支付如表 1 的仲裁费。

（2）收取一半仲裁费的情形：

a. 争议由独任仲裁员解决，但争议金额不超过 40000 波兰兹罗提，在快速程序中仲裁的争议除外；

b. 来自第三方的承认；

c. 在普通法院推翻了仲裁院的裁决后,该案件的诉讼得以恢复;

d. 如果仲裁院在上诉程序中承认此案。

表1　仲裁费标准

单位:波兰兹罗提

标的额	仲裁费
≤40000	3000
40001 ~ 100000	3000 + 超过40000部分的8%
100001 ~ 1000000	8200 + 超过100000部分的6%
1000001 ~ 10000000	62200 + 超过1000000部分的0.9%
10000001 ~ 100000000	143200 + 超过10000000部分的0.6%
≥100000001	683200 + 超过100000000部分的0.3%

五　其他事项

1. 仲裁庭保留由波兰商会仲裁院推荐的仲裁员名单。

2. 仲裁员名单的确定规则和程序由仲裁庭章程规定。

3. 独任仲裁员或首席仲裁员只能从列入仲裁员名单的人员中任命。但是,经双方当事人或仲裁员在规定的期限内共同申请,仲裁委员会可同意从仲裁员名单之外选择独任仲裁员或首席仲裁员,特别是由争议的具体性质或仲裁员的资格证明是正当的。

4. 在仲裁员名单以外指定仲裁员的一方,应当提供仲裁员的姓名、职业、住址、电话和电子邮件地址。

◇ 捷克共和国经济商会和捷克共和国
农业商会附属仲裁法院（CAC）

一　机构介绍

捷克共和国经济商会和捷克共和国农业商会附属仲裁法院（Czech Arbitration Court，简称 CAC，以下亦简称仲裁法院），网址为 https:∥en. soud. cz/arbitration-court。

仲裁法院成立于 1949 年，隶属于捷克斯洛伐克商会。1980 年，其名称改为捷克斯洛伐克工商会附属仲裁法院；于 1995 年 1 月 1 日起，仲裁法院采用现在的名称，即捷克共和国经济商会和捷克共和国农业商会附属仲裁法院。尽管名称发生了变化，仲裁法院仍然是一个稳定的机构，在捷克共和国拥有最大的管辖权，在其存在期间在欧洲的仲裁法院中取得了显要的地位。

仲裁法院不仅在捷克共和国而且在国外都是一个杰出的机构，这要归功于其创新的仲裁方法、仲裁裁决的质量以及仲裁员的专业知识。这些仲裁员大多是各领域的杰出律师、大学教授和公认的专家。仲裁员名单包含 400 多名捷克和外国仲裁员（截至 2017 年 6 月）。

仲裁法院与商会的一些地区分支机构以及布尔诺、俄斯特拉发、比尔森、奥洛穆茨和赫拉德茨克拉洛韦的区域仲裁机构合作。

二　仲裁特色

1. cz 域名争议

cz 域名争议由仲裁法院根据 . cz 规则进行仲裁。仲裁程序在 http:∥domeny. soud. cz/的仲裁平台上在线进行。. cz 规则中未提及的问题受仲裁法院规则的约束。与仲裁法院（.eu ADR 和 UDRP）进行的其他类型的域名争议仲裁不同，.cz 争议的理由不受限制。争议通常涉及捷克商标法或不良竞争。已公布的裁决可在 http://domeny.soud.cz/adr/decisions/index.php 找到。

2. 在线仲裁

仲裁法院是欧洲首批提供在线仲裁的机构之一。在线仲裁是一种全新的仲裁形式，为解决简单的商业纠纷提供了有效的工具。从提交申请（包括附件）、费用支付、仲裁员任命到决定和发布仲裁裁决，整个程序是在线上进行的，平均需要 35 天。

三　仲裁流程

1. 仲裁程序的开始

除非对捷克共和国具有约束力的国际条约另有规定，否则仲裁程序应在向仲裁法院提交索赔申请书之日开始。根据争议的价值支付仲裁费和一次性支付行政费用，是进行索赔申请的先决条件。

2. 争议的价值

（1）索赔人有义务在索赔申请书中说明争议的价值。如果索赔或其部分具有非金钱性质，这也适用。

（2）争议的价值应按以下原则确定：

a. 如果所请求的救济是一笔金额，则以索赔额为准；

b. 如果所请求的救济是移交财产，则按索赔财产的价值计算。

（3）如果在一份索赔书中提出若干索赔，则每项索赔的价值必须单独表示，争议的价值应确定为所有索赔的价值总和。

3. 仲裁费的支付

（1）仲裁程序启动后，仲裁法院应要求索赔人在规定的期限内支付仲裁费和一次性支付行政费用。

（2）在仲裁费和行政费用以正确的金额支付之前，仲裁法院不考虑启动索赔申请。

4. 仲裁的撤回

在仲裁程序结束之前，索赔人可以全部或部分地撤回索赔申请。如果索赔申请已被撤回，或在撤回的范围内，仲裁庭应酌情终止仲裁程序。如果其他当事方有充足理由不同意撤回，仲裁庭应认定撤回无效。如果案件尚未作出决定，仲裁庭应继续进行仲裁程序。

5. 辩护声明

（1）如果仲裁法院院长认为可以启动索赔申请，则秘书须将索赔人提交的索赔申请通知被告，并向被告发送索赔申请书的副本，包括其附件和仲裁法院规则。

（2）同时，秘书应在索赔申请书送达后 14 天内，邀请被告提交书面陈述并提供证据。在同一时期内，被告有义务指明其选择的仲裁员或要求仲裁法院院长指定仲裁员。上述期限可以根据被告的请求延长。

6. 仲裁庭的组成或任命独任仲裁员

（1）仲裁员应由当事人按照规定任命。如果当事人未在规定的时间内任命仲裁员，应由仲裁法院院长任命仲裁员。

（2）除非当事人另有约定，否则仲裁法院院长应指定独任仲裁员。

（3）如果争议中有多名索赔人或多名被告，则应由索赔人指定一名仲裁员，并由被告指定一名仲裁员。如果索赔人或被告在规定的时间内未就仲裁员的任命达成一致，应由仲裁法院院长任命仲裁员。

（4）当事人或仲裁法院院长任命的仲裁员应从仲裁法院仲裁员名单中选出首席仲裁员。如果仲裁员在其任命通知之日起 14 天内未选出首席仲裁员，除非任何一方在通知当事人之后的 5 天内根据申请程序当选首席仲裁员，首席仲裁员应由仲裁法院院长从仲裁法院仲裁员名单中任命。

（5）在仲裁庭组成之前，仲裁法院院长有权执行非秘书保留的所有程序性行为，但根据第 25（1）条作出的管辖权决定除外。

（6）如果仲裁员的职位在仲裁期间出现空缺（或职责终止），则指定原仲裁员的一方有权指定新的仲裁员。

（7）仲裁员在仲裁期间的变更不构成首席仲裁员变更的理由。

7. 对仲裁员的质疑与更换

（1）如果由于仲裁员与案件的关系而怀疑其公正性，则各方及其代表均可对仲裁员提出质疑。质疑必须在第一次口头听证会开始之前提出，只有在有特殊理由时，才应考虑迟延提出的质疑。但是，在因消费者合同产生的争议中，各方可以在仲裁期间的任何时候提出质疑。

（2）根据质疑而更换仲裁员的决定应由仲裁庭的其余成员作出。如果其余成员未达成一致意见或两名或所有仲裁员均受到质疑，则将由董事会作出决定。如果仲裁庭尚未成立，董事会也应对仲裁员的质疑作出决定。

（3）如果质疑成立，应根据本规则任命新仲裁员。新仲裁员应酌情在接受任命之日（视情况而定）进入现有仲裁程序。

（4）如果仲裁员无法参加或多次未能参加仲裁程序，则上述第（2）项和第（3）项规定的程序应类似地适用于此类仲裁员的解除。

（5）如果仲裁庭认为有必要，它可以再次讨论在之前的听证会上已经讨论过的任何事项。

8. 关于管辖权的决定

（1）仲裁法院的管辖权决定应由仲裁庭作出。在作出决定之前，它可以要求董事会发表声明。为此，应将文件和简要报告提交董事会。

（2）如果仲裁法庭缺乏管辖权，仲裁庭应裁决中止仲裁程序。如果得出仲裁法院对特定案件具有管辖权的结论，仲裁庭应裁决驳回缺乏管辖权的请求。

（3）仲裁庭在根据上述第1款要求董事会发表声明之前，应采取其认为必要的措施，以避免对当事人造成损害。

（4）如果仲裁庭以仲裁法院无管辖权为由裁决终止程序，各方当事人可在裁决作出之日起15天内，要求董事会审查终止程序的裁决。

（5）如果董事会审议对终止仲裁程序的裁决进行复审的请求，则秘书应将文件连同简要报告一起提交给董事会。

（6）如果董事会得出结论认为仲裁法院对该案具有管辖权，则董事会应决定废止仲裁庭关于终止仲裁程序的裁决。在作出决定之前，董事会可以召集口头听证。仲裁庭受董事会决定的约束，并应继续进行仲裁。

（7）如果董事会没有得出撤销终止仲裁裁决的结论，则董事会应作出维持终止仲裁裁决的决定。

9. 听证会的准备

（1）仲裁庭应检查听证会的准备情况，并应在认为必要时采取其他措施以准备听证会，特别是要求提供书面陈述、证据和其他补充文件，并应为此设定适当的期限。

（2）仲裁庭可以决定在仲裁中要解决的问题清单。

10. 口头听证会的传票

仲裁法院应通过传票提前通知当事各方口头听证会的时间和地点，以使当事各方至少有10天的时间准备听证。

11. 口头听证会

（1）争议应在非公开的听证会中讨论。经当事人同意，仲裁庭可以允许当事人以外的其他人出席听证会。应一方当事人的请求，尽管没有另一方的同意，由仲裁庭任命的口译员可以参加口头听证会。

（2）当事人和/或其代表应酌情参加口头听证。

（3）如果已被合理通知口头听证会时间和地点的一方未能出席听证会，则其缺席并不妨碍听证会的进行。

（4）各方均可同意在其缺席的情况下举行口头听证会。

（5）如有需要，可根据当事方的申请或仲裁庭的规定将口头听证会延期。

（6）要求延期举行口头听证会的申请必须至少在口头听证会日期的 3 天前提出，并由仲裁庭作出决定。

12. 简化程序

（1）除因消费者合同引起的纠纷外，当事各方可以书面同意仲裁庭仅根据书面文件解决纠纷。但是，如果发现所提供的文件不足以作出决定，则仲裁庭可以召开口头听证会。

（2）除因消费者合同引起的纠纷外，仲裁庭可邀请当事各方在自要求之日起 10 天内根据书面文件表达其对解决纠纷的意见，而无须进行口头听证。如果当事方未能在规定的时间内表达自己的意见，则认为该当事方同意解决争端而无须进行口头听证。

（3）在争议审议结束之前的任何时间，当事各方均可书面同意无须陈述仲裁裁决的理由。

13. 快速程序

仲裁裁决或终止仲裁裁决的快速程序。

（1）在支付增加的仲裁费后两个月内，应根据当事人的书面协议和已支付费用的一方当事人的申请进行快速程序；

（2）在支付增加的仲裁费用后四个月内，应在已支付增加的仲裁费用的一方当事人的申请下进行快速程序。

上述期限可根据已支付增加的仲裁费的一方当事人的要求或经其同意延长。

14. 反诉

（1）被告可以在争议的审议结束前提出反诉。但是，如果被告因无理延迟提出反诉而导致仲裁程序延误，则可能要求被告支付仲裁庭因此而增加的费用，并支付另一方因此增加的费用。

（2）关于索赔申请书的规定应比照适用于反诉。

（3）如果抵销的索赔来自与索赔申请书提出的索赔不同的法律关系，则反诉的规定应比照适用于提出抵销主张。

15. 尝试达成和解协议

根据案件的具体情况，在仲裁程序的每个阶段，仲裁庭有权邀请当事方达成和解协议，并提出可以有助于该和解协议的建议。

16. 证据

（1）当事人有义务证明其主张或请求所依据的情况。

（2）当事人可以书面形式或原件形式出示书面证据。仲裁庭可以要求出示契据的原件。

（3）证据应以仲裁庭规定的方式取得。首席仲裁员或多名仲裁员可受仲裁庭的委托作证。

17. 证据评估

仲裁庭可自行决定对证据进行评估。

18. 决定

通过具有法律效力的仲裁裁决或终止程序的裁决，使仲裁程序终止。

19. 争议审议的结束

（1）仲裁庭认为与争议有关的所有情况已得到充分澄清后，应作出裁决，以结束对争议的审议。

（2）在作出仲裁裁决或终止仲裁的裁定之前，仲裁庭可以重新启动对争议的审议，并可以召开新的口头听证会，以查清案件事实或确定各方的意见。

20. 仲裁裁决的作出

（1）仲裁裁决应在案情确定或已支付仲裁费用的情况下作出，包括根据当事方的请求作出仲裁裁决的情况。只有在和解不违反法律规定的情况下，才能根据当事人达成的和解作出仲裁裁决。

（2）在施加了履行义务的仲裁裁决的部分，仲裁员还应规定履行期限。

（3）如果争议只有一部分得到充分澄清，仲裁庭可以宣布仲裁程序仅就本部分而结束，并以部分仲裁裁决的形式作出裁决，而仲裁程序则就其余部分继续进行。

（4）如果争议涉及索赔的依据和数额，仲裁庭可以首先通过临时仲裁裁决的形式对索赔进行讨论并作出决定，在必要时，可就索赔金额继续进行仲裁，并就此作出裁决。

（5）口头宣布仲裁裁决的日期，如果未宣布，则裁决书上指明的日期应视为仲裁裁决作出的日期。

（6）仲裁裁决的规定也适用于部分和临时仲裁裁决。

21. 关于仲裁裁决的投票

仲裁庭应以多数票决定仲裁裁决。如果对仲裁裁决的表决不一致，则应当进行表决的非公开会议记录，由仲裁庭成员签字；只有董事会有权查看该会议记录。

22. 仲裁裁决公告

（1）在结束对争议的审议并作出裁决后，首席仲裁员应宣布仲裁裁决，包括仲裁裁决的执行部分。如果至少有一方当事人出席，首席仲裁员还应简要说明仲裁裁决的理由。

（2）仲裁庭可以决定在未经口头公告的情况下向当事人送达书面仲裁裁决。

23. 仲裁裁决的补充和更正

（1）当事人如果在仲裁裁决送达之日起30天内发现仲裁庭未就当事人的所有索赔作出裁决，则可以要求仲裁庭作出补充裁决。

（2）仲裁庭应根据任何一方的请求或自行决定，随时纠正仲裁裁决中的任何输入和计算错误以及其他明显错误。

（3）与仲裁裁决有关的补充或更正应构成裁决的组成部分。当事人没有义务支付与补充或更正仲裁裁决相关的费用。

24. 仲裁裁决的履行情况

（1）双方当事人有义务在规定的期限内履行仲裁裁决。在期满后未履行的，仲裁裁决将根据执行国的法律强制执行。

（2）如果仲裁裁决没有施加任何执行义务，则该仲裁裁决生效后即可执行。

25. 终止仲裁而未获得裁决

（1）如果没有作出仲裁裁决，则通过终止仲裁程序的裁决终止仲裁程序。

（2）下列情况下应作出终止仲裁的裁决：

a. 索赔人已撤回索赔申请书；

b. 仲裁法院缺乏管辖权；

c. 当事人尚未根据规定支付仲裁费或一次性支付行政费用。

四 仲裁费用

表 1 国内争议的仲裁费用

单位：捷克克朗

争议的价值	费用	一次性支付的行政费用
≤50000000	争议价值的4%，但不低于100000	0
50000001～250000000	2000000 + 超过 50000000 部分的 1%	
250000001～1000000000	4000000 + 超过 250000000 部分的 0.5%	
>1000000000	7750000 + 超过 1000000000 部分的 0.25%	

表 2 其他争议的仲裁费用

单位：捷克克朗

争议的价值	费用	一次性支付的行政费用
≤100000	10000	5000
100001～200000	10000 + 超过 100000 部分的 9.1%	13000
200001～300000	19100 + 超过 200000 部分的 9.1%	18000
300001～400000	28200 + 超过 300000 部分的 9.1%	23000
400001～500000	37300 + 超过 400000 部分的 9%	27000
500001～1000000	46300 + 超过 500000 部分的 9%	40000
1000001～3000000	91300 + 超过 1000000 部分的 5%	90000
3000001～5000000	191300 + 超过 3000000 部分的 5%	40000
5000001～7000000	291300 + 超过 5000000 部分的 5%	190000
7000001～10000000	391300 + 超过 7000000 部分的 4%	240000
10000001～20000000	511300 + 超过 10000000 部分的 4%	295000
20000001～30000000	911300 + 超过 20000000 部分的 4%	350000
30000001～40000000	1311300 + 超过 30000000 部分的 3.75%	450000

争议的价值	费用	一次性支付的行政费用
40000001 ~ 50000000	1686300 + 超过 40000000 部分的 3.75%	460000
50000001 ~ 100000000	2061300 + 超过 50000000 部分的 1.2%	640000
100000001 ~ 250000000	2661300 + 超过 100000000 部分的 0.9%	730000
250000001 ~ 500000000	4011300 + 超过 250000000 部分的 0.5%	820000
500000001 ~ 1000000000	5261300 + 超过 500000000 部分的 0.5%	1000000
1000000001 ~ 1500000000	7761300 + 超过 1000000000 部分的 0.25%	1000000
> 1500000000	9011300 + 超过 1500000000 部分的 0.2%	1000000

表 3　其他费用

单位：捷克克朗

费用类型	费用标准
根据第 23（5）条特别任命首席仲裁员的费用	50000，但不超过仲裁费
调解费用	仲裁费的 50%
调解的行政费用	仲裁一次性行政费用的 50%

五　其他事项

1. 争议只能由在仲裁程序启动之日仲裁员名单上登记的仲裁员解决。根据一方的要求，董事会可决定专门针对特定争议（临时）任命仲裁员，但这不适用于独任仲裁员或首席仲裁员。

2. 消费者合同引起的争议只能由司法部的仲裁员名单上登记的仲裁员解决，但当事人另有协议约定的情况除外。

3. 仲裁员在履行职责时是独立的，不得作为任何一方的代表。仲裁员接受任命的意思必须以书面形式作出。

4. 争议应由三名仲裁员组成的仲裁庭解决，或经当事各方同意，由独任仲裁员解决。仲裁庭的组成或独任仲裁员的任命应受本规则的约束。

5. 除非另有规定，本规则对仲裁员和仲裁庭的规定也适用于独任仲裁员。

◇ 保加利亚工商会（BCCI）仲裁院

一　机构介绍

成立于 1895 年的保加利亚工商会（Bulgarian Chamber of Commerce and Industry，简称 BCCI），是一个代表和保护其成员商业利益的独立的非政府组织。保加利亚工商会和 28 个区工商会是一个统一的整体，共有大约 53000 个成员。1897 年，保加利亚工商会调解法庭在索菲亚成立。1989 年，保加利亚工商会仲裁院（The Court of Arbitration at BCCI）开始运行，且独立于保加利亚工商会。

二　仲裁特色

1. 仲裁裁决可在外国得到承认和执行

保加利亚共和国于 1961 年批准加入《纽约公约》，于 1964 年批准加入《欧洲国际商事仲裁公约》，这两个公约为保加利亚工商会仲裁院仲裁裁决的境外承认和执行提供了法律依据。

2. 保加利亚工商会仲裁院注重电子通信手段的使用

保加利亚工商会仲裁院的仲裁规则注重电子手段的使用，尤其是对国际纠纷，极大地提高了仲裁效率。例如，在一方当事人明确书面同意或者在公开的仲裁审理报告中记录同意的情况下，可以将文书通过电子方式发送到当事人或其代理人的电子邮箱，并由仲裁院秘书负责证明成功送达。在过去的 10 年中，仲裁院已经解决了 293 件国际仲裁案件和 2385 件国内仲裁案件。其中 60% 的仲裁案件在其首次递交仲裁庭后 6~9 个月内得到解决。

3. 仲裁程序充分便利外国当事人

在当事人一方是外国人或主要由外资参与的本地公司时，该方当事人可以在国际仲裁员名册外指定一位外国公民担任仲裁员。首席仲裁员也可以在同等条件下在国际仲裁员名册外选择。

三　仲裁流程

1. 仲裁通知

仲裁程序自以向仲裁院提交仲裁通知开始。

仲裁院秘书处登记仲裁通知之日，如通过信件发送，则邮寄地邮戳上记录的日期为仲裁通知提交之日。

仲裁通知的内容应当包含：

（1）当事双方的全名，统一识别码（UIC）/个人识别码；

（2）当事双方的地址、电话、传真和电子邮箱地址；

（3）标的额；

（4）请求所依据的事实；

（5）寻求的救济和索赔金额；

（6）仲裁员姓名或者请求仲裁院主席委任仲裁员；

（7）仲裁通知所附文件清单；

（8）申请人签字。

申请人须在仲裁通知中指出所有证据，并提交涉及索赔所依据的事实的书面证据。

下列文件应附于仲裁通知后：

（1）仲裁协议，在保加利亚工商会（BCCI）仲裁院的管辖权并非基于任何国际条约时；

（2）申请人和被申请人的实际身份证明；

（3）支付仲裁费用的收据和费用押金；

（4）仲裁通知和文件对应被申请人数量的副本。

如有可能，当事人应当把仲裁通知文本和随附的文件附于电子载体上。

2. 标的额和仲裁费的评估

（1）标的额的确定。

a. 关于金钱的主张，按争议金额确定。

b. 关于移交不动产的主张，在其不存在市场价值的情况下，按税收评估的 1/4 确定。

c. 关于宣告解除或转换法律关系的主张，按照提交仲裁通知时的合同价值确定。关于无固定期限的租赁合同，按照一年的租金确定。

d. 关于一定期限的定期支付的主张，按所有付款的总额来确定，而对于无限期支付，按照三年的支付总额确定。

（2）申请人应当在仲裁通知中标明主张的价值。当仲裁通知包含数项主张时，每项主张的价值应分别标明。

（3）如果被申请人提交抵销请求，后者应根据上述第 a 项和第 b 项的规定标明价值。

（4）如果申请人未能或者错误地指示主张的价值或者无法准确地确定价值时，保加利亚工商会仲裁院主席应主动或应被申请人的请求，在现有数据的基础上确定主张的价值。

（5）如果在案件的仲裁过程中发现没有根据前款规定确定主张的价值，仲裁庭应当最终确定主张的价值。

（6）申请人应当根据全部请求事项的总额支付仲裁费用，而被申请人应当根据提交的反诉和抵销请求的价值支付仲裁费用。

3. 仲裁庭管辖权的初步评估

申请人在仲裁通知中没有提及仲裁协议或者未能提交仲裁协议时，仲裁院秘书处应在 15 日之内（国内争议）或 30 日之内（国际争议）请申请人提交此类协议或者以书面形式声明同意进行仲裁。

如果在规定时限内，申请人未提交证实保加利亚工商会仲裁院有管辖权的协议，或者未以书面形式声明将其仲裁通知副本送达被申请人，以及当提交的仲裁协议涉及不可仲裁的争议时，仲裁通知应退还给申请人。

如果在规定时限内，申请人提交证实保加利亚工商会仲裁院有管辖权的仲裁协议，仲裁院秘书处应当向申请人发送一份支付仲裁费用和确定的费用押金的通知。

如果在规定时限内，申请人未提交仲裁协议，但以书面形式声明其希望把仲裁通知副本送达被申请人，秘书处应通知申请人支付相应费率的最低仲裁费用。如果被申请人书面答复同意，申请人有义务根据费率支付仲裁费用全款。

4. 仲裁通知瑕疵补正

如果仲裁通知不符合规定，仲裁院秘书处应给予申请人一定期限补正。其中，国际争议不得超过 30 日，国内争议不得超过 15 日，且自收到通知之日起算。在不足之处补正之前，不得进行仲裁程序。

如果申请人在规定的期限内没有补正，应当按照仲裁院主席的裁定将仲裁通知退还给申请人。

5. 对仲裁通知的答复

提交仲裁通知并支付仲裁费用及费用押金后，仲裁院秘书处应通知被申请人，并送达仲裁通知副本及所有附加的文件和仲裁员名单。

秘书处应告知被申请人，自收到仲裁通知之日起 30 日内，其可以提交仲裁通知的答复，并附上相应的证据。当争议各方所在地或住所都在保加利亚共和国时，答复期限应为 15 日。

被申请人应在同一期限内告知其选定的仲裁员的姓名或请求由仲裁院主席任命仲裁员。

被申请人还可以提出反诉或抵销请求。

被申请人没有答复仲裁通知的，不得被视为接受申请人的主张。

6. 文件的提交

提交的所有文件均应附有对应当事人数量和仲裁庭所需数量的副本。如有可能，当事方应当以电子载体形式提供有关案件的所有文件。这些文件应当按照秘书处的要求翻译，提交文件方负责翻译费用。

如果以一种语言提交的文件翻译有困难，仲裁院秘书处可以指令相应当事人把所述文件翻译成英语、法语、德语、俄语、意大利语和西班牙语的一种。

7. 文件的发出和送达

仲裁院秘书处应向当事人发送所有相关的文件、通知及传票。

仲裁通知、对仲裁通知的答复、仲裁裁决均应通过许可的邮政运营商发送给当事人。传票及其他通知可以通过传真发送。上述所有文件都可由专人亲自送达当事人或其代表。

在一方明确书面同意或者在公开的仲裁审理报告中记录同意的情况下，前述段落中提到的文件，可以通过电子方式发送到当事方的电子邮箱。这种送达方式的证据，应当由仲裁院秘书处职员提供。当事人和专家证人可以在上述条件下，传送他们的意见、辩护和结论等到仲裁院。

8. 文件的接收

当接收方的所在地、住所地、习惯居住地或通信地址经过尽职查询仍无法追踪时，文件、通知或传票通过挂号邮件或者能够证明交付的其他方式发送到最后知晓的接收方的所在地、住所地、习惯居住地或通信地址的，应视为已被接收。

如果当事人拒绝接收或者未能联系邮局接收，且相应邮局主管部门证明如此，则应视为已送达。

9. 仲裁庭的组成

仲裁庭可由独任仲裁员或三名仲裁员组成。

仲裁院主席可以建议当事人选择独任仲裁员审理争议，或者由仲裁院主席指定独任仲裁员。

如果当事人同意，可以由双方从仲裁员名单指定独任仲裁员审理。如果当事人不能就独任仲裁员的选择达成一致，独任仲裁员应由仲裁院的主席指定。

当仲裁庭由三名仲裁员组成时，每一方应指定一名仲裁员，两名被指定的仲裁员应自通知之日起 7 日内从仲裁员名单中选出首席仲裁员。当仲裁员之一为外国公民时，期限为 30 日。

在当事人一方是外国公民或主要由外资参与的本地公司时，该方可以在仲裁员名单外指定一位外国公民担任仲裁员。首席仲裁员也可以在仲裁员名单外选择。

当事人指定的或者选择为首席仲裁员的人士，若不在仲裁员名单上，其在接受成为仲裁员时，应当根据仲裁院规则的第 6 条第 (5) 款的规定填写书面声明，明确声明他们熟悉并且应当遵守保加利亚工商会仲裁院的规则，以及他们熟悉并接受代表保加利亚工商会仲裁院行事的仲裁员的报酬标准。

如果申请人或被申请人在规定期限内未能指定仲裁员或仲裁员未能选出仲裁庭的首席仲裁员，仲裁院主席应当从仲裁员名单中指定仲裁员或首席仲裁员。

如果有多名申请人或被申请人，须经双方同意指定仲裁员。如果申请人或被申请人不能达成一致，仲裁员应由仲裁院主席指定。

10. 仲裁员的替换

仲裁员不接受指定或者其被禁止履行职责超过 60 日时，须在接到指定通知之日起 7 日内书面通知秘书处。秘书处应立即通知各方需要指定新的仲裁员。

11. 对仲裁员的质疑

当被提名为仲裁员时，仲裁员应指出对其公正性或独立性可能产生合理怀疑的所有情形，并向仲裁院秘书处提交签署的声明。

各方当事人均有权质疑仲裁员。

被质疑成功的仲裁员必须辞职。

12. 质疑程序

当事人对仲裁员的质疑须于收到仲裁庭组成的信息后或获悉质疑理由后 7 日内提出。当事人应以书面形式向仲裁庭提出质疑，并声明原因。

如果仲裁员不辞职，或对方当事人反对质疑，应由仲裁庭对质疑作出决定。

当对方当事人接受质疑或仲裁庭同意质疑时，应指定新的仲裁员。

13. 对专家和口译员的质疑

当事人可对专家或口译员进行质疑，由仲裁庭对质疑作出决定。

14. 开庭地点

仲裁庭在索非亚开庭。必要时，仲裁庭可以经当事人请求或自行决定在其他地点举行。

15. 庭审语言

仲裁庭须以保加利亚语审理，但如果一方当事人所在地或住所地在国外，当事人可以合意决定使用另一种语言。

仲裁庭组成之前应当就语言达成一致。翻译费用应当由当事人承担。

16. 开庭审理

仲裁庭审理过程不公开。

经仲裁庭和对方当事人同意，一方当事人可不出庭，且仲裁庭可仅根据当事人提交的书面证据和书面意见作出裁决。但如果需要额外的解释，仲裁庭可以传唤当事人到庭。

17. 缺席

在接到开庭日期、时间和地点的正式通知后，当事人缺席的，不得作为开庭时间延期的理由。只有缺席方由于可接受的原因而要求延期，方可推迟开庭时间。

每一方当事人可以要求在缺席的情况下继续仲裁程序。

18. 对管辖权的质疑

仲裁庭有权对其管辖权作出决定。

合同中包含的仲裁条款应当独立于其他规定。合同无效不意味着仲裁条款无效。

被申请人可在对仲裁通知的回复中质疑仲裁庭的管辖权。

在仲裁过程中存在管辖权质疑时,当事人应当立即提出质疑。

如果存在正当理由,仲裁庭也可允许当事人推迟提出质疑。

如果仲裁庭驳回管辖权的质疑,仲裁程序应当继续,尽管被申请人拒绝或放弃参与庭审。

19. 和解

庭审开始时,仲裁庭应当向当事人提出和解建议。

在作出仲裁裁决前,仲裁庭可以在任何阶段建议和解。

如果当事人在仲裁过程中达成和解,须将和解协议予以记录并由双方当事人和仲裁员签字。

当事人有权要求仲裁庭根据和解内容作出和解裁决。

20. 当事人的追加

一方当事人或非案件当事人可向仲裁庭提出申请,追加一个或一个以上当事人。只有经包括被追加的当事人在内的所有当事人同意,方可允许第三方参与仲裁程序。上述第三方同意参与的意思须以书面形式进行记录。

21. 法律的适用

仲裁庭应以当事人指定的法律作为争议实体的准据法;当事人未指定的,仲裁庭应适用其认为适当的法律。

所有当事人的所在地或住所地在同一个国家时,依据该国家的法律冲突规范确定应适用的法律。如果争议事项有国际公约予以规制,须适用国际公约。

在任何情况下,仲裁庭应遵照合同的规定且应当考虑贸易惯例。

22. 裁决

在仲裁庭成立后,所有与纠纷有关的问题都得到充分陈述时,仲裁庭应宣布仲裁审理程序终结并作出仲裁裁决。

仲裁裁决应按多数仲裁员的意见作出。仲裁员可以通过电话会议或其他科技手段作出裁决。如果没有多数意见,裁决就应按首席仲裁员的意见作出。

裁决应说明其所依据的理由。

裁决应由仲裁庭签署。如果是三人仲裁庭,而有仲裁员未签署的,裁决书上应说明未签署的理由。

持反对意见的仲裁员有义务签署仲裁裁决，并标注其职务。上述仲裁员应在签署裁决后的 7 日内递交一份附在裁决书后的书面反对意见。如果超过了提出反对意见的期限，该仲裁员被视为已经放弃提出反对意见。

23. 裁决书内容

裁决书应包含下列内容：

（1）仲裁庭名称；

（2）裁决的日期和地点；

（3）仲裁员名字；

（4）各方当事人名称以及参加仲裁程序的其他各方的名称；

（5）纠纷的主要问题和与纠纷相关的简要事实；

（6）裁决方式（裁决形式）；

（7）裁决的理由；

（8）仲裁员签字；

（9）裁决书记录。

24. 裁决书的补正和解释

仲裁庭可主动或应当事人请求更正与裁决有关的计算、拼写或其他明显错误。

关于裁决的更正和解释，仲裁庭应听取各方意见或准许各方在 30 日内提交一份书面意见。

仲裁庭应当事人请求对裁决作出的解释，构成裁决的一部分。

四　仲裁费用

1. 仲裁受理费、管理费和仲裁员费用

表 1　保加利亚工商会仲裁院仲裁受理费

单位：欧元

争议金额	仲裁受理费
≤1000	150
1001～5000	150 + 超过 1000 部分的 12%
5001～10000	630 + 超过 5000 部分的 9%

续表

争议金额	仲裁受理费
10001 ~ 50000	1080 + 超过 10000 部分的 6%
50001 ~ 100000	3480 + 超过 50000 部分的 4%
100001 ~ 200000	5480 + 超过 100000 部分的 2%
200001 ~ 500000	7480 + 超过 200000 部分的 1.5%
500001 ~ 1000000	11980 + 超过 500000 部分的 1.2%
>1000000	17980 + 超过 1000000 部分的 1%

注：当事人应提前支付仲裁受理费。通过银行汇款方式进行支付时，以账款记入保加利亚工商会银行账户日期为付款日期。

当事人增加争议金额的，应支付额外费用。

保加利亚的公司和企业（包括注册地和经营场所在保加利亚共和国境内但主要由外商参与的公司和企业）均应按照欧元汇率使用保加利亚列弗支付仲裁受理费。欧元汇率以保加利亚国民银行在提交仲裁申请书当日的汇率为准。

如果当事人约定本案以外语进行审理，相关仲裁费用将按照表 1 所列项目增加 1.2%。

保加利亚工商会仲裁院的管理费按争议金额来计算，具体见表 2。

表 2　保加利亚工商会仲裁院仲裁管理费

单位：欧元

争议金额	管理费
≤50000	500
50001 ~ 100000	500 + 超过 50000 部分的 1.0%
100001 ~ 500000	1000 + 超过 100000 部分的 0.5%
500001 ~ 1000000	3000 + 超过 500000 部分的 0.2%
>1000000	4000 + 超过 1000000 部分的 0.1%（最高不超过 10000）

仲裁员的费用按争议金额计算，首席仲裁员的费用应增加 30%。根据争议的复杂程度和解决的时间，应首席仲裁员或独任仲裁员的要求，保加利亚工商会仲裁院主席可提高仲裁员的报酬，金额不超过表格（见表 3）中费用的 50%。

表3　保加利亚工商会仲裁院仲裁员费用

单位：欧元

争议金额	仲裁员费用
≤50000	1000
50001～100000	1500
100001～300000	2000
300001～500000	2500
500001～1000000	4000
1000001～2000000	6000
＞2000000	10000

2. 仲裁费的减免和部分返还

如果仲裁程序由独任仲裁员主持，仲裁受理费金额将降低50%。

案件终止时对申请人进行退款的条件和标准如下：

（1）案件在仲裁程序开始前终止的，应退还已付仲裁受理费和管理费的75%；

（2）案件在仲裁程序开始后终止的，应退还已付仲裁受理费的50%。

3. 案件证据收集费用

如果申请人或被申请人要求聘请专家参与仲裁并给出意见，则提出该要求的一方当事人应提前支付聘请的专家人员可能由此产生的差旅费、支出费用以及进行现场查验的费用。费用金额由仲裁庭决定。

如果当事人需要证人作证，证人费用应由提出该要求的一方当事人承担。

4. 附加费用

如果当事人要求仲裁庭在仲裁院以外的地方进行调解，当事人应提前支付可能由此产生的额外费用，费用由各方当事人均摊。

五　其他事项

1. 保加利亚工商会仲裁院可为临时仲裁提供协助

保加利亚工商会制定了专门协助临时仲裁的规则——《保加利亚工商会仲裁院协助临时仲裁规则》。

该规则适用于国际商业合同的当事人约定在保加利亚工商会仲裁院协

助下进行临时仲裁。示范条款为："凡因本合同引起的或与本合同相关的任何争议,包括合同的解释、效力或终止问题,应在保加利亚工商会仲裁院的协助下依据临时仲裁规则解决。仲裁程序中使用的语言应为……"

2. 仲裁员名册

保加利亚工商会分别提供解决国内纠纷的仲裁员名册(44 位)和解决国际纠纷的仲裁员名册(58 位)。另外,对于国际纠纷,当事人还可以在仲裁员名册外另行指定外籍仲裁员。

3. 示范仲裁条款

"与合同相关的所有争议,包括那些因翻译、有效性、履行、终止所引起的争议都应由保加利亚工商会仲裁院依据仲裁协议和其仲裁规范进行仲裁。"

◇ 立陶宛维尔纽斯商事仲裁法院（VCCA）

一 机构介绍

立陶宛维尔纽斯商事仲裁法院（Vilniaus Court Of Commercial Arbitration，简称 VCCA，网址 http://www.arbitrazas.lt/）是在两个仲裁机构重组后成立的。2003 年 10 月底，两个主要的立陶宛永久仲裁机构，立陶宛国际商会仲裁法院和维尔纽斯国际商业仲裁机构合并为一个机构，即维尔纽斯商事仲裁法院（VCCA）。维尔纽斯商事仲裁法院在立陶宛共和国司法部注册为常设仲裁机构。

VCCA 现行的《仲裁规则》自 2013 年 1 月 1 日起生效。

二 仲裁特色

1. 电子方式的采用

VCCA《仲裁规则》规定，属于《仲裁规则》范围内的所有争端通过商事仲裁信息系统（ARBIS）处理。

2. 仲裁语言

VCCA 的官方语言为立陶宛语、英语和俄语。文件可以以其中一种语言提交至 VCCA 秘书处。

3. 仲裁原则

在国际仲裁中，仲裁员应遵守诚实、公正、独立的原则，仲裁庭应确保当事人平等和对仲裁原则的遵守，遵循正当程序原则。

4. 多元的收费方式

VCCA 根据案件标的差额累进计费，针对非财产纠纷案件，采用灵活的计时收费方法。

5. 仲裁员的选择

当事人有权指定未列入 VCCA 推荐仲裁员名单的人作为仲裁员。

三 仲裁流程

1. 仲裁申请

申请人通过向 VCCA 秘书处提出申请并支付登记费来启动仲裁程序。除非双方另有约定，否则仲裁程序应视为在秘书处收到申请之日开始。申请人可以在仲裁请求中附上其认为需要的所有文件，并注明其稍后将提交的文件或其他证据。

仲裁请求及其所附文件以及所有其他所需文件应以仲裁程序中商定的语言提交至秘书处。除非文件的交付是使用 ARBIS 进行的，否则文件副本应提交至争议的另一方以及 VCCA 和每个仲裁员。如果双方同意在仲裁程序中使用除 VCCA 任何官方语言之外的语言，则双方应将文件翻译成 VC-CA 的一种官方语言。

2. 申请的变更和申请的范围

除非当事人另有约定或仲裁庭设定了单独的期限，否则申请人有权更改申请的主题或理由，并在 15 天之内减少或增加申请的要求，直到主要听证会开始。

被申请人有权在仲裁庭规定的期限内，经许可变更其答辩或反诉中的请求。

如果申请或反诉的请求增加，VCCA 主席应命令一方或多方支付额外的费用。

3. 第三方的加入

对与审议案件有关的有独立请求的人有权要求仲裁庭允许他/她作为第三方加入仲裁，但该人受仲裁协议约束。第三方应按照与申请人相同的程序加入仲裁。

如果该人受仲裁协议的约束，则该人有权作为没有独立请求的第三方参与仲裁程序。

4. 仲裁答辩

VCCA 主席在作出仲裁案件开始的命令时，应将申请人的仲裁请求及其附件转发给被申请人，被申请人提交答辩书的期限不得超过 40 天，除非双方已同意按另一个期限提交答复。

被申请人应当在对申请书的答辩中附上确认其代理人权限的文件，并附上被申请人为辩护所提供的所有文件，或者说明其将要提交的文件或其他证据。

附件应以向 VCCA 和每位仲裁员提供的副本量提交至秘书处，除非使用 ARBIS 或电子邮件进行文件的交付。对仲裁请求及其附件的答辩副本应由被申请人直接发送给申请人，被申请人应在 VCCA 指定的副本中注明此类送达。

未在规定期限内提交答辩不构成仲裁程序继续存在的障碍且不构成对所提出的请求的承认。如果仲裁协议规定各方指定仲裁员，则未在规定期限内提交仲裁答辩的，应视为被申请人对指定仲裁员的弃权。

5. 反诉

被申请人可以提交由仲裁协议所涵盖的有争议的法律关系引起的反诉，可连同其对仲裁请求的答辩一并提出。如果仲裁庭认为迟延提交是有正当理由的，则仲裁庭可以接受迟延提交的反请求。

6. 仲裁地点

仲裁双方可以协商确定仲裁地点，如果协商没能达成一致，仲裁地点将由仲裁庭根据案件情况和双方意见确定。

除非双方另有约定，仲裁庭可以将地点选在任何其认为对仲裁的协商合适的地方，比如庭审地、专家或者第三方地址、材料审核地、货物所在地或者其他财产所在地等。仲裁庭应在合理时间内通知当事人仲裁庭审理的时间和地点，以便他们参与仲裁。

7. 仲裁语言

当事人可以就仲裁程序中使用的语言达成一致。除非双方另有约定，仲裁庭应根据案件的具体情况，以及仲裁协议所用的一种或多种语言，确定仲裁语言。除非另有规定，否则当事人协议约定的或仲裁庭确定的语言应适用于仲裁庭的所有书面陈述、仲裁程序的庭审会以及仲裁庭作出的裁决、命令或其他文件。除非双方另有约定，在仲裁庭确定仲裁语言之前，仲裁语言应为仲裁协议的语言。

仲裁庭可以要求将任何书面证据或其他文件翻译成当事人已经同意或由仲裁庭确定的一种或多种语言。

8. 实体法适用

双方可以就适用于争议的法律达成一致。适用的外国法律是指各国的国家实体法，而不是该国的国际私法。

仲裁庭应根据当事人选择的法律解决争议。如果当事人未就适用法律达成一致，仲裁庭应根据合理意见确定解决特定争议的法律，包括贸易惯例。仲裁庭只有在当事人明确授权的情况下，才能根据公平原则或友好调解的原则行事。

9. 仲裁程序规则

仲裁庭应按照当事人约定的程序审理案件。如果这些仲裁规则没有规定解决某些程序性问题的程序，仲裁庭应按照合理和正义的原则解决这些问题。仲裁庭应以公正和迅速的方式解决案件，应确保每一方都有机会参加仲裁程序。

如果案件由三名或三名以上的仲裁员审理，则程序性问题可由首席仲裁员单方面决定，前提是其他仲裁员已向首席仲裁员提供此类授权。除非双方另有约定，否则争议审查应由仲裁庭秘密进行。根据仲裁庭或任何一方当事人的要求，笔译员或者口译员可以参加和见证庭审，并且可以在庭审会上听取专家的意见。其他人只有在争议各方同意后才能参加庭审会。

10. 仲裁形式

当事人可以就口头审议或书面审议案件达成一致。除非当事人就仲裁的形式达成一致，仲裁庭应以书面程序审理案件，或除非其认为必须进行口头审议。

11. 仲裁庭的管辖权限

在开始审理案件时，仲裁庭有权裁定其解决争议的权限，包括对仲裁协议的存在或有效性产生的怀疑。为此，构成合同一部分的仲裁条款应视为独立于合同其他条件的仲裁协议。仲裁庭裁定合同无效的，不得将仲裁条款视为无效。

当事人如认为仲裁庭无权仲裁争议，应在不迟于提交申请答辩或者是仲裁请求的情况下提出。当事人已参与任命仲裁员的，不妨碍该当事人提出此类请求。对仲裁庭管辖权的异议应在知悉此类情况时立即作出。如果仲裁庭认为迟延提出异议是合理的，仲裁庭可以受理这一异议。

12. 证据与举证责任

仲裁证据应包括书面证据、专家证词、证人证词以及仲裁庭审理案件时作为证据确认的其他事实数据。除非当事人另有约定或适用于争议的法律另有要求，各方均应证明其所援引的情况，以证明其请求或答辩理由的合理性。

如果当事方未就证据的相关性、可接受性和举证责任有关的问题达成协议，则所有与证据的相关性、可接受性和举证责任有关的问题应由仲裁庭决定。除非当事人另有约定，否则任何证据均不对仲裁庭具有约束力。

仲裁庭可以要求任何一方在规定时间内提供支持某些情况的证据。仲裁庭有权拒绝接受与案件无关或延迟提供的证据。如果当事人未按仲裁庭的要求提供证据，仲裁庭可根据现有证据作出裁决，或在特殊情况下评估未能提供证据的事实。仲裁庭应对最终仲裁裁决中的证据进行最终和有约束力的评估。仲裁庭或经仲裁庭批准的当事人，有权向州法院申请收集证据。

13. 审前程序

初步庭审会可以由当事人申请或仲裁庭主动举行。至迟应当在初步庭审会开始 10 天之前，通知各方初步庭审会的地点、时间和有关问题。初步庭审会不得公开。除非双方另有协议，否则当事人或其他任何人未能出庭的不妨碍举行初步庭审会。当事人可以同意或者仲裁庭可以通过电话会议来举行初步庭审会。仲裁庭应在初步庭审会后立即下达命令，并将其发送给各方当事人和秘书处。

在初步庭审会上，当事人未在仲裁协议中考虑的问题应予以解决。特别是可以解决以下问题：双方交换书面请求和辩护点、持有的证据和其他文件的程序和期限；证据类型和收集证据的程序；庭审会的日期、时间、地点和程序；调整当事方的请求和辩护点；其他问题。

14. 庭审程序

关于庭审会的地点、日期和时间，应事先通知当事人（或其代表），以及将在庭审会上接受询问的证人和专家。除非当事人另有约定，仲裁庭的庭审会不得公开。证人或专家作证时，仲裁庭可要求其他证人或专家离开。仲裁庭应自行决定审查证人和专家的程序。庭审会的程序和期限应由仲裁庭根据当事人的要求确定。在开庭审理之前，仲裁庭应询问双方当事人是否有可能以和解协议结束案件。

如果仲裁庭认为有必要，它可以主动或根据当事人的要求推迟庭审会。在这种情况下，仲裁庭应立即确定下次庭审会的地点、日期和时间。除非双方另有约定，否则应对仲裁庭的庭审会进行逐字记录和/或录音，并随后将其存储在案件档案中。仲裁庭应立即，即在不迟于两个工作日内，通知秘书处最后一次庭审会的日期。

15. 仲裁裁决

仲裁庭应在不迟于案件档案移交仲裁庭后六个月内作出仲裁裁决。最终裁决应在庭审会后尽快作出，并不得超过最后一次庭审会后 30 天，并应立即转交秘书处。如果已经为争议各方确定了所有仲裁费用，则应将金额发送给当事人。在特殊情况下，如果当事人同意，VCCA 主席可以自行决定延长 30 天或更长时间。仲裁庭可以通过作出部分裁决来解决争议的一部分，该裁决在该部分中是最终裁决。

仲裁裁决应以书面形式作出，并由仲裁员签署。如果由三名或三名以上的仲裁员审理此案，应由仲裁员的大多数人签署且应说明其他仲裁员未签署的理由。拒绝签署裁决书的仲裁员有权以书面形式提出单独的意见，并附在仲裁裁决书后。当事人可以同意由首席仲裁员单独签署裁决。在签署任何仲裁裁决之前，仲裁庭应以草案形式将其提交 VCCA，以评估仲裁裁决是否符合要求。VCCA 在收到仲裁裁决书草案后，应在 10 天内提交其评估。

仲裁庭作出最终仲裁裁决，发出仲裁程序结束令，并将仲裁裁决的所有副本送交秘书处，秘书处应送达当事人并保存案件档案一年。仲裁裁决应视为仲裁庭在裁决书上签字时作出。仲裁裁决自作出之日起生效。仲裁裁决对双方当事人具有约束力，双方当事人承诺立即全面履行仲裁裁决。

16. 仲裁裁决的纠正、阐释和增加

仲裁庭可在最终仲裁裁决作出后 30 天内主动提出额外裁决。利害关系方有权在收到仲裁裁决之日起 30 天内提出额外裁决请求。

增加的仲裁裁决应在收到利益关系方的请求后 30 天内作出。附加裁决应是仲裁裁决的一部分。仲裁庭有权延长上述期限。增加的裁决不得改变仲裁裁决的实质内容。

17. 放弃反对权

如果争议的一方参与仲裁程序时知道其权利被侵害，并且未在合理时间内表达其对此类侵权的异议，则该当事方应被视为已放弃其反对权。

18. 一方缺席

除非当事人另有约定，当事人没有正当理由不参加仲裁庭审会的，仲裁庭有权根据案件中可获得的证据继续进行仲裁程序并作出仲裁裁决，或作出终止仲裁的程序性决定。

四　仲裁费用

根据 VCCA 仲裁规则，仲裁费用包括注册费用、仲裁费。

提交仲裁请求或反诉时，申请人或被申请人应支付 400 欧元的注册费，该费用不予退还。

仲裁费的数额应根据仲裁请求和反诉的标的额按照表 1 确定。

表 1　VCCA 仲裁费

单位：欧元

标的额	仲裁费（不含税）
0～30000	820＋2.7%×标的额
30001～60000	1630＋2.5%×超过 30000 部分的标的额
60001～300000	2380＋2%×超过 60000 部分的标的额
300001～1500000	7180＋0.5%×超过 300000 部分的标的额
1500001～3000000	13180＋0.3%×超过 1500000 部分的标的额
3000001～30000000	17680＋0.1%×超过 3000000 部分的标的额
30000001～200000000	44680＋0.03%×超过 30000000 部分的标的额
超过 200000000	95680

注：如果争议由三名仲裁员仲裁，仲裁费应增加 70%。

在非财产纠纷中，仲裁费应包括机构的管理费和根据仲裁员的小时费率计算的仲裁员费用（见表 2）。

表 2　VCCA 仲裁费（非财产纠纷）

单位：欧元

仲裁费类型	最低金额（不含税）	最高金额（不含税）
管理费	600	7200
仲裁员的小时费率	50	150

五　其他事项

1. 仲裁庭的组成

当事人可以就仲裁员的数量和任命程序达成一致，仲裁员数量应当是奇数。如果仲裁协议中没有关于仲裁员人数的规定，则当事人应被视为已同意由独任仲裁员裁决争议，除非任何一方要求由三名仲裁员裁决争议。请求应在仲裁请求或仲裁答辩中提出。在这种情况下，VCCA 主席应建议各方以协商一致的方式任命一名独任仲裁员。

仲裁庭由三名仲裁员组成时，除非当事人另有约定，双方应分别指定一名仲裁员，这两名仲裁员应在第二名仲裁员被指定后 10 天内共同指定第三名仲裁员，该仲裁员应担任首席仲裁员，履行报告员的职能。在任命仲裁员时，共同申请人和共同被申请人应以协商一致的方式行事，除非他们就委任仲裁员的程序达成一致。共同申请人、共同被申请人分别共同指定一名仲裁员，两名指定的仲裁员应在第二名仲裁员被指定后 10 天内共同指定第三名仲裁员。

指定方应注明姓名、地址、电话、传真号码和电子邮件地址，以及指定仲裁员的公民身份。如果仲裁员是从 VCCA 的推荐仲裁员名单中选择的，则该当事人应指明该仲裁员的姓名。

2. 仲裁员的回避

如果有可能对仲裁员的独立性或公正性产生合理怀疑或仲裁员没有当事人约定的资格，则仲裁员可能会受到质疑。对仲裁员质疑的一方应向维尔纽斯商事仲裁法院提出请求。在质疑仲裁员的请求中，当事人应说明质疑所依据的情况，并提供支持此类情况的证据。

打算质疑仲裁员的一方可在知悉质疑依据的情况后 15 天内提出质疑。如果当事人未在规定的期限内提出请求，则该当事人应被视为放弃了质疑仲裁员的权利。指定仲裁员或以其他方式参与仲裁员任命的一方，仅可以在指定后知悉质疑依据的情况下向仲裁员提出质疑。

VCCA 应将收到的质疑仲裁员的请求副本提交给争议的另一方和仲裁庭，以便他们在规定的期限内就质疑提出意见。VCCA 主席应通过一项不需要理由的命令，对对仲裁员的质疑作出最终决定，该决定不得上诉。提交对仲裁员质疑的请求不会中止仲裁程序，除非仲裁庭另有决定。

3. 临时措施

除非当事人另有约定，经有关当事方申请，审理案件的仲裁庭可下令采取临时措施。仲裁庭可以要求申请采取临时措施的一方为采取临时措施可能引起的另一方损失提供担保。

如果不采取临时措施可能使仲裁裁决的执行更加困难或不可能，当事一方可以自行向任何能够下令采取临时措施的法院提出申请。在仲裁程序开始之前或期间，当事人向法院提出的申请，以及法院下令采取临时措施的命令，均不得与仲裁协议不相容。当事人的这种申请和法院下令采取的任何临时措施应立即通知秘书处，秘书处应立即通知仲裁庭。当事方应为其临时措施请求辩护。

4. 紧急仲裁员

不能等待仲裁庭组成的要求采取紧急临时措施的当事方，应提交紧急临时措施申请。只要向秘书处提交申请的程序符合规定，任何此类的申请都可以被接受，无论该当事人是否已向 VCCA 请求仲裁。

紧急仲裁员关于采取临时措施的决定应采取命令的形式，该命令应作为执行的文件。紧急仲裁员作出的命令不对仲裁庭具有约束力。仲裁庭可以修改、暂停或取消紧急仲裁员作出的命令。

紧急仲裁员应在仲裁庭组成之前就任何一方提出的紧急临时措施的申请作出裁决。

在下列情况下，在仲裁庭组成之前下令采取临时措施的程序不适用：已经签订适用其他仲裁规则的仲裁协议；当事人同意在仲裁庭组成之前退出采取紧急临时措施的程序；当事人已同意另一项仲裁前程序，该程序规定采取紧急临时措施或其他类似措施。

除非当事人另有协议，否则紧急仲裁员应按照仲裁地的法律采取紧急临时措施。在仲裁庭组成之前已下令采取紧急临时措施的，不妨碍任何一方当事人再根据仲裁规则向秘书处提出采取此类措施的申请或向法院寻求紧急临时措施。一方当事人向法院提出的紧急临时措施申请不应被视为对仲裁协议的违反或放弃，任何此类申请或司法当局采取的任何此类措施均应立即通知秘书处。

◇ 美国仲裁协会国际争议解决
中心（ICDR）

一　机构介绍

美国仲裁协会于 1926 年成立，总部位于纽约。国际争议解决中心（The International Centre for Dispute Resolution，ICDR）作为美国仲裁协会的国际业务部成立于 1996 年，全权负责美国仲裁协会所有国际仲裁案件的管理。

ICDR 的主要职能包括调解和仲裁。ICDR 在当事人选择的地点提供争议解决服务。ICDR 仲裁和调解可以当事人选择的语言进行。

二　仲裁特色

1. 强调仲裁的经济性和高效性

ICDR 尤为注重在仲裁程序中使用科技和网络，以节省仲裁费用和提高仲裁效率。

2. 注重仲裁员的多样性

美国仲裁协会特别重视在仲裁员队伍中增加女性和少数族裔的仲裁员，以尽可能保证仲裁程序的公正性和合法性。2018 年，女性和少数族裔的仲裁员被指定为仲裁员的比例高达 27%。

3. 案件受理量位于世界领先地位

2018 年，ICDR 受理的新案件量为 993 件，位居所有国际仲裁机构案件受理量前茅。其中，受理的商事纠纷主要涉及建筑、科技、能源和药品行业。

三　仲裁流程

《美国仲裁协会国际争议解决中心国际仲裁规则》于 2014 年 6 月 1 日修订生效。

1. 仲裁通知

申请人应将书面的仲裁通知发送给仲裁管理人和被申请人。申请人也可通过仲裁管理人的在线申请系统（www.icdr.org）启动仲裁程序。

仲裁应视为自仲裁管理人收到仲裁通知之日起开始。

仲裁通知的内容包括：（1）将争议提交仲裁的请求；（2）各方当事人的名称、地址、电话号码、传真号码和电子邮件地址，以及各方代理人的信息（若知晓）；（3）案件所涉的仲裁条款或仲裁协议的副本；（4）说明引起争议或与争议有关的合同；（5）请求的说明和支持请求的事实；（6）请求的救济和赔偿金额；（7）可选择：依各方当事人事先约定提交关于仲裁员指定方式、仲裁员人数、仲裁地和仲裁语言的意见，以及是否有意对争议进行调解。

提交仲裁申请应同时提交相应的申请费。

2. 仲裁答辩和反请求

被申请人应于仲裁程序开始后 30 天内，就仲裁通知向申请人和其他当事人以及仲裁管理人提交书面答辩。

被申请人可在提交答辩的同时，就仲裁协议范围内的任何索赔提出反请求或提出抵销要求。申请人应于 30 天内向被申请人和其他当事人以及仲裁管理人就反请求或抵销要求提交书面答辩。

3. 程序管理会议

仲裁管理人可在仲裁庭尚未组成时进行程序管理会议，以促进当事人商讨并就仲裁员的选择、争议的调解、程序效率等管理事宜达成协议。

4. 调解

在提交答复后，仲裁管理人可邀请当事人依照 ICDR 国际调解规则进行调解。在程序进行中的任何阶段，当事人均可约定依照 ICDR 国际调解规则进行调解。除非当事人另有约定，调解应与仲裁平行进行，且调解员不得被指定为该案的仲裁员。

5. 紧急保护措施

当事人在仲裁庭组成前可申请紧急保护措施,应书面通知仲裁管理人及其他各方其所申请的保护措施的性质、需要采取紧急措施的理由,以及申请方有权获得相应紧急保护的理由。

在收到上述通知后,仲裁管理人应指定一名应急仲裁员。

应急仲裁员应尽快且在任何情形下不迟于接受指定后 2 个工作日内,提出审理紧急保护措施申请的时间表。

应急仲裁员应有权决定采取其认为必要的临时性或保护性措施,包括禁令和财产保护或保全措施,且应附具理由,还可要求申请该救济的当事人提供适当担保作为条件。

仲裁庭组成后应急仲裁员将不再行使权力。

6. 追加当事人

当事人如需将其他当事人并入仲裁程序,应向仲裁管理人提交针对被追加当事人的仲裁通知。在指定仲裁员之后不得追加当事人,除非所有各方当事人,包括被追加当事人,均同意追加。

被追加当事人的申请应包括仲裁通知所需的相同信息,且应同时交付相应的申请费。

7. 合并审理

经当事人申请,在满足下列条件之一时,仲裁管理人可指定一名合并审理仲裁员,将依照本规则或由美国仲裁协会或 ICDR 管理的其他仲裁规则提起的两个或两个以上在审的案件合并审理:(1)当事人明确表示同意合并审理;(2)仲裁中的所有请求和反请求均基于相同的仲裁协议提出;(3)仲裁中的请求、反请求、抵销基于一份以上的仲裁协议提出,仲裁涉及的当事人相同,仲裁争议的产生基于相同法律关系,且合并审理仲裁员认为仲裁协议之间相容。

合并审理仲裁员应通过以下方式被指定:(1)仲裁管理人应书面通知当事人就指定合并审理仲裁员的程序达成合意;(2)当事人在收到该通知后 15 日内未能就指定合并审理仲裁员的程序达成合意的,仲裁管理人应指定合并审理仲裁员;(3)非经所有当事人同意,合并审理仲裁员不得是依照本条规定在可能被合并审理的在审案件中已被指定的仲裁员。

合并审理的决定无须包含对作出原因的陈述,但应在最后一个合并审理申请提交日期的 15 日内作出。

8. 请求、反请求或答辩的变更或补充

任何一方当事人均可变更或补充其请求、反请求、抵销或答辩，除非该当事人迟延进行上述变更或补充会损害其他当事人的权利，或存在其他情况，使仲裁庭认为允许这种变更或补充是不适当的。

仲裁庭可允许变更或补充，但应以交纳裁决费用和/或仲裁管理人决定的申请费为前提。

9. 通知

除非当事人另有约定或仲裁庭另有指令，所有通知和书面通信可通过可记录传送的方式送达，包括邮寄、快递、传真或其他书面形式的电子送达方式，发送至当事人或其代理人最后为人所知的地址，或由专人送达。

10. 仲裁员人数

对仲裁员人数未约定的，应指定一位独任仲裁员，除非因案件规模、案件复杂程度或其他情形，仲裁管理人决定由三位仲裁员组成仲裁庭。

11. 仲裁员的指定

当事人可约定仲裁员指定程序，并应将该程序通知仲裁管理人。

若各方当事人未在规定期限内完成对仲裁员的指定，则仲裁管理人应基于任何一方当事人的书面请求指定仲裁员。

两个以上当事人参加仲裁的，仲裁管理人可指定所有的仲裁员，除非当事人在仲裁程序开始后 45 天内另有约定。

仲裁员的指定在仲裁管理人收到仲裁员填写完整并签字的《仲裁员指定通知》后生效。

12. 仲裁员的公正和独立

任何一方当事人或其代理人均不得就有关案件与任何仲裁员或当事人指定担任仲裁员的任何候选人进行单方联系，但下列情形除外：将争议的一般性质和预期的程序告知该候选人，与其商讨候选人的资格、接受指定的可能性；或针对各方当事人的公正性和独立性；或当各方当事人或当事人指定的仲裁员有权参与选定首席仲裁员时，与其商讨作为首席仲裁员候选人的适合性。

13. 仲裁员的回避

要求仲裁员回避的当事人应在收到指定仲裁员的通知后 15 天内，或在其得知要求回避的情形后 15 天内，向仲裁管理人提交要求回避的书面申请，并说明要求回避的理由。

仲裁管理人在收到回避申请后,应通知该回避申请针对的另一当事人并给该当事人作出回应的机会。

若另一方当事人不同意回避请求,或被请求回避的仲裁员未自行回避,仲裁管理人有权对回避请求作出决定。

仲裁管理人可主动将不履行职责的仲裁员免职。

14. 仲裁员的替换

仲裁员辞职、无法继续履行仲裁员职责或由于任何原因被免职,导致仲裁员席位空缺,应按照本规则第12条的规定指定替代仲裁员,除非当事人另有约定。

15. 仲裁地

若当事人未在仲裁管理人规定的期限内就仲裁地达成一致,仲裁管理人可以初步确定仲裁地,但仲裁庭有权在其组成后45天内最后确定仲裁地。

仲裁庭可在其认为适当的任何地点为各种目的会面,包括开庭审理、举行会议、询问证人、检验财产、查阅文件或合议。在仲裁地以外的地点进行仲裁,视为在仲裁地进行仲裁,且仲裁裁决视为在仲裁地作出。

16. 仲裁语言

若当事人未另行约定,仲裁语言应为含有仲裁协议的文件所使用的语言,但仲裁庭有权另行作出决定。

17. 仲裁管辖权

仲裁庭有权就其管辖权作出裁定。在仲裁庭成立前产生的关于仲裁管辖权的问题,不应妨碍仲裁管理人进行仲裁管理程序,相关问题应在仲裁庭成立后提交仲裁庭。

18. 程序的进行

仲裁庭可在成立后立即与当事人举行预备会议、组织仲裁程序、确定仲裁程序的时间表并对仲裁程序达成协议。

在设定案件程序时,仲裁庭及当事人可考虑如何通过使用技术手段,包括电子送达,提高程序的效率和经济性。

19. 信息交换

仲裁庭应经济、有效地管理当事人之间的信息交换。仲裁庭和当事人应尽力避免不必要的迟延和费用支出。

20．特权

仲裁庭应考虑可适用的法律特权原则，如律师和客户之间沟通保密的原则。在当事人、代理人或其文件受不同适用法律的不同规则调整时，仲裁庭应尽可能对各方当事人适用相同规则，并优先适用提供最高保护的规则。

21．开庭审理

每方当事人至少应在开庭前 15 天将其拟出庭的证人的姓名和地址、证人证言的主题和证人作证所使用的语言，通知仲裁庭和其他各方当事人。

开庭审理不公开进行，除非当事人另有协议或法律另有规定。

22．临时措施

应任一方当事人请求，仲裁庭可指令或裁定采取其认为必要的任何临时或保全措施，包括禁令和财产保护或保全措施。

23．仲裁庭指定的专家

仲裁庭在与当事人协商后可指定一位或数位独立的专家，就仲裁庭提出的问题向仲裁庭提供书面报告，并通知各方当事人。

24．缺席

如当事人未按照本规则第 3 条的规定提交答辩，或按照本规则被适当通知后无充分理由而不到庭，仲裁庭可继续庭审程序。

25．开庭审理终结

仲裁庭可询问各方当事人是否还有进一步的文件或意见提交，在得到否定的回答后，或认为记录完备时，仲裁庭可宣布开庭审理终结。

26．裁决、指令和决定

仲裁庭除了作出终局裁决之外，还可作出临时的、中间的或部分的裁决、指令和决定。

27．仲裁裁决的时间、形式和效力

裁决应由仲裁庭以书面形式作出，是终局的，且对各方当事人具有约束力。

除非当事人另有约定、法律另有规定或仲裁管理人另有决定，最终裁决应在开庭审理终结后 60 天内作出。

裁决书文本应由仲裁管理人发送给各方当事人。

28．适用法律和救济

仲裁庭应适用当事人约定适用的实体法或法律规则。

仲裁庭不得作为友好调停人或以公平合理原则作出裁定，除非各方当事人对此明确授权。

给付金钱的裁决应使用合同规定的货币，除非仲裁庭认为其他的货币更为适当。

除非当事人另有约定，各方可明确放弃要求惩罚性或类似的赔偿的权利，除非适用法律要求以确定的方式增加补偿性的赔偿。

29. 和解

当事人在最终裁决前达成和解的，仲裁庭应终止仲裁；若各方当事人提出请求，仲裁庭可以和解裁决的形式记录约定的和解条件。

30. 裁决的解释或更正

任何一方当事人在收到裁决书后30天内，经通知其他当事人，可请求仲裁庭对裁决作出解释或更正任何书写、打字或计算上的错误，或要求对已经提出但漏裁的请求、反请求或抵销作出补充裁决。相关费用应由当事人负责支付，仲裁庭可决定由当事人分摊该费用。

四　仲裁费用

仲裁费用包括以下几项：（1）仲裁员的费用和开支；（2）仲裁庭要求的协助（包括指定的专家）费用；（3）仲裁管理人的费用和开支；（4）各方当事人合理的律师费和其他费用；（5）临时或紧急救济措施产生的费用；（6）与合并审理请求相关的费用；（7）与信息交换相关的费用。

其中，仲裁员的费用和开支的数额应当合理，需考虑仲裁员花费的时间、涉案金额大小和案件复杂程度以及案件的其他情况。仲裁开始后，仲裁管理人应尽快与各方当事人和所有仲裁员协商确定适当的按大或按小时的收费标准。

ICDR的仲裁费用有两种标准：标准收费模式和弹性收费模式，具体如表1和表2。

表1　ICDR仲裁费用标准收费模式

单位：美元

争议金额	初期费用	最后费用
≤75000	1000	1000
75001～150000	2025	1450

争议金额	初期费用	最后费用
150001～300000	3050	2300
300001～500000	4600	4025
500001～1000000	5750	7125
1000001～10000000	8625	10350
＞10000000	12650＋超过10000000部分的0.15%（最高100000）	16100
未确定金额	8625	10350
非金钱争议	3750	2857

表 2　ICDR 仲裁费用弹性收费模式

单位：美元

争议金额	初期费用	中期费用	最后费用
150000～300000	1900	1950	2300
300000～500000	2300	3450	4025
500000～1000000	2875	4950	7125
1000000～10000000	4600	8050	10350
≥10000000	6900	11500＋超过10000000部分的0.15%（最高100000）	16100
未确定金额	4600	8050	10350
非金钱争议	2300	2600	2875

仲裁管理人可要求当事人交付适当费用作为仲裁费用的预付金。在仲裁程序中，仲裁管理人可要求当事人交付补充预付金。

五　其他事项

1. 如何向 ICDR 提交案件

向国际争议解决中心或美国仲裁协会提交国际仲裁申请的当事人可通过网站 www.icdr.org 上的美国仲裁协会 WebFile 系统在线提交，也可通过邮件或传真提交。如需提交上的协助，当事人可直接联系任何 ICDR 或美国仲裁协会的办事处。

邮寄地址：国际争议解决中心立案服务处

1101 Laurel Oak Road，Suite 100

Voorhees，NJ 08043

United States；

AAA WebFile：www. Icdr. org；

电子邮件：casefiling@ adr. org；

电话：+1 856 435 6401；

传真：+1 212 484 4178；

在美国和加拿大的免费电话：+1 877 495 4185；

在美国和加拿大的免费传真：+1 877 304 8457。

2. 快速程序

除非当事人另有约定或仲裁管理人另行决定，对请求或反请求金额未超过 250000 美元（利息和仲裁费用除外）的案件应适用快速程序。当事人也可协商一致在其他案件中适用快速程序。

当事人应在仲裁通知和答辩书中提出有关事实、请求、反请求、抵销和抗辩理由的详细陈述，并附上其所掌握的全部证据。

仲裁管理人可与当事人及其代理人举行程序管理会议，讨论程序的适用、仲裁员的指定、争议的调解以及其他程序管理事宜。

仲裁员在与当事人协商后应制定关于完成书面陈述的程序令，包括提交书面文件的时间表。

在最初请求或反请求提交后，当事人将其请求或反请求金额改至超过 250000 美元（利息和仲裁费用除外）的，案件将继续依照本快速程序管理，除非当事人另有约定，或仲裁管理人或仲裁员另有决定。

独任仲裁员应按照以下方式指定：仲裁管理人应同时向各方当事人发送一份相同的候选仲裁员的五人名单，由当事人从该名单中选择一名仲裁员，达成合意并告知仲裁管理人。

仲裁员应在被指定后 14 天内作出程序令。

在进行书面审理的快速程序中，所有材料应在程序令作出后的 60 天内提交。

开庭审理应在程序令作出后的 60 天内举行，除非仲裁员认为有必要延期。

最终裁决应在开庭审理终结后，或在最后书面审理材料设定的提交日期届满后 30 天内作出。

3. 示范条款

当事人可通过在合同中添加如下条款，将未来可能发生的争议提交仲裁："由本合同引起或与本合同有关的任何争议或权利主张，以及违约行为，都应当按照国际争议解决中心（ICDR）的《国际仲裁规则》，通过国际争议解决中心管理的仲裁程序来解决。"

当事人应当考虑添加如下内容：

（1）仲裁员的人数；

（2）仲裁地；

（3）仲裁语言。

◇ 加拿大商事仲裁中心（CCAC)

一 机构介绍

加拿大商事仲裁中心（Canadian Commercial Arbitration Center，简称CCAC)，网址为 ccac-adr. org。

CCAC 是加拿大魁北克省唯一一家集合诸多经验丰富的专业人士的组织，除仲裁外，它也采取谈判和调解等多种纠纷解决手段。中心的仲裁人员来自不同的专业背景，均为一个或多个领域的专家。CCAC 作为一个非营利性组织，在 ADR 领域是领先者，已具有 25 年以上的历史。

《CCAC 国际商事仲裁规则》（以下简称《规则》）适用于国际商事仲裁的解决。

二 仲裁特色

1. 快速且具有约束性的启动流程

向 CCAC 提交仲裁的程序比较简单，当事人只要联系上 CCAC，且遵守它的相关规定，仲裁程序将立即以快速、直接、有约束力和限制性的方式启动。

2. 选择仲裁员的保障

CCAC 确保提供给当事人选择的仲裁员名单中的成员均具备正确执行仲裁程序所需的专业知识，胜任仲裁的委任，没有利益冲突，并要求成员迅速回答当事人提出的异议和初步问题。CCAC 非常了解其仲裁员的优点和缺点，并可以轻松找出最适合特定案件的人。CCAC 向各方当事人提出一份仲裁员名单（附有个人简历），如果当事人没有达成共识，CCAC 将在与各方当事人讨论后继续提名仲裁员。

3. 组织有效的初次会议

初次会议很有用，有时被证明确实是必不可少的，有助于正确进行辩论，并有助于简化由联合国国际贸易法委员会第二十九届会议（纽约）编写的关于组织仲裁程序的备忘录的实践。

初次会议可确定下列事项：听证会地点、听证会的日期和时间、雇用速记员，并确定是否允许听证会延迟进行。

4. 拟定严格要求遵守的时间表

CCAC 授权首席仲裁员采取一切必要措施，确保听证会按计划及时进行。

5. 适用比例原则

CCAC 意识到区分仲裁费用和案件真实利益的重要性。如果证明有必要，CCAC 的仲裁员将毫不犹豫地应用魁北克立法者所采用的民事诉讼法第 4.2 条："在任何诉讼中，当事人必须确保他们选择的诉讼程序在所需的费用和时间方面与诉讼或申请的性质和最终目的以及争议的复杂性成比例；同样适用于法官授权或命令的法律程序。"

三　仲裁流程

1. 仲裁申请

当事人向 CCAC 提交仲裁申请书。仲裁申请书应包含：将争议提交仲裁的请求；各方当事人的名称、信息、联系方式；对争议的性质及其产生情况的陈述；仲裁请求的实质内容摘要，所要求的救济以及索赔的数额；仲裁协议的副本，以及任何明确争议实质内容的文件，包括与争议有关的合同；申请人就仲裁地点、适用的法律规则、仲裁语言和仲裁庭的组成提出的意见。提交申请书时须一并提交相应副本。CCAC 收到仲裁申请书的日期为仲裁程序的开始日期。CCAC 应将仲裁申请书通知被申请人，并告知当事人仲裁的开始日期。

2. 仲裁答辩

被申请人应在收到仲裁申请通知后 30 日内提交答辩书。答辩书应包含：名称、信息和联系方式；争议性质及其产生的情况的陈述；对仲裁请求的立场，所寻求的救济，以及索赔的数额（如果有的话）；对仲裁地点、适用的法律规则、仲裁语言和仲裁庭的组成作出的回应。提交答辩书时须一并提交相应副本。CCAC 应将答辩通知申请人。

3. 仲裁反请求

被申请人的反请求应在答辩中提交，内容包含：将争议提交仲裁的请求；对引起反请求的争议性质及其产生的情况的陈述；反请求的实质内容摘要，所要求的救济以及索赔的数额；有关仲裁协议的副本以及明确争议实质内容的任何文件，包括与争议有关的合同。提交反请求时须一并提交相应副本。申请人可在 CCAC 通知反请求之日起 30 日内提出反答辩。

4. 仲裁的合并

当一方提交与现有仲裁法律关系有关的请求时，若现有的仲裁程序悬而未决，CCAC 如认为仲裁协议是兼容的且合并是合适的，可以应当事人的请求决定将仲裁合并审理。

5. 新当事人的增加

在成立仲裁庭之前，当事各方可以共同同意在仲裁程序中增加新当事人。新的当事人有权根据规则在中心向其送达文件后 30 日内作出答辩，并视具体情况自行提出请求。

6. 仲裁请求的增加和修改

在成立仲裁庭之前，当事人可以向中心提交新的或经修改的仲裁请求或反请求，中心在收到后通知有关各方，对方应在 30 日内回复新的或修改的仲裁请求或反请求。

在仲裁庭成立后，任何一方当事人均不得提交新的或经修改的仲裁请求或反请求，除非仲裁庭已授权，且须考虑该等仲裁请求或反请求的性质、仲裁阶段及其他有关情况。

7. 保密

除非当事人另有约定，否则 CCAC、仲裁员和当事人承诺保密，不得在仲裁程序之外披露或使用因仲裁而获得或产生的任何其他公共领域的信息，包括仲裁本身的存在以及仲裁庭的决定和审议。当事人应对其员工或其顾问违反仲裁保密义务负责。传唤证人的一方应告知证人保密义务，并要求他们遵守。

只有在满足法律要求的情况下，才能真诚地披露上述信息；并且，倾向于进行披露的一方应向所有其他相关方提前给予合理的预先通知。上述信息也可以为保护合法权利而披露，特别是在寻求法庭强制执行或取消裁决的法律诉讼中进行善意披露。

CCAC，包括其雇员、董事、顾问、成员及其每个相关机构的员工，以及仲裁庭和专家均不对与仲裁有关的任何作为或不作为承担责任，也不得强迫他们作证或就仲裁作出任何陈述。

8. 通知

除非双方另有约定，否则所有通知或通信均应采用书面形式，可通过任何快速通信手段传送，以提供传输证据。

9. 时限

当事人双方可以同意缩短规则规定的任何时限。在仲裁庭组成后达成此类协议的，只有经仲裁庭同意协议才能生效。根据《规则》规定的时限，无论是由仲裁庭确定还是由当事人达成协议，包括与当事人之间的任何通知或通信有关的时限，均可在仲裁庭或 CCAC 认为需要时，随时延长或缩短。在任何情况下，仲裁庭都没有权力延长对其规定的时限，但是如果时限已到期，CCAC 可以批准延期。

10. 谈判、和解与调解

在仲裁的任何阶段，当事人可以通过谈判、和解或调解等手段解决争议。当各方当事人提出要求并符合 CCAC 确定的条件，仲裁程序应暂停，以便各方进行谈判、和解与调解。

11. 仲裁语言

在双方未达成协议的情况下，仲裁庭应根据案件的具体情况和当事人意见，确定仲裁程序的一种或多种语言。在仲裁庭成立之前，如果当事人之间没有达成协议，CCAC 可应当事人一方的请求，并考虑到案件的情况和当事人的意见，暂时确定仲裁程序的语言。

12. 仲裁地点

在双方未达成协议的情况下，仲裁庭应根据案件的具体情况和当事人的意见确定仲裁地点。听证会等会议应在仲裁地点进行。但是，在与当事人协商后，除非他们另有约定，仲裁庭可在其认为适当的地点举行听证会等会议、进行审议。在组成仲裁庭之前，如果当事人之间没有达成协议，CCAC 可应当事人一方的请求，并考虑到案件的情况和当事人的意见，暂时确定仲裁地点。

13. 适用法律

当事各方可自由商定仲裁庭适用的有关争议案情的法律规则。在没有这种协议的情况下，仲裁庭应适用其认为适当的法律规则。在所有情况下，仲裁庭应考虑合同的规定和相关的贸易惯例。

14. 仲裁庭的管辖权

仲裁庭有权对自己的管辖权作出裁决，包括对仲裁协议的范围、存在或有效性的异议。仲裁庭应将此类异议作为初步事项或最终裁决的一部分作出裁决。

仲裁庭有权裁决对仲裁协议构成的合同的存在或有效性的异议。该仲裁协议应视为独立于合同其他条款。仲裁庭裁定合同无效的，不会导致合同中的仲裁协议无效。

15. 临时和保全措施

仲裁庭可应一方当事人的请求，在考虑案情的情况下，下令采取认为适当的临时或保全措施。当事人可以向任何主管司法机关申请临时或保全措施，此类申请不应被视为对仲裁协议的放弃。向司法当局提出的任何申请的通知应立即送交 CCAC，如果组成仲裁庭的，则应送交仲裁庭。

16. 仲裁程序的进行

在确保各方有平等和合理的机会陈述案情的同时，仲裁庭应使用其认为适当的方式勤勉地进行仲裁程序。为了提高效率，仲裁庭可以与当事人举行准备会议，以便确定仲裁程序的组织、顺序和时间表。在与当事人协商后，仲裁庭应决定当事各方在仲裁程序的每个阶段根据其确定的顺序提交哪些书面陈述（如果有的话）。经当事各方或仲裁庭授权，首席仲裁员可对仲裁程序单独采取任何措施。

17. 证据

如果当事人提出请求，仲裁庭应组织听证会，以便从当事人、证人或其他人那里取证。如果没有这样的请求，仲裁庭应决定是否举行听证会，或仅根据文件和其他材料进行审理。在举行听证会时，仲裁庭应当事先通知当事人。除非双方另有约定，否则所有听证会均应以非公开的形式进行。

在听证会之前，仲裁庭可要求任何一方告知其希望传唤的证人的身份，以及他们作证的主题。每个当事人均可在仲裁庭的主持下询问证人。仲裁庭可在任何阶段向证人提问。

在与各方协商后，仲裁庭可指定一名或多名专家协助。专家的书面报告应通知当事人，如果其中一方提出请求，应有机会在听证会上向专家提出问题。专家对提交给他的问题的意见应接受仲裁庭的评估。

在仲裁的任何阶段，仲裁庭可应一方当事人的请求或主动命令当事人出示其认为必要或有用的文件或其他证据。仲裁庭应确定提交的证据的可采性、相关性和重要性。

18. 仲裁程序的结束

当双方同意或当仲裁庭确信当事人已有合理机会陈述案件时，仲裁庭应宣布仲裁程序结束。此后，不得提交进一步的陈述或论据，也不得提供证据。

在仲裁裁决作出之前，仲裁庭可在特殊情况下决定重新开始仲裁程序，同时确保当事人有平等的机会发表意见。

19. 仲裁裁决的作出

仲裁庭应在仲裁程序开始之日起6个月内作出裁决。如果仲裁庭由一名以上的仲裁员组成，则依据多数仲裁员的决定裁决。如果没有多数票，裁决应由首席仲裁员单独作出。

仲裁裁决应以书面形式作出，并说明裁决所依据的理由，由所有仲裁员签署。如果其中一名仲裁员拒绝签署或无法签署裁决，则其他仲裁员应说明情况，此裁决与所有仲裁员签署的裁决具有相同的效力。该裁决应被视为在仲裁所在地及其中所述日期作出。

在最终裁决作出之前，双方达成和解的，可以通知CCAC终止仲裁程序。应当事人的请求，仲裁庭也可以裁决的形式记录和解内容。裁决中应表明其是经双方当事人同意而作出的，不需要说明其他原因。

在裁决签署之前，裁决应送交CCAC审核，以便其提请仲裁庭注意形式问题。在裁决签署后，CCAC应立即将原件通知各方。

20. 仲裁裁决的更正和补充

仲裁庭在裁决作出后30日内，可向CCAC主动提出纠正裁决中的文书或印刷错误、计算错误或类似性质的错误。在裁决通知后30日内，应当事人的要求，仲裁庭也可以纠正上述错误或提供对裁决的解释。在作出决定之前，仲裁庭应给予另一方30日的时间来提交意见，并应立即将其决定通知CCAC。仲裁庭应以书面形式作出决定。纠正或解释裁决的决定应采用附录的形式，该决定应被视为裁决的组成部分。

仲裁庭可应一方当事人的请求，对在仲裁程序中正式提出但未在裁决中处理的请求另行作出裁决，但该等请求应在仲裁通知后30日内提交给CCAC。在作出决定之前，仲裁庭应确保当事人有机会发表意见。仲裁庭应以书面形式作出决定。有关裁决的规则条款应适用于本决定，并在必要时进行修改。如果仲裁庭决定补充裁决，则应在仲裁通知后 60 日内作出。

21. 仲裁裁决的效力

仲裁裁决具有约束力，为最终性裁决，不能提起上诉。根据《规则》将争议提交仲裁，双方承诺立即执行作出的裁决，并且他们将被视为放弃了以任何形式追索的权利，在仲裁所在地的法院提起的撤销程序除外。

22. 简易仲裁程序

简易仲裁程序适用于仲裁请求金额等于或低于 5 万美元（不包括利息和仲裁费用）的案件。简易仲裁程序缩短了延迟和听证的时间，使双方能够在最多两个月内解决争议。CCAC 和仲裁员有充分的自由裁量权将案件提交普通仲裁程序。

四 仲裁费用

1. 仲裁费用

仲裁费用包括：仲裁员费用和开支；与组织和举行听证会有关的费用；仲裁庭任命的专家的费用和开支；注册费等行政费用。

最终裁决应确定仲裁费用，并确定当事人应承担哪些仲裁费用或以何种比例分摊仲裁费用。在裁决中，仲裁庭可考虑案件的情况和仲裁结果，命令当事人支付另一方在仲裁案件中发生的合理费用，包括代理人和证人的费用。

2. 仲裁费用的计算

仲裁员的费用和行政费用应按小时计算。在仲裁裁决作出之前，CCAC 应根据案件的具体情况确定仲裁员费用和开支的最终金额以及中心的费用。当事人与仲裁员之间单独的费用约定违反规则。

3. 仲裁费用的预付

在切实可行的范围内，中心应尽快确定必须支付的费用。各方应支付一半的费用预付款，但是如果一方未能支付其份额，则另一方可以支付全部费用预付款。如果提出反请求，中心可根据具体情况，单独确定请求和反请求的费用预付款。

如果在中心规定的期限内未支付费用预付款，则应将与费用预付款有关的申请视为撤回。中心可以在仲裁程序的任何阶段重新调整费用预付款金额。在仲裁程序的任何阶段，仲裁庭应向中心通报有关请求价值和争议复杂性的相关信息。最终裁决的通知应以全额支付费用预付款为条件。在向各方发出仲裁裁决通知后，中心应根据裁决将未用余额退还给当事人。

4. 商事仲裁收费

提交至 CCAC 的仲裁申请必须包括 1000 美元的支票。该金额不可退还，但可抵作仲裁费用。

CCAC 的下列行政费用不收费：与仲裁启动文件有关的服务，特别是与文件的研究、评估和材料组织有关的服务，包括与各方就选择仲裁员、登记、备案和财务服务进行的初步讨论。

仲裁员的费用按小时计算，应在第一个小时之前确定。

5. 简易仲裁程序收费（适用于争议金额等于或低于 5 万美元的仲裁请求）

中心的行政费用为 600 美元，该金额由申请人支付，并且必须在仲裁申请时支付；它不可退还，但可以从申请人的仲裁费用中扣除。仲裁员的费用为 900 美元至 2000 美元，不包括差旅费和生活津贴。当事人双方平等分摊仲裁费用，不包括特殊费用。

五　其他事项

1. 在仲裁庭的组成中当事人的自主权和 CCAC 的作用

如果当事人未另行约定，则应根据《CCAC 国际商事仲裁规则》第 17 条的规定组成仲裁庭。无论是由各方当事人指定的仲裁员，还是由共同仲裁员或任何其他当局根据当事人约定的程序指定的仲裁员，均应由 CCAC 确认。

如果 CCAC 被要求指定一名仲裁员，则可以自由选择其认为合适的任何人。它应特别考虑仲裁员的国籍、居住地、与当事人的关系，以及仲裁员进行仲裁的时间和能力。

除非当事人具有相同的国籍，否则他们每一方都可以要求仲裁庭的独任仲裁员或首席仲裁员具有当事人国籍以外的国籍。

2. 仲裁庭的组成

如果当事人在仲裁请求通知被申请人之日起 30 日内未就仲裁员人数达成一致，则 CCAC 应指定一名独任仲裁员。但是，如果 CCAC 决定应当由三名仲裁员组成仲裁庭，则应立即通知当事人。

如果双方同意由独任仲裁员解决争议，他们可以通过协商一致指定独任仲裁员。如果当事人在仲裁请求通知被申请人之日起 30 日内未能就独任仲裁员的指定达成一致，则该仲裁员应由 CCAC 任命。

如果当事人同意将争议提交给三人仲裁庭，则各方应分别在仲裁申请书和仲裁答辩书中指定一名仲裁员。被指定的两名仲裁员应共同指定首席仲裁员。

如果 CCAC 确定三人仲裁庭的组成是适当的，则申请人应在 CCAC 通知后 15 日内指定一名仲裁员，被申请人应在自第一位仲裁员的任命通知或 CCAC 确认后 15 日内指定另一名仲裁员。已指定的两名仲裁员应共同指定首席仲裁员。

在组建三人仲裁庭时，如果当事人未在规定的时限内指定仲裁员，则由 CCAC 任命。仲裁庭的首席仲裁员应由已指定的两名仲裁员共同指定；如果已指定的两名仲裁员在第二名仲裁员的任命通知或中心确认后 15 日内没有联合指定首席仲裁员，则首席仲裁员应由 CCAC 任命。如果仲裁庭的组成存在困难或为了确保其有效性，CCAC 可以指定仲裁员或委任其中一人在必要时担任首席仲裁员，采取其认为必要的措施。

3. 仲裁员的独立、公正和承诺

每位仲裁员必须始终保持独立和公正。在仲裁员同意任职之前，应签署独立和公正的声明。仲裁员应以书面形式向 CCAC 披露任何可能的事实或情况，以便对其独立性或公正性提出合理怀疑。

在仲裁程序的任何阶段，仲裁员应及时以书面形式向 CCAC、当事人和仲裁庭其他成员，披露仲裁程序中出现的可能对他的独立性或公正性产生合理怀疑的任何事实或情况。

4. 对仲裁员的回避申请

当事人如认为仲裁员可能缺乏独立性或公正性，或缺乏当事人要求的资格时，应向 CCAC 提交一份书面申请，说明申请回避的事实和情况。回避申请应在通知指定或确认仲裁员后 20 日内，或在提出质疑的当事人被告知之日起 20 日内，向 CCAC 提出。

CCAC 在决定是否批准回避申请前，应给其他当事人、涉及的仲裁员和仲裁庭其他成员提交书面意见的机会。被申请回避的仲裁员可以要求 CCAC 审查其职责，不采取此类行动意味着其承认回避申请理由的有效性。

5. 仲裁员的更换

如果仲裁庭的仲裁员有空缺，CCAC 应按照原先的任用程序，尽快指定替代仲裁员。如果一方指定的仲裁员被成功申请回避或以其他方式被免除职责，CCAC 考虑到案件的情况和当事人之间的平等原则，可以绕过原来的程序并直接指定替代仲裁员。一旦重组，仲裁庭应确定是否以及在何种程度上重复先前的仲裁程序。如果在仲裁程序结束后，三人仲裁庭出现空缺，其余的仲裁员在考虑到案件的情况并与当事人协商后，可以决定在没有替代仲裁员的情况下完成仲裁。

◇ 新西兰争端仲裁裁判所（DTNZ）

一　机构介绍[①]

新西兰争端仲裁裁判所（Dispute Tribunal of New Zealand，简称 DTNZ）始建于 1976 年，是新西兰寻求一种快速、低廉和非正式方式解决纠纷机制时应运而生的产物。新西兰全国设有 59 个争端仲裁裁判所，其中北部区有 10 个、怀卡托区有 16 个、中心区有 20 个、南部区有 13 个。大部分争端仲裁裁判所有 2 至 4 个仲裁员（Referee），少的有 1 人，个别也有 5 至 7 人（如奥可兰地区、北海岸地区），仲裁员也有交叉在各所任职的。新西兰目前有 65 名仲裁员，他们经过议会的正式任命，一任 3 年，可以连任。

在仲裁员任职资格方面虽法律没有正式的要求，但 90% 是有法律执业资格的，除具有一定法律知识或训练外，还要求他们具有良好的个人品质，有适合做仲裁员的知识经验。他们有兼职的，也有专职的，律师可竞选仲裁员，其中约 80% 是做过律师的。但是，仲裁员不是法官，薪酬也比地方法官要少。争端仲裁裁判所的经费，除向当事人收取的低额费用外（一般按案件标的额收取 30 至 100 新元），主要靠政府补贴，但所需的经费要比地方法院少。

新西兰争端仲裁裁判所的主要职能是解决小额民事纠纷，给当事人提供一个省时、省钱、便利的选择性解决纠纷的途径，节约国家高额的司法资源成本。

争端仲裁裁判所审理的案件大部分能协商了结或达成协议，作出裁决的只是少部分，上诉的则更少。争端仲裁裁判所裁决的案件实际上上诉成功率很低，仅 1%。

[①]　参见韩建英《新西兰争端仲裁裁判所印象》，《人民法院报》2010 年 7 月 30 日。

争端仲裁裁判所网址：https：//www.disputestribunal.govt.nz/。

二　仲裁特色

新西兰争端仲裁裁判所具有如下特点：

（1）受理小额索赔，最高索赔额为 15000 新元的案件或双方一致同意的最高索赔额为 20000 新元的案件；

（2）一种不同于法院诉讼的，更快捷、低廉、非正式的解决方式；

（3）仲裁裁决具有约束力，对当事人具有强制执行力。

三　仲裁流程

1. 受理范围

争端仲裁裁判所的受理范围包括交通事故或其他车辆问题、不动产纠纷、商事合同纠纷、商业交易纠纷等。

争端仲裁裁判所的不受理范围包括租赁纠纷或法人问题、税率、税费、社会福利或 ACC［Advance（提前支付）、Cash（现金支付）、Credit（信用支付）］付款、知识产权、劳动纠纷、遗嘱、土地、家庭问题（如家庭成员关系、财产和子女照料）。

民事纠纷金额为 1.5 万新元到 20 万新元的案件，通常由地区法院受理；更大或更复杂的纠纷案件，通常由高等法院受理。

2. 申请程序

对于申请人来说，在线申请是最快捷、最简便的方式，在线申请完成后，此申请将被直接发送到争端仲裁小组，争端仲裁小组将确认此申请并安排开庭审理。

在开庭审理之前申请人没有必要去仲裁庭，在线上传附加文件即可。如需其他资料，争端仲裁小组将直接联系申请人。

申请人需亲自提交书面申请，将填好的申请表寄给争端仲裁裁判所，包括申请表及相关文件，一式三份。邮寄地址为 Ministry of Justice，CPU，SX10042，Wellington；或者寄至当地地区法院。

申请人需支付相应的仲裁费用，可以邮寄或速递支票（抬头为"司法部"）方式付款，不接受邮寄现金；或可用电子转账、信用卡或现金支付。

如申请人寻求帮助，公民咨询局、社区法律中心等机构可帮助申请人提出仲裁请求。

3. 仲裁时效

在引起争议的事件发生后 6 年内提出仲裁申请。如果在 6 年内未提出仲裁申请，建议咨询律师。咨询律师确有困难的申请人，可寻求法律援助或社区免费法律服务。

4. 被申请人抗辩

申请人通过仲裁方式提出索赔申请，被申请人将收到关于此申请的通知，通知将写明仲裁庭将在何时何地审理。之后被申请人可以：与申请人联系，在仲裁审理前双方达成和解协议；在仲裁庭审上为自己的主张辩护；向仲裁庭提出反诉；如果被申请人离仲裁审理地很远，被申请人可申请以电话会议方式开庭审理案件。

5. 被申请人反诉

如果被申请人认为其对申请人有要求赔偿的权利，被申请人可提出反诉。被申请人必须尽快提出反诉，因为仲裁请求和反诉请求将视情况在同一仲裁庭中审理。

6. 仲裁程序

仲裁庭的审理相对没有那么正式，无法官和陪审团。仲裁庭由一位仲裁员主持。通常是在一个小的审理室而不是法庭，审理室布置得像圆桌会议室。庭审参与人通常不需要宣誓，也不必穿得很正式。

（1）仲裁员介绍各仲裁参与人，说明仲裁开庭审理的程序。

（2）双方当事人表明各自立场、观点。申请人先发言，被申请人随后发表意见。双方就分歧观点进行辩论。

（3）任何证人都在仲裁审理室内作证。双方当事人和仲裁员都可以询问证人。

（4）仲裁员试图帮助双方就如何解决争端达成一致。如果双方达成协议并经仲裁员认可，则此协议具有约束力，双方必须遵守。

（5）如果双方不能达成协议，仲裁员会作出裁决。此裁决可在仲裁庭审上作出，也可在之后合意作出并通知双方当事人。

（6）如果仲裁员需要更多相关信息，仲裁开庭的后续程序将被推迟，仲裁开庭时间另行安排。

（7）如果当事人不能在指定的日期参加仲裁开庭，当事人可以要求推迟。当然当事人要有合理的理由并提供相应证明，如医疗证明或航班行程，并提前与仲裁庭取得联系。如仲裁庭审查理由及证明后不同意推迟仲裁开庭时间，无论申请人是否出席，仲裁开庭都将如期进行。

（8）如果当事人的住址离仲裁开庭地很远，当事人可以申请在较近的裁判所通过电话会议开庭审理。

7. 申请再次仲裁

（1）任何一方均可在决定作出后 20 个工作日内，向争端仲裁裁判所申请重审。该申请免费。

（2）理由：如一方因信息不可靠或程序存在某种错误等不服仲裁裁决，可申请重新仲裁。例如，一方未收到仲裁开庭通知、因正当理由不能出席仲裁庭审、裁决金额存在瑕疵等。

（3）若一方仅不认同仲裁裁决，不能申请重新仲裁。

（4）同一仲裁员会审查有关申请，并决定是否重新仲裁。申请人将参加一个简短的仲裁答辩来表明要求重新仲裁的理由。

（5）如果重新仲裁申请获得批准，通常会更换仲裁员负责重新仲裁的事项。

8. 上诉程序

任何一方均可于仲裁裁决作出后 20 个工作日内向地区法院提出上诉。上诉的费用一般是 200 新元。上诉审裁处仅认可以下上诉理由：仲裁员以不公正的方式主持仲裁庭审或调查员以不公正的方式进行调查，并对结果产生影响。上诉申请将由地区法院审理。庭审前，法院将通知双方审理的时间和地点。法官仅对仲裁的程序性问题进行审理，不审查实质性问题。法官也将参考上诉申请、仲裁裁决等作出判决。

法官可以作出的决定类型：

（1）驳回上诉；

（2）撤销仲裁裁决，要求重新仲裁；

（3）撤销仲裁裁决，将案件移送地区法院审理。

9. 在上诉过程中，仲裁裁决中止执行

提出上诉申请后，仲裁裁决可在上诉裁判作出前中止执行。但是，如果一方提出申请，仲裁庭可以裁决继续执行。

10. 获取短信提示

当事人会在出庭的前一天收到短信提醒。短信内容包括：开庭的时间、地点、注意事项等。如当事人预留的手机号有变动，需提前通知仲裁庭，如当事人想停止收到相关提醒，回复"STP"即可。

四 仲裁费用

1. 仲裁申请费用

（1）如索赔总金额少于 2000 新元，收费为 45 新元。

（2）如索赔总金额大于 2000 新元、不满 5000 新元，收费为 90 新元。

（3）如索赔总金额在 5000 新元以上，收费为 180 新元。

（4）关于扩大赔偿额度的免费。

（5）关于确认申请人的保险人的代位求偿权的免费。

2. 重新审理和上诉费用

（1）申请重新审理，免费。

（2）申请延期重新审理，免费。

（3）向地区法院上诉，收费为 200 新元。

3. 执行费用

（1）通知被申请人仲裁裁决，免费。

（2）申请强制执行，免费。

（3）申请强制执行已达成协议部分，免费。

4. 法律帮助费用

（1）申请法律援助，免费。

（2）申请社区法律帮助，免费。

五 其他事项

1. 法律适用

（1）《1988 年争端仲裁裁判所法案》（*Disputes Tribunal Act 1988*）

（2）《1989 年争端解决仲裁裁判所规则》（*Disputes Tribunals Rules 1989*）

2. 仲裁裁判文书

在特定网址，可通过选择管辖范围、关键词（例如名称等）进行仲裁裁判文书的检索，或者按年份进行浏览。上述方式检索到的仲裁裁判文书将会有一些编辑修改，但不会对内容有实质性影响。检索页面截图如下：

3. 联系方式

（1）位置

争端仲裁裁判所位于地区法院或仲裁审理中心。使用 find us 工具①可找到所在区域的地区法院或仲裁审理中心。find us 工具页面截图如下：

（2）查询和更新

查询争端仲裁裁判所的资料或案件最新情况，可致电 0800268 - 787，申请人将在提出申请后 10 日内收到司法部的答复。如未收到任何答复，可在 10 日内与上述号码联系，以便了解案件申请最新情况。

---

① find us 工具所在网址：https：//www. disputestribunal. govt. nz。

◇ 澳大利亚国际商事仲裁中心 （ACICA）

一 机构介绍

澳大利亚国际商事仲裁中心 （Australian Centre for International Commercial Arbitration，简称 ACICA，网址 www. acica. org. au. ） 建立于 1985 年，为独立的非营利性组织，其宗旨是通过仲裁和调解促进国际商事纠纷的有效解决。该组织通过采用快速和中立的程序解决纠纷，同时保障结果的可执行性并保护纠纷当事人的商业秘密。

2015 年 1 月，ACICA 理事会批准通过最新的仲裁规则，该规则于 2016 年 1 月 1 日生效。规则的修改旨在适应国际仲裁的最新发展并提供更为高效公正的仲裁程序。同时，该规则引入简易仲裁程序，这一程序主要在纠纷标的额比较低的情况下和紧急情形下适用。

二 仲裁特色

1. 仲裁庭拥有适用条件较为宽松的自由裁量权

仲裁庭在遵守仲裁规则、平等对待各方当事人并给予各方当事人合理机会陈述其主张和意见的前提下，可以按照其认为合适的方式进行仲裁。例如，在当事人没有请求开庭的情况下，仲裁庭有权决定是否开庭审理；仲裁庭有权决定是否以书面形式进行审理；首席仲裁员可独自决定仲裁程序问题，仲裁庭的其他成员经仲裁庭授权也可决定仲裁程序问题。

2. 仲裁程序具有适当性和高效性。

根据仲裁规则的规定，仲裁庭应根据案件争议的复杂程度和争议金额采用适当的程序进行仲裁，从而使仲裁程序与案件相适应。仲裁庭一旦被指定，就应当尽快安排面对面形式、电话形式或其他形式的与当事人的初步会议，并为仲裁制定程序时间表，包括暂定的开庭日期等。在给予当事人机会陈述其主张和意见后，仲裁庭可在任何时候延长或改变程序时间表，从而提高仲裁效率。

三　仲裁流程

1. 仲裁申请

申请人应当向 ACICA 提交仲裁申请书，一式两份，并根据 ACICA 的指令提交额外份数。

仲裁申请书应包括如下内容：当事人及其代理人的名称、邮寄地址、电话号码、传真号码和电子邮件地址；申请所依据的仲裁条款或者单独的仲裁协议（如仲裁请求依据多个仲裁条款或仲裁协议提出，还应提交各项请求分别依据的仲裁条款或协议的文本及说明）；指明申请所援引的引起争议或者与争议有关的合同；仲裁请求的性质和金额；所请求的救济。如果当事人事先未达成关于仲裁员人数的协议，申请人还应当提交关于仲裁员人数的建议（一人或三人）。

申请人应将一份仲裁申请书递送给被申请人，并将仲裁申请书送达被申请人的方式和时间告知 ACICA。同时，申请人还应当交纳案件登记费。

2. 仲裁开始

自 ACICA 受理仲裁申请或者收取案件登记费之日（以两者之较迟日为准）起，仲裁开始。ACICA 应通知当事人仲裁开始日。

3. 仲裁答辩

被申请人应自收到仲裁申请之日起 30 日内，向 ACICA 提交答辩书一式两份，并根据 ACICA 的指令提交额外份数。

答辩书应包括如下内容：被申请人及其代理人的名称、邮寄地址、电话号码、传真号码和电子邮件地址；被申请人对仲裁申请所载纠纷事项的意见；被申请人对仲裁申请所寻求救济的答复意见。如果当事人事先未达成关于仲裁员人数的协议，被申请人还应当提交关于仲裁员人数的建议。

被申请人同时应递送一份答辩书给申请人，并将答辩书送达申请人的方式和时间告知 ACICA。

4. 陈述期限

提交书面陈述（包括申请书和答辩书）的期限由仲裁庭规定，最长不得超过 45 日，但是仲裁庭认为必要时可延长期限。

5. 案卷移交

案件登记费交付完毕并且所有仲裁员的选定被确认后，ACICA 应将案卷移交仲裁庭。

6. 合并仲裁

如当事人同意进行合并且各仲裁中的请求依据同一仲裁协议而提出；或者虽然各仲裁中的请求依据多个仲裁协议提出，但仲裁在相同的当事人之间进行且多个仲裁之间有共同的事实或法律问题；或者请求救济的权利是由同一交易或一系列交易产生，或与同一交易或一系列交易相关，并且 ACICA 认为各仲裁协议可以并存，经一方当事人申请，ACICA 可将两个或两个以上正在依本规则进行的仲裁合并，由一个仲裁庭审理。

7. 第三人加入仲裁

在有初步证据表明第三方受到现有争议方之间的仲裁协议约束的情形下，经一方当事人或第三人的申请，仲裁庭应当允许该第三方加入仲裁。

8. 保密

除非当事人另有书面约定，所有开庭均不公开进行。未经各方当事人许可，对于仲裁案件的所有事项（包括仲裁存在的事实）、仲裁裁决、为仲裁而制作的资料以及另一方在仲裁审理过程中出示的尚未被公众知晓的文件，各方当事人、仲裁庭和 ACICA 均负有保密义务，不得向外界披露，但下列情形除外：为向法院提出申请之用；为向法院申请执行仲裁裁决之用；根据有管辖权的法院的命令而披露；根据对做出披露行为的当事人具有拘束力的国家法律的要求而披露；根据有关行政管理机关的要求而披露。

9. 仲裁地

若当事人未事先约定仲裁地并在仲裁开始后的 15 日内未就仲裁地达成协议，则澳大利亚悉尼为仲裁地。仲裁庭可以决定程序是否在仲裁地进行。仲裁裁决应在仲裁地作出。除非当事人另行达成协议，且该协议不违反准据法的禁止性规定，仲裁协议的准据法为当事人约定的仲裁地的法律。

10. 仲裁语言

除非当事人另有约定，仲裁庭在组成后应及时决定程序中使用的一种或几种语言。对于以原始语言提交的意见（书面或口头）、申请书或答辩书所附的文件和在程序中提交的补充文件或证据，仲裁庭均可指令提交方同时提交当事人约定的或仲裁庭决定的程序中使用的语言的译本。

11. 仲裁庭选定的专家

为了对证据作出更好的评估，在征询当事人意见后，仲裁庭可选定一名或多名专家，指令这些专家提交关于仲裁庭所提出的特定问题的书面报告。仲裁庭可与选定的专家进行会面。

仲裁庭应确定专家的职权范围，制作书面文件，并将该书面文件的副本送交当事人和 ACICA。在收到专家报告后，仲裁庭应将报告副本送达当事人，并给予当事人书面陈述其关于该报告的意见的机会。

当事人有权查验专家出具该报告所依据的文件。若当事人申请专家出庭，专家应参加开庭审理，各方当事人均有权出席并盘问该专家。在开庭审理中，任何当事人均有权要求专家就所涉争议点发表意见。

12. 逾期提交申请书的后果

申请人在仲裁庭规定的期限内无充分理由未提交申请书的，仲裁庭可签发终止仲裁程序的指令或其他仲裁庭认为合适的指令。

13. 审理终结

在案件审理结束时，仲裁庭应当询问当事人是否还有证据需要提交、是否还需要进行证人盘问以及是否还有意见需要陈述，如没有，仲裁庭可宣布审理终结。

14. 仲裁裁决

如仲裁庭由三人组成，则仲裁庭的任何裁决或者决定都应依多数仲裁员的意见作出。如无法形成多数意见，则依首席仲裁员的意见作出。

除终局裁决外，仲裁庭还有权作出临时裁决、中间裁决或部分裁决。裁决应采取书面形式，对各方当事人均有约束力，当事人应当及时履行。除非当事人另有约定，否则仲裁庭应在裁决中说明裁决理由。

裁决应由仲裁员签名并载明作出裁决的日期和地点。仲裁员拒绝签名的，则由多数仲裁员签名即可。如多数仲裁员拒绝签名，则由首席仲裁员签名即可，但要在裁决中注明缺少仲裁员签名的原因。仲裁庭应将签署后的裁决送达当事人和 ACICA。

15. 和解

当事人在裁决作出前达成和解的，仲裁庭应签发指令终止仲裁程序。若双方当事人申请仲裁庭制作裁决书，仲裁庭经过审查准许制作裁决书的，由仲裁庭根据和解内容制作裁决书。在这类裁决中仲裁庭无须说明裁决理由。

16. 仲裁裁决的解释、更正和补充

在收到裁决后的 30 日内，任何一方当事人有权在通知其他当事人的前提下请求仲裁庭对裁决作出解释。仲裁庭应在收到请求后 45 日内以书面形式作出解释。

在收到裁决后的 30 日内，任何一方当事人有权在通知其他当事人的前提下请求仲裁庭就裁决中的计算错误、笔误或打印错误或类似错误作出更正。仲裁庭也有权在发送裁决后的 30 日内主动作出此类更正。

在收到裁决后的 30 日内，任何一方当事人有权在通知其他当事人的前提下请求仲裁庭对在程序中提出的而裁决中遗漏的请求作出补充裁决。如仲裁庭认为补充裁决的请求合理而且无须进一步审理或补充证据，即可对漏裁的请求作出裁决，仲裁庭应在收到请求后 60 日内作出补充裁决。

17. 简易仲裁程序

在仲裁庭组成前，如争议的标的额小于 500 万澳元且双方当事人同意，或者案件存在紧急状况，一方当事人可向 ACICA 书面申请适用简易仲裁程序。ACICA 将在考虑双方当事人意见的基础上决定是否准许该申请。

简易仲裁程序采取独任仲裁的形式。ACICA 应当在仲裁开始后 14 日内指定仲裁员。仲裁员应在被指定后的 4 个月内作出最终的仲裁裁决，若当事人提出异议，则应当在 5 个月内作出。当事人关于仲裁解释的请求应当在收到裁决之日起 7 日内提出。

四　仲裁费用

1. 登记费：2500 澳元

2. 受理费

（1）普通仲裁

标的额（澳元）	受理费（澳元）
1 ~ 500000	1% × 标的额
500001 ~ 1000000	5000 + 0.5% × 超过 500000 的部分
1000001 ~ 10000000	7500 + 0.25% × 超过 1000000 的部分

标的额（澳元）	受理费（澳元）
10000001 ~ 100000000	30000 + 0.01% × 超过 10000000 的部分
100000000 以上	39000 + 0.02% × 超过 100000000 的部分，最高不超过 60000

（2）简易仲裁

标的额（澳元）	受理费（澳元）
1 ~ 250000	0.5% × 标的额
250001 ~ 500000	1250 + 1% × 超过 250000 的部分
500001 ~ 1000000	3750 + 0.5% × 超过 500000 的部分
1000001 ~ 10000000	6250 + 0.25% × 超过 1000000 的部分
10000001 ~ 100000000	28750 + 0.01% × 超过 10000000 的部分
100000000 以上	37750 + 0.02% × 超过 100000000 的部分，最高不超过 60000

3. 仲裁员报酬

除非另有约定，仲裁员的报酬以小时费率计算。小时费率应以仲裁员和当事人之间的协议为准。如无协议，则以 ACICA 的决定为准。

4. 紧急仲裁费用

申请费：2500 澳元

紧急仲裁员报酬：10000 澳元

5. 费用分摊

仲裁费用原则上由败诉方承担。但是，仲裁庭有权根据案件的实际情况，以其认为合理的比例在当事人之间分摊仲裁费用。

6. 费用预付

仲裁庭组成后，ACICA 在征询仲裁庭意见后应尽快要求各方当事人等额交纳仲裁费用作为预付款。如被申请人提出相反请求或存在其他合理情况，仲裁庭有权要求申请人单独预付费用。预付款应支付给 ACICA，存至 ACICA 的信托账户，并根据仲裁庭指令转给仲裁庭。ACICA 可就对其信托的使用收取服务费用。在裁决作出后，ACICA 应向当事人提供预付款账目，并将余款退还当事人。

五 其他事项

1. 仲裁员人数

当事人未事先约定仲裁员人数且在被申请人收到仲裁通知后的 30 日内没有就此达成协议的，由 ACICA 根据案件具体情况确定仲裁员人数（一人或三人）。

2. 独任仲裁员的选定

需要选定独任仲裁员的，各方当事人均可向对方当事人建议一位或若干位仲裁员作为候选人。如果在被申请人收到仲裁申请后 40 日内，当事人仍无法就独任仲裁员的选定达成协议，并且也未向 ACICA 提交已达成协议的书面证据，则由 ACICA 指定该独任仲裁员。在指定仲裁员时，ACICA 应保证其指定的独任仲裁员是独立公正的，同时还应考虑指定与当事人具有不同国籍的独任仲裁员是否更为合适。

3. 三人仲裁庭的选定

需要选定三名仲裁员的，由每方当事人各选定一名仲裁员，再由这两名仲裁员选定第三名仲裁员担任仲裁庭的首席仲裁员。如果在收到对方当事人选定仲裁员通知后的 30 日内，一方当事人未通知对方当事人其所选定的仲裁员，则已选定仲裁员的一方当事人可以请求 ACICA 指定第二名仲裁员。如果在第二名仲裁员被选定后的 30 日内，两名仲裁员无法就首席仲裁员的人选达成一致，则由 ACICA 指定首席仲裁员。

4. 紧急情形下仲裁员的指定

紧急情形适用简易仲裁程序，采取独任仲裁的形式。在收到紧急仲裁的申请后，ACICA 应尽力在一个工作日内完成独任仲裁员的指定并尽快通知当事人。除非当事人另有书面约定，否则独任仲裁员不会在后续仲裁程序中担任仲裁员。在指定独任仲裁员后，ACICA 应将仲裁申请转给独任仲裁员。

◇ 墨西哥仲裁中心（CAM）

一　机构介绍

墨西哥仲裁中心（英文 Arbitration Center of Mexico，西班牙文 Centro de Arbitraje de México，简称 CAM，网址 camex. com. mx. ）设立于 1997 年，是专门从事商业仲裁程序管理的机构，其宗旨是致力于以灵活、专业和有效的方式提供高质量的争议解决方案，以促进企业发展。

2009 年 7 月 1 日，CAM 最新《仲裁规则》生效。

二　仲裁特色

1. 重视对仲裁程序的管理

仲裁庭收到 CAM 转交的案卷后，应当在 30 日内制作一份有关该案件要点总结的文件并提交给秘书长。文件由当事人和仲裁庭署名，对当事人和仲裁庭都会产生约束力。当事人和仲裁庭应当依照文件中的要点展开仲裁程序。随后，仲裁庭会同当事人确定仲裁程序日程，原则上当事人和仲裁庭应当遵守此日程，对该日程的任何修改应当及时通知当事人和仲裁庭。

2. 对仲裁协议的表面审查

当事人之间应当达成仲裁协议。如果当事人对仲裁协议的效力或范围提出异议，理事会将依照 CAM《仲裁规则》对仲裁协议进行表面审查。如果仲裁协议不符合规则规定，秘书长将通知当事人仲裁程序不能继续，当事人可以向法院寻求救济。

三　仲裁流程

1. 仲裁申请

申请人应向秘书长提出仲裁申请。秘书长应将申请书和送达日期通知申请人和被申请人。秘书长收到申请书的日期为仲裁程序的开始日期。

仲裁申请书应包含以下内容：各方当事人的姓名、地址、电子邮件地址、电话和传真号码；对争议事实的陈述；申请人寻求救济的声明以及标的额；关于仲裁员人数的意见以及提名；关于仲裁地点、适用的法律规则和仲裁语言的意见。同时，仲裁申请书还应当附上仲裁协议和合同副本。申请人应当依据当事人人数提交仲裁申请书的副本。

如果申请人提交的申请书不能满足以上要求，秘书长可以确定一定的期限，要求申请人在指定期限内补正。如果申请人未按照要求补正，申请程序将终结。但申请人仍然有就相同请求另行提交仲裁申请的权利。

2. 仲裁的合并

当提交的仲裁事项与正在 CAM 进行的仲裁程序具有法律上的关联时，当事人可以向秘书长请求加入正在进行的仲裁程序中；如果仲裁庭已经组成并且进入仲裁程序，则当事人应当向仲裁庭提出请求。

3. 仲裁答辩

被申请人应当在收到仲裁通知后 30 日内提交仲裁答辩书。仲裁答辩书应包含下列内容：被申请人的姓名、地址、电子邮件地址、电话和传真号码；对争议事实的陈述；关于仲裁员人数的意见以及提名；关于仲裁地点、适用的法律规则和仲裁语言的意见。同时，应当依据当事人人数提交仲裁答辩书的副本。

在仲裁答辩中，被申请人可以提出反请求。反请求应当包含仲裁申请书中的相关内容。申请人应当自收到反请求通知后 30 日内提交一份仲裁答辩书。

4. 仲裁地点

如当事人没有有关仲裁地点的约定，则由秘书长确定仲裁地点。除非当事人另有约定，在听取当事人意见后，仲裁庭可以在任何地点举行会议和庭审，并可以在任何地点采取任何形式进行评议。

5. 仲裁语言

仲裁程序依据当事人约定的语言进行。如当事人无约定，仲裁庭应当根据案件具体情形确定仲裁语言。在仲裁庭确定仲裁语言前，当事人可以自由选择以何种语言提交文件，但是需要附一份西班牙语或英语的译本。

6. 适用法律

当事人可自由选择仲裁庭审理时的准据法。如当事人无约定，则由仲裁庭根据合同条款和商业习惯确定准据法。如果当事人明确表示同意，仲裁庭可以依据衡平原则审理案件。

7. 案卷移交给仲裁庭

仲裁庭组成后，秘书长应把案卷移交给仲裁庭。

8. 草拟仲裁庭职能范围文件

仲裁庭在收到案卷后，应当基于当事人的书面材料草拟一份文件以界定仲裁庭在仲裁中的职能。这份职能范围文件应当包括以下内容：当事人的姓名、地址、电子邮件、电话和传真号码；当事人各自的请求和标的额；需要解决的争议清单；仲裁员的姓名、地址、能力；仲裁地点；适用的仲裁程序规则，是否享有衡平裁决权。仲裁庭应在收到案卷后30日内把这份文件提交给秘书长，文件由当事人和仲裁庭署名。秘书长可以在认为必要或者仲裁庭提出请求时延长文件中的时限。如果一方当事人拒绝签署该文件，仲裁庭应当将文件提交至理事会，理事会批准后，仲裁程序继续。

9. 确定仲裁程序日程

职能范围文件被签署或批准后，仲裁庭应当和当事人讨论确定仲裁程序日程，并告知秘书长。对仲裁程序日程的修改必须告知当事人和仲裁庭。

10. 仲裁请求的增加

请求的增加需要获得仲裁庭的允许。仲裁庭应当考虑新增请求的性质、仲裁阶段等因素，作出是否准许的决定。

11. 查明案件事实

仲裁庭应当尽快采取适当的手段来查明案件事实。仲裁员可以仅依据当事人提供的书面陈述和材料来查明案件事实，除非一方当事人要求举行庭审。仲裁庭可以自行决定是否举行庭审，以听取证人证言和专家证言。在听取当事人意见后，仲裁庭可以任命一个或多个专家，确定他们的职能范围，收取他们的报告。经过请求，当事人可以在庭审中对该专家进行发问。在仲裁程序中，仲裁庭可随时要求当事人补充证据。

12. 庭审

要举行庭审时，仲裁庭应召集当事人出庭，通知其开庭地点和时间，同时还应当通知秘书长。如果一方当事人被正式传唤，但无正当理由拒不出庭，仲裁庭有权继续进行庭审。在庭审过程中，除非经双方当事人同意及仲裁庭批准，否则庭审不得接纳未参与仲裁的人员。

13. 仲裁终结

当事人已经有合理机会提出证据并提出论点后，仲裁庭应宣布仲裁程序终结。此后，除非仲裁庭明确提出要求或授权，当事人不得提出任何其他证据。

当仲裁庭宣布仲裁程序终结时，仲裁庭应向秘书长说明裁决草案作出的日期。该日期在特殊情况下可以延长，并由仲裁庭通知秘书长。

14. 保全措施和临时措施

除非当事人另有约定，否则仲裁庭可以下令采取其认为适当的保全措施和临时措施，但应当符合下列条件：仲裁庭已收到案卷；一方当事人提出申请；申请方提供仲裁庭确定的担保。仲裁庭应以命令或裁决的形式采取此类措施。

即使存在仲裁协议，当事人也可以在将案卷送交仲裁庭之前向主管司法当局申请保全措施和临时措施。任何此类申请以及司法当局采取的措施必须立即通知秘书长，秘书长应通知仲裁庭。

15. 仲裁裁决的作出

仲裁庭必须在职能范围文件签署完成后，或在秘书长通知仲裁庭确认职能范围文件后4个月内作出裁决。根据仲裁庭的合理要求或者在秘书长认为有必要时，可延长此期限。

当仲裁庭由三名仲裁员组成时，裁决由多数人决定作出。如果没有多数人意见，裁决由首席仲裁员决定作出。仲裁裁决应说明其依据。

当事人在将仲裁申请书和答辩书传送给仲裁庭后达成和解的，如果当事人申请制作仲裁裁决以记录和解内容，则应以仲裁裁决的形式记录和解内容。

16. 仲裁裁决的审查

除非另有规定，仲裁庭在签署任何裁决书之前，应将裁决书以草案形式提交理事会审查。理事会可以对裁决书进行修改，并且可以在不影响仲裁庭的自由裁量权的情况下，提请仲裁庭注意裁决书的实质内容。除非另有规定，仲裁庭不得签署任何未经理事会批准的仲裁裁决书。

17. 仲裁裁决的更正和解释

仲裁庭有权主动更正裁决中包含的文书、计算错误或类似性质的错误，但此更正应当在作出仲裁裁决之日起 15 日内提交理事会批准。在收到仲裁裁决后 15 日内，当事人也可以向秘书长提出申请，要求仲裁庭对上述错误进行更正。请求更正的一方当事人必须向仲裁庭和另一方当事人提供更正申请的副本，另一方应在收到申请后 15 天内提交意见。如果仲裁庭决定更正，应在作出决定之日起 15 日内以草案的形式向理事会提交决定。更正决定应以附录形式附于裁决书之后。

四　仲裁费用

表 1　CAM 仲裁费用标准

单位：墨西哥比索

标的额	仲裁管理费	每个仲裁员的费用
≤500000	20000	43200
500001～1000000	20000 + 1.60% × 超过 500000 部分的金额	43200 + 3.00% × 超过 500000 部分的金额
1000001～5000000	28000 + 1.40% × 超过 1000000 部分的金额	58200 + 2.40% × 超过 1000000 部分的金额
5000001～10000000	84000 + 1.20% × 超过 5000000 部分的金额	154.200 + 1.80% × 超过 5000000 部分的金额
10000001～25000000	144000 + 0.80% × 超过 10000000 部分的金额	244.200 + 1.20% × 超过 10000000 部分的金额
25000001～50000000	264000 + 0.40% × 超过 25000000 部分的金额	424.200 + 0.60% × 超过 25000000 部分的金额
50000001～100000000	364000 + 0.16% × 超过 50000000 部分的金额	574.200 + 0.24% × 超过 50000000 部分的金额
100000001～250000000	444000 + 0.08% × 超过 100000000 部分的金额	694.200 + 0.12% × 超过 100000000 部分的金额
250000001～500000000	564000 + 0.06% × 超过 250000000 部分的金额	874.200 + 0.09% × 超过 250000000 部分的金额
500000001～1000000000	714000 + 0.04% × 超过 500000000 部分的金额	1099200 + 0.06% × 超过 500000000 部分的金额
>1000000000	914000	1399200 + 0.03% × 超过 1000000000 部分的金额

五 其他事项

1. 仲裁员的独立性

仲裁员在被任命前应当签署一份独立声明，并且向秘书长主动书面披露可能存在的回避情形。秘书长把上述信息提供给当事人，当事人应在 5 日内提出意见。在仲裁程序中，如果发生回避情形，仲裁员应当及时披露。理事会或秘书长关于仲裁员任命、确认、回避或替换的决定为终局决定。作出上述决定无须说明理由。

2. 仲裁员的人数和组成

CAM 的仲裁由独任仲裁员或三名仲裁员组成的仲裁庭进行。如果当事人未就仲裁员人数达成约定，案件将由独任仲裁员审理。

下列情形，由独任仲裁员审理：当事人通过协议指定的；当事人未能在秘书长收到仲裁答辩书后 30 日内提名的。若当事人未能在秘书长收到仲裁答辩书后 30 日内提名，则独任仲裁员由理事会任命。

对于三人组成的仲裁庭，各方当事人有权在仲裁申请书和仲裁答辩书中各提名一名仲裁员。剩下的一名仲裁员由理事会任命。除非另有约定，由理事会任命的仲裁员为首席仲裁员；当事人也可以共同指定首席仲裁员，该指定由理事会确认。

3. 申请回避

对仲裁员的回避申请应当以书面形式向秘书长提出，陈述事实和依据的情形。而且，书面回避申请应在当事人收到秘书长的通知后 10 日内提出，或者是在知晓回避事由后 10 日内提出。秘书长在收到回避申请后，应给予被申请回避的仲裁员、其他当事人和仲裁庭的其他成员合适的期限，以对此提出意见。一旦期限届满，秘书长把上述事项提交给理事会裁决。

4. 仲裁员的更换

仲裁员在下列情形下会发生更换：死亡；他的辞职被理事会接受；对他的回避申请被理事会支持；申请人和被申请人申请更换；理事会认为他不可能完成仲裁任务。理事会将把上述情形通知给当事人、被更换的仲裁员和仲裁庭的其他成员，他们有权对此提出自己的意见。

仲裁员如果发生更换，理事会可以按照其认为适当的程序来任命新的仲裁员。一旦重组仲裁庭，仲裁庭将在听取当事人意见的基础上决定仲裁程序在哪个阶段继续或者重复。

5. 紧急仲裁员

在仲裁庭成立之前，需要采取紧急措施的当事人，可以以书面形式向秘书长提出申请，表明该措施的要求及其论点。该申请书应提供足够数量的副本。理事会应尽快指定一位紧急仲裁员。在任命之前，紧急仲裁员应签署一份独立声明，并应以书面形式向秘书长披露任何可能使当事人质疑其独立性的情形。对紧急仲裁员的任何质疑应在通知当事人的第二天提交给秘书长。

紧急仲裁员应公正行事，并确保各方有合理机会陈述案情。紧急仲裁员可以仅根据书面陈述和当事人提交的文件来裁决案件，除非其中一方要求举行庭审。紧急仲裁员可以通过裁决或程序命令，采取其认为适当的保护措施或临时措施并应说明其依据。紧急仲裁员或仲裁庭可以根据任何一方的要求修改或暂停紧急措施，或者在特殊情况下主动修改或暂停紧急措施。除非当事人另有约定，否则紧急仲裁员不得作为仲裁庭成员，也不得作为独任仲裁员。紧急措施可以在请求方提供紧急仲裁员确定的担保费的条件下被批准。

◇ 迪拜国际金融中心－伦敦国际仲裁院（DIFC－LCIA）

一　机构介绍

迪拜国际金融中心－伦敦国际仲裁院（Dubai International Financial Centre-London Court of International Arbitration，简称 DIFC－LCIA，网址 http://www.difc-lcia.org）成立于 2008 年，其本质上是一个迪拜国际金融中心和伦敦国际仲裁法庭（LCIA）的合资企业。

由于 DIFC－LCIA 在合宪性、管辖范围和服务能力等方面出现了问题，DIFC－LCIA 在 2014 年进行了重组，并对其《仲裁规则》进行了修改，从而解决了这些问题。重组之后的 DIFC－LCIA 发展迅速。可以预见到的是，DIFC－LCIA 的推广将促进迪拜成为国际商业仲裁和调解的地区中心。

二　仲裁特色

1. 默认席位

根据《仲裁规则》第 16 条，当事人可以约定默认席位。然而，如果当事人无法达成一致，将会由 DIFC 获得默认席位。DIFC－LCIA 最有特色的一点就是让 DIFC 获得默认席位。

2. 司法援助

一般来说，当事人在选择仲裁时往往希望尽可能地减少司法机关对争端解决的干预。当事人希望仲裁员能够通过发出适当的命令，包括临时保护或预防措施的命令，来处理仲裁过程中出现的所有临时事项。但是，在某些情况下，必须由司法机关提供司法援助，以确保当事人遵守规定。

仲裁机构所在地的法院是对协助和支持仲裁程序有管辖权的法院，并在有限的范围内对仲裁程序进行监督和控制。对于在 DIFC－LCIA 开庭的仲裁程序，有管辖权的法院是其所在地法院。

DIFC－LCIA 的仲裁规则，继受了相关国际法在仲裁庭的权力、仲裁程序特定阶段的干预限制等方面的内容。例如，如果当事方不服，DIFC－LCIA 所在地法院将介入仲裁庭决定采取临时措施的申请执行程序。

3. 执行

DIFC－LCIA 作出的仲裁裁决被视为阿联酋法院作出的裁决，仲裁裁决的认可及执行应当遵守《纽约公约》第 5 条。法院可以根据《纽约公约》第 5 条列出的下列理由拒绝承认和执行裁决：

（1）仲裁协议是无效的；

（2）被申请人没有得到有关仲裁程序的适当通知，或未能出席庭审；

（3）仲裁裁决所处理的事项超出了提交仲裁的事项范围；

（4）仲裁庭的组成方式或者仲裁程序的进行方式与当事人的协议约定不一致；

（5）裁决不具有约束力，或已由作出该裁决的国家的主管当局根据该国家的法律予以撤销；

（6）仲裁标的不能根据管辖地的法律通过仲裁解决；

（7）对裁决的承认或执行将违反公共政策。

4. 不确定性

在许多情况下，由于仲裁裁决援引了当地法院不认可的规则和解释，因此当地法院拒绝执行裁决，从而使仲裁裁决的执行存在不确定性。

5. 成本

DIFC－LCIA 和仲裁员的费用按小时费率计算。只有在指定适用仲裁庭的最高时薪时，才会考虑索赔价值。这不同于许多区域和全球仲裁中心所采用的从价计酬制度。一个大而相对直接的主张可能需要对简单的事情进行简单的分析。相反，一个小而复杂的要求可能需要仔细分析和审议微妙且有争议的法律和事实问题。根据 DIFC－LCIA 的费用规则，上面提到的第一种情况不会使当事各方在中心和仲裁庭费用方面花费更多。这与其他主要仲裁中心适用的其他成本规则形成了鲜明对比。

尽管从价计酬制度的支持者认为它给各方带来了一定的确定性，但现实是它使仲裁成本大大增加。最近发表的 LCIA 出版物《费用和持续时间数据》（又称"LCIA 报告"）也证明，根据 LCIA 规则进行仲裁的费用大大低于根据其他主要仲裁中心规则进行仲裁的费用，而且进展更为有效和迅速。对编制的数据进行分析，仲裁费用和审理时间的中位数和均值分别为99000 美元和 192000 美元、16 个月和 20 个月。国际商会国际仲裁院（ICC）和新加坡国际仲裁中心（SIAC）都是从价计算的。虽然 ICC 和 SI-AC 没有类似的数据，但 LCIA 报告确实解释了如何对这三家机构的仲裁管理成本进行比较。这是使用 ICC 和 SIAC 各自的费用计算器计算的。所分析的每一个 LCIA 案件的争议金额都列在 ICC 和 SIAC 计算器中。在比较结果时，针对所分析的案件，LCIA 的费用明显低于 ICC 和 SIAC 的费用。

此外，对于非常高的索赔要求，当事人不必在仲裁初期支付大笔款项，而是根据特定仲裁的发展和范围，分批次支付一系列较低的款项。虽然"整笔"式收费历来在该地区颇受欢迎，但许多从业员认为这种从价计酬的制度并不公平。

管理成本效益和及时仲裁是 DIFC - LCIA 的一个关键目标。这是 DIFC - LCIA 仲裁的一个特性。

三　仲裁流程

1. 提交仲裁申请书

仲裁申请书应包括如下内容：

（1）申请人的全称及所有联络资料（包括邮寄地址、电邮地址、电话及传真号码），以便在仲裁中接收所有文件；申请人的法定代表人（如有）和其他当事人的上述资料；

（2）仲裁协议的全部条款，连同包含该条款并与索赔人的索赔有关的合同或其他文件的副本；

（3）简述争议的性质及情况、估计金额或价值，以及申请人向其他仲裁当事人提出的索偿等；

（4）声明的仲裁事项，如仲裁的语言、仲裁员的数量及其资历和身份。

申请书（包括所有随附文件）可以电子表格（电子邮件附件）或纸质表格形式提交。以纸质形式提交的，如指定独任仲裁员，应当提交一式两份；如当事人协议或者申请人提议指定三名仲裁员，应当提交一式四份。

2. 交纳登记费

（1）申请人必须在申请书中明确其已经支付登记费。

（2）申请人可以通过银行转账、支票或信用卡的方式支付登记费。

（3）在申请人实际支付登记费之前，申请书视为未收到，仲裁程序视为未启动。因此，如果采用银行转账方式支付登记费，最好在提交申请书之前就支付费用。

（4）收到申请书和登记费后，会在1个工作日内书面告知申请人。

3. 对仲裁申请的答复

（1）如果被申请人收到了仲裁申请书，则其应当准备一份答复。

（2）根据《仲裁规则》第2条的规定，被申请人应当在仲裁程序启动之日起28日内提交答复（即从仲裁院收到仲裁申请及登记费之日起28日内）。

（3）被申请人如未提交答复（或其中的一部分），并不会阻碍被申请人在仲裁中否认对方的请求、提出抗辩或交叉请求。然而，在按照约定由当事人选定仲裁员的情况下，如果一方当事人未及时提交答复（或选定仲裁员），将构成对选定或提名仲裁员权利的不可撤销的放弃。

4. 选定仲裁员

（1）除非当事人明确约定了时间，否则仲裁院将在收到答复之后立即开启仲裁庭的任命程序，而在没有收到答复的情况下，仲裁庭的任命程序将在答辩期届满7日后开启。

（2）根据《仲裁规则》的规定，除非当事人另有书面约定或仲裁院根据案件的具体情况认为仲裁庭有必要由3人组成外，仲裁员人数应为1人。

（3）根据《仲裁规则》第6条第1款的规定，如果当事人来自不同的国家，则除非对方当事人同意，独任仲裁员或首席仲裁员不能与任何一方当事人有相同国籍。

5. 制定仲裁时间表

根据《仲裁规则》第14条的规定，仲裁庭和当事人最好在仲裁庭组成后的21日内进行联系。双方当事人可以就仲裁的进行达成一致，仲裁庭可以自行制定仲裁时间表，但应当公平、公正地行事，并以公平、高效和快捷的方式解决当事人之间的争议。

6. 开庭审理

（1）根据《仲裁规则》第19条的规定，在仲裁的任何阶段，当事人均有权要求仲裁庭开庭审理案件，除非双方当事人已经书面约定只进行书面审理。

（2）仲裁庭有权自行决定开庭的事项，包括各种期限、开庭的日期、时间和地点。

7．仲裁庭指定的专家

（1）经当事人同意，仲裁庭可以指定一个或多个专家就仲裁庭确定的特定问题向仲裁庭出具书面报告。

（2）在收到仲裁庭指定专家出具的报告后，仲裁庭应将报告副本发送给当事人，并给予当事人就报告提交书面意见的机会。

（3）应一方当事人的请求，仲裁庭应当给予当事人机会，在庭审时对仲裁庭指定的专家进行盘问。

8．程序终结

如果仲裁庭认为当事人通过合理方式对案件的陈述已经完毕，则应当宣布仲裁程序终结。

9．裁决和决定

（1）仲裁庭可以在不同时间就不同问题作出单独裁决，包括对索赔或交叉索赔的临时付款。仲裁裁决与仲裁庭作出的其他裁决具有同等效力。

（2）仲裁庭应当作出书面裁决，除各方另有书面约定外，应当说明作出裁决的理由；裁决书还应当载明作出裁决的日期、地点；仲裁书应当由仲裁员签署。

（3）裁决涉及的金额可以以任何货币形式表示，但当事人另有约定的除外。

（4）仲裁员人数超过一人，仲裁庭对仲裁事项没有达成一致的，以多数人意见作出决定；对仲裁事项没有多数意见的，由首席仲裁员裁决。

（5）仲裁员拒绝签署裁决书，拒绝签署的仲裁员过半数的，由首席仲裁员签署即可；未过半数的，由过半数仲裁员签署即可。

10．仲裁语言

（1）除非双方另有书面约定，仲裁初始语言（直至仲裁庭成立）应是仲裁协议的语言或现行语言。

（2）如果仲裁协议使用一种以上同等地位的语言，除非仲裁协议约定仲裁程序使用多个语言，否则仲裁院有权在这些语言中确定仲裁的初始语言。

（3）如果与仲裁院和书记官长之间的通信使用仲裁庭所在地的官方语言，则缺席或违反约定的一方当事人没有理由提出申诉。

（4）仲裁庭成立后，除非双方当事人事先约定了仲裁语言，则由仲裁庭决定仲裁语言，并给当事人一个合理的机会提出建议。

（5）如果当事人提交的文件使用了仲裁语言以外的语言并且没有提交文件的翻译件，那么仲裁庭或者书记官长（在仲裁庭尚未组成的情况下）有权要求该方当事人提交这些文件全部或部分的翻译件。

11. 保密

未经双方当事人和仲裁庭事先书面同意，DIFC－LCIA 不得发布任何裁决或裁决的任何部分。

四　仲裁费用

1. 管理费

（1）注册费：1000 迪拉姆（申请仲裁时支付，不可退还）。

（2）根据 DIFC－LCIA 秘书处或 LCIA 秘书处在管理仲裁方面所花的时间，书记官长/副书记官长/律师：1500 迪拉姆/小时；其他秘书处人员：1000 迪拉姆/小时。

（3）LCIA 成员在履行其职责时所花的时间：按 LCIA 成员建议的标准收费；

（4）仲裁庭费用（不包括仲裁庭为仲裁的开支）的 5%，用于仲裁院的一般管理费用；

（5）DIFC－LCIA 秘书处和 LCIA 仲裁员为仲裁所支付的费用（如邮费、电话费、传真费、旅费等），以及其他仲裁支持服务，不论是 DIFC－LCIA 秘书处或 LCIA 仲裁员自付或以其他方式支付；

（6）DIFC－LCIA 的费用将以迪拉姆计价，但可以以其他可兑换货币支付，支付时的汇率为现行汇率；

（7）费用可按现行税率征收增值税（或相等的费用）。

2. 仲裁庭的费用和开支

（1）仲裁庭的费用将参照其成员在仲裁方面所做的工作计算，并将根据案件的具体情况（包括其复杂性和仲裁员的特殊资格），以适当的费率收取。仲裁庭须在被委任前，就收费标准达成书面协议。费率将由 DIFC－

LCIA 书记官长在仲裁庭任命时通知当事各方，但如果仲裁的期限或情况需要改变，则可对费率进行调整。

费用一般按每小时不超过 2500 迪拉姆计算，在特殊情况下，费用可以更高，且应满足以下条件：（a）仲裁庭的费用在 DIFC – LCIA 书记官长和仲裁员协商后应当固定；（b）费用经由各方当事人同意。

（2）仲裁庭的费用可以包括旅途所花时间的费用。

（3）仲裁庭也可以针对预留的时间收费，这种收费必须经得 LCIA 同意并且事先告知当事人。

（4）仲裁庭可以就与仲裁有关的合理发生的费用进行收费，但应以发票或收据为依据。

（5）仲裁庭的收费和开支既可以使用记账货币，也可以使用迪拉姆。

（6）依照《仲裁规则》第 10 条，一名仲裁员被指定后又被撤职的，仲裁庭可以决定支付这名仲裁员合理的费用。

（7）费用可按现行税率征收增值税。

3. 存款

（1）LCIA 可以要求当事人，以它认为合适的比例，向 DIFC – LCIA 支付多笔款项，这些款项并非由当事人引起的仲裁成本。双方交存的该等款项可由 LCIA 根据规则适用于支付该等仲裁费用的任何项目（包括 DIFC – LCIA 自己的费用和开支）。

（2）双方当事人因仲裁费用而支付的所有款项应由 DIFC – LCIA 存入客户银行账户，由 DIFC – LCIA 按照《仲裁规则》支付或以其他方式使用。超过仲裁费用总额的部分，由 DIFC – LCIA 退还给各方当事人。

（3）除特殊情况外，仲裁庭未从 DIFC – LCIA 书记官长处确定 DIFC – LCIA 在仲裁费用方面收到必要的资金之前，不应进行仲裁。

（4）如果一方当事人没有或拒绝向 LCIA 付款，LCIA 可以直接要求另一方当事人代替支付以使仲裁继续。在这种情况下，作出替代付款的一方可以请求仲裁庭作出命令或裁决，以便其收回该款项，违约的一方应付给对方该款项以及产生的利息。

4. 中期付款

当需要临时付款以支付仲裁费用的相关部分时，包括 DIFC – LCIA 的行政费用、LCIA 仲裁庭成员的费用或开支、仲裁庭的费用或开支（包括仲裁庭任命的专家的费用或开支、仲裁庭秘书的费用或开支或聆讯室及其他支援服务的费用），有关款项可从上述任何一项的存款中扣除。

5. 仲裁费用（不包括双方本身产生的法律费用或其他费用）

（1）双方应就仲裁费用向仲裁庭和 DIFC－LCIA 承担连带责任。

（2）双方向 DIFC－LCIA 支付费用所产生的任何银行手续费均由支付费用的一方或双方自行承担。

（3）如果仲裁费用已按照《仲裁规则》第 28 条支付给 DIFC－LCIA，则仲裁庭的裁决应由 LCIA 转交给当事人。

6. 紧急仲裁员的费用

（1）申请费（根据《仲裁规则》第 9B 条规定，申请指定紧急仲裁员时的付款不予退还）：5000 迪拉姆。

（2）紧急仲裁员费用，用于支付时间费用和开支（申请任命紧急仲裁员，且 LCIA 任命了紧急仲裁员，则不可退还）：120000 迪拉姆。

（3）在紧急程序的任何时候，根据案件的特殊情况如认为需要支付更高的费用，LCIA 可以根据 DIFC－LCIA 书记官长的建议增加紧急仲裁员的费用。

（4）申请紧急仲裁员的当事人应立即向 DIFC－LCIA 支付附加的管理费用。

（5）根据《仲裁规则》第 24 条，如果 DIFC－LCIA 拒绝指定紧急仲裁员的费用申请，则该紧急仲裁员可以向申请人主张支付。

五　其他事项

1. 关于仲裁员国籍的规定

（1）当事人国籍不同的，独任仲裁员或者首席仲裁员不得与当事人具有相同的国籍，但当事人另有书面约定的除外。

（2）当事人的国籍应当包括其控股股东或者利害关系方的国籍。

（3）两个或两个以上州的公民应被视为每一州的国民；欧盟的公民应被视为其不同成员国的国民，不应被视为具有相同国籍；国家境外领土的公民，应被视为该领土的国民，不应被视为该国家的国民；在国家境外设立的法人，应当被视为该境外的法人。

2. 仲裁庭的组成

（1）LCIA 应在书记官长收到答辩书后立即任命仲裁庭，如果没有收到答辩书,则应在开庭日起 35 日之后任命。

(2) 任何一方或第三方不得根据仲裁协议指定仲裁员,仅 LCIA 有权指定仲裁员(尽管会考虑到双方的书面协议或联合提名)。

(3) 一般情况下采取独任仲裁的形式,除非当事各方另有书面协议,或 LCIA 认为由三人组成的仲裁庭审理更为适宜。

3. 仲裁员的替换

(1) 任何一方均可根据《仲裁规则》第 11 条(关于仲裁员的提名和更换)向 LCIA 申请迅速任命一名替代仲裁员。

(2) 该等申请须以书面形式(最好以电子方式提出)送交(或通知)仲裁的其他各方,并应说明需要加快任命替代仲裁员的具体理由。

(3) LCIA 应根据情况尽快作出决定。如果申请被批准,为了加快指定替代仲裁员,LCIA 可以缩短仲裁协议或双方其他协议中的任何期限。

4. 仲裁员的再提名

(1) 如果 LCIA 认为存在正当的理由怀疑仲裁员候选人的适当性、独立性或者公正性,或者如果一个候选人拒绝被任命为仲裁员,或者如果一个仲裁员以任何理由被替换,则 LCIA 有权决定是否按照原先的程序来任命仲裁员。

(2) LCIA 可以给一方当事人再提名仲裁员的权利(根据仲裁协议或其他协议),如果当事人在 14 日内不行使该权利,则视为该方放弃再提名权,之后 LCIA 应当任命替代仲裁员,不允许当事人再提名。

5. 紧急仲裁员

(1) 在紧急情况下,若仲裁庭尚未成立,任何一方可以向 LCIA 申请立即任命一个临时的独任仲裁员进行紧急仲裁。

(2) 此种申请应以书面形式(最好以电子方式)向书记官长提出,并连同申请书副本(如由申请人提出)或答辩书副本(如由被申请人提出)送交或通知仲裁的所有其他当事方。申请书应连同所有有关文件列明:(a)要求任命紧急仲裁员的具体理由;(b)紧急救济的具体请求和理由。

(3) LCIA 应根据情况尽快作出决定。如申请获得批准,LCIA 应在书记官长收到申请后 3 日内(或之后尽快)任命一名紧急仲裁员。

◇ 沙特商业仲裁中心（SCCA）

一 机构介绍

沙特商业仲裁中心（Saudi Center for Commercial Arbitration，简称 SC-CA，网址：https://www.sadr.org.）是一个非营利组织，于 2014 年 3 月 15 日成立。SCCA 的所有仲裁活动都与现行法规和民商事程序的司法原则保持一致。有关个人身份、行政、刑事或其他无法仲裁的事项的争议不属于 SCCA 的受案范围。

沙特商会理事会与仲裁中心常务委员会协调决议设立独立董事会，以监督 SCCA。所有董事会成员均不得担任政府职务。

SCCA 提供替代性争议解决服务（ADR），包括仲裁和调解。

SCCA 现行的仲裁规则于 2016 年 7 月起生效。

二 仲裁特色

1. 专业、透明的 ADR 服务

SCCA 致力于提供专业、透明和高效的 ADR 服务。SCCA 的服务受伊斯兰教法原则的启发，符合国际标准。SCCA 致力于提高 ADR 服务，以创造吸引国内和国外投资的安全投资环境。

SCCA 通过提供 ADR 服务、法律培训和交流活动（包括将对 ADR 领域感兴趣的人士与当地和国际专家联系在一起的会议）来发展国家 ADR 能力。

2. 程序快速、灵活

SCCA 重要的特点之一是提供一个以当事人为中心的、清晰的、快速的和灵活的程序。一个最好的例证就是 SCCA 使用阿拉伯语和英语的最新案例管理技术。案例管理服务由受过国际最佳实践标准培训的员工提供。

3. 强调程序的保密性

一般地，ADR 服务的当事人在所有 ADR 程序中享有隐私保护和机密审议的优势。SCCA 规则进一步强调在其程序中保护机密和隐私。

三　仲裁流程

1. 仲裁申请

提起仲裁的申请人应通知被申请人，并向仲裁中心递交仲裁申请书。仲裁程序应被视为在仲裁中心收到仲裁申请书之日开始。仲裁申请书应包括以下内容：（a）将争端提交仲裁的意愿；（b）当事人各方的姓名和联系方式，以及他们的代表人（在知情的情况下）；（c）所援引的仲裁协议；（d）有关争端的任何合同或其他法律文书，或在没有此类合同或文书的情况下对相关关系的简要说明；（e）对索赔及其所依据的事实的说明；（f）对所寻求的救济或补救办法以及所要求的任何数额的说明；（g）关于仲裁员人数、仲裁语言和仲裁地点的建议，如果双方先前未就此达成协议。仲裁庭的程序不得受到关于仲裁通知充分性的争议的阻碍，上述争议将由仲裁庭最终解决。

仲裁申请书应附有适当的备案费。

2. 对仲裁申请的答复

在仲裁开始后 30 日内，被申请人应向申请人发出对仲裁申请的答复，其中应包括：（a）被申请人的名称和联系方式；（b）对仲裁申请书中（e）到（g）项所列信息的答复。

对仲裁申请书的答复还可包括：（a）根据本规则组建的仲裁庭缺乏管辖权；（b）为抵销（如果有的话）而提出的反诉或索赔的简要说明，反诉或索赔说明应载有仲裁规则规定的仲裁通知所需的相同信息，并应附上适当的备案费；（c）如果被申请人对申请人以外的仲裁协议的当事人提出索赔请求，则根据仲裁规则的规定应当向该申请人以外的当事人发出仲裁通知。

仲裁庭或仲裁庭尚未组建时的管理人员，在认为必要时，可延长答复的期限。被申请人未能提交答复的，不妨碍仲裁程序的进行。

在与多方当事人进行仲裁时，被申请人可以向另一被申请人索赔或主张抵销。

3. 合并仲裁

在仲裁过程中，如果有当事人以外的主体希望加入仲裁中的一方当事人，则应向仲裁庭提交针对另一方当事人的仲裁申请。但是，在仲裁员被指定后，新的主体不得再加入仲裁，除非当事人另有约定。希望加入的主体应向各方当事人发送仲裁申请。仲裁庭收到仲裁申请的日期被视为开始仲裁的日期。

合并审理的请求应载有仲裁申请所要求的相同资料，并应附上适当的备案费。另一方当事人应按照仲裁规则的规定提交答复。另一方当事人可以按照仲裁规则的规定，对任何其他当事人提出索赔、反诉或者抵销的主张。

4. 仲裁员的人数

如当事人事先未就仲裁员的人数达成协议，则应指定一名仲裁员，除非仲裁中心与当事人另有约定。如果案件的规模较大、较为复杂或存在其他情形，也可采用三名仲裁员审理的形式。

5. 仲裁地点

如果当事人未能在仲裁中心确定的日期前就仲裁地点达成一致意见，则由仲裁庭作出最后决定。仲裁地点的最后决定应由仲裁庭在考虑到案件的情况和当事人方便的情况下提出。

仲裁庭可在其认为适当的地点开会审议，除当事人另有协议外，仲裁庭还可在其认为适合于其他目的的地点举行会议。仲裁裁决被视为在仲裁地点作出。

6. 仲裁语言

如果当事人未能在仲裁中心确定的日期前就仲裁语言达成一致意见，仲裁中心可先决定仲裁语言，但仲裁语言最终取决于仲裁庭作出的决定。仲裁中心应以仲裁协议的语言为指引，仲裁庭在被任命后应立即就仲裁语言作出最终决定。

仲裁庭可要求当事人在将附于申请书或答复的任何文件以及在仲裁程序中提交的任何补充文件或证物以原本的语言递交时，附上各方商定或由仲裁庭决定的语言的译本。

7. 裁决

除作出最终裁决外，仲裁庭还可作出临时的、中间的或部分的裁决、命令、决定。当有多名仲裁员时，仲裁庭的任何裁决、命令、决定均应由过半数仲裁员作出。就程序问题而言，在仲裁庭授权时，首席仲裁员可单独作出决定，但如有任何修改，可由仲裁庭作出。

裁决为最终裁决，对双方具有约束力，各方应毫不拖延地执行所有裁决。

8. 仲裁裁决的形式及期限

所有裁决均须以书面形式作出。仲裁庭应尽一切努力审议和准备裁决。裁决书应由仲裁员签署，其中应包括裁决作出的日期和仲裁地点。如有任何一名仲裁员没有签署，则须述明没有签署的理由。

除非双方当事人另有约定或者法律另有规定，终审裁决应不迟于聆讯结束之日起 60 日内作出。

四　仲裁费用

1. 费用项目

费用包括：（a）行政费用，其中包括备案费和最终费用；（b）仲裁员费用；（c）仲裁员意志以外的原因导致他无法履行职责时，该仲裁员的费用以及为履行职责的开支；（d）仲裁庭核准证人的合理旅费和其他费用；（e）当事人在仲裁方面所承担的法律和其他费用，仲裁庭确定此类费用的数额是合理的。

仲裁庭应最终决定裁决中的费用分配。

2. 备案费

在提交仲裁申请书时，申请人应当按照 SCCA 管理费用和仲裁员的费用表支付备案费，这种费用是不可退还的。提出反诉的被申请人以及希望加入仲裁的新的主体也应当支付备案费。

提交仲裁申请书、提出反诉或者申请合并审理时未交纳备案费的，仲裁中心不予登记案件、受理反诉或者合并审理请求。

3. 最后费用

最后费用应根据附表规定的争议金额确定。在特殊情况下，仲裁中心可在仲裁期间的任何时候偏离附表所列费用。当事人应在将争端提交仲裁庭之前支付最后费用。

4. 仲裁员的费用

一般情况下，仲裁员的费用应按附表规定的争议金额确定。

仲裁员只有权获得根据该附表确定的费用，该费用被视为由仲裁员在接受指定时同意。当事人和仲裁员之间单独的收费安排是违反规则的。在特殊情况下，仲裁中心确定的任何费用数额可在仲裁期间随时调整。

除非仲裁庭成员另有协议，否则仲裁员的总费用应按以下方式分配：首席仲裁员40%，每名共同仲裁员30%。

在仲裁员签署最后裁决时，应向仲裁庭支付费用。在应仲裁庭请求作出最后裁决之前，仲裁中心可预支不超过交存仲裁员费用一半的预付款，但不得在听证会之前预支。

5. 计算方式

为了计算管理费用和仲裁员费用，争议金额应通过将每个连续索赔的金额相加来计算。

6. 花销

花销包括：仲裁员的合理旅费、住宿费和其他费用；为仲裁庭提供专家咨询的费用和其他协助的合理费用（案件报告或保密、辅助服务、口译、笔译、听证室租金等）。

7. 保证金

仲裁中心确定的保证金包括仲裁员费用、管理费用和花销。

如果在提交请求后15日内未全额支付规定的保证金，仲裁庭或者仲裁中心（仲裁庭尚未组成时）有权决定暂停或者终止仲裁程序。要求追加保证金时将考虑争议金额的波动、估计费用金额的变化、专家的使用，以及仲裁程序中不断演变的困难或复杂性。

8. 支付方式

所有因仲裁费用而支付的款项均应存入仲裁委员会，直至作出终止令或最终裁决。费用预付款不对当事人、仲裁员或仲裁委员会产生利益。SCCA不应对支付本身收取任何费用。

9. 仲裁裁决解释与更正费用

若当事人提出解释或更正仲裁裁决的申请，则仲裁中心应自行决定相关程序费用，该费用应包括与该请求有关的任何可能的仲裁员费用、管理费用和花销。仲裁中心可要求当事人预付适当的保证金。

该申请在全额交付保证金之前，不得转交给仲裁庭。

10. 费用和花销退还

如果仲裁程序在最终裁决作出之前终止，仲裁中心应自行确定仲裁员的费用和花销以及 SCCA 的管理费用和花销，退还超出部分。

附表　SCCA 管理费用与仲裁员费用

单位：沙特里亚尔

争议总额	管理费用		仲裁庭费用
	备案费	最后费用	一个仲裁员的费用
1 ~ 200000	5000	5000	争议总额的 14.416%
200001 ~ 400000	5000	5000 + 200000 以上金额的 3.7840%	28832 + 200000 以上金额的 10.8544%
400001 ~ 800000	10000	12568 + 400000 以上金额的 2.0240%	50540.8 + 400000 以上金额的 6.1480%
800001 ~ 2000000	10000	20664 + 800000 以上金额的 1.6720%	75132.8 + 800000 以上金额的 5.4696%
2000001 ~ 4000000	10000	40728 + 2000000 以上金额的 1.2080%	140768 + 2000000 以上金额的 3.2224%
4000001 ~ 8000000	10000	64888 + 4000000 以上金额的 0.7600%	205216 + 4000000 以上金额的 2.8832%
8000001 ~ 20000000	10000	95288 + 8000000 以上金额的 0.3680%	320544 + 8000000 以上金额的 1.1128%
20000001 ~ 40000000	10000	139448 + 20000000 以上金额的 0.2000%	454080 + 20000000 以上金额的 0.7280%
40000001 ~ 100000000	10000	179448 + 40000000 以上金额的 0.0800%	599680 + 40000000 以上金额的 0.1928%
100000001 ~ 200000000	10000	227448 + 100000000 以上金额的 0.0720%	715360 + 100000000 以上金额的 0.1824%
200000001 ~ 300000000	10000	299228 + 200000000 以上金额的 0.0800%	897760 + 200000000 以上金额的 0.1256%
300000001 ~ 400000000	10000	307448 + 300000000 以上金额的 0.0028%	1023360 + 300000000 以上金额的 0.0920%
400000001 ~ 1000000000	10000	310248 + 400000000 以上金额的 0.0028%	1115360 + 400000000 以上金额的 0.0464%

争议总额	管理费用		仲裁庭费用
	备案费	最后费用	一个仲裁员的费用
超过 1000000000	10000	327048 + 1000000000 以上金额的 0.0028%	1393760 + 1000000000 以上金额的 0.0320%
不确定的金额	10000	299448	897760

注：1. 沙特里亚尔是官方货币；2. 仲裁庭的费用包含三个仲裁员的费用，是一个仲裁员费用的三倍。

五　其他事项

1. 仲裁员的任命

双方当事人可以就指定仲裁员的程序达成协议，并应通知仲裁中心。在当事人没有达成协议的情况下，仲裁中心可以使用 SCCA 仲裁员名册。

当事人可以协商是否需要仲裁中心协助选择仲裁员。在作出此类选择时，双方应考虑仲裁员的服务可用性，并应通知仲裁中心，以便将任命通知连同本规则的副本传达给仲裁员。

如果在仲裁开始后 45 日内，所有当事方未就仲裁员的任命程序达成一致，或未就仲裁员的选择达成一致，则仲裁中心应根据当事人的书面请求任命仲裁员。如果双方已商定选择仲裁员的程序，但尚未在该程序规定的时限内作出所有任命，则根据任何一方当事人的书面请求，仲裁中心应履行该程序中规定的仍需履行的所有职能。仲裁中心应在与双方协商后，在考虑到仲裁员的服务能力的基础上，尽可能任命适当的仲裁员。如果仲裁有两方以上的当事人，仲裁中心可以指定所有的仲裁员，除非当事人在仲裁开始后 45 日内另有约定。

如果当事人未选定仲裁员，且未就任何其他任命方法达成一致意见，则仲裁中心可自行决定采用 SCCA 名单法，以下列方式任命仲裁员。（a）管理人应同时向当事人发送一份相同的仲裁员名单，鼓励当事人从该仲裁员名单中商定一名仲裁员，并将其商定结果告知仲裁中心。（b）如果在收到仲裁员名单后，当事人无法就仲裁员达成一致，则当事人应当自收到仲裁员名单起 15 日内，按优先顺序将名单上的仲裁员编号，并将名单返回仲裁中心。如果一方未在规定时间内返还名单，则视为该当事人认为该名单中的所有仲裁员均合格。当事人无须交换选择名单。（c）在当事人认可的仲裁员中，仲裁中心应根据指定的优先顺序任命仲裁员。（d）如果当事人未能就所列仲裁员中的任何一人达成一致，则仲裁中心有权在仲裁员名单中直接指定。（e）仲裁中心应指定首席仲裁员。

2. 紧急、临时或预防措施

当事人可在仲裁庭组成之前，向仲裁中心和其他各方提交书面通知，申请紧急措施，并说明在紧急情况下需要这种救济的理由，以及当事人有权得到这种救济的理由。对紧急措施的申请应附有适当的申请费。通知应与仲裁申请书同时提交。紧急措施的申请可通过电子邮件或纸质形式提供，并必须包括一份已通知所有当事人的声明，或说明为通知所有当事人而采取的步骤。

收到申请后1个工作日内，仲裁中心应指定一名紧急仲裁员。在接受任命之前，紧急仲裁员应向仲裁中心披露任何可能存在的回避情形。对指定紧急仲裁员的任何异议，必须在仲裁中心通知指定紧急仲裁员的当事方以及披露情况后的1个工作日内提出。

紧急仲裁员有权命令或裁决其认为必要的临时、紧急或预防措施，包括禁令救济或保护财产的措施。任何此类措施可采取临时裁决或命令的形式。在任何一种情况下，紧急仲裁员都应给出理由。紧急仲裁员可以修改或撤销临时裁决或命令。任何临时裁决或命令在作出后对双方具有约束力，双方应承诺立即遵守此类临时裁决或命令。

仲裁庭组成后，紧急仲裁员不再有权行事。仲裁庭组成后，可以重新审议、修改或撤销紧急仲裁员作出的临时裁决或紧急救济令。除当事人另有约定外，紧急仲裁员不得担任仲裁庭的组成人员。

任何临时紧急救济的裁决或命令可以此类救济的当事人提供适当担保为条件。

◇ 卡塔尔国际调解和仲裁中心（QICCA）

一　机构介绍

卡塔尔商会于 1963 年成立，是海湾地区最早成立的商会之一。2006年，根据卡塔尔商会的决议，卡塔尔国际调解和仲裁中心（Qatar International Centre for Conciliation and Arbitration，简称 QICCA，网址：https://www.qicca.org.）成立，该中心是卡塔尔商会的一部分。该中心的宗旨是创造高效、快捷的纠纷解决机制，致力于组织调解和仲裁程序。中心的调解人名单上有国际知名仲裁员和来自不同区域的专家，当事人可以从该名单上进行选择。该中心通过组织研讨会和面向未来的会议，鼓励使用替代方案解决争议。

二　仲裁特色

近年来，卡塔尔的仲裁在国内和国际上发展迅速。在卡塔尔进行的仲裁数量呈上升趋势，其中许多是国际性的纠纷。

在卡塔尔，仲裁作为一种替代性争议解决方式，在基础设施、房地产、能源和银行业等行业尤其受欢迎。随着卡塔尔与越来越多的国家缔结条约，外国企业与卡塔尔公司在合同中订立仲裁协议的情况日益成为常态，仲裁协议有时甚至成为合同订立的前提条件。尽管没有公开的统计数据，很难准确确定商业仲裁的趋势，但根据大致的情况，近年来仲裁被广泛用于建筑行业，其中大部分承包商是国际公司。

（一）优点

卡塔尔国际调解和仲裁中心是中东地区最具权威的仲裁机构。在卡塔尔广泛将仲裁作为争议解决机制是因为它为当事人提供了迅速解决纠纷且透明、公平和公正的途径。此外，在仲裁中，当事人可以指定具有能力和必要知识的专家仲裁员来裁决与复杂的商业和技术领域有关的事项。如果当事人选择通过当地法院来解决纠纷，则不具有这些优势。卡塔尔国际调解和仲裁中心的另一个主要特点是仲裁裁决的终局性，当事人拿到仲裁裁决后，仲裁裁决能够被有效执行，从而真正做到案结事了。

（二）局限性

局限性就是对仲裁程序中申请的提出没有规定具体的时效期限。法定时效期限在 2004 年第 22 号法（民法典）中有规定，这些规定适用于提交法院或仲裁员审理的所有事项。适用于个人权利和合同申请的时效期限一般为 15 年，除非法律另有规定。时效期限通常从债务到期付款之日算起。司法主张或债权人为其权利而进行的任何程序，即使是在非主管司法管辖区提出，也会中断时效期限。债务人明确或默认债权人的权利也会中断这一期限。当期限中断时，与原始期限相同长度的新期限从中断原因到期时开始计算。仲裁程序的时效规定还需要完善。

三　仲裁流程

1. 仲裁申请

诉诸仲裁的一方应向中心提交仲裁申请书，中心应将申请书传达给另一方。除非当事人另有约定，仲裁程序应视为自被申请人收到仲裁通知之日起开始。

2. 对仲裁申请的答复

被申请人应当在收到仲裁通知之日起 30 日内，向中心提出对仲裁申请的答复。

3. 当事人以外的仲裁请求

被申请人对仲裁协议当事人以外的其他当事人提出仲裁请求的，依照规定发出仲裁通知。对仲裁通知的答复不符合要求的，中心可以要求被申请人在答复之日起 7 日内补充。仲裁庭的组成不应因被申请人未能就仲裁通知作出答复，或对仲裁通知作出不完整或迟交的答复而受到任何异议，仲裁庭最终应作出裁决。

4. 仲裁员的任命期限

当事人没有在约定的期限内指定仲裁员，或者当事人没有约定任命期限的，仲裁庭应当在收到当事人申请书之日起 30 日内指定仲裁员。

5. 独任仲裁员的任命

如果当事人同意任命一名独任仲裁员，并且在所有其他方收到任命独任仲裁员的建议后 30 日内，当事人没有就仲裁员人选达成一致，则应一方当事人的请求，委员会将任命一名独任仲裁员。委员会应尽快任命独任仲裁员。

6. 仲裁庭的任命

如果要指定三名仲裁员，每一方当事人应指定一名仲裁员。由此指定的两名仲裁员指定第三名仲裁员作为仲裁庭的首席仲裁员。仲裁庭应尽可能至少包括一名具有法律背景的仲裁员。

如果在收到一方当事人指定仲裁员的通知后 30 日内，另一方当事人未通知中心和已指定仲裁员的一方当事人，则在已指定仲裁员的一方当事人的要求下由委员会指定第二名仲裁员。

如果在第二名仲裁员任命后 30 日内，两名仲裁员未能就首席仲裁员的任命达成一致，则首席仲裁员应由委员会任命。

委员会可拒绝任何仲裁员的任命，原因是缺乏任何法律或合同依据，或过去未能履行在本规则下的职责，或出于其酌情决定权的任何其他原因。

7. 对仲裁员的质疑

在仲裁开始后，如果当事人认为仲裁员存在回避的情况，可以提出异议。一方当事人仅能因其在指定后知道的理由而对其指定的仲裁员提出异议。拟对仲裁员提出异议的当事人应在收到被异议仲裁员的任命通知后 15 日内，或在该方知道提出异议的理由后 15 日内，向中心提交书面异议，并说明原因，并应附有委员会确定的财务担保。

中心应将异议通知其他各方当事人、被异议仲裁员和其他仲裁员。

仲裁员被一方当事人提出异议时，各方当事人可以协议解除其职务。仲裁员也可以在异议提出后主动退出，但这都不意味着理由的有效性。如果在发出异议通知之日起 15 日内，各方不同意撤换被提出异议的仲裁员，或者被质疑的仲裁员未主动退出，则委员会应在 30 日内作出最终决定。

8. 仲裁程序的进行

仲裁庭成立后，应尽快确定仲裁的日程。仲裁庭在邀请当事人发表意见后，可以随时延长或者缩短本规则规定或者当事人约定的任何期限。在符合本规则的前提下，仲裁庭可以采用其认为适当的方式进行仲裁，前提是平等对待各方，并且在程序的适当阶段，每一方当事人都有平等和充分的机会提出其意见。仲裁庭应举行一次或几次听证会，供包括专家证人在内的证人提供证据或进行口头辩论。但是，仲裁庭可以根据文件和其他材料决定是否开庭或者进行辩论。任何一方当事人提交的申请书及其所附文件，均应按要求的份数提交，每名仲裁员一份，其余各方当事人各一份，中心一份。除仲裁庭另有许可外，一方当事人致仲裁庭的一切信函应向中心提交，以便通知仲裁庭和另一方当事人。仲裁庭发往一方当事人的所有信函应提交给中心，以便通知另一方当事人。仲裁庭可应任何一方当事人的请求，允许一个或多个第三人作为一方加入仲裁，但前提是该第三人是仲裁协议的一方，除非仲裁庭在给予所有当事方（包括被加入的一个或多个当事方）提出意见的机会后，认为应不准许其加入。仲裁庭可以对所有参与仲裁的当事人作出一个或多个裁决。

仲裁庭在行使其自由裁量权时，应避免不必要的延误和以不正当方式增加仲裁费用。除非双方当事人同意延长仲裁期限，仲裁庭应尽其最大努力在提交仲裁申请之日起 6 个月内作出最终裁决。

9. 申请书

申请人应在仲裁庭规定的时间内将其仲裁申请书以书面形式送交仲裁中心。申请人可以选择将仲裁通知视为申请书，但仲裁通知应符合规则要求。

10. 答辩书

被申请人应在仲裁庭规定的时间内以书面形式提交答辩书。被申请人可以选择将其对仲裁通知的答复视为答辩书，但对仲裁通知的答复应符合规则的要求。

答辩书应尽可能附有被申请人所依据的所有文件和其他证据，或载有对这些文件和证据的引用。在答辩书中，或者在仲裁程序的后期，如果仲裁庭认为迟延是正当的，被申请人可以提出反诉，或者在仲裁庭对其有管辖权的情况下，为抵销而提出索赔。

11. 对申请或答辩的修正

在仲裁程序过程中，一方当事人可以修改或补充其申请或者答辩，包括反诉或为抵销而提出的索赔，除非仲裁庭考虑到延迟作出修改或补充会损害另一方当事人的利益。但是，一项申请或答辩，包括反诉和以抵销为目的的索赔，不得以不符合仲裁规则的方式进行修改或补充。

12. 关于仲裁庭管辖权的异议

仲裁庭有权自行裁决对其管辖权的异议，包括对仲裁协议的存在或有效性的异议。为此，构成合同一部分的仲裁条款应被视为独立于合同其他条款的协议。仲裁庭若作出合同无效的决定，并不会导致仲裁条款的无效。

对仲裁庭管辖权的异议应在答辩书中提出，或者在反请求或以抵销为目的的请求中提出，或者在对反请求或以抵销为目的的请求的答复中提出。一方当事人已指定或参与指定仲裁员的，不排除其提出这种异议的权利。对仲裁庭超出其权限的异议，应在仲裁庭提出超出其权限的事项后立即提出。

13. 初步裁决

仲裁庭可对初步问题的答辩作出裁决。仲裁庭可以继续进行仲裁程序并作出裁决，尽管仲裁庭对其管辖权有未决的异议。

14. 进一步的书面陈述

仲裁庭应决定除申请书和答辩书外，还须要求或可由双方当事人提交哪些进一步的书面陈述，并应确定提交这些陈述的时间。

15. 时间段

仲裁庭确定的书面陈述（包括申请书和答辩书）的提交时间不得超过30日。但是，仲裁庭认为必要时可以延长该期限。

16. 开庭和听证

仲裁庭开庭审理的，应当至少提前一周通知当事人开庭的日期、时间和地点。

证人（包括专家证人）可以在仲裁庭规定的条件下进行听证，并以仲裁庭规定的方式进行审查。除非双方另有协议，听证应以非公开形式进行。仲裁庭在证人作证期间，可以要求其他证人（包括专家证人）退庭，但原则上不得要求作为仲裁一方当事人的证人（包括专家证人）退庭。仲裁庭可通过现代音频和视频通信手段对证人（包括专家证人）进行询问，而不需要证人亲自出席听证会。

17. 仲裁庭指定的专家

仲裁庭与当事人协商后,可以指定一名或者数名独立专家,就仲裁庭提出的具体问题向仲裁庭提出书面报告。仲裁庭应确定专家的费用。由仲裁庭确定的专家职权范围的文件副本应送交各方当事人。

18. 听证会结束

仲裁庭可以询问当事人是否需要进一步的举证、听证或者陈述,若无,可以宣布听证会终结。仲裁庭如因特殊情况认为有必要,可主动或应一方当事人的申请,在裁决作出前的任何时候重新开庭。

19. 放弃反对权

任何一方当事人对不遵守本规则或仲裁协议的任何要求未及时提出异议的,应视为该方放弃提出异议的权利,除非该方能证明其未提出异议是正当的。

20. 仲裁裁决

仲裁员多于一人的,仲裁庭作出的裁决或者其他决定,应当经仲裁员过半数通过。对于程序问题,没有过半数或者有仲裁庭授权时,首席仲裁员可以自行决定。仲裁庭根据本规则作出的所有裁决均为终局裁决,对双方均有约束力。除非裁决无效,否则不得对其提出异议。

四 仲裁费用

(一) 注册费

申请人提交仲裁申请后,应支付注册费5000QR(卡塔尔里亚尔)。被申请人提出反请求时,应当支付相同数额的注册费。如果在提交仲裁申请或反请求时未支付注册费,中心不得对该案件或反请求进行注册。

注册费不予退还。

(二) 管理费用

管理费用由中心根据规定按争议金额确定。争议金额应为所有申请、反请求和抵销的总价值。如争议金额无法确定,委员会应在考虑所有相关情况后确定管理费用。

（三）仲裁庭费用

仲裁庭的费用应根据争议金额确定。争议金额应为所有申请、反请求和抵销的总价值。如果争议金额无法确定，委员会应在考虑所有相关情况后确定仲裁庭的费用。仲裁员费用总额按下列方式分配：首席仲裁员40%，其他仲裁员30%，仲裁庭成员另有约定的除外。仲裁员只有权获得根据附表2确定的费用，这些费用被认为是由仲裁员在接受其任务时批准的。

按照附表2所列的标准对仲裁员的费用作出的决定应是终局的，不作任何修改。

费用应在作出最终裁决并签字后支付给仲裁员。

如果仲裁员因意料之外的特殊情况无法继续参与仲裁，或仲裁员在接受任务后作出裁决之前死亡，其余的仲裁员或委员会应根据具体情况，在考虑到他已完成的工作和所有其他相关情况后确定费用。除非委员会另有决定，否则根据相关规定被免职或被成功质疑的仲裁员无权收取任何费用。仲裁员不得直接或间接与当事人或其代表就其费用或仲裁费用达成协议。仲裁员也不应直接或间接接受仲裁当事人或其代表在仲裁程序开始之前、期间或之后给予的礼物或特权。在特殊情况下，经委员会批准，仲裁中心可按高于附表2的金额确定仲裁庭的费用，但涨幅不得超过25%。

（四）成本的分配

仲裁费用原则上由败诉方承担。但是，如果仲裁庭认为分摊是合理的，并考虑到案件的情况，仲裁庭可以在各方之间分摊每项费用。仲裁庭应在最终裁决中，或在其认为适当的情况下在其他裁决中，裁定一方因费用分配而必须支付给另一方相关金额。

（五）成本保证金

当事人应当在仲裁程序开始前，将确定的管理费和仲裁费存入仲裁中心。

如果在提交申请后15日内未足额支付所需保证金，中心应通知双方，以便其中一方或多方支付所需保证金。如果仲裁庭还没有组成，或者仲裁庭还没有开始仲裁程序，仲裁中心可以中止或者终止仲裁程序；否则，仲

◎ "一带一路" 国际商事仲裁指引

裁中心可以要求仲裁庭中止或者终止仲裁程序。

附表 1 注册费和管理费

单位：卡塔尔里亚尔

争议金额	注册费	管理费
0 ~ 500000	5000	争议金额的 1% （最少 5000）
500001 ~ 1000000	5000	争议金额的 1%
1000001 ~ 2500000	5000	争议金额的 1%
2500001 ~ 5000000	5000	争议金额的 1%
5000001 ~ 10000000	5000	争议金额的 1%
10000001 ~ 20000000	5000	争议金额的 0.75%
20000001 ~ 30000000	5000	争议金额的 0.75%
30000001 ~ 40000000	5000	争议金额的 0.75%
40000001 ~ 50000000	5000	争议金额的 0.75%
50000001 及以上	5000	最高 375000

附表 2 仲裁员费用

单位：卡塔尔里亚尔

争议金额	独任仲裁员	三名仲裁员组成的仲裁庭
0 ~ 500000	15000	争议金额的 6%
500001 ~ 1000000	15000 加上超过 500000 部分的 3%	30000 加上超过 500000 部分的 5%
1000001 ~ 2500000	30000 加上超过 1000000 部分的 2.5%	55000 加上超过 1000000 部分的 5%
2500001 ~ 5000000	67500 加上超过 2500000 部分的 2%	115000 加上超过 2500000 部分的 2%
5000001 ~ 10000000	117500 加上超过 5000000 部分的 1.25%	165000 加上超过 5000000 部分的 1.5%
10000001 ~ 20000000	180000 加上超过 10000000 部分的 0.4%	240000 加上超过 10000000 部分的 0.8%
20000001 ~ 30000000	220000 加上超过 20000000 部分的 0.2%	320000 加上超过 20000000 部分的 0.4%
30000001 ~ 40000000	240000 加上超过 30000000 部分的 0.15%	360000 加上超过 30000000 部分的 0.2%

争议金额	独任仲裁员	三名仲裁员组成的仲裁庭
40000001 ~ 50000000	255000 加上超过 40000000 部分的 0.125%	380000 加上超过 40000000 部分的 0.1%
50000001 及以上	267500	585000

五　其他事项

（一）仲裁员人数

当事人没有约定仲裁员人数的，自被申请人收到仲裁通知之日起 30 日内没有约定独任仲裁员的，应当指定三名仲裁员。如果其他当事人没有对一方当事人在规定的期限内指定独任仲裁员的建议作出回应，且当事人没有按照规定指定第二名仲裁员，则委员会可应当事人的请求，指定一名独任仲裁员。

（二）独任仲裁员的任命

仲裁庭没有在当事人约定的期间内指定仲裁员，或者当事人没有约定指定期间的，仲裁庭应当在收到当事人的指定请求之日起 30 日内指定。如果双方同意任命独任仲裁员，并且如果在收到任命独任仲裁员的建议后 30 日内，双方没有达成一致，则应一方的请求，由委员会任命一名独任仲裁员。委员会应尽快任命独任仲裁员。在作出委任时，委员会应采用以下程序，除非各方同意不采用该程序，或除非委员会酌情决定该程序不适用于本案：

a. 委员会应向每一方传达一份相同的至少包含三名仲裁员的名单；

b. 在收到本名单之日起 15 日内，每一方删除其反对的一名或多名仲裁员，并在按优先顺序对名单上的其余仲裁员进行编号后将名单退回委员会；

c. 在上述期限届满后，委员会应根据双方指定的优先顺序，从返回给委员会的名单中指定独任仲裁员；

d. 如果由于任何原因不能按照本程序进行任命，委员会可自行任命独任仲裁员。

在任命独任仲裁员时，委员会应考虑各种确保仲裁员独立、公正的因素，并应考虑任命一名非双方当事人国籍的仲裁员。

委员会可拒绝任命任何仲裁员，原因是缺乏任何法律或合同的依据，或当事人过去未能履行其在本规则下的职责，或出于其酌情决定权的其他原因。

（三）仲裁庭的任命

如果要指定三名仲裁员，则每一方当事人应指定一名仲裁员。由此指定的两名仲裁员指定第三名仲裁员作为仲裁庭的首席仲裁员。仲裁庭应尽可能至少包括一名具有法律背景的仲裁员。如果在收到一方当事人指定仲裁员的通知后 30 日内，另一方未通知中心和已指定仲裁员的第一方，则在第一方的要求下由委员会指定第二名仲裁员。如果在第二名仲裁员被任命后 30 日内，两名仲裁员未能就首席仲裁员的任命达成一致，则首席仲裁员应由委员会按照规定的方式任命。在所有情况下，委员会可拒绝任命任何仲裁员，原因是缺乏任何法律或合同的依据，或当事人过去未能履行其在本规则下的职责，或出于其认为合理的其他原因。

（四）多方仲裁

如果要指定三名仲裁员，并且有多个当事方作为申请人或被申请人，则除非所有当事方都同意另一种指定仲裁员的方法，否则多个当事方（无论是作为申请人还是作为被申请人）应共同指定一名仲裁员。当事人约定仲裁庭由一至三名仲裁员以外的其他仲裁员组成的，按照当事人约定的方式指定仲裁员。如果根据上述方法未能组成仲裁庭，委员会应根据任何一方的请求组成仲裁庭，在这样做时，委员会可以撤销已经作出的任何任命，并重新任命每一名仲裁员，并指定其中一名为首席仲裁员。

（五）仲裁员的中立性和独立性

当一人因其可能被任命为仲裁员而被接洽时，他应披露任何可能存在的回避情形。仲裁员自被任命之日起，在整个仲裁程序中，应毫不迟延地披露任何此类情况。只有在接受仲裁员的任务后，仲裁员的任命才能完成。因此被任命的仲裁员应在收到提名通知后一周内提交一份书面声明，确认其中立性和独立性。仲裁员应避免与任何一方就仲裁问题进行单方面沟通，如果进行了此类沟通，仲裁员应将其内容和理由告知其他当事方和仲裁员。仲裁员应当避免任何可能妨碍审议或者拖延解决争议的行为。

（六）仲裁员的免职

如果仲裁员未能履行其职责，或在法律上或事实上存在不可能履行其职责的情况，或故意拖延仲裁程序的开始或继续进行，经一方当事人请求，该仲裁员可由委员会作出最终决定予以免职，应尽可能给该仲裁员和另一方当事人表达他们在这方面的观点的机会。

在仲裁开始后，如果存在对仲裁员的公正性或独立性产生合理怀疑的情况，当事人可以提出异议。一方当事人可以因其在指定作出后知道的理由而对其指定的仲裁员提出异议。拟对仲裁员提出异议的当事人应在收到被异议仲裁员的任命通知后15日内，或在该方知道提出异议的理由后15日内，向中心提交书面异议，并应附有委员会确定的保证金。中心应将该异议通知其他各方、被异议的仲裁员和其他仲裁员。仲裁员被一方当事人提出异议时，各方当事人可以协议解除其职务。仲裁员也可以在被提出异议后主动退出仲裁，但这都不意味着其接受异议理由的有效性。如果在发出书面异议之日起15日内，各方不同意撤换被质疑的仲裁员，或者被质疑的仲裁员未主动退出，则委员会应在30日内作出最终决定。

（七）更换仲裁员

在仲裁程序进行期间，如果必须更换仲裁员，则应适用被更换仲裁员的任命程序指定一名替代仲裁员。委员会有权根据仲裁庭的报告决定被替代仲裁员的费用。

◇ 开罗地区国际商事仲裁中心（CRCICA）

一　机构介绍

开罗地区国际商事仲裁中心（Cairo Regional Centre for International Commercial Arbitration，简称 CRCICA，网址：https：//crcica. org/.）是埃及最著名的仲裁机构。1979 年，亚非法律协商组织与埃及政府达成协议，建立 CRCICA（以下或简称开罗中心），为期三年。根据亚非法律协商组织与埃及政府于 1983 年、1986 年和 1989 年达成的后续协定，CRCICA 继续运作两个类似的时期，之后永久存在。根据亚非法律协商组织与埃及政府于 1987 年缔结的"总部协定"，CRCICA 作为一个国际组织的地位得到承认，该中心及其分支机构拥有埃及及国际组织所有必要的特权和豁免权，以确保其独立运作。

CRCICA 的宗旨是促进和丰富亚洲和非洲国家经济的发展。通过迅速的和公平的程序运作，提供专门服务，以防止或解决贸易和投资争端。CRCICA 拥有完整的争议解决机制，采用了各种有效的纠纷解决方式。

开罗中心最新的仲裁规则自 2011 年 3 月 1 日生效。

二　仲裁特色

1. 提供临时仲裁服务

CRCICA 成立的目的除了协调该地区内仲裁机构之间的活动外，还包括协助临时仲裁，特别是根据《联合国国际贸易法委员会仲裁规则》进行的临时仲裁，为仲裁裁决的执行提供协助，在中心的主持下为当事人提供仲裁服务。

2. 可进行除仲裁以外的其他 ADR 程序

开罗中心除仲裁外，还可以进行其他的 ADR 程序，包括调停、调解、技术鉴定程序、迷你法庭和审查诉讼程序等。此类 ADR 程序由开罗中心下设的调停中心管理，该中心还为此类程序的进行制定了一系列规则。

3. 为国际投资争端仲裁提供协助

为了方便在开罗地区进行投资的当事人用仲裁的方式解决争端，开罗中心还同国际投资争端解决中心（ICSID）签订协议，当事人选择由国际投资争端解决中心仲裁但约定仲裁在开罗中心进行时，开罗中心可以提供必要的条件和协助。

三　仲裁程序

1. 仲裁申请

开始诉诸仲裁的一方（以下称为申请人）应向中心提交仲裁申请，中心应将其告知另一方（以下称为被申请人）。除非当事人另有约定，仲裁程序应视为自被申请人收到仲裁申请书之日开始。

仲裁申请书应包括以下内容：要求将争议提交仲裁；各方的姓名和联系方式；对所援引的仲裁协议的说明；说明引起争议产生的或与之相关的合同或其他法律文书，或者在没有此类合同或文书的情况下，对相关关系的简要说明；对索赔的简要说明以及对所涉金额的说明；寻求的救济或补救措施；关于仲裁员任命、仲裁语言和仲裁地点的建议（如果双方先前未就此达成协议）；仲裁协议的副本以及引发争议的合同或其他法律文书的副本。

2. 答复

在收到仲裁申请书后 30 日内，被申请人应向中心提出答复，包括以下内容：被申请人的姓名和联系方式；对所援引的仲裁协议的说明；说明引起争议产生的或与之相关的合同或其他法律文书，或者在没有此类合同或文书的情况下，对相关关系的简要说明；对索赔的简要说明以及对所涉金额的说明（如有）；关于仲裁员任命、仲裁语言和仲裁地点的建议。

对仲裁通知的答复还可包括：管辖权异议；为抵销而提出的反索赔或索赔的简要说明以及标的额；所寻求的救济或补救措施。

3. 仲裁庭的组成

如果当事人之前未就仲裁员的人数达成协议，并且如果在被申请人收到仲裁申请书后 30 天内当事人未同意由独任仲裁员审理，则应指定三名仲裁员。

如果其他当事人未对任命独任仲裁员的当事人的建议作出答复，而且有关当事人未建议任命第二名仲裁员，则中心可以根据案件的具体情况，指定独任仲裁员。

4. 书面陈述期限

仲裁庭为书面陈述（包括索赔陈述和辩护陈述）所规定的期限不得超过 45 天。但是，仲裁庭认为必要时可以延长期限。

5. 证据

每一方当事人都有责任证明所依据的事实，以支持其请求。

当事人可以就事实或专业问题向在仲裁庭作证的证人（包括专家证人）发问，除非仲裁庭另有指示，证人（包括专家证人）的陈述应当以书面形式提交并由证人（包括专家证人）签字。

在仲裁程序期间的任何时候，仲裁庭可以要求当事人在仲裁庭确定的期限内出示文件和证据。仲裁庭应确定所提供证据的可采性、相关性和真实性。

6. 仲裁语言

在当事人未达成协议的情况下，仲裁庭应在成立后迅速确定在程序中使用的一种或多种语言。

仲裁庭可命令将以原本语言递交的仲裁申请书和答复及所附的文件，以及在仲裁过程中提交的补充文件或证据附上各方当事人协议或仲裁庭决定的一种或多种语言的译本。

7. 仲裁庭的裁决与决定

仲裁员人数超过一人的，仲裁庭的裁决或决定应经过半数仲裁员同意作出。

在程序问题上，如果仲裁员没有过半数或仲裁庭授权时，首席仲裁员可单独作出决定，但须经仲裁庭复核。

四 仲裁费用

1. 仲裁费用事项

仲裁费用事项如下：a. 注册费；b. 管理费；c. 根据仲裁规则第 45 条

确定的仲裁庭的费用；d. 仲裁员产生的合理旅行费用和其他费用；e. 仲裁庭要求的专家咨询和其他协助（翻译、案件报告等）的合理费用；f. 证人的合理旅行费用和其他费用，如果这些费用经仲裁庭批准；g. 当仲裁庭确定此类费用的数额合理时，当事人就仲裁所产生的法律费用和其他费用；h. 如果中心未被指定为指定机构，则指定机构的费用和开支。

对裁决的解释、更正，仲裁庭可以收取上段所述的费用，但不收取额外费用。

2. 注册费

提交仲裁申请后，申请人应交纳 500 美元的注册费。提交反请求时，被申请人应支付相同的金额。如果在提交仲裁申请或反请求时未支付注册费，中心不得登记仲裁申请或反请求。注册费不予退还。

3. 管理费

管理费应根据下文附表 1 的争议金额确定。争议金额应为所有索赔、反诉和抵销的总价值。

如无法确定争议金额，中心应确定考虑到所有相关情况的管理费。最高管理费为 50000 美元。在特殊情况下，中心可能会偏离附表 1 所列数额。

4. 仲裁庭的费用

仲裁庭的费用应根据附表 2 和附表 3 的争议金额确定。争议金额应为所有索赔、反诉和抵销的总价值。如果无法确定争议金额，中心应确定考虑到所有相关情况的仲裁庭的费用。争议金额不超过 300 万美元的，仲裁员的费用应按照附表 2 确定为固定金额。争议金额超过 300 万美元的，仲裁员的费用应按照附表 3 所列的比例确定。

仲裁员的总费用分配如下：首席仲裁员为 40%，每位共同仲裁员为 30%，仲裁庭成员另有约定的除外。仲裁员仅有权获得根据附表 2 和附表 3 确定的费用，这些费用在仲裁员接受其任务时被视为经仲裁员批准。中心根据附表 3 所列的比例确定的仲裁员费用是终局的；根据仲裁规则第 12 条被解聘或根据第 13 条被成功质疑的仲裁员无权收取任何费用。仲裁员不得直接或间接与当事人或其代表就其仲裁费用达成协议。无论是在仲裁程序开始之前、仲裁程序期间还是之后，仲裁员都不得直接或间接接受仲裁的任何一方当事人或其代表的礼物或特权。

仲裁庭在仲裁员签署最终裁决后，应向仲裁员支付费用。不超过已交存仲裁员费用一半的预付款，可在仲裁庭要求作出最终裁决之前支付，但不得在仲裁规则第 28 条所述的口头审理之前支付。在特殊情况下，经咨询委员会批准，中心可以确定仲裁庭的费用，其数额可高于或低于附表 2 或者附表 3 中所列金额，但幅度不得超过 25%。

5. 费用分摊

仲裁费用原则上由败诉方承担，但是仲裁庭考虑到案件的具体情况，可以在当事人之间分摊这些费用。

仲裁庭应在最终裁决中或在其他裁决中，确定当事人之间分摊费用的比例。

6. 保证费用

当事人应在仲裁程序开始前将确定的管理费和仲裁员费用存入中心。除非当事人另有约定或仲裁庭另有决定，除索赔费外，费用和开支由申请人和被申请人均摊。

如果在收到请求后 15 天内当事人未全额支付所需保证金，中心应通知各方当事人，以便其中一方或多方可以支付所需款项。如果没有支付，且仲裁庭尚未组成或者仲裁庭尚未启动程序，则中心可以暂停或终止仲裁程序，否则中心可以要求仲裁庭暂停或终止仲裁程序的决定。

附表 1　管理费

单位：美元

争议金额	管理费
0 ~ 50000	750
50001 ~ 100000	750 + 50000 以上部分的 0.5%
100001 ~ 200000	1000 + 100000 以上部分的 0.5%
200001 ~ 500000	1500 + 200000 以上部分的 0.167%
500001 ~ 750000	2000 + 500000 以上部分的 0.8%
750001 ~ 1000000	4000 + 750000 以上部分的 0.4%
1000001 ~ 2000000	5000 + 1000000 以上部分的 0.2%
2000001 ~ 3000000	7000 + 2000000 以上部分的 0.2%
3000001 ~ 4000000	9000 + 3000000 以上部分的 0.2%
4000001 ~ 5000000	11000 + 4000000 以上部分的 0.2%
5000001 ~ 6000000	13000 + 5000000 以上部分的 0.2%
6000001 ~ 7000000	15000 + 6000000 以上部分的 0.2%
7000001 ~ 8000000	17000 + 7000000 以上部分的 0.2%

续表

争议金额	管理费
8000001～9000000	19000 + 8000000 以上部分的 0.2%
9000001～10000000	21000 + 9000000 以上部分的 0.2%
10000001～30000000	23000 + 10000000 以上部分的 0.01%
30000001～50000000	25000 + 30000000 以上部分的 0.025%
50000001～80000000	30000 + 50000000 以上部分的 0.0167%
80000001～100000000	35000 + 80000000 以上部分的 0.075%
超过 100000000	50000

附表 2　争议金额不超过 300 万美元的仲裁员费用

单位：美元

争议金额	仲裁员费用
0～50000	1000
50001～100000	1500
100001～200000	2000
200001～500000	4000
500001～750000	6000
750001～1000000	8000
1000001～2000000 *	10000
1500001～2000000	12000
2000001～2500000	14000
2500001～3000000	16000

＊：CRCICA 官方网站上为"1000001～2000000"，此处疑应为"1000001～1500000"。

附表 3　争议金额超过 300 万美元的仲裁员费用

单位：美元

争议金额	仲裁员的最低费用	仲裁员的最高费用
3000001～5000000	17615 + 3000000 以上部分的 0.263%	80627 + 3000000 以上部分的 0.975%
5000001～10000000	22875 + 5000000 以上部分的 0.090%	100127 + 5000000 以上部分的 0.638%
10000001～30000000	27375 + 10000000 以上部分的 0.045%	132027 + 10000000 以上部分的 0.169%

争议部分	仲裁员的最低费用	仲裁员的最高费用
30000001 ~ 50000000	36375 + 30000000 以上部分的 0.042%	165827 + 30000000 以上部分的 0.161%
50000001 ~ 80000000	44775 + 50000000 以上部分的 0.023%	198027 + 50000000 以上部分的 0.114%
80000001 ~ 100000000	51675 + 80000000 以上部分的 0.015%	232227 + 80000000 以上部分的 0.084%
超过 100000000	54675 + 100000000 以上部分的 0.0075%	249027 + 100000000 以上部分的 0.042%

如果临时仲裁的当事人同意中心为此类仲裁提供协助，则费用适用本规定，但当事人另有约定的除外。

费用由当事人各方以现金或经核证的支票支付，并送至中心的地址。除注册费外，费用的支付也可以通过电汇进行，须注明案件编号，中心对此不收手续费。

五　其他事项

1. 咨询委员会和咨询委员会会议

（1）咨询委员会

CRCICA 设一个咨询委员会，由 1 名主席、2 名副主席和 12 名委员组成。

主席和副主席的任期为四年。主席和副主席由无记名投票选举产生，获得最高票数的候选人当选。

（2）咨询委员会会议

咨询委员会应中心主任或咨询委员会主席的邀请，或应咨询委员会至少三分之一成员的要求，每年至少举行四次会议。

咨询委员会会议的有效性无法定人数的规定。中心主任应出席咨询委员会会议，并有权投票。

会议由主席主持，如果主席缺席会议，由最年长的副主席主持。如果主席和副主席均缺席，中心主任将主持咨询委员会会议。应选择中心成员与中心主任合作，负责咨询委员会会议的后勤工作和议程草案的编制工作。会议应记录好所进行的讨论和不同意见，以及通过的决议和在会议上提出的建议。会议记录应由主席或其代理人以及中心主任签批。

（3）咨询委员会的决议

咨询委员会的决议和建议应在出席成员多数票通过后作出。只要认为有必要，决议和建议可以以传阅的方式通过。如果通过和反对的票数相同，主席或其代理人应投决定票。

如有紧急事项，咨询委员会主席或其代理人可代表咨询委员会作出决定，并应将此类决定通知咨询委员会。

（4）咨询委员会小组委员会

咨询委员会可在其成员中成立小组委员会，在咨询委员会会议期间分配某些任务。咨询委员会应审查和批准这些小组委员会的报告，并就此作出必要的决定和建议。小组委员会应制定规范其指定任务完成情况的必要规则和程序。

（5）任命咨询委员会成员为仲裁员

仲裁当事人可以指定咨询委员会成员为仲裁员。同样，根据中心的仲裁规则，中心可以提名咨询委员会成员担任仲裁员。如果当事人未能就仲裁员的任命达成协议，则中心不得提名咨询委员会成员为仲裁员。

2. 临时措施

（1）临时措施的内容

临时措施是指在最终裁决发布之前的任何时间，仲裁庭下令任何一方当事人采取的措施，例如但不限于：a. 在裁定争议之前维持或恢复现状；b. 采取行动防止当前或即将发生的伤害或对仲裁程序本身的损害；c. 采取保护资产的手段，以满足后续裁决的执行；d. 保留可能与解决争议相关且重要的证据。

（2）申请临时措施需满足的条件

申请人应满足以下条件：a. 如果不采取措施，会使申请人遭受损失，并且这种损失将大大超过采取该临时措施后造成的被申请人的损失；b. 临时措施为申请人参加仲裁所必需。对这种可能性的确定不应影响仲裁庭作出任何后续裁定的决定权。

（3）临时措施的修改、暂停或终止

仲裁庭可以在任何一方当事人提出申请时或在特殊情况下，在通知申请人和被申请人之后，主动修改、暂停或终止其已批准的临时措施。

（4）临时措施的担保与情况披露

仲裁庭可要求申请人就该措施提供适当的担保。仲裁庭可以要求申请人和被申请人及时披露临时措施相关情况的重大变化。

（5）损害赔偿

如果仲裁庭事后认定，依照采取临时措施时的条件，该措施不应该被实施，则申请人应当对该措施造成的被申请人的损害负责。仲裁庭可应任何一方的请求，在仲裁期间的任何时候对此类费用和损害赔偿作出裁定。

◇ 毛里求斯国际仲裁中心（MIAC）

一　机构介绍

毛里求斯国际仲裁中心（The Mauritius International Arbitration Centre，简称 MIAC，网址：http：∥miac. mu）成立于 2011 年，作为与伦敦国际仲裁院（LCIA）合资运营的一部分，自 2018 年 7 月 27 日起，MIAC 成为独立的仲裁中心。

MIAC 的主要运作机构为咨询委员会、董事会和秘书处。秘书处由经验丰富的法律人员和行政人员组成，负责 MIAC 的日常案件管理；咨询委员会向秘书处提供建议，促使该机构遵守公认的国际标准；董事会制定组织的政策，为 MIAC 的工作提供一般指导，并监督其管理和财务。

MIAC 的发展得益于毛里求斯政府的全力支持。作为政府整体政策的一部分，毛里求斯政府力求使 MIAC 成为非洲最先进的争端解决中心。MIAC 在运作上独立于政府，案件管理不受政府干涉，独立运作的原则得到有约束力的国际协议的保障，并载入 MIAC 的章程。

MIAC 最新的仲裁规则于 2018 年 7 月 27 日生效。

二　仲裁特色

1. 听证会议和仲裁场地独具特色

毛里求斯是"热带天堂"，该国位于非洲和亚洲的"十字路口"，拥有世界著名的海滩、火山、酒店、历史建筑和庄园，以及精通普通法和民法传统的双语法律社区。此外，毛里求斯空中交通发达，许多来自非洲、亚洲、大洋洲和欧洲的航班均以毛里求斯为中转地。

2. 仲裁基础设施健全

2016 年，毛里求斯主办了第 23 届国际商事仲裁理事会会议，这是关于国际仲裁的规模最大、最重要的会议，也是国际商事仲裁理事会 50 年历史上第一次在非洲召开会议。选择毛里求斯作为这样一个重要会议的举办地，反映了该国在仲裁领域取得的成就。毛里求斯的仲裁立法和基础设施在过去十年中发展迅速，逐步拥有了健全的立法框架和基础设施，从而促进仲裁更好地发挥作用。

3. 在涉非仲裁中具有优势

毛里求斯作为非洲少有的较为成功地实行民主制度的国家，具有政治局势稳定、司法体系成熟的特点，为外国企业选择毛里求斯作为仲裁地创造了良好的条件。

作为非洲国家，毛里求斯国际仲裁中心对于非洲当事人而言在感情上容易被接受，且基于与其他非洲国家签订的双边仲裁协议，便于仲裁裁决的执行，仲裁费用也较低。

三 仲裁流程

1. 仲裁地点

如果当事人事先没有约定仲裁地点，仲裁地点应为毛里求斯。裁决应视为在仲裁地点作出。

仲裁庭可在其认为适宜审议的地点举行会议。除非当事人另有约定，仲裁庭也可以在其认为适合于其他目的的地点举行会议，包括听证会。

2. 仲裁语言

在征得当事人同意的情况下，仲裁庭应在被任命后立即决定在程序中使用的一种或多种语言。这一决定适用于申请书、答辩书和任何进一步的书面陈述，如果进行口头审理，还应适用于此类审理中使用的一种或多种语言。

仲裁庭可要求申请书或答辩书所附的文件以及在仲裁期间提交的补充文件或证据附有仲裁语言的译文。

3. 仲裁申请

申请人应在仲裁庭确定的期限内将其申请书送达被申请人、MIAC 和每一位仲裁员。申请人可以选择将仲裁规则中的仲裁通知作为申请书，条件是仲裁通知符合仲裁申请书的要求。

仲裁申请书应包括以下内容：（a）各方当事人的名称和联系方式；（b）支持请求的事实陈述；（c）争议点；（d）寻求的救济或补救；（e）支持请求的法律依据或论据。

仲裁申请书应附有产生争议的合同或其他法律文书以及仲裁协议的副本。

仲裁申请书应尽可能附有申请人所依据的所有文件和其他证据，或提及这些文件和证据。

4. 仲裁答辩

被申请人应在仲裁庭确定的期限内将其答辩书送达申请人、MIAC 和每一位仲裁员。被申请人可选择将其对仲裁通知的答复作为答辩书，条件是对仲裁通知的答复符合仲裁答辩书的要求。

答辩书的内容应包括仲裁申请书内容的（b）至（e）项。答辩书应尽可能附有被申请人所依据的所有文件和其他证据，或提及这些文件和证据。

被申请人可以在其答辩书中，或者在仲裁程序的稍后阶段提出反诉，但前提是仲裁庭对其拥有管辖权。对仲裁申请的规定适用于反诉。

5. 仲裁申请与答辩的更正

在仲裁程序中，一方当事人可以修改或补充其请求或答辩，包括反诉或以抵销为目的的请求，除非仲裁庭认为修改或补充带来的迟延会对另一方当事人造成损害。但是，不得以不符合仲裁规则的方式修订或补充请求或答辩，包括反诉或以抵销为目的的请求。

6. 进一步的书面陈述

除了申请书和答辩书之外，仲裁庭还可要求双方当事人提交或可以由双方当事人主动提交进一步的书面陈述，并应确定提交这些陈述的期限。

7. 书面陈述的期限

仲裁庭确定的书面陈述（包括申请书和答辩书）提交的期限不应超过 45 天。仲裁庭认为必要时可以延长期限。

8. 证据

每一方都有责任证明其主张或抗辩所依据的事实。当事人有权就事实或专业问题向仲裁庭提出证人（包括专家证人）作证的申请。除非仲裁庭另有指示，证人（包括专家证人）的陈述应当以书面形式作出并由证人

（包括专家证人）签字。

在仲裁程序期间的任何时候，仲裁庭可要求双方当事人在仲裁庭确定的期限内出示证据。仲裁庭也可以在与当事人协商后进行现场调查。

仲裁庭应确定所提供证据的可采性、相关性、实质性和重要性。

9. 听证会

在开庭审理的情况下，仲裁庭应提前告知当事人开庭日期、时间和地点。证人（包括专家证人）可在仲裁庭规定的条件下参加听证，并以仲裁庭规定的方式接受询问。

除非当事人另有约定，听证会应不公开举行。在证人作证期间，仲裁庭可要求包括专家证人在内的其他证人退席，但原则上不应要求作为仲裁当事人一方的包括专家证人在内的证人退席。仲裁庭可指示通过不要求证人亲自出席庭审的电信手段（如视频会议）询问证人，包括专家证人。

10. 仲裁庭指定的专家

经与双方当事人协商，仲裁庭可指定一名或多名独立专家就有待仲裁庭确定的具体问题向其提出书面报告。仲裁庭应将确定专家职权范围的文件副本发送给双方当事人。专家原则上应在接受任命前向仲裁庭和双方当事人提交一份关于其资格的说明和一份关于其公正性和独立性的声明。

在仲裁庭确定的期限内，双方当事人应通知仲裁庭他们对专家的资格、公正性或独立性是否有异议，仲裁庭应迅速决定是否接受此类异议。在专家被任命后，一方当事人只有有明确的理由时，方可提出对专家的资格、公正性或独立性的异议。仲裁庭应迅速决定采取何种行动。

双方当事人应向专家提供相关信息，或出示专家可能需要的相关文件或物品供其检查。一方当事人与该专家之间关于所需信息或资料的相关性的争议应提交仲裁庭裁决。

在收到专家报告后，仲裁庭应将该报告的副本发送给双方当事人，双方当事人有权书面表达对该报告的意见、审查专家在其报告中所依据的文件。

11. 仲裁裁决

如果有一名以上仲裁员，仲裁庭的任何裁决或其他决定应由多数仲裁员作出。

在程序问题上，如果没有形成多数意见或有仲裁庭的授权，首席仲裁员可单独作出决定，但仲裁庭可对首席仲裁员的决定作出更改。

12. 裁决书的形式与效力

仲裁庭可以在不同的时间就不同的问题作出不同的裁决。所有裁决均应以书面形式作出，且应为最终裁决，对双方当事人均有约束力，当事人应立即执行所有裁决。

仲裁庭应说明裁决所依据的理由，除非双方当事人同意不说明理由。裁决应由仲裁员签名，并应包含作出裁决的日期和地点。如果有一名以上的仲裁员，但凡其中任何一人未签名，裁决应说明未签名的原因。

经当事人同意或者在规定的情况下，可以公布裁决，以保护当事人的合法权益或为当事人向法院提起诉讼提供依据。

仲裁员签名的裁决副本应由 MIAC 送达双方当事人。

四　仲裁费用

1. 费用项目

仲裁庭应在最终裁决中确定仲裁费用，或者在它认为适当的情况下，在另一项裁决中确定仲裁费用。

仲裁费用包括：每位仲裁员单独的费用以及由仲裁庭自行确定的费用；仲裁员发生的合理差旅费和其他费用；专家咨询和仲裁庭要求的其他援助的合理费用；证人的合理差旅费和其他费用；双方当事人因仲裁而发生的法律费用和其他费用（但以仲裁庭确定此类费用的数额合理为限）；MIAC 的费用和开支。

对裁决的解释、更正，仲裁庭也有权收取上述费用，但不得收取额外费用。

2. 仲裁员的费用与开支

MIAC 仲裁规则第 40 条第 2 款第（一）项、第（二）项和第（三）项所述费用的数额应当符合争议的数额、标的物的复杂性、仲裁员和仲裁庭指定的专家花费的时间以及案件的其他相关情况。

仲裁庭组成后，应立即将仲裁庭对如何确定其费用和开支的建议书送达各方当事人，包括打算适用的费率。在收到该建议书后 15 天内，任何一方当事人均可将建议书提交指定机构审查。如果指定机构认为仲裁庭的建议与仲裁规则不一致，则应当对其作出必要的调整，这些调整对仲裁庭具有约束力。

在确定仲裁费用之前，仲裁庭应将其对仲裁规则第40条第2款第
（一）项、第（二）项和第（三）项所述费用的确定规则连同相应数额的
计算方式的解释提交指定机构审查；如果指定机构认为仲裁庭的裁定不符
合第1款中的标准或第2款中仲裁庭的建议（及其任何调整），指定机构
应对仲裁庭的裁定作出必要的调整。当仲裁庭根据第40条确定仲裁费用
时，指定机构作出的此类调整对仲裁庭具有约束力。

3. 费用的分配

仲裁费用原则上应由败诉方承担。但是，如果仲裁庭考虑到案件的具
体情况，认为必要时也可以在双方当事人之间分摊每项费用。

仲裁庭应在最终裁决中，或在其认为适当的情况下在其他裁决中确定
双方当事人应当分摊的金额。

4. 保证金

仲裁开始后，MIAC可要求双方当事人预付仲裁规则第40条第2款第
（一）项、第（二）项、第（三）项和第（六）项规定的费用。双方交存
的所有款项应直接支付给MIAC，并由其支付此类费用，包括仲裁员费用
和MIAC费用。MIAC应确保在根据第40条确定仲裁费用之前支付的任何
仲裁庭费用和开支符合第41条第1款的标准和第41条第2款规定的仲裁
庭建议（及其任何调整）。

五 其他事项

1. 仲裁员的数量

如果当事人事先未就仲裁员人数达成一致，并且如果在被申请人收到
仲裁通知后30天内双方未就仲裁员人数达成一致，则应指定三名仲裁员。

如果一方当事人没有对另一方当事人在第1款规定的期限内指定独任
仲裁员的建议作出答复，并且一方或多方当事人未能根据第9条或第10条
指定第二名仲裁员，MIAC可应一方当事人的请求，根据仲裁规则第8条
第2款规定的程序指定独任仲裁员。

2. 仲裁员的任命

（1）独任仲裁员的任命

如果双方当事人同意指定独任仲裁员，并且如果在另一方当事人收到
独任仲裁员的人选提议后30天内，双方当事人未就此达成一致，则应一方

当事人的请求，独任仲裁员应由 MIAC 指定。

MIAC 应尽快指定独任仲裁员。在指定时，MIAC 应当履行下列程序，除非当事人不同意履行该程序，或者除非 MIAC 认为该程序不适合本案：（a）MIAC 应向每一方当事人发送一份相同的至少包含三个姓名的名单；（b）在收到该名单后 15 天内，每一方当事人在删除其反对的一个或多个姓名并按其喜好的顺序对名单上的剩余姓名进行编号后，将该名单返还 MIAC，且无须通知另一方当事人；（c）上述期限届满后，MIAC 应根据当事各方标明的优先顺序，从退回给它的名单上指定独任仲裁员；（d）如果由于任何原因不能按照本程序进行指定，MIAC 可行使其指定独任仲裁员的自由裁量权。

（2）三名仲裁员的任命

如果要指定三名仲裁员，各方应各指定一名仲裁员。由此任命的两名仲裁员选择第三名仲裁员担任仲裁庭首席仲裁员。

如果在收到一方当事人指定仲裁员的通知后 30 天内，另一方当事人未将其指定的仲裁员通知第一方当事人，第一方当事人可请求 MIAC 指定第二名仲裁员。

如果在任命第二名仲裁员后 30 天内，两名仲裁员未就首席仲裁员的选择达成一致意见，首席仲裁员应由 MIAC 以仲裁规则第 8 条第 2 款指定独任仲裁员的方式指定。

（3）有多个申请人或被申请人的情况下对仲裁员的任命

如果指定三名仲裁员，并且有多个当事人作为申请人或被申请人，除非当事方希望采取指定仲裁员的另一种方法，那么无论是作为申请人还是作为被申请人，多个当事方应共同指定一名仲裁员。

（4）按照双方商定的方法任命仲裁员

如果双方就仲裁员人数及仲裁庭组成方法达成一致协议，则应按照双方商定的方法任命仲裁员。如果未能根据规则组成仲裁庭，MIAC 应根据任何一方当事人的请求组成仲裁庭，并可撤销已作出的关于每位仲裁员和首席仲裁员的指定。MIAC 如认为适当，可重新任命以前的被指定人。

3. 临时措施

（1）临时措施的内容

仲裁庭可应一方当事人的请求采取临时措施。临时措施是指仲裁庭在发布最终裁决之前的任何时间命令一方当事人采取的临时措施，例如但不限于：（a）在争端解决之前维持或恢复现状；（b）采取避免可能导致以下情况的行动：当前或即将发生的损害或者对仲裁程序本身的损害；（c）提供一种保存资产的手段，以便可以满足随后的裁决的执行；（d）保存可能与解决争端相关的和重要的证据。

（2）采取临时措施的条件

临时措施的申请人应当使仲裁庭确信：（a）如果不采取措施，会使申请人遭受损失，并且这种损失大大超过了采取该临时措施后可能造成的被申请人的损失；（b）根据案情，申请人有合理的可能性胜诉，对这种可能性的裁定不应影响仲裁庭在随后作出裁定时的自由裁量权。

（3）临时措施的修改

仲裁庭可根据任何一方当事人的申请，或在有特殊情况并事先通知各方当事人的情况下，主动修改、中止或终止临时措施。

（4）临时措施的担保、披露与损害赔偿

仲裁庭可以要求申请人就该措施提供适当的担保。仲裁庭可要求申请人和被申请人及时披露准予采取临时措施所依据的情况的任何重大变化。

如果仲裁庭事后确定，在采取临时措施的情况下，本不应准予采取临时措施，申请人应当对临时措施给被申请人造成的损失承担责任。仲裁庭可在仲裁过程中的任何时候裁决此类费用和损失赔偿。

◇ 中非联合仲裁中心（CAJAC）

一　机构介绍

随着中非间贸易投资的不断发展，建立中非商界和法律界共同支持并使用的中非争议解决机制势在必行。为进一步贯彻《构建中非联合纠纷解决机制北京共识》与《约翰内斯堡共识》，在中国法学会的统一协调之下，中非联合仲裁中心（China-Africa Joint Arbitration Centre，简称 CAJAC）由南部非洲仲裁基金会（AFSA）、非洲替代性争议解决中心和上海国际仲裁中心（SHIAC）联合建立。其宗旨是为中非间商业投资交易中可能出现的争议提供适当的解决机制，为商业基础设施建设和投资提供法律保障，为中非两国间法律界和商界搭建交流桥梁。

2015 年 11 月，中非合作论坛峰会法律论坛举行了 CAJAC 上海中心和 CAJAC 约翰内斯堡中心的成立和揭牌仪式。上海国际仲裁中心和南部非洲仲裁基金会分别负责在上海和约翰内斯堡运营这两个中心。2017 年 3 月，中非联合仲裁北京中心、内罗毕中心和深圳中心相继揭牌。北京国际仲裁中心（BIAC）负责运营 CAJAC 北京中心，深圳国际仲裁院（SCIA）负责运营 CAJAC 深圳中心，内罗毕国际仲裁中心（NCIA）负责运营 CAJAC 内罗毕中心。值得注意的是，CAJAC 并不是一个独立的仲裁机构，而是专门为促进中国和非洲之间的贸易和投资而设计的一系列支持措施的重要组成部分。

二　示范条款

中非联合仲裁上海中心与中非联合仲裁约翰内斯堡中心的联合示范条款：

因本合同引起的或与本合同有关的任何争议，任何一方可选择：

○ 中非联合仲裁上海中心

○ 中非联合仲裁约翰内斯堡中心

适用该机构仲裁规则进行仲裁，裁决具有终局的法律效力。

请在上述仲裁机构中以勾选的方式选择其中之一作为争议解决机构。

中非联合仲裁上海中心的示范条款：

凡因本合同引起的或与本合同有关的任何争议，均应提交上海国际经济贸易仲裁委员会/上海国际仲裁中心仲裁，仲裁在中非联合仲裁上海中心进行。

三　仲裁规则

目前，每个 CAJAC 中心都有自己的仲裁规则。例如，中非联合仲裁上海中心的仲裁规则为《上海国际经济贸易仲裁委员会（上海国际仲裁中心）仲裁规则》（自 2015 年 1 月 1 日起施行）。但是，在 2017 年 11 月于开普敦举行的第一届 CAJAC 国际会议上，与会各方一致同意 CAJAC 应该有相同的规则和程序，以确保无论争议在哪个分中心处理，案件都能享有相同的高标准和一致性。因此，CAJAC 中心将采用统一的规则。CAJAC 约翰内斯堡中心的任务是负责制定第一份草案，该草案将由 CAJAC 所有中心进行讨论并最终达成一致。制定 CAJAC 仲裁规则的工作已于 2018 年中期开始推进。

四　案件受理范围

中非联合仲裁上海中心的受案范围如下：

1. 争议当事人包括注册地和/或主营业地位于中国境内的主体以及注册地和/或主营业地位于非洲国家境内的主体；

2. 当事人的注册地和/或主营业地均在中国，但商事关系产生、变更、消灭的法律事实发生于和/或标的物位于非洲国家境内的商事争议；

3. 当事人的注册地和/或主营业地均在非洲国家，但商事关系产生、变更、消灭的法律事实发生于和/或标的物位于中国境内的商事争议；

4. 其他当事人约定将提交中非联合仲裁上海中心仲裁的争议。

仲裁员：中非联合仲裁上海中心和约翰内斯堡中心作为最早成立的两个中心，通过先行先试，已经举行了四次联席会议，互相推荐了数十名中国和非洲国家的专业仲裁员，形成了中非仲裁员资源库。

五　案件受理情况

CAJAC 尚未受理案件。但 CAJAC 条款正在被银行、金融机构和其他商事主体纳入他们的商业合同。另外，2017 年底，南非通过了《国际仲裁法案》（*International Arbitration Act*），将为 CAJAC 成为公认的示范争议解决机构进一步提供推动力。

◇ 南部非洲仲裁基金会（AFSA）

一　机构介绍

南部非洲仲裁基金会（The Arbitration Foundation of Southern Africa，简称 AFSA，网址：http：//arbitration. co. za/）是南非最顶尖的仲裁机构之一。AFSA 是由非洲南部地区的大型律师事务所、事务律师及辩护律师协会、会计师协会、商业机构组织等于 1996 年 6 月发起成立的非营利机构。AF-SA 旨在为南部非洲提供全面、高效、专业、经济的一站式商事争端解决服务。AFSA 总部位于南非的桑顿，现任主席为 Michael David Kuper。

AFSA 于 2017 年设立国际仲裁部——AFSA International，专门处理国际仲裁案件，主席为南非最为知名的国际仲裁员 Adv Pat Lane SC。秘书处负责管理案件，并负责仲裁过程中的行政事务。另外，秘书处也是仲裁当事人和仲裁庭在开庭前后进行沟通的桥梁。秘书处负责仲裁员名册的管理，在必要情况下指定独任仲裁员或首席仲裁员。

AFSA 在南非的其他主要城市如比勒陀利亚、开普敦、德班设有分支机构。

二　仲裁特色

1. 设立国际仲裁部专门处理国际案件

AFSA 受理的案件涉及的国家包括澳大利亚、法国、德国、希腊、意大利、英国、马耳他、毛里求斯、纳米比亚、荷兰、尼日利亚、挪威、中国、新加坡、斯威士兰、瑞典、坦桑尼亚、美国、津巴布韦。为更好地处理日益增长的国际案件，AFSA 设立 AFSA International，解决所有国际案件，但不包括中非联合仲裁中心（China-Africa Joint Arbitration Centre，简称 CAJAC）受理范围的案件。

2. 制定专门管理国际案件的程序规则

AFSA 制定了专门管理国际案件的《南部非洲仲裁基金会国际仲裁案件管理规则》。

3. 建立中非联合仲裁中心

2015 年 11 月，AFSA 与非洲替代性争议解决中心和上海国际仲裁中心联合建立中非联合仲裁中心，并在资源、经验和技能方面给予该中心以支持。该中心专门为中非贸易投资提供争议解决服务。

4. 允许当事人上诉

AFSA 管理的仲裁程序通常允许当事人进行上诉，且上诉仲裁员是从 AFSA 的顶尖仲裁员中挑选的。

三　仲裁流程

AFSA 现行的仲裁规则为《南部非洲仲裁基金会商事仲裁规则》，并于 2017 年制定了专门适用于国际仲裁案件的《南部非洲仲裁基金会国际仲裁案件管理规则》（以下简称《管理规则》）。

1. 仲裁申请和受理费

申请人应向 AFSA 的秘书处递交仲裁申请书。

仲裁申请书应附具已根据《南部非洲仲裁基金会商事仲裁规则》和快速审理费用表格①向 AFSA International 的秘书处账户转入受理费的凭证。若未附此凭证，则秘书处应为申请人设定支付受理费的具体期限。

2. 仲裁申请书

仲裁庭可自行决定或应一方当事人请求要求补充或简化仲裁申请书的内容。

3. 秘书处对仲裁申请的回复

秘书处应在收到仲裁申请书 14 日内对仲裁申请书的内容进行审查，包括所附具的受理费。如有必要，秘书处可延长这一审查期限。在审查后，秘书处决定：

---

① http://www.arbitration.co.za/module_data/a94a5d17 - f642 - 4a68 - b5d8 - 65df131dc197/downloads/Fee% 20schedule% 202015. pdf.

a. 受理仲裁申请，并告知申请人；

b. 拒绝仲裁申请，并告知申请人；

c. 要求申请人提供进一步支持其请求的信息。

秘书处在收到仲裁申请书之日起 10 日内应将仲裁申请书的副本、收费标准以及接受仲裁申请的决定书传送至被申请人。这一书面通知被视为仲裁程序开始的通知。

4. 被申请人的答辩

在收到通知书后的 30 日内，被申请人应向秘书处提交对仲裁通知的答辩，内容包括对仲裁协议是否存在及其有效性的抗辩，以及对仲裁庭是否享有管辖权的陈述。

被申请人未提交答辩并不阻碍仲裁程序的进行。

如果《管理规则》或当事人之间的仲裁协议规定被申请人应指定一名仲裁员且被申请人未能指定仲裁员，则视为被申请人放弃指定仲裁员的权利。

被申请人的答辩意见应为对申请人陈述的事实、法律规定以及寻求的救济的全部意见。

被申请人有权在其答辩意见中提出反请求。

5. 仲裁协议的独立性和管辖权异议

除非当事人另有约定，以仲裁条款的形式出现的仲裁协议，应被视为与当事人之间有关合同的其他部分相分离的单独协议，即使含有仲裁条款的合同是无效合同，也并不影响该仲裁协议的效力。

若任何一方当事人对仲裁庭的管辖权提出异议，则应根据《管理规则》的第 12 条提出。若秘书处根据初步证据判定仲裁协议存在，则应将该争议交由仲裁庭决定。

若秘书处认为仲裁协议不存在或争议事项明显不属于仲裁协议范围，即使已经接受仲裁申请，仍可驳回仲裁请求和反请求。若驳回仲裁请求和反请求，则仲裁程序终止。

仲裁庭可就任一当事人提出的管辖权异议作出决定。

管辖权异议的提出时间不得晚于答辩时间，或若被申请人提出反请求，则提出时间不得晚于针对该反请求作出答辩的时间。

6. 代理

各方当事人可聘请代理人，但需将代理人的姓名和地址通知秘书处和其他各方当事人。

7. 仲裁程序的合并和新增加的当事人

若两个或两个以上的仲裁请求所涉及的当事人相同且涉及的法律问题或事实也相同，存在多份或同一份仲裁协议，但已根据《管理规则》分别提交仲裁，秘书处在征求当事人的意见后，可将两个或两个以上在审的案件合并审理。

仲裁庭应一方当事人的申请，在征求各方当事人的意见并经第三方和申请人同意后，可允许第三方加入作为仲裁当事人。

8. 仲裁庭

仲裁庭由当事人约定的一位或数位仲裁员组成。

若各方当事人未就仲裁员数量达成一致，则秘书处可行使自由裁量权来决定应指定的仲裁员的数量，但应充分考虑当事人的请求、案件复杂度、争议金额以及其他相关情形。

9. 仲裁员的任命

若当事人未就仲裁员作出具体约定，则由秘书处直接任命。

若各方当事人在仲裁协议中约定任命三名仲裁员，则当事人应按照《管理规则》附件1和附件3的要求向秘书处确认其指定的仲裁员，并由秘书处向仲裁员传送《独立声明》，仲裁员填写完成后传送回秘书处。

秘书处应在收到当事人的确认信和被指定的仲裁员的《独立声明》之日后的30日内，指定第三名仲裁员，该仲裁员担任首席仲裁员并对当事人指定的仲裁员进行任命。

若任何一方当事人未能按照管理规则或仲裁协议的约定指定仲裁员，则由秘书处负责指定。

若其认为该仲裁员不适格，秘书处有权拒绝接受当事人指定的仲裁员。在此情况下，秘书处可要求当事人重新指定仲裁员或直接指定仲裁员。若被要求重新指定仲裁员的一方当事人未能在21日内作出指定或秘书处拒绝接受当事人指定的新仲裁员，则秘书处应指定新的仲裁员。

10. 仲裁员的独立性和公正性

在接受指定后，在仲裁程序的任何阶段，只要出现任何可能对其独立性或公正性产生合理怀疑的情形，仲裁员应立即将此情形披露给各方当事人和秘书处。

11. 仲裁员的国籍

若各方当事人具有不同国籍，独任仲裁员或仲裁庭的首席仲裁员不得与当事人具有同一国籍，除非经各方当事人同意。

12. 对仲裁员的异议

任何一方当事人可对指定的仲裁员提出异议，但只能基于仲裁员被任命后所知悉的原因。

对仲裁员的异议应自当事人知悉相关事由之日起 15 日内以书面形式向秘书处提出。被提出异议的仲裁员可在收到书面异议之日起 15 日内作出答复。

13. 仲裁员的更换

若仲裁员死亡，或由于其他超出其控制的原因而无法履行职责，或各方当事人一致同意更换仲裁员，或仲裁员主动声明其希望退出仲裁时，秘书处可撤销对该仲裁员的任命并对应支付给该仲裁员的费用作出决定。

14. 多数仲裁员继续仲裁的权利

若仲裁庭的任何成员拒绝或未能参与仲裁程序，则其他仲裁员应当以书面形式将上述情况告知秘书处、各方当事人和未履行职权的仲裁员，之后继续进行仲裁。

在决定是否继续仲裁时，其他仲裁员应考虑仲裁程序的进展、缺席仲裁员所作出的解释，以及其他应考虑的因素，并在此后作出任何决定、指令或裁决时均应说明该原因。

15. 仲裁庭秘书的任命

秘书处可在不给各方当事人增加额外费用的前提下为仲裁庭任命一名秘书。

16. 仲裁程序的决定

仲裁庭组成后，秘书处应将案件转交仲裁庭。

仲裁庭应当以其认为适当的方式开展仲裁程序，避免不必要的迟延和支出。

对于当事人未按时或未能遵守仲裁庭的指示和命令而产生的额外费用，仲裁庭可在仲裁裁决中裁定由该方当事人适当承担。

17. 期限的修改

《管理规则》或仲裁协议中所规定的时间期限均可由当事人协商修改，但若在仲裁程序开始后进行修改，则应获得仲裁庭的同意。

仲裁庭有权应一方当事人的申请或自行决定对《管理规则》或仲裁协议中的期限进行修改。

18. 仲裁地

仲裁协议中所约定的仲裁地应被理解为法律意义上的仲裁地。对此存在的任何争议应由仲裁庭解决。

若当事人之间未对仲裁地进行约定，法律意义上的仲裁地应由秘书处来决定。

仲裁庭可在其认为适合的任何地点开庭或举行会议。

仲裁庭作出的仲裁裁决应被视为在法律意义上的仲裁地作出。

19. 仲裁语言

除非当事人另有约定，仲裁语言应为仲裁协议所使用的语言。在仲裁庭组成后，除非当事人另行约定，则仲裁庭在听取当事人的意见后对仲裁语言作出决定。

20. 程序管理会议

仲裁庭应举行程序管理会议，商定仲裁程序时间表和其他程序管理事宜。程序管理会议可采用电话会议和视频会议形式。

21. 证据的披露和检查

若一方当事人认为与争议有关的证据为另一方当事人所占有，则其可请求另一方当事人提供证据的副本，除非为《管理规则》第30条第4款所禁止。

若被要求提供证据的当事人拒绝提供，则另一方当事人可请求仲裁庭作出提供相关证据的指令。

若当事人就证据披露事宜产生争议，则仲裁庭可就该争议作出决定或任命中立第三方作出决定。该决定具有终局性，且对当事人具有约束力。

仲裁庭或中立第三方在对证据是否予以披露作出决定时，应将六类证据予以排除：违反法律或道德；披露不合理和不适当；证据由于合理原因丢失或被销毁；商业机密或技术机密；信息的敏感性（被政府或公共机构认定为机密）；证据的性质、相关性和数量等因素使得证据披露不适当。

22. 举证责任

各方当事人应负有对其主张或抗辩举证的责任，除非法律另有规定。

23. 开庭和证人

在仲裁程序的适当阶段，经任何一方当事人请求，仲裁庭应开庭听取证人证言（包括专家证人）或进行口头辩论，或两者均包括在内。

若当事人未提出庭审请求，则秘书处应决定是否开庭。

24. 临时措施和保全措施

仲裁庭可应任何一方当事人的请求，作出采取临时措施或保全措施的决定，并要求申请临时措施或保全措施的当事人提供担保。

25. 专家的任命

在征求当事人的意见后，则仲裁庭可任命一名或一名以上的专家作为仲裁庭的专家。

专家应当就仲裁庭委托的专业问题提供书面报告。

26. 缺席

若仲裁申请人缺席，秘书处或仲裁庭将通知各方当事人。若仲裁申请人在接到上述通知之日起 10 日内仍缺席，或秘书处/仲裁庭未允许延长该期限，则仲裁申请人将被视为放弃仲裁请求。

若被申请人缺席，秘书处或仲裁庭应当通知各方当事人。若被申请人未能在收到通知之日起 10 日内出席，或秘书处/仲裁庭未根据案件情况允许延长该期限，则被申请人被视为放弃抗辩。

任何一方当事人缺席，秘书处或仲裁庭可根据案件情况将其排除在后续的仲裁程序之外。

27. 仲裁程序终结

仲裁庭在确保各方当事人均有充分的陈述和提交证据的机会后，可宣布仲裁程序终结。

若存在例外情形且确有必要时，仲裁庭可在仲裁裁决作出前自行决定或应一方当事人申请重启仲裁程序。

28. 弃权

当事人知道《管理规则》或仲裁协议的任何条款或要求未被遵循，但仍继续进行仲裁程序而未在知悉上述情况之日起的 15 日内提出书面异议的，应视为其已放弃提出异议的权利。

29. 应适用的法律

仲裁庭应根据各方当事人约定的法律规则裁决实体争议。若当事人未约定，仲裁庭应适用其认为最适当的法律规则。

在任何情况下，仲裁庭均应按相关合同条款裁决争议，并可考虑交易所适用的商业惯例。

只有在各方当事人明确授权时，仲裁庭才能以善良管理人身份或依公平原则裁决。

30. 裁决的作出

若仲裁员多于一位，仲裁庭的任何裁决或决定应按多数仲裁员的意见作出。若未达成多数意见，裁决或决定应按首席仲裁员一人的意见作出。

若未达成多数意见或经仲裁庭授权，首席仲裁员可独自作出程序指令。

31. 裁决的形式和效力

仲裁庭可作出临时裁决、中间裁决、部分裁决或最终裁决，还可就当事人达成的和解协议作出裁决。

仲裁裁决应以书面形式作出，并对当事人具有终局的约束力。

裁决应说明其所依据的理由，除非当事人约定无须说明理由。

32. 仲裁费用

仲裁庭应在一个或多个指令或裁决中确定仲裁费用。

仲裁费用包括：仲裁庭费、仲裁庭要求的专家费、场地租赁费、记录费、翻译费、差旅和住宿费。

表1　仲裁费用标准

单位：兰特

标的额	仲裁费用（包含增值税）/每方当事人
≤100000	4860
100001~500000	4860 + 超出100000部分的1.25%
500001~1500000	9860 + 超出500000部分的1%
1500001~3000000	19860 + 超出1500000部分的0.5%
3000001~32940000	27360 + 超出3000000部分的0.12%
>32940000	63288

注：上述费用不退还。

若AFSA只负责任命仲裁员而不管理案件，则申请人只需支付5400兰特，但不包括增值税。

上诉费用每方当事人支付16200兰特，但不包括增值税。

场地费用参照官网详细说明。①

33. 裁决的更正和解释

在收到裁决后 30 日内，经通知所有其他当事人，任何一方当事人均可要求仲裁庭对仲裁裁决作出解释，也可要求仲裁庭更正裁决中的任何计算错误、笔误或排印错误或任何类似的错误，还可要求仲裁庭补充裁决在仲裁程序中已提出而裁决中遗漏的请求。仲裁庭可在裁决作出之日起 30 日内主动更正裁决中的错误。

四 其他事项

1. 仲裁员名册

AFSA 的仲裁员中有退休法官或曾经担任过法官的人员，以及资深咨询人员，包括律师、会计师和企业实务人员。AFSA International 的仲裁员队伍由世界顶尖的仲裁员组成，他们来自欧洲、英国、北美、澳大利亚、非洲和中国。

要想成为 AFSA 的仲裁员，必须填写申请表和支付一定的费用。所有仲裁员均需受《AFSA 行为准则》的约束。

2. 仲裁示范条款

"凡本合同所引起的或与之相关的任何争议，均应提交南部非洲仲裁基金会，由基金会任命的仲裁员根据国际仲裁规则予以最终解决。若当事人未就仲裁地达成一致意见，由基金会选择仲裁地。"

---

① http://www.arbitration.co.za/pages/Facilities_RatesTC.aspx.

◇ 日本商事仲裁协会（JCAA）

一　机构介绍

日本商事仲裁协会（Japan Commercial Arbitration Association，简称 JCAA）是根据日本民法典第 34 条设立的社团法人，成立于 1950 年 3 月 14 日。该协会通过仲裁、调解、提供咨询意见等方式解决国际商事纠纷。近年来，JCAA 不断加强与国外仲裁机构的交流和合作，完善对仲裁员队伍的管理，组织并参与国际仲裁研讨会，从事国际商事仲裁的研究并每月出版协会的仲裁杂志，介绍解决商事争议的经验。协会还根据《联合国国际贸易法委员会仲裁规则》作为委派机构指定仲裁员。协会本身并不审理仲裁案件，而是由当事人指定的仲裁员组成的仲裁庭审理，协会设有仲裁员名单，由东京总部及各分会秘书处保管，供当事人指定仲裁员使用。

二　仲裁特色

1. 执行性

在日本，国内仲裁机构作出的仲裁裁决和外国仲裁机构作出的仲裁裁决具有相同的效力，从而保证外国仲裁裁决的可执行性。而且，日本作出的涉外仲裁裁决也得到多边条约的保障。日本为《关于执行外国仲裁裁决的公约》（即《1927 年日内瓦公约》和《新公约》）和《承认及执行外国仲裁裁决公约》（又称《1958 年纽约公约》）的签署国。日本还与 14 个国家签订了双边条约，这些条约保证了其他缔约国仲裁机构作出的仲裁裁决的执行。

2. JCAA 管理的三套仲裁规则

（1）《联合国国际贸易法委员会仲裁规则》：JCAA 根据国际标准进行仲裁，提供最高质量的争议解决服务。

（2）《商事仲裁程序规则》：通过完善现有规则，JCAA 根据其程序规则提供更为顺畅的争议解决方案，与其他机构相比，其程序规则提供了更深入和更详细的内容。

（3）《交互式仲裁规则》：JCAA 根据仲裁庭与当事人沟通的规则和规定以及仲裁员固定报酬制度，提供更可预测、更快的争议解决方案。

3. 可靠性

日本的国际商事仲裁拥有更健全的制度和更坚实的实践基础，从而使解决商业纠纷更具可靠性。

（1）公正高效的声誉：日本商事仲裁协会坚定地致力于公正、高效地解决国际商事纠纷，不考虑当事人的国籍。

（2）一个可靠稳定的框架：日本拥有现代化先进国家的一切便利设施，为仲裁提供了一个适当的仲裁地点，交通、通信和设施一流。

（3）高度专业的仲裁机构：JCAA 通过仲裁解决商业纠纷，它可以提供一个完整的帮助各方快速找到解决方案的一揽子服务。

4. 法院协助和最小限度的干涉

根据新的仲裁法，法院对仲裁程序的干预是被禁止的，除非出现规定的情况。但是法院对仲裁程序可以起辅助作用。例如，东京地方法院可以对未能出席 JCAA 仲裁的证人进行讯问，同时还可应 JCAA 的要求向 JCAA 送达一份讯问的副本。

5. 外国法律顾问代表

自 1996 年通过仲裁法的修正案之后，从事法律事务的外国律师、在日本境外执业的律师可以代表客户参加在日本进行的国际仲裁案件。在日本注册执业的外国律师在这种情况下也可以担任法律顾问。

三　仲裁流程

1. 仲裁申请

为启动仲裁程序，申请人应以书面形式向 JCAA 提交一份仲裁申请书，其中应按规定载明相应的信息和所采用的法律。仲裁申请书应随附一份仲裁协议副本。

申请由律师代理的，应当提交委托书。申请人提出仲裁申请时，应当交纳规定的受理费用。如果申请人未能全额支付此类受理费用，JCAA 应认为未提出仲裁申请。

仲裁程序应视为在 JCAA 收到仲裁申请书之日开始。

2. 仲裁通知

（1）JCAA 在确认仲裁申请符合规定后，应立即通知被申请人。仲裁申请书副本应当附于仲裁通知后。

（2）JCAA 在任命或确认每名仲裁员后，应立即将仲裁申请书副本发送给每名仲裁员。

3. 仲裁庭的组成和管辖权异议

即便被申请人对仲裁协议的存在或者有效性提出异议，抑或是对申请人的请求提出异议，JCAA 也可以继续组成仲裁庭，并在仲裁庭正式组成后，由仲裁庭根据规定对任何此类异议作出裁决。

4. 答复

被申请人应在收到仲裁请求通知后四周内，以书面形式向 JCAA 提交一份答复，在答复中应当按规定载明相应信息。

5. 反诉

被申请人在收到仲裁请求通知之日起四周内，有下列情形之一的，可以提出反诉：

（1）各方当事人书面约定，反诉应当与同一仲裁程序中的所有请求一并解决；

（2）就同一仲裁协议产生的仲裁申请及反诉申请；

（3）a. 该项仲裁和反诉所产生的事实或法律问题相同或相似；

b. 该争议为仲裁协议所涉及，且符合仲裁规则规定；

c. 仲裁程序能够在单一程序中进行，包括仲裁地点、仲裁员人数、仲裁语言以及根据仲裁协议产生索赔的其他问题。

6. 抵销抗辩

被申请人自收到仲裁请求通知之日起四周内，可以书面提出抵销抗辩。

7. 仲裁申请的撤回

（1）在仲裁庭成立之前，申请人可以通过向 JCAA 提交书面通知撤回其仲裁申请，并说明撤回申请的原因。JCAA 应将撤回通知告知被申请人。

（2）仲裁庭组成后，申请人可以向仲裁庭提交撤回申请，经仲裁庭同意，撤回其仲裁请求。

（3）根据申请人提出的请求，仲裁庭在给予被申请人申辩的机会后，应批准撤回，除非被申请人及时反对，并且仲裁庭认为被申请人提出的抗辩成立。

（4）如果仲裁庭同意撤回仲裁申请，仲裁庭应作出终止仲裁程序的决定。

8. 仲裁裁决的期限和程序安排

（1）仲裁庭应当在组成之日起九个月内作出合理的裁决。

（2）仲裁庭应与双方协商，并在必要和可行的范围内尽早以书面形式制定仲裁程序时间表。协商应通过初步会议、视频会议、电话会议、交换文件或仲裁庭决定的任何其他适当方式进行。仲裁庭应将程序时间表送交当事人和 JCAA。

（3）在仲裁程序进行过程中，仲裁庭在给予双方当事人发表意见的机会后，可以修改程序时间表。

9. 提交书面陈述和证据

（1）在仲裁规则规定的期限或仲裁庭确定的期限内，每一方应向仲裁庭提交一份或多份书面陈述，对相关事实和法律情况进行说明。

（2）仲裁庭收到当事人提交的书面陈述和证据后，应当予以确认。

10. 开庭的日期和地点

（1）仲裁庭在给予当事人发表意见的机会后，应确定开庭日期和地点。

（2）仲裁庭确定了开庭日期和地点的，应当及时将开庭日期和地点通知当事人。

（3）仲裁庭应各方当事人的共同请求，可以更改开庭的预定日期。如果仲裁庭认为确有必要更改预定日期，可应一方当事人的请求更改预定日期。

（4）上条提出的任何请求应以书面形式提出，除非在听证会或口头协商期间提出。

11. 最终裁决、部分裁决和同意裁决

（1）仲裁庭应就仲裁程序中提出的所有申请作出仲裁裁决。

（2）尽管有上条的规定，如果仲裁庭已经结束了对某些索赔的仲裁程序，它可以对此类索赔作出部分裁决。

（3）当事人在仲裁过程中达成和解的，仲裁庭可以应当事人的请求，将和解内容以仲裁裁决书的形式记录在案。

四　仲裁费用

1. 费用的分配

（1）仲裁费用包括与仲裁程序有关的费用、仲裁员的报酬和开支及其他合理开支，以及当事方在仲裁庭认为合理的范围内所支付的咨询费和其他专家的费用和开支。

（2）仲裁庭在双方当事人之间分摊费用，同时考虑双方在仲裁程序的整个过程中的行为、对争议的是非曲直的裁决以及其他相关情况。如果在仲裁庭成立之前，申请人撤回了其所有申请，JCAA 可以决定分摊此类费用（但不包括双方产生的律师和其他专家的法律费用和开支）。

（3）仲裁员的报酬和费用根据规定确定。仲裁各方应对必须向 JCAA 支付的仲裁员报酬和费用、仲裁程序产生的其他合理费用以及需要向 JCAA 支付的费用承担连带责任。

2. 付款、存款和会计

（1）当事人应在 JCAA 规定的期限内，以 JCAA 规定的方式向 JCAA 支付一笔款项，以支付仲裁员的报酬和费用，以及仲裁程序中发生的其他合理费用。

（2）如果一方当事人未能按照规定付款，仲裁庭应暂停或终止仲裁程序，除非另一方支付了未付的费用。

（3）如果 JCAA 的当事人已经支付的款项总额超过了仲裁庭根据规定确定的需要支付的款项总额，则 JCAA 应在仲裁程序终止时将差额退还给任何一方或双方当事人。

3. 仲裁员的报酬

《交互式仲裁规则》第 91 条第 3 部分的规定应适用于仲裁员的报酬和根据第 1 部分或第 2 部分进行仲裁的相关事项。

（1）根据第 91 条第 3 部分的规定，"索赔金额或经济价值" 应指以下金额（一个或两个以上仲裁程序合并的每一仲裁程序的金额）：

a. 申请人提出的请求的索赔金额或经济价值；

b. 答辩人提出的反诉的索赔金额或经济价值；

c. 根据第 56 条加入仲裁程序的第三方提出的或针对第三方提出的请求索赔金额或经济价值；

d. 第 94.2 条规定的视为金额；

e. 自呈交申请的日期起 1 年内，利息、损害赔偿或其他累算导致的金额（如有的话）；

f. 当事人在抵销抗辩中提出的请求的金额或经济价值。

（2）"仲裁时间" 是指进行仲裁程序所需要的合理时间；但仲裁程序所花费的旅行时间只有一半应包括在仲裁时间内。

（3）如果索赔金额以日元以外的货币计价，则该金额应按照汇率 TTM 或 JCAA 在提交索赔前一个工作日指定的任何其他合理汇率换算为日元。

4. 小时收费依据

（1）仲裁员的报酬数额，以小时工资乘以仲裁时数计算。

（2）仲裁员的小时工资为 50000 日元（不包括税）。

（3）仲裁员应在每月 20 日前向 JCAA 提交一份月度报告，说明规定的仲裁时间和每天所做的工作。

5. 仲裁员报酬的上限

（1）独任仲裁员的报酬上限，按照下列索赔金额或者经济价值计算：

索赔金额或经济价值（日元）	独任仲裁员报酬上限（不含税，日元）
低于 20000000	2000000
20000000 ~ 100000000	2000000 + 超过 20000000 部分金额的 2.5%
100000000 ~ 500000000	4000000 + 超过 100000000 部分金额的 1.5%
500000000 ~ 1000000000	10000000 + 超过 500000000 部分金额的 0.4%
1000000000 ~ 5000000000	12000000 + 超过 1000000000 部分金额的 0.1%
5000000000 ~ 10000000000	16000000 + 超过 5000000000 部分金额的 0.08%
10000000000 及以上	20000000 + 超过 10000000000 部分金额的 0.02%（最高额 30000000）

（2）如果索赔的经济价值无法计算或极难计算，则该经济价值应视为

70 万日元。

（3）仲裁庭由三名仲裁员组成的，每名仲裁员的报酬限额计算如下：

a. 首席仲裁员：独任仲裁员报酬上限的 120%；

b. 共同仲裁员：独任仲裁员报酬上限的 80%。

6. 仲裁员报酬的支付

（1）JCAA 应在《交互式仲裁规则》第 68 条至第 70 条规定的期限过后，在仲裁员作出仲裁裁决或决定终止仲裁程序时，或在仲裁程序因任何其他原因终止时，立即向仲裁员支付其报酬。

（2）如果仲裁员因辞职或其他原因而停止履行职责，JCAA 应在第 68条至第 70 条规定的期限届满后立即向仲裁员支付其报酬，除非该仲裁员的报酬根据第 96.1 条不予支付。

7. 仲裁员的费用

（1）仲裁员有权在仲裁程序所需的合理范围内，向 JCAA 报销下列费用：

a. 交通费用（公务舱机票和其他交通方式的费用）；

b. 邮政费、快递费、电话费、复印件费或 JCAA 认为考虑到案件性质任何其他合理的费用；

c. 审裁秘书的薪酬及开支。

（2）如果仲裁员需要过夜住宿，应支付其 60000 日元作为每日津贴，包括酒店费用、膳食和其他个人生活费用。

（3）第 97 条经必要修改后适用于第 101.1 条和 101.2 条。

（4）双方当事人应承担第 101.1 条至第 101.3 条规定的费用和每日津贴，并委托 JCAA 承担报销和支付此类费用和津贴的必要工作。

（5）如果仲裁员向 JCAA 提交了收据或任何同等的书面证据，JCAA应补偿仲裁员的费用，并支付第 101.1 至 101.3 条规定的每日津贴。

8. 仲裁员报酬的特别规定

（1）第 93 条至第 95 条、第 99 条不适用于紧急仲裁员的报酬和有关事项。

（2）紧急仲裁员的报酬应为 120 万日元，无论索赔金额或经济价值如何。在紧急仲裁员对紧急措施申请作出决定前终止仲裁的，紧急仲裁员的报酬为 30 万日元。

（3）第 96 条至第 98 条、第 100 条至第 101 条，适用于紧急仲裁员报酬及费用的支付。

五 其他事项

如有要求，JCAA 应向一方当事人提供仲裁员候选人名单，以方便该方任命仲裁员。当事人可以指定不在仲裁员名单上的人为仲裁员。

1. 仲裁员的公正性和独立性

（1）仲裁员在仲裁程序中应始终保持公正和独立。

（2）当一个人因其可能被任命为仲裁员而被接洽时，此人应就任何可能在当事人看来对其公正性或独立性产生合理怀疑的情况进行合理调查，如果此人发现这种情况，应拒绝接受任命或以书面形式披露这种情况，以便接洽的人决定是否撤回其任命请求。

（3）当一个人被任命为仲裁员时，应立即以书面形式向双方当事人和 JCAA 提交关于任何可能对其公正性或独立性产生合理怀疑的情况的报告，或声明没有此类情况。

（4）在仲裁程序进行过程中，仲裁员有责任对当事人认为可能对仲裁员的公正性或独立性产生合理怀疑的任何情况进行合理调查。如果仲裁员发现此类情况，仲裁员应立即以书面形式向双方当事人和 JCAA 披露。与未来可能发生的情况有关的事先声明并不解除仲裁员的披露义务。

2. 仲裁员的聘任和确定

（1）仲裁员应根据双方当事人的协议任命。

（2）如果双方当事人没有达成任何协议，则应根据规则指定仲裁员。

（3）一方当事人或双方当事人指定仲裁员，或由共同仲裁员指定第三名仲裁员，须经 JCAA 确认方为有效。

（4）当一方或双方当事人或共同仲裁员指定仲裁员时，应立即以书面形式提交 JCAA，以根据规则进行确认：

a. 指定仲裁员的通知应当列明指定仲裁员的姓名、街道地址、联系方式（即指定地址、电话号码、传真号码和电子邮件地址）和职业；

b. 列明仲裁员接受委任的文件；

c. 公正和独立声明。

（5）JCAA 应立即将上述规定的文件副本发送给另一方（或双方）当事人和仲裁员。

（6）JCAA 在给予指定仲裁员的一方或多方以及共同仲裁员发表意见的机会后，如果发现指定明显不适当，可以在不给出理由的情况下拒绝确认仲裁员的任命。

（7）在确认仲裁员的任命后，JCAA 应立即通知双方当事人和仲裁员。

（8）如果 JCAA 未确认仲裁员的任命，则指定仲裁员的一方或双方当事人或仲裁员应在 JCAA 规定的期限内指定另一名仲裁员。

3. 仲裁员的人数

（1）仲裁员的人数原则上为一人或者三人。

（2）如果双方当事人未能在被申请人收到仲裁请求通知后的四周内书面通知 JCAA 其关于仲裁员人数的协议，则该人数应为一人。

（3）任何一方当事人在被申请人收到仲裁请求通知后的 4 周内，可以书面形式向 JCAA 提出要求，要求该人数为 3 人。考虑到争议金额、案件的复杂性和其他相关情况，如果 JCAA 认为该请求合适，则应接受该请求。

（4）当仲裁员人数确定后，JCAA 应立即通知双方当事人。

4. 仲裁员的任命——独任仲裁员

（1）如果双方当事人同意仲裁员为独任仲裁员，则双方当事人应商定并任命该仲裁员，并在被申请人收到仲裁请求通知后两周内将任命通知 JCAA。

（2）如果 JCAA 确定为独任仲裁员，双方当事人应商定并任命该仲裁员，并在第 26.2 条规定的期限后两周内将任命通知 JCAA。

（3）如果双方未能在规定的期限内将第 25.4 条规定的任命通知 JCAA，JCAA 应指定一名仲裁员。

（4）如果由 JCAA 指定一名仲裁员，并且一方当事人要求该仲裁员与任何一方当事人具有不同国籍，则 JCAA 应尊重该请求。

5. 仲裁员的任命——三名仲裁员

（1）如果双方当事人同意仲裁员人数为三人，则每一方应指定一名仲裁员，并在被申请人收到仲裁请求通知后三周内，将任命通知 JCAA。

（2）如果 JCAA 确定仲裁员人数为三人，则每一方应指定一名仲裁员，并在收到 JCAA 发出的决定通知后三周内，将任命通知 JCAA。

（3）如果任何一方未能在规定的期限内通知 JCAA 第 25.4 条规定的任命，JCAA 应任命该仲裁员。

（4）被任命的两名仲裁员应商定并任命第三名仲裁员，并在其收到

JCAA 确认或任命的通知后三周内，将第三名仲裁员的任命通知 JCAA。

（5）只有当事各方书面同意时，被指定的仲裁员方可与指定仲裁员的一方或双方当事人单方面沟通，讨论第三名仲裁员的任命。尽管双方当事人有此类协议，但如果任何一方未能指定仲裁员，则由一方或双方指定的仲裁员不得与指定该仲裁员的一方或双方单方面沟通，讨论第三名仲裁员的任命。

（6）如果两名仲裁员未能在规定的期限内通知 JCAA 关于第三名仲裁员的任命，则 JCAA 应任命该仲裁员。

◇ 俄罗斯联邦工商会国际商事仲裁院（MKAC/ICAC）

一　机构介绍

俄罗斯联邦工商会国际商事仲裁院（俄文 Международный Коммерче-ский Арбитражный Суд，简称 MKAC；英文 The International Commercial Arbitration Court at the Chamber of Commerce and Industry of the Russian Feder-ation，简称 the ICAC at the RF CCI 或 ICAC，网址 www. tpprf-mkac. ru）坐落于俄罗斯的首都莫斯科，是俄罗斯与东欧各国解决国际性商事争议的主要独立仲裁院，也是俄罗斯及东欧地区历史最为悠久的国际商事仲裁机构，是被国内外企业人士公认的世界主要权威性仲裁中心之一。ICAC 的前身为成立于 1932 年的全苏商会对外经贸仲裁委员会，1987 年更名为苏联工商会仲裁院，1993 年更名为俄罗斯联邦工商会国际商事仲裁院。

2015 年 12 月 29 日，俄罗斯颁布了新的《俄罗斯联邦仲裁（仲裁审理）法》，于 2016 年 9 月生效，规定俄罗斯联邦仲裁机构应当自本法生效起一年内获得俄罗斯联邦政府颁发的许可证，才可作为俄罗斯联邦常设仲裁机构进行仲裁活动。之后，俄罗斯联邦常设仲裁机构的数量由 1500 家锐减到 4 家，ICAC 便是其中之一。①

ICAC 已经在伊尔库茨克、喀山、莫斯科、下诺夫哥罗德、顿河畔罗斯托夫、圣彼得堡、乌法和秋明八个城市设立分支机构。2015 年 ICAC 仲裁的案件为 317 起，2016 年仲裁的案件为 271 起，2017 年仲裁的案件为 363

---

① 其余三家：俄罗斯联邦工商会下属海事仲裁委员会（Морской арбитражный комиссия），俄罗斯工业企业联合会下属仲裁中心（Арбитражный центрпри РСПП）和现代仲裁研究院下属仲裁中心〔Российский арбитражный центр（РАЦ）при Российском институте современного арбитража〕。

起，仲裁案件的数量已赶超斯德哥尔摩商会仲裁院。其中，在 ICAC 2017 年仲裁的涉外案件中，有 34% 的案件的一方当事人来自独联体国家，有 33% 的案件的一方当事人来自欧盟国家，有 17% 的案件的一方当事人来自亚洲国家。

ICAC 最新的国际商事仲裁规则自 2017 年起生效。

二　仲裁特色

1. 特别规定仲裁程序应遵循的原则

仲裁程序遵循自由、平等、辩论原则进行。当事人及其代理人应当善意地行使其享有的程序权利，不得滥用这些权利，并且应当遵守行使这些权利的期限。

2. 重视效率，防止拖延

被申请人如有不合理迟延之嫌疑，仲裁庭可以判令被申请人承担由此而引起的额外支出以及另一方当事人的支出，甚至可以不准许提出反请求和抵销请求。

3. 对某些案件强制适用简易仲裁程序

除非当事人另有约定，对于标的总价值不超过 5 万美元的案件，仲裁庭应当适用简易仲裁程序。案件由独任仲裁员审理。简易仲裁程序适用书面审理，只有在一方当事人申请开庭审理且确保不会造成迟延时，才可能采取开庭审理。

三　仲裁流程

1. 仲裁申请

仲裁申请书应包含以下内容：申请日期；当事人名称、邮寄地址、电话、传真、电子邮箱；ICAC 的管辖依据；仲裁请求；仲裁请求的事实依据；证据；仲裁请求的法律依据；申请金额；申请金额的计算；仲裁申请书的随附文件清单。仲裁申请书应由当事人或其全权代表人签字。如果当事人协议中有约定，仲裁申请书中可以包含关于仲裁庭组成的信息。

仲裁申请书递交至 ICAC 之日为仲裁申请书的提交之日，而邮寄仲裁申请书的，交寄地邮政部门的邮戳之日为仲裁申请书的提交之日。

2. 仲裁答辩

ICAC 秘书长向被申请人通知仲裁申请书的提交，并在仲裁申请书及其附具的文件提交必要的份数之后向被申请人发送其副本，同时要求被申请人在收到仲裁申请书副本之日起一段期间内（最长不超过 30 日）提交答辩书。

答辩书应当写明：答辩的日期；被申请人的名称、邮寄地址、电话、传真号码和电子邮箱；被申请人对仲裁请求予以承认或者反对的声明；对被申请人主张所依据事实的说明；证明这些事实的证据；结合适用的法律规范对被申请人的主张进行的论证；答辩书所附具的文件清单。答辩书由被申请人或者以文件方式证明其权限的授权人员签署。

3. 反请求和抵销请求

答辩人可以在收到仲裁申请书后 30 日内提出反请求和抵销请求。

4. 仲裁地点

仲裁地点原则上为莫斯科，除非当事人另有约定。如在其他地点进行仲裁，产生的额外支出均由争议双方承担。除非当事人另有约定，紧急情形时仲裁庭在获得 ICAC 执行秘书批准后，可在莫斯科以外的地方进行开庭审理或召开其他会议。

5. 仲裁语言

如当事人无另外约定，仲裁程序以俄文进行。关于仲裁程序的文件，双方当事人应当以仲裁程序语言、合同语言或双方当事人信函往来的语言提供。书面证据以其原件的语言提供。ICAC 可自行或者根据一方当事人之请求要求另外一方当事人将其提交的文件翻译为仲裁程序语言文本，其中包括书面证据；或者由 ICAC 提供相应的翻译，但费用由另外一方当事人承担。

6. 证据

双方当事人应当举证。仲裁庭有权要求双方当事人提供证据，还有权自行进行鉴定、向第三人调取证据以及讯问证人。仲裁庭应当审查证据的可采性、相关性，依据内心确信评估证据。当事人未提交适当证据的不影响仲裁庭进行审理。

7. 开庭审理

开庭审理应当进行视频记录。仲裁庭在获得当事人同意后，可允许其他人员参与到庭审中。仲裁庭应在庭审日至少 20 日之前（此期限可依据当事人约定缩短）通知当事人庭审的时间和地点，如未及时通知，不能进行庭审和裁决。当事人可以提前向仲裁庭申请通过视频会议形式参与庭审。听取证人或专家陈述也可通过视频会议进行。

8. 书面审理

当事人可以达成协议仅进行书面审理。

9. 仲裁裁决

当仲裁庭认为与争议有关的所有情况均已充分查明之后，仲裁庭宣布案件开庭结束，并作出裁决。裁决应当以书面形式作出。裁决应当按照仲裁庭的多数意见作出，如不能以多数意见作出，则由首席仲裁员作出。对已经作出的裁决持有不同意见的仲裁员，可以以书面形式阐明其特殊意见，该意见附在裁决书之后。仲裁庭可以就某些问题或者部分请求作出部分裁决。

10. 仲裁裁决的更正、解释和补充

在通知另外一方当事人之后，任何一方当事人均可以在收到仲裁裁决书之后的合理期限内请求仲裁庭对裁决书中出现的计算、书写、打印错误或者其他类似性质的错误予以更正。如果仲裁庭认为请求合理，则应当在其收到请求之日起 30 日内作出相应更正。在向双方当事人发出仲裁裁决书之日起 30 日内，上述更正也可以由仲裁庭自行作出。

在双方当事人有约定的情况下，在通知另外一方当事人之后，任何一方当事人均可以在收到仲裁裁决书之日起 30 日内，请求仲裁庭就裁决书的某一具体条款或者某一部分给予解释。如果仲裁庭认为请求合理，则应当在其收到请求之日起 30 日内给予必要的解释。

在通知另外一方当事人之后，任何一方当事人可以在收到仲裁裁决书之日起 30 日内请求仲裁庭就在仲裁程序过程中以适用方式提出但没有体现在裁决中的请求作出补充裁决。如果仲裁庭认为请求合理，则应当在其收到请求之日起 60 日内作出补充裁决。

11. 保密

除非当事人另有约定，仲裁应当保密。除非当事人另有约定或适用法律另有规定，禁止当事人及其代表和其他参与到仲裁程序的人员披露在仲裁中知晓的任何信息。仲裁员、报告人、仲裁庭指定的专家、ICAC 及其职员、俄罗斯联邦工商会及其职员，未经当事人同意，不得披露其获知的关于 ICAC 审理之争议的、可能给双方当事人合法利益造成损害的信息。仲裁裁决和命令可以经 ICAC 主席同意，在删除当事人的姓名和信息后进行公布。

四　仲裁费用

1. 登记费：1000 美元

2. 仲裁费

标的额（美元）	仲裁费（美元）
10000 以下	3000
10000～50000	3000＋12.5%×超过 10000 的部分
50000～100000	8000＋11%×超过 50000 的部分
100000～200000	13500＋6%×超过 100000 的部分
200000～500000	19500＋3%×超过 200000 的部分
500000～1000000	28500＋1.8%×超过 500000 的部分
1000000～2000000	37500＋1%×超过 1000000 的部分
2000000～5000000	47500＋0.6%×超过 2000000 的部分
5000000～10000000	65500＋0.5%×超过 5000000 的部分
10000000 及以上	90500＋0.14%×超过 10000000 的部分

3. 仲裁费的减少

（1）独任仲裁员，仲裁费减少 20%。

（2）仲裁程序由仲裁院主席因明显不可能解决纠纷而命令终结的，仲裁费减少 75%。

（3）如果申请人在第一次会谈前撤回申请而终结程序，特别是当事人通过友好方式解决纠纷，或 ICAC 收到当事人拒绝在此通过仲裁解决纠纷的通知，仲裁费减少 50%。

（4）如果仲裁程序在第一次会谈终结，但未作出仲裁裁决的，仲裁费减少 25%。

（5）仲裁院主席考虑到案件的特殊情形，可以决定仲裁费在不同阶段和不同数额上的减少。

4. 仲裁费用的分配

除非当事人另有约定，仲裁费由败诉一方当事人承担。如果仲裁请求部分得到支持，被申请人依据此部分数额的比例承担仲裁费，申请人则对未获得支持的部分支付仲裁费。

5. 当事人的费用开支索赔

一方当事人可以向对方当事人要求补偿合理的费用开支。仲裁庭会对费用开支的主张设置时间期限，不能在庭审结束后提出。

6. 仲裁费用的其他分配方式

仲裁庭可以在考虑案件的具体情形后决定采取不同的分配方式。它可以命令一方当事人补偿对方当事人因不诚信或不适当方式（包括对仲裁程序的无理拖延）导致的费用开支。

五　其他事项

1. 仲裁庭的组成

仲裁庭由三名仲裁员组成，除非 ICAC 主席团考虑到案件的复杂程度、仲裁金额（通常不超过 5 万美元）和其他情况自行决定案件由独任仲裁员审理。

仲裁庭由三名仲裁员组成时，如果申请人没有在之前选定仲裁员，则在收到 ICAC 通知之日起 15 内，申请人应当告知其选定的仲裁员和备选仲裁员；过期未选定的，由 ICAC 主席团指定。在收到 ICAC 关于申请人一方选定仲裁员和备选仲裁员的通知之日起 15 日内，被申请人应当告知其选定的仲裁员和备选仲裁员；过期未选定的，由 ICAC 主席团指定。首席仲裁员和备选首席仲裁员由 ICAC 主席团从仲裁员名单中予以指定。

当有两个以上的申请人或者被申请人时，不论是申请人一方还是被申请人一方，均应各自共同选定一名仲裁员和备选仲裁员。在申请人或者被申请人之间未能达成一致时，仲裁员和备选仲裁员由 ICAC 主席团予以指定。在此情况之下，ICAC 主席团同样有权为另外一方当事人指定仲裁员和备选仲裁员。如果案件由独任仲裁员审理，则独任仲裁员由 ICAC 主席团从仲裁员名册中予以指定。

在组成三人仲裁庭时，两名仲裁员由当事人选定，首席仲裁员由 ICAC 主席团从仲裁员名单中指定。根据当事人请求，或仲裁庭未能在仲裁准则规定的期限内组成，仲裁员可以由 ICAC 主席团指定。申请人和被申请人应选定备选仲裁员。在适当情况下备选仲裁员由 ICAC 主席团指定。如果案件由独任仲裁员审理，则独任仲裁员及备选独任仲裁员由 ICAC 主席团从仲裁员名单中指定。

2. 协助临时仲裁

为了强化国际商事仲裁院对临时仲裁的协助作用，根据《联合国国际贸易法委员会仲裁规则》，制定了《俄罗斯联邦工商会国际商事仲裁院仲裁协助条例》。该条例于 1999 年 12 月 9 日经俄罗斯联邦工商会主席批准，并于 2000 年 1 月 1 日生效。条例的主要目的是为国际商事仲裁院协助临时仲裁程序的进行建立必要的法律基础，特别是遵循了《联合国国际贸易法委员会仲裁规则》的要求。

◇ 新加坡国际仲裁中心（SIAC）

一　机构介绍

新加坡国际仲裁中心（Singapore International Arbitration Centre，简称SIAC）成立于1991年，主要机构为董事会。董事会成员由来自中国、印度及新加坡的优秀律师及企业高管组成。董事会负责监管中心的运作、经营策略与发展以及治理事务。

SIAC由来自澳大利亚、比利时、中国、法国、印度、日本、韩国、新加坡、英国和美国等国家的22位著名仲裁专家组成。仲裁中心对案件进行统一监管。

SIAC秘书处负责仲裁案件的日常管理。

SIAC总部位于新加坡，在印度（孟买和古吉拉特国际金融技术中心）、韩国（首尔）和中国（上海）设有代表处。

二　仲裁特色

SIAC的资料显示，在过去五年，来自中国的当事方是通过新加坡国际仲裁中心进行仲裁最多的五个外国当事方之一；在2012~2014年，来自中国的当事方数量甚至位列第一。新的上海代表处将有助于SIAC在中国这个富有潜力的市场进一步提升仲裁服务。

1. 首个引入早期驳回程序的商事仲裁机构

新加坡国际仲裁中心是首个引入早期驳回程序的商事仲裁机构，早期驳回程序是指当事人可基于以下理由向仲裁庭申请早期驳回仲裁申请或答辩：仲裁申请或答辩明显缺乏法律依据；仲裁申请或答辩明显超过仲裁庭的管辖范围。该程序可以有效节省时间和费用。

2. 亚洲首个引入紧急仲裁员程序的商事仲裁机构

新加坡国际仲裁中心是首个引入紧急仲裁员（Emergency Arbitrator，EA）程序的亚洲国际仲裁机构。仲裁中心院长批准 EA 申请，指定 EA，EA 在指定之日起 2 天内制订关于申请的工作时间表。EA 和仲裁庭有同等权力，有权采取临时救济措施，自指定之日起 14 天内作出临时命令或者裁决，以书面形式简要写明其决定的理由。在仲裁庭组成后，EA 不再有任何权力，自 EA 的命令或裁决作出之日起 90 天内仍未组成仲裁庭的，该命令或裁决即失去拘束力。

3. 首个制定国际投资仲裁规则的商事仲裁机构

SIAC 2017 年的投资仲裁规则专门规定了涉及主权国家、国家控股实体和政府间组织的国际投资仲裁程序。

4. 成为中国当事人偏好的仲裁机构之一

从 2010 年到 2016 年，SIAC 受理的案件中，中国当事人在数量上排名前五。2016 年，中国当事人位居 SIAC 高额案件（即案件金额超过新币 2500 万）当事人第 11 位。

5. 仲裁裁决已在多国获得执行

SIAC 的仲裁裁决具有良好的执行记录，其仲裁裁决依据《纽约公约》在澳大利亚、中国、印度、印度尼西亚、约旦、泰国、英国、美国和越南等多个缔约国获得执行。

三　仲裁流程

1. 仲裁通知

提起仲裁的一方当事人应递交仲裁通知，通知内容应包含：a. 要求将争议事项提交仲裁的意思表示；b. 仲裁当事人及其代表的名称、地址、电话号码、传真号码和电子邮箱；c. 仲裁协议及其副本；d. 有关的合同或其他文契（如投资协定），并尽可能附具其副本；e. 简述争议事项的性质和相关情形，列明请求的救济以及索赔金额；f. 陈述当事人双方事先达成的有关仲裁程序应如何进行的约定或建议；g. 关于仲裁员人数的建议；h. 仲裁协议约定三人仲裁的，申请人应提名一位仲裁员，约定独任仲裁员的，应提出独任仲裁员的人选建议；i. 关于法律适用规则的意见；j. 关于仲裁语言的意见；k. 支付案件登记费。仲裁通知可包括仲裁申请书。

2. 对仲裁通知的答复

被申请人在收到仲裁通知之日起 14 天内，应向秘书处递交答复书。答复书可包括答辩书和反请求申请书，且应交纳反请求的案件登记费。

3. 快速程序

在仲裁庭组成前，符合下列条件之一的，一方当事人可提出书面申请，请求通过快速程序进行仲裁：a. 争议金额（仲裁请求、反请求及任何抵销抗辩所构成的总金额）不超过 600 万新加坡元；b. 当事人约定适用快速程序进行仲裁；c. 遇异常紧急情况。

快速程序的特点：a. 期限短；b. 由独任仲裁员审理；c. 在征求当事人意见后，可决定仅依据书面证据进行审理；d. 仲裁庭在其组成之日起 6 个月内作出最终裁决；e. 仲裁庭可简述最终裁决的理由。

4. 多份合同

若案件争议事项由多份合同引起或与多份合同有关，申请人可分别提交多份仲裁通知并申请合并审理这些仲裁案件，或仅提交一份仲裁通知但应附上对每份合同和其分别援引的仲裁协议的陈述。

5. 当事人的追加

在仲裁庭组成前或者组成后，一方当事人或案外人均可向秘书处或仲裁庭申请追加当事人，只需满足下列条件之一：a. 从表面上看，被追加的当事人受仲裁协议的约束；b. 包括被追加的当事人在内的所有当事人均同意被追加的当事人加入该仲裁程序。

在申请获批后，任何新增的仲裁请求或仲裁反请求应根据规定交纳案件登记费。

6. 合并仲裁

在拟合并的各仲裁案件的仲裁庭均未组成前，拟合并的各仲裁案件符合下列条件之一的，一方当事人可向秘书处提出申请，要求将两个或两个以上根据本规则正在进行的待决仲裁案件合并为一个仲裁案：a. 所有当事人同意合并仲裁；b. 各仲裁案件的所有请求依据同一份仲裁协议提出；c. 各仲裁协议不存在互相抵触的情形。

在拟合并的仲裁案件中已有案件组成了仲裁庭的情况下，拟合并的各仲裁案件符合下列条件之一的，一方当事人可向仲裁庭提出申请，要求将两个或两个以上根据本规则正在进行的待决仲裁案件合并为一个仲裁案：

a. 所有当事人同意合并仲裁；b. 各仲裁案件的所有请求依据同一份仲裁协议提出，且各仲裁案已经组成了仲裁员相同的仲裁庭，或其他仲裁案件尚未组成仲裁庭；c. 各仲裁协议不存在互相抵触的情形。

合并仲裁申请获批后，院长可撤销任何在合并决定作出前对仲裁员的指定。

7. 仲裁员人数及其指定

除非当事人另有约定，否则依本规则进行的仲裁案件均应指定一名独任仲裁员进行审理。

当事人可约定由一位或多位当事人或由第三方（包括由已被指定的仲裁员）来指定仲裁员。对仲裁员的任命，均需以院长的确认为前提。

8. 独任仲裁员

仲裁庭为独任仲裁员时，任何一方当事人可向另一方当事人提议一位或数位独任仲裁员的人选。

从仲裁程序开始之日起 21 天内，或在其他由当事人约定或秘书处确定的时间期限内，当事人未就独任仲裁员人选达成一致意见，或在任何时候经任一当事人请求，院长应指定独任仲裁员。

9. 三位仲裁员

仲裁庭为三位仲裁员时，各方当事人应各自提名一位仲裁员。

一方当事人在收到另一方当事人提名仲裁员的通知之日起 14 天内或在其他由双方约定或秘书处确定的期限内，未能提名一位仲裁员的，由院长代当事人指定一位仲裁员。

若当事人在当事人约定或秘书处确定的期限内仍未提名第三位仲裁员，则第三名仲裁员应由院长指定，且应担任首席仲裁员。

10. 多方当事人指定仲裁员

若仲裁案有多于两方的当事人，需指定一位独任仲裁员时，各当事人共同提名独任仲裁员；需指定三位仲裁员时，申请人一方共同提名一位仲裁员，被申请人一方共同提名一位仲裁员，首席仲裁员则应根据第 11 条第 3 款指定。

在仲裁程序开始之日起 28 天内或其他适用的期限内，各方当事人未能就仲裁员人选达成一致意见的，则由院长指定该案的独任仲裁员，或指定全部三位仲裁员，并指定其中一位任首席仲裁员。

11. 仲裁员的资格

仲裁员应保持独立性和中立性。

院长应考虑当事人对仲裁员资质要求约定,还应考虑仲裁员是否有足够的办案时间,是否能以适合该仲裁案性质的方式迅速、高效地审理案件。

12. 仲裁员的回避

可申请仲裁员回避的情形:存在对仲裁员中立性或独立性产生合理怀疑的情形,或仲裁员不具备当事人约定的特定资质。

13. 仲裁程序的进行

仲裁庭在征询当事人的意见后,应以其认为适合的方式进行仲裁程序,以确保公平、快捷、经济、终局地解决争议事项。

仲裁庭有权自主决定审理程序的先后顺序,对案件进行分段审理。

院长可在仲裁程序的任何阶段,要求当事人和仲裁庭举行会议,讨论对案件最适合和最有效率的程序。

14. 当事人陈述的提交

申请人向被申请人和仲裁庭提交仲裁申请书,应包括以下内容:a. 支持其仲裁主张的事实陈述;b. 支持其仲裁主张的法律依据或法律论证;c. 请求的救济以及赔偿金额。

被申请人向申请人和仲裁庭提交仲裁答辩书,应包括以下内容:a. 支持其答辩主张的事实陈述;b. 支持其答辩主张的法律依据或者法律论证;c. 请求的救济。

反请求答辩书应包括的内容:a. 支持其对反请求答辩的事实陈述;b. 支持其对反请求答辩的法律依据或法律论证;c. 请求的救济。

申请人未在规定期限内提交申请书的,仲裁庭有权作出终止仲裁程序的命令或发出其他适当的指示。

被申请人未提交答辩书的,仲裁庭有权继续进行仲裁。

15. 仲裁地

当事人可约定仲裁地,未约定的,仲裁地由仲裁庭在考虑全部案情后予以确定。

仲裁庭有权按照其认为便捷、适当的方式,在其认为便利、适合的任何地点开庭和举行会议。

16. 仲裁语言

除非当事人另有约定，仲裁程序使用的语言由仲裁庭确定。

当事人所提交的文件使用了仲裁语言之外的其他语言的，仲裁庭或秘书处（在仲裁庭组成前）可要求该方当事人提供翻译文件，文件格式由仲裁庭或秘书处确定。

17. 开庭审理

除非当事人约定仲裁应通过书面进行审理或本规则另有规定，如一方当事人请求或仲裁庭作出决定，仲裁庭应开庭审理当事人出示的证据和对争议事项的口头陈述（包括管辖权异议）。

除非当事人另有约定，所有会议和开庭均不公开进行，在仲裁程序中的记录或文件应当保密。

18. 证人

在开庭审理前，仲裁庭有权要求当事人以通知的方式，说明当事人有意安排的出庭证人（包括专家证人）的身份、作证的事项及其与争议焦点的关联性。

仲裁庭可允许、拒绝或限制证人出庭提供口头证言。

19. 仲裁庭指定的专家

除非当事人另有约定，仲裁庭可：a. 在征询当事人的意见后，指定专家就具体的问题提供报告；b. 要求当事人向指定的专家提供相关的信息，或出示或协助取得任何有关的文件、物品和财产以供其检验。

仲裁庭认为专家有必要出庭的，或当事人申请专家出庭的，指定专家应在提交书面报告后参加开庭。开庭时，双方当事人均应有机会质询专家。

20. 仲裁庭管辖权

如果在仲裁庭组成之前，当事人对仲裁协议的存在或有效性提出异议，或对 SIAC 管理仲裁案件的资格提出异议，则秘书处应决定是否将该等异议提交仲裁中心。

仲裁庭有权对关于仲裁协议的存在、有效性或范围的异议作出决定。

向仲裁庭提出异议的期限为：a. 对仲裁庭不具有管辖权的异议，最迟应在答辩书或反请求答辩书中提出；b. 对仲裁庭超越了管辖权的异议，应在所称越权事项在仲裁程序中出现后的 14 天内提出。

21. 早期驳回仲裁申请和答辩

基于下列理由之一，当事人可向仲裁庭申请早期驳回仲裁申请或答辩：a. 仲裁申请或答辩明显缺乏法律依据；b. 仲裁申请或答辩明显超出仲裁庭的管辖范围。

除特殊情况下秘书处同意延长期限外，仲裁庭应在该申请提交之日起60 天内作出命令或裁决。

22. 临时救济和紧急临时救济

当事人申请禁令或提出其他任何临时救济的，仲裁庭可发出命令作出裁决，给予其认为适当的救济。仲裁庭有权命令请求救济的一方当事人提供与申请救济有关的适合的担保。

仲裁庭组成前，当事人可申请紧急临时救济。

当事人向司法机关申请临时救济的行为与本规则不冲突。

23. 适用法律、友好公断人和公允善良原则

仲裁庭应适用当事人指定的法律作为准据法；当事人未指定的，仲裁庭应适用其认为适当的法律。

只有在当事人明确授权的情况下，仲裁庭才可以作为友好公断人或依公允善良的原则作出裁决。

24. 裁决

在仲裁庭作出任何裁决前，应将裁决书草案提交秘书处。

裁决书应以书面形式作出。除非当事人同意无须说明理由，裁决书应当列明裁决所依据的理由。

除非当事人另有约定，仲裁庭可在不同阶段对不同争议焦点分别作出裁决。

仲裁庭由一名以上仲裁员组成的，应按多数意见作出裁决，未形成多数意见的，应由首席仲裁员独自作出裁决。

仲裁庭必须将裁决书交给秘书处。在所有的仲裁费用结清后，秘书处应将认证过的裁决书文本提交给各方当事人。

对任何仲裁案的给付金额的利率，仲裁庭可按当事人的约定裁定单利或复利；若未约定，则由仲裁庭决定其认为适当的利率。

当事人达成和解且提出请求的，仲裁庭可记录和解协议，并作出合意裁决。当事人若未提出此种请求，则可向秘书处确认说明双方已达成和解，且在所有仲裁费用结清之后，仲裁庭应解散，仲裁程序应终结。

25. 裁决书的更正、解释和补充裁决

裁决书存在计算错误、笔误、打印错误或类似性质错误的，任一方当事人可在收到裁决书之日起 30 天内，书面通知秘书处和其他当事人，请求仲裁庭予以更正。

如当事人在程序中陈述的请求事项没有得到裁决，任一方当事人可在收到裁决书之日起 30 天内，书面通知秘书处和其他当事人，请求仲裁庭作出补充裁决。

任一方当事人可在收到裁决书之日起 30 天内，书面通知秘书处和其他当事人，请求仲裁庭就裁决书的内容进行解释。

26. 院长、仲裁中心和秘书处作出的决定

院长、仲裁中心和秘书处作出的有关仲裁之任何事项的决定，均为终局的，并对当事人和仲裁庭有约束力，且视为各方当事人均放弃向任何国家法院或其他司法主管机关提出任何形式的上诉或司法审查的权利。

四　仲裁费用

仲裁费用包括：a. 仲裁庭的报酬及开支以及紧急仲裁员的报酬及开支（如有）；b. SIAC 的管理费及开支；c. 仲裁庭指定专家的费用，以及仲裁庭需要其他合理的协助而产生的费用。

表 1　仲裁登记费

单位：新加坡元

国籍	登记费
新加坡当事人	2140
外国当事人	2000

注：登记费不可退还，且含 7% 的税。

表 2　SIAC 的管理费

单位：新加坡元

争议总额	管理费
≤50000	3800
50001 ~ 100000	3800 + 50000 以上部分的 2.2%

续表

争议总额	管理费
100001 ~ 500000	4900 + 100000 以上部分的 1.2%
500001 ~ 1000000	9700 + 500000 以上部分的 1.0%
1000001 ~ 2000000	14700 + 1000000 以上部分的 0.65%
2000001 ~ 5000000	21200 + 2000000 以上部分的 0.32%
5000001 ~ 10000000	30800 + 5000000 以上部分的 0.16%
10000001 ~ 50000000	38800 + 10000000 以上部分的 0.095%
50000001 ~ 80000000	76800 + 50000000 以上部分的 0.04%
80000001 ~ 100000000	88800 + 80000000 以上部分的 0.031%
> 100000000	95000

表 3　仲裁员费用

单位：新加坡元

争议总额	仲裁员费用
≤50000	6250
50001 ~ 100000	6250 + 50000 以上部分的 13.8%
100001 ~ 500000	13150 + 100000 以上部分的 6.5%
500001 ~ 1000000	39150 + 500000 以上部分的 4.85%
1000001 ~ 2000000	63400 + 1000000 以上部分的 2.75%
2000001 ~ 5000000	90900 + 2000000 以上部分的 1.2%
5000001 ~ 10000000	126900 + 5000000 以上部分的 0.7%
10000001 ~ 50000000	161900 + 10000000 以上部分的 0.3%
50000001 ~ 80000000	281900 + 50000000 以上部分的 0.16%
80000001 · 100000000	329900 + 80000000 以上部分的 0.075%
100000001 ~ 500000000	344900 + 100000000 以上部分的 0.065%
> 500000000	605000 + 500000000 以上部分的 0.04%，最高额为 2000000

表 4　紧急临时救济的管理费

单位：新加坡元

国籍	管理费
新加坡当事人	5350
外国当事人	5000

表5　紧急仲裁员及申请仲裁员回避的费用

单位：新加坡元

费用类型	新加坡当事人	外国当事人
紧急仲裁员的管理费	5350	5000
紧急仲裁员的报酬和保证金	30000	30000
申请仲裁员回避的费用	8560	8000

注：紧急仲裁员的管理费不可退还。

五　其他事项

1. 紧急仲裁员

当事人寻求紧急临时救济的，在提交仲裁通知的同时或之后、仲裁庭组成前，可向秘书处提交紧急临时救济的申请，内容包括：a. 所申请救济的性质；b. 当事人有权获得该救济的理由；c. 说明已向其他当事人提供该救济申请的副本。

当事人提交紧急临时救济申请的，应交纳管理费（不可退还）以及紧急仲裁员报酬和开支的保证金。

院长决定SIAC应受理紧急临时救济申请的，在秘书处收到当事人的申请及其交付管理费和保证金之日起一天时间内，院长应指定紧急仲裁员。

紧急仲裁员原则上不得在将来进行的与该争议有关的仲裁程序中再担任仲裁员。

紧急仲裁员应在被指定后14天内作出临时命令或裁决。秘书处同意临时命令或裁决的形式后，紧急仲裁员方可作出临时命令或裁决。

紧急仲裁员作出任何临时命令或裁决前，可要求申请救济的当事人提供适当的担保作为条件。

2. 仲裁员名册

仲裁员名册包括来自世界40个司法管辖区域、超过400名经验丰富的仲裁专家。秘书处根据候选人的专业性、经验以及业绩记录指定仲裁员。

3. 示范仲裁条款

凡因本合同引起的或与本合同相关的任何争议，包括合同的成立、效力或终止问题，均应根据届时有效的新加坡国际仲裁中心仲裁规则提交新加坡国际仲裁中心进行仲裁以最终解决，该规则应被视为本仲裁条款的一部分。

格式如下：

仲裁地为新加坡。

仲裁庭由×名仲裁员组成。

仲裁语言采用×。

本合同适用×法律。

◇ 韩国商事仲裁院（KCAB）

一　机构介绍

韩国商事仲裁院（Korean Commercial Arbitration Board，简称 KCAB，网址 http://www.kcab.or.kr）依据韩国《民法》第 32 条（非营利法人的设立与许可）及产业通商资源部设立许可第 142 号于 1966 年 3 月 16 日设立，其总部在韩国首尔，在韩国釜山有分院。自设立以来，韩国商事仲裁院成功解决了许多国内外的商事纠纷，并且逐渐成长为代表韩国的纠纷解决机构。根据韩国商事仲裁院的统计，2015 年其仲裁案件数量达 413 起，自 KCAB 成立以来年度案件量首次突破 400 起。

KCAB 的历史沿革：1966 年 3 月制定仲裁法，发起成立附属于大韩商工会议所的国际商事仲裁委员会；1966 年 10 月制定商事仲裁规则；1970 年 3 月设立社会团体法人大韩民国商事仲裁协会；1980 年 8 月进行扩张，改编为社会团体法人大韩民国商事仲裁院；1999 年 12 月根据《联合国国际贸易法委员会仲裁规则》颁布《仲裁法》（韩国是亚洲第一个全面引进《联合国国际贸易法委员会仲裁规则》的国家）；2007 年 1 月制定国际仲裁规则；2007 年 5 月开设国际投资仲裁中心；2008 年 12 月修订仲裁规则；2011 年 6 月修订国内仲裁规则及国际仲裁规则；2015 年 12 月仲裁案件首次突破 400 件（413 件）；2016 年 3 月修订国际仲裁规则及制定仲裁员伦理纲领（于 2016 年 6 月份开始施行）。

二　仲裁流程

1. 仲裁申请

申请仲裁的当事人应向秘书处提交仲裁申请书，在任何情况下，秘书处受理申请书之日视为仲裁程序开始之日。申请书应包含:申请人及其代理人和被申请人的姓名或名称、地址、包含国家区号和地区号的电话号码及传真号码、电子邮箱(关于申请人信息,如申请人为公司,须写明其设立地与组织形式;如申请人为个人,须写明其国籍和主要居住地或工作地);当事人关于仲裁程序事项的相关约定,或申请人关于该等事项的提议;仲裁协议约定由当事人选定仲裁员的,写明其选定的仲裁员的信息(要求同申请人信息);申请人提出仲裁申请所依据的书面仲裁条款或当事人之间达成的书面仲裁协议等相关合同。

申请人提交申请书时应附上数量充足的副本,以使各方当事人、各仲裁员及秘书处均可获得一份,并应按规定交纳申请费用。

2. 仲裁答辩

被申请人应在收到秘书处发送的申请书后 30 日内提交答辩书,答辩书应包含:被申请人及其代理人的信息(具体同对申请人的要求);写明是否认可申请人在申请书中提出的部分或全部仲裁请求,并对申请书中的仲裁请求进行答辩;对申请人提议的以及根据韩国的国际仲裁规则第 11 条与第 12 条规定的仲裁员人数及选定的意见,必要时写明其选定的仲裁员;对仲裁地、准据法及仲裁语言的意见;仲裁协议约定由当事人选定仲裁员的,写明被申请人选定的仲裁员的信息(要求同申请人信息)。

被申请人提交延期申请书,且延期申请书包含其对仲裁员人数及仲裁员选定的意见,或依韩国的国际仲裁规则第 11 条、第 12 条选定的仲裁员等内容时,秘书处可延长提交答辩书的期限。如被申请人未按照上述内容提交延期申请书,则提交答辩书的期限不予延长。被申请人应按照仲裁申请书的份数规则向秘书处提交答辩书的副本。

3. 仲裁反请求

被申请人提交反请求的,反请求应包含:构成反请求的理由和事实情况;反请求的诉求(在可行的范围内表明预计反请求的金额)。反请求应随答辩书一并提交。反请求应以申请人与被申请人之间的仲裁协议为依据。仲裁庭认为答辩书的请求和理由中包含反请求的内容的,可要求被申请人明确该内容是否属于反请求。

仲裁庭在考虑各种情况后认为迟延提交反请求有正当理由的,则被申请人也可在后续的仲裁程序中提交反请求。即使被申请人未按期提交答辩书,其仍可在仲裁程序中否认申请人的仲裁请求或提出反请求。但仲裁协议约定由当事人选定仲裁员，而被申请人未提交答辩书，或者未选定或未在规定期限内选定仲裁员时，视为被申请人已最终性地放弃选定仲裁员的权利。

4. 仲裁庭的一般规则

仲裁员应始终保持公正性和独立性。

接受当事人选定或指定的仲裁员应在按照秘书处规定的样式制作的同意函以及有关公正性和独立性的声明书上签字，并将同意函及声明书提交秘书处。接受选定或指定的仲裁员应向秘书处披露可能引起对其公正性或独立性产生合理怀疑的事由，且在仲裁程序进行过程中，如果发生可能引起该等怀疑的新事由，仲裁员也应立即以书面形式向当事人和秘书处进行披露。

秘书处在收到同意函及有关公正性和独立性的声明书后应立即将其发送给当事人。

5. 仲裁程序日程

仲裁庭可与当事人召开预备程序会议，以便就仲裁程序进行协商。在仲裁庭组成后，仲裁庭应立即通过预备程序会议或其他方式，与当事人协商并以书面形式制作与程序进程相关的临时日程表，并将此日程表通知秘书处和当事人。仲裁庭在与当事人协商后，可随时更改上述临时日程表上预定的期限。

6. 补充书面文件

仲裁庭可自行决定允许或要求当事人提交仲裁申请书与答辩书（反请求申请书）的补充书面文件。在此情况下，仲裁庭应规定提交该等书面文件的期限——该期限不得超过 45 日。提交补充书面文件的当事人应将可用以证明其主张，且此前未提交过的主要文件的副本（数量众多时，可提交其目录）以及相关样本和书证提交至另一方当事人与仲裁庭。

7. 仲裁请求、答辩及反请求的变更或补充

除仲裁庭为避免程序拖延或另一方当事人的权利受侵害，或基于其他原因认为不宜对仲裁请求、反请求或答辩进行变更或补充外，当事人可在仲裁程序进行中对仲裁请求、反请求或答辩进行变更或补充，该等变更或补充应通知另一方当事人和秘书处，但该等变更或补充超出仲裁协议的范围时除外。

8. 追加当事人

满足以下各项条件之一时，仲裁庭可依当事人的申请在仲裁程序中追

加第三人为当事人。由此被追加为当事人的第三人被称为 "追加当事人"：

（1）全体当事人和追加当事人均以书面形式同意该追加当事人加入仲裁程序的；

（2）追加当事人与现有的各当事人为同一项仲裁协议的当事人，且该追加当事人以书面形式同意加入仲裁程序的。

根据仲裁庭的决定追加当事人的，不影响仲裁庭的组成。即使符合上述规定的条件，若仲裁庭有合理理由（例如追加当事人将延缓仲裁程序等）认为不宜追加当事人的，仲裁庭也可决定不予追加。

对于追加当事人的申请书以及对追加当事人提出的仲裁请求，依据前文关于申请仲裁的规则进行（即韩国的国际仲裁规则第 8 条），对此的答辩及反请求按照前文关于仲裁答辩和仲裁反请求的规则进行（即韩国的国际仲裁规则第 9 条）。

9. 多份合同项下的单一仲裁申请

当秘书处认为所有合同均包含约定适用韩国的国际仲裁规则进行仲裁的仲裁协议且仲裁协议相同，且多个请求均发生于同一项交易或一系列连续发生的交易项下时，秘书处可允许在一份仲裁申请书中提出多份合同项下的仲裁请求。若秘书处认为各项仲裁请求应分别在不同程序中提出，则当事人应分别提交申请书，但这并不影响当事人之后根据韩国的国际仲裁规则第 23 条的规定请求合并仲裁的权利。

10. 仲裁的合并

仲裁庭可依一方当事人的请求，将按照本规则正在进行的相同当事人之间的另一个仲裁案件与本案合并。但在另一个仲裁案件中至少有一名仲裁员已被选定的情况下，不得合并。

在决定是否对仲裁进行合并时，仲裁庭必须给予各当事人陈述意见的合理机会，且仲裁庭还应考虑仲裁协议、争议的性质以及其他相关情况。

11. 仲裁地点

当事人未就仲裁地的选择达成协议时，仲裁地为韩国首尔。但仲裁庭在考虑本案各项情况后认为其他地点更为合适时除外。经与当事人协商，仲裁庭可在其认为适当的任何地点进行审理以及召开会议。仲裁庭可在其认为适当的任何地点进行合议。

12. 对仲裁庭管辖权的异议

仲裁庭有权对当事人就仲裁庭的管辖权提出的异议作出决定，包括对是否存在仲裁条款或仲裁协议，以及对此类条款或协议的有效性等提出的异议。仲裁庭有权对当事人之间是否存在含有仲裁条款的合同或此类合同的有效性作出认定。仲裁条款应被视为独立于合同其他条款的协议。仲裁庭认定相关合同无效的，仲裁条款并不因此而为无效。

管辖权异议应在提交答辩书之前提出；就被申请人提交的反请求提出管辖权异议时，应在提交对反请求的答辩书之前提出。通常情况下，仲裁庭应优先对管辖权异议作出决定，但仲裁庭也可继续仲裁程序，并在最终裁决中对管辖权异议作出决定。

13. 证据

除当事人另有书面约定外，在程序进行过程中的任何时间仲裁庭可要求当事人提交文件、书证或其他仲裁庭认为必要且适当的证据；仲裁庭、其他当事人或专家可对受当事人控制的、与仲裁所涉争议相关的财产、场所或其他物品进行调查。

仲裁庭可要求当事人向仲裁庭和另一方当事人提交其为证明自身的仲裁请求、反请求或答辩而拟提交的文件及其他证据的摘要。各方当事人对其仲裁请求、反请求或答辩所依据的事实负有举证义务。仲裁庭有权对证据的有效性、关联性及证明力作出认定。

14. 专家

仲裁庭可选定一名或多名专家，就仲裁庭决定并通知当事人的特定争议问题向仲裁庭进行报告。仲裁庭应决定拟委托专家进行报告的事项，并将该等决定的副本发送给当事人。仲裁庭可要求当事人向专家提供相关信息，或为专家对相关书面材料、动产或其他财产进行调查提供便利。仲裁庭应在收到专家报告后将其副本发送给当事人，并给予当事人对报告发表意见的机会。当事人可对专家制作报告所依据的任何书面材料进行审查。

15. 仲裁语言

当事人未就仲裁语言达成协议时，仲裁庭应在适当考虑合同语言等所有相关事项后决定仲裁的语言。在秘书处或仲裁庭要求时，当事人应提供其向秘书处或仲裁庭提交的书面材料、书证或其他文件的译文。

16. 准据法

当事人可约定适用于本案争议的实体法及法律原则。当事人未约定时，仲裁庭应适用其认为适当的实体法或法律原则。在所有案件中，仲裁庭均应考虑合同条款及相关交易惯例。仅在当事人协商一致且明确授权的情况下，仲裁庭才可以友好公断人的身份，依据公平和善意原则进行裁判。

17. 审理及审理终结

案件开庭审理前，仲裁庭应发出适当通知，以使各方当事人能够在仲裁庭确定的日期和地点出席开庭审理。仲裁庭全权负责开庭审理，所有当事人均有权参加开庭审理。未经仲裁庭及当事人同意，与该仲裁程序无关的人员不得参加开庭审理。当事人可亲自出席开庭审理，或可委托其合法授权的代理人参加开庭审理，且当事人有权进行质询。

除当事人另行协商一致或法律另有规定外，审理应以非公开的形式进行。

仲裁庭可在证人作证时要求其他证人退席，且仲裁庭可决定询问证人的方式。秘书处可按照仲裁庭或一方当事人的请求，提供录音或口译、速录、庭审场所，以及其他进行仲裁程序所需的事项，相关费用由当事人承担。

仲裁庭认为各当事人已被给予适当机会阐述其主张时，应宣布审理终结。审理终结后，当事人不得再提交书面材料、主张或证据，但仲裁庭另行要求或同意时除外。仲裁庭可在作出裁决前，依职权或依当事人的申请随时恢复审理。

18. 保全及临时措施

除当事人另有约定外，仲裁庭可根据一方当事人的申请，在收到相关文件后立即命令采取其认为适当的下列保全及临时措施：（1）至本案裁决作出时维持现状或恢复现状；（2）防止可能对仲裁程序本身产生现有或紧迫危险或影响的措施，或禁止采取可能产生该等危险或影响的措施；（3）对可作为裁决执行标的的财产进行保全；（4）对与争议的解决有关的重要证据进行保全。

仲裁庭可在当事人提供适当担保的前提下决定采取上述措施。该等决定应以仲裁庭认为适当的方式，以载明理由的指令或裁决的形式作出。在仲裁庭收到相关书面材料之前，或在适当情况下在仲裁庭收到相关书面材料之后，当事人可向有管辖权的法院申请采取保全或临时措施。一方当事人向法院申请采取该等措施，或申请执行仲裁庭决定的措施的，不应视为当事人对仲裁协议的违反或放弃，仲裁庭的权限也不受影响。当事人应将提出该申请的情况及法院对此采取的任何措施立即通知秘书处，秘书处应将此情况通知仲裁庭。

对依据在韩国的国际仲裁规则施行日之后达成的仲裁协议进行的仲裁，一方当事人需在仲裁庭组成之前采取紧急保全或临时措施时，应按照韩国的国际仲裁规则附件3规定的程序提出申请。

19. 对未遵守期限的处理

被申请人未能充分说明理由而在仲裁庭规定的期限内未提交答辩书的，仲裁庭应决定继续进行仲裁程序。一方当事人在收到适当作出的要求其出席开庭审理的通知后，无正当理由未出席开庭审理的，仲裁庭有权进行开庭审理。一方当事人在收到适当作出的要求其提交书面证据的通知后，无正当理由在规定的期限内未提交该证据的，仲裁庭可根据已提交的证据作出裁决。

20. 仲裁请求的撤回

申请人可在仲裁庭作出裁决之前，以书面形式撤回全部或部分仲裁请求。

在仲裁庭组成前，申请人可向秘书处提交书面申请撤回全部或部分仲裁请求。但在被申请人提交答辩书之后，申请人撤回仲裁请求的，应取得被申请人的同意。如被申请人在收到撤回仲裁请求的书面申请后30日内未提出异议，则视为被申请人同意该等撤回。

在仲裁庭组成后，申请人应向仲裁庭提交撤回仲裁请求的申请，仲裁庭应给予被申请人陈述意见的机会。除被申请人不同意申请人的撤回申请，且仲裁庭认为被申请人对争议的最终解决享有正当利益的情况外，仲裁庭应允许申请人撤回仲裁请求。

21. 仲裁裁决

当仲裁员未能就特定争议问题达成一致时，裁决或决定应依超过半数的仲裁员的意见作出。对特定争议问题无法达成超过半数的决议时，裁决或决定依首席仲裁员的意见作出。

裁决应以书面形式作出。除当事人另行协商一致外，仲裁庭应在裁决中写明裁决的理由。裁决书中应注明裁决日期，并由仲裁庭全体仲裁员署名。不足半数的仲裁员拒绝或未在裁决书上署名的，应由其他仲裁员注明理由并署名。裁决应视为在仲裁地及裁决书中注明的日期作出。所有裁决对当事人具有约束力。当事人应立即履行裁决。

除最终裁决外，仲裁庭也可作出临时裁决、中间裁决或部分裁决。仲裁庭可在不同时间对不同的争议问题作出部分裁决,并可根据韩国的国际仲裁规则第41条所规定的程序对部分裁决予以更正。除非仲裁庭另有指示,部分裁决也可在作出后立即执行。

仲裁庭应在最后一次书面材料提交日和审理终结日中较晚的日期起45日内作出裁决,但当事人另行协商一致时除外。仲裁庭基于合理理由提出请求时,或秘书处认为有必要时,秘书处可依职权延长仲裁庭作出最终裁决的期限。

22. 和解裁决

仲裁申请被受理且预交申请费用后,当事人达成和解的,仲裁庭可根据一方当事人的请求作出载有和解内容的和解裁决书。当事人未提出请求的,在各方当事人向秘书处出具达成和解的书面确认时,仲裁庭的职责履行完毕,仲裁程序终结。但当事人仍应交纳未付的仲裁费用。

23. 裁决的送达及留存

裁决作出后,在一方或双方当事人已向秘书处全额交纳仲裁费用的情况下,秘书处应将仲裁庭署名的裁决书送达当事人。在进行该等通知后,当事人即丧失要求仲裁庭另行作出送达或留存裁决书的权利。仲裁庭和秘书处应协助各当事人满足裁决所需的其他形式要件。

24. 裁决的更正及解释

仲裁庭可在作出裁决后30日内,依职权对裁决书中的书写、计算、打印等错误进行更正。除当事人另行协商一致外,一方当事人可在收到裁决书后30日内向秘书处发出通知,请求仲裁庭根据规定更正裁决书中的错误,或对裁决作出解释。更正或解释应在收到当事人的请求后30日内以书面形式作出。该等更正或解释构成裁决的 部分。

25. 补充裁决

除当事人另行协商一致外,一方当事人可在收到裁决书后30日内向另一方当事人及秘书处发出通知,请求仲裁庭对已在仲裁程序中提出,但未在裁决书中裁决的仲裁请求作出补充裁决。仲裁庭认为该请求成立的,应在收到请求后60日内作出补充裁决。

26. 简易程序

简易程序适用于:仲裁请求金额不超过五亿韩元的;当事人协商一致适用简易程序的。在简易程序进行过程中,由于当事人增加请求金额导致仲裁请求或反请求金额超过五亿韩元的,不再适用简易程序。但当事人协商一致，且在仲裁庭已经组成的情况下，经仲裁庭批准的，仍可适用简易程序。简易程序中没有规定的事项，适用韩国的国际仲裁规则的其他规定。

除当事人另行协商一致外，不按照一般程序选定仲裁员，而由秘书处指定一名仲裁员。仲裁协议约定由三名仲裁员进行仲裁时，秘书处可建议各当事人由独任仲裁员进行仲裁。

适用简易程序的，可以口头审理，也可以在符合条件时进行书面审理。如进行口头审理，仲裁庭应决定口头审理的日期、时间和地点，并以适当的方式（包括口头、专人送达、电话或书面等方式）通知当事人及秘书处。进行口头审理时，应以一次性完成口头审理为原则。但仲裁庭认为必要时，可在口头审理结束后再次进行口头审理。除当事人另行协商一致外，当仲裁请求金额及反请求金额均不超过五千万韩元时，仲裁庭应进行书面审理。但仲裁庭也可依一方当事人的申请或依职权进行一次口头审理。仲裁庭应就提交书面文件的期限和方式等设置适当的程序。

仲裁庭应在组成之日起6个月内作出裁决。但秘书处可在其认为必要时依仲裁庭的请求或依职权延长裁决期限。除当事人另行协商一致外，仲裁庭应将其作出裁决所依据的理由在裁决中写明。

三 仲裁费用

1. 申请费

申请人在提交申请书时应交纳100万韩元作为申请费。但仲裁请求金额低于秘书处所规定的特定金额时，当事人可免于交纳申请费。申请人未交纳申请费时，仲裁院不开展仲裁程序。申请费不予退还。

上述规定也适用于反请求。

2. 管理费

表1 管理费计算办法

单位：韩元

级别	争议金额	管理费
I	不超过10000000	2%（最低为50000韩元）
II	10000000～50000000	200000＋（争议金额－10000000）×1.5%

续表

级别	争议金额	管理费
Ⅲ	50000000 ~ 100000000	800000 +（争议金额 － 50000000） ×1.0%
Ⅳ	100000000 ~ 5000000000	1300000 +（争议金额 － 100000000） ×0.5%
Ⅴ	5000000000 ~ 10000000000	25800000 +（争议金额 － 5000000000） ×0.25%
Ⅵ	超过 10000000000	38300000 +（争议金额 － 10000000000） ×0.2%
Ⅶ	争议标的无法量化时	3000000

管理费的上限为 1.5 亿韩元。秘书处可在不超过上述费率的范围内调整实际执行的费率。

争议金额应按照以下各项计算：（1）仲裁请求金额与反请求金额应合并计算；（2）不计算请求的利息金额，但如果请求的利息金额超过请求的本金金额，计算争议金额时应仅考虑请求的利息金额；（3）争议金额不确定的情况下，秘书处可在考虑各项情况后确定争议金额。

在仲裁庭作出最终裁决之前，当事人撤回仲裁申请或争议已解决的，秘书处应根据内部规定退还部分管理费。

3. 仲裁员的报酬

表 2　仲裁员报酬的计算办法

单位：韩元

级别	争议金额	仲裁员的报酬	
		最低额	最高额
Ⅰ	不超过 50000000	1000000	2000000
Ⅱ	50000000 ~ 100000000	1000000 +1% ×（争议金额 － 50000000）	2000000 +5% ×（争议金额 － 50000000）
Ⅲ	100000000 ~ 500000000	1500000 + 0.75% ×（争议金额 － 100000000）	4500000 +3% ×（争议金额 － 100000000）
Ⅳ	500000000 ~ 1000000000	4500000 + 0.5% ×（争议金额 － 500000000）	16500000 +2.8% ×（争议金额 － 500000000）
Ⅴ	1000000000 ~ 5000000000	7000000 + 0.25% ×（争议金额 － 1000000000）	30500000 +1% ×（争议金额 － 1000000000）
Ⅵ	5000000000 ~ 10000000000	17000000 + 0.04% ×（争议金额 － 5000000000）	70500000 + 0.2% ×（争议金额 － 5000000000）
Ⅶ	10000000000 ~ 50000000000	19000000 + 0.025% ×（争议金额 － 10000000000）	80500000 + 0.1% ×（争议金额 － 10000000000）

级别	争议金额	仲裁员的报酬	
		最低额	最高额
Ⅷ	50000000000 ~ 100000000000	29000000 + 0.015% × （争议金额 - 50000000000）	120500000 + 0.07% × （争议金额 - 50000000000）
Ⅸ	超过 100000000000	36500000 + 0.007% × （争议金额 - 100000000000）	155500000 + 0.03% × （争议金额 - 100000000000）

除非当事人另有约定，仲裁员的报酬应由秘书处在考虑争议的性质、争议的金额以及仲裁员进行仲裁所需花费的时间等因素后，在上表的最低额与最高额之间决定。在仲裁庭作出最终裁决之前，当事人撤回仲裁申请或争议已解决的，秘书处应根据内部规定支付仲裁员的报酬。

4. 紧急仲裁员程序中的管理费

根据韩国的国际仲裁规则，申请紧急仲裁员采取紧急措施的当事人应在提交申请书时向秘书处预交 300 万韩元的管理费。如申请人在选定紧急仲裁员之前撤回紧急措施的申请，则秘书处应将管理费全额退还给申请人。

5. 紧急仲裁员的报酬

紧急仲裁员的报酬为 1500 万韩元。在紧急仲裁员作出关于紧急措施的决定之前程序终止的，秘书处可在考虑是否已进行开庭审理等各项情况后，在其认为适当的情况下，调减紧急仲裁员的报酬。在此情况下，秘书处应将调减后的报酬立刻通知紧急仲裁员。

四 其他事项

1. 仲裁员的指定

韩国国际仲裁规则项下的仲裁案件原则上由独任仲裁员审理。但当事人约定由三名仲裁员审理，或秘书处在考虑当事人的意愿、争议金额、争议的复杂程度以及其他因素后认为应由三名仲裁员审理的，可决定由三名仲裁员进行审理。

案件由独任仲裁员审理时，在被申请人收到仲裁申请书之日起 30 日内，或者秘书处按照韩国的国际仲裁规则第 11 条的规定决定由独任仲裁员进行审理时，在当事人收到该决定的通知之日起 30 日内，当事人应协商选定独任仲裁员。若当事人未能在上述期限内或秘书处同意延长的期限内共同选定独任仲裁员，则秘书处应指定独任仲裁员。

当事人约定由三名仲裁员进行仲裁的，申请人应在仲裁申请书中或在秘书处同意延长的期限内选定一名仲裁员，被申请人应在答辩书中或秘书处同意延长的期限内选定一名仲裁员。秘书处根据韩国的国际仲裁规则第11条的规定决定由三名仲裁员进行仲裁的，当事人应在收到该决定的通知之日起30日内或秘书处同意延长的期限内各选定一名仲裁员。一方当事人未在上述期限内选定仲裁员的，由秘书处为其指定。按上述方式产生的两名仲裁员，应协商共同选定第三名仲裁员作为首席仲裁员。如该两名仲裁员未能在第二名仲裁员被选定或指定之日起30日内选定第三名仲裁员作为首席仲裁员，则秘书处应进行指定。

仲裁庭由三名仲裁员组成的，申请人或被申请人为多人时，由多名申请人或多名被申请人共同按照韩国的国际仲裁规则选定仲裁员。如当事人未能完成该等选定，且当事人未就仲裁庭的组成方式达成一致，则应由秘书处指定组成仲裁庭的所有仲裁员，并指定其中一名仲裁员作为首席仲裁员。

在进行仲裁员的指定时，秘书处应考虑拟指定的仲裁员的经验、日程、国籍及居住地。在一方当事人提出请求时，如无特殊情况，秘书处应指定与各当事人国籍不同的仲裁员作为独任仲裁员或仲裁庭的首席仲裁员。当事人应在秘书处能够行使指定权之日起3日内提出该等请求。在一方当事人提出该等请求时，秘书处应给予另一方当事人陈述意见的机会。

当秘书处允许当事人将多份合同项下的仲裁请求在一份申请书中提交时，应视为当事人就同一仲裁协议提出各项仲裁请求，当事人应根据韩国的国际仲裁规则的相关规定选定仲裁员。

组成仲裁庭后，秘书处应立即以书面形式向当事人及所有仲裁员通知全体仲裁员的姓名、地址及职业。

2. 仲裁员的确认

由当事人选定仲裁员时，或两名仲裁员选定第三名仲裁员时，应在秘书处确认此类选定，仲裁员的选定才生效。即使当事人约定其具有指定仲裁员的权限，也应理解为当事人仅有根据韩国的国际仲裁规则选定仲裁员的权限。

秘书处在确认仲裁员的选定后应立即通知当事人和各仲裁员。秘书处认为仲裁员的选定明显不当时，可在给予当事人及各仲裁员陈述意见的机会后拒绝确认该等选定。在秘书处拒绝确认仲裁员的选定的情况下，选定该仲裁员的当事人或仲裁员应在秘书处规定的期限内另行选定仲裁员。

3. 仲裁员的回避

如有合理理由对仲裁员的公正性和独立性产生怀疑，则当事人可申请仲裁员回避，但参与选定仲裁员的当事人仅可基于作出选定后获知的事由对其参与指定的仲裁员提出回避申请。当事人以仲裁员缺乏公正性和独立性为由或基于其他事由申请仲裁员回避时，应在申请书中写明申请回避的事由，并将此申请书提交秘书处。秘书处应将该申请书的副本转交各仲裁员及当事人。

4. 仲裁员的更换及免职

在仲裁员死亡、秘书处同意仲裁员的辞职申请、秘书处作出要求仲裁员回避的决定或仲裁程序所有当事人请求更换仲裁员时，应更换仲裁员。当仲裁员不履行职责、无正当理由延迟履行职责或在法律上或事实上无法履行职责时，秘书处可免除该仲裁员的职务。

在仲裁程序进行过程中更换仲裁员的，应依韩国的国际仲裁规则第12条、第13条的规定，按照与选定或指定被更换的仲裁员相同的方式选定或指定新任仲裁员。当仲裁员被更换时，重新组成的仲裁庭应在与当事人协商后决定是否以及在何等范围内重新进行之前的程序。

审理程序终结后，秘书处可决定不对死亡、辞职或被免职的仲裁员进行更换，而由余下的仲裁员完成仲裁。在作出该等决定时，秘书处应与余下的仲裁员及当事人进行协商，且应考虑作出该等决定时所需考虑的其他事项。

5. 紧急措施申请

申请采取紧急措施的一方当事人可在申请仲裁的同时，或在申请仲裁之后、仲裁庭组成之前，以书面形式向秘书处申请紧急仲裁员作出紧急措施决定。

紧急措施申请书中应包含以下内容：

（1）在申请人可知晓的范围内，申请人及被申请人的姓名或名称、地址、包含国家区号和地区号的电话号码及传真号码、电子邮箱地址；

（2）在申请人可知晓的范围内，代理人的姓名或名称、地址、包含国家区号和地区号的电话号码及传真号码、电子邮箱地址；

（3）争议的概要；

（4）所申请的紧急措施的内容；

（5）所依据的仲裁协议；

（6）可证明紧急措施必要性的具体事实。

紧急措施申请书应附具仲裁申请书与仲裁协议的副本。

申请人委托代理人申请紧急措施时还应提交授权委托书。申请人在提交紧急措施申请书时，应按韩国的国际仲裁规则预付管理费及紧急仲裁员的报酬。申请人未全额支付相应费用时，视为未提出紧急措施申请。当事人提交紧急措施申请书时，应提交充足份数的副本，以使各当事人、各仲裁员及秘书处均可获得一份副本，或者采用电子邮件、真等留有传送记录的电子方式。

6. 紧急仲裁员的指定

紧急仲裁员的人数为一人，由秘书处指定。紧急仲裁员应始终保持公正性和独立性。如存在足以对其公正性和独立性产生合理怀疑的事由，则相应人员不得被指定为紧急仲裁员。

紧急仲裁员在被指定后，应立即向秘书处提交有关其公平性和独立性的声明书以及同意函，明确表明不存在足以对其公正性及独立性产生合理怀疑的事由。当认为其收到的紧急措施申请书符合韩国的国际仲裁规则附件3第1条规定的各项要件，且应当指定紧急仲裁员时，秘书处应尽量在收到申请书后的2个工作日内完成紧急仲裁员的指定。

秘书处指定紧急仲裁员后，应立刻将紧急仲裁员的指定通知书发送给当事人，并随附紧急仲裁员的同意函以及有关公正性和独立性的声明书的副本。

一方当事人可根据韩国的国际仲裁规则第14条的规定，向秘书处提交载有请求仲裁员回避所依据的事实与情况的回避申请书，请求紧急仲裁员回避。当事人应在收到紧急仲裁员指定通知书之日和知晓足以对紧急仲裁员的公正性或独立性产生合理怀疑的事实之日中较晚的日期起的2个工作日内向秘书处提交回避申请书，秘书处应对回避申请作出决定。

紧急仲裁员的权限终止后，当事人不得对紧急仲裁员提出回避申请，根据已提出的申请进行的回避程序亦应终止。有关紧急仲裁员的指定、更换及免职，应准用普通仲裁员更换及免职的规则。

7. 紧急仲裁员的权限

紧急仲裁员应采取其认为适当的紧急措施，并可变更、中止或解除此类措施。紧急仲裁员应在其被指定后 2 个工作日内制作紧急措施程序日程表。紧急仲裁员可在其认为必要时进行开庭审理，并可以电话会议或书面方式代替开庭审理。紧急仲裁员应在被指定后 15 日内就紧急措施申请作出决定。紧急仲裁员不得延长该期限。但当事人协商一致，或者案件复杂或有其他不得已的事由时，秘书处可延长该期限。

紧急仲裁员作出的采取紧急措施的决定对当事人具有约束力，当事人应予执行。紧急措施在仲裁庭组成时应被视为由仲裁庭作出的保全及临时措施。在仲裁庭中止或解除紧急措施前，紧急措施持续有效。

符合下列条件之一时，紧急措施将丧失其效力：

（1）在紧急措施作出后三个月内仲裁庭仍未组成的；

（2）当事人撤回仲裁申请、当事人未预交仲裁费用等，使仲裁程序没必要或者不可能进行，仲裁程序终止的。

紧急仲裁员的权限将在仲裁庭组成时终止。除当事人以书面形式另行协商一致外，紧急仲裁员不得担任该争议案件的仲裁员。

8. 紧急措施下仲裁庭决定的批准、变更、中止及解除

紧急仲裁员就紧急措施作出的决定对仲裁庭不具有约束力。

仲裁庭可决定批准、变更、中止或解除全部或部分紧急措施。

9. 准用规定

在不违背紧急仲裁员及紧急措施的性质的前提下，对于紧急仲裁员及紧急措施程序，应准用韩国的国际仲裁规则的条款。

10. 期限的变更

当事人可通过书面协议变更本规则中规定的期限。仲裁庭可在其认为适当的情况下，延长本规则规定的除裁决期限以外的其他任何期限。仲裁庭应通过秘书处将期限的延长及其理由通知当事人。

11. 放弃

当事人明知韩国的国际仲裁规则相关规定、仲裁协议、仲裁程序所适用的其他规则或仲裁庭的指示未被遵守，但未对此立即提出异议且继续进行仲裁程序的，视为该当事人放弃提出异议的权利。

12. 免责

仲裁员与秘书处的职员对其在依韩国的国际仲裁规则进行的仲裁程序

中的作为或不作为不承担任何责任,但该等作为或不作为属于故意或轻率行为时除外。

13. 保密

仲裁程序及其记录不予公开。

除当事人另行协商一致,或者根据法律规定或诉讼程序的要求进行披露外,仲裁员、紧急仲裁员、秘书处的职员、当事人及其代理人以及辅助人员不得披露与仲裁案件有关的事实或其通过仲裁程序获知的事实。

尽管有上面的规定,秘书处可在删除当事人的名称或姓名、地址、日期以及其他与当事人或案件有关的具体信息后将裁决书予以公开。但当事人在秘书处规定的期限内对此明确表示反对的,上述规定不适用。

◇ 印度仲裁与调解协会（IIAM）

一 机构介绍

印度仲裁与调解协会（Indian Institute Of Arbitration & Mediation，简称 IIAM，网址：https://www.arbitrationindia.com）是一家在印度注册的非营利组织，于 2001 年开始开展活动，是印度的先驱机构之一，提供替代性争议解决服务（ADR 服务），包括国际和国内商业仲裁、调解和谈判以及针对 ADR 开展培训计划。IIAM 是印度第一家由荷兰海牙国际调解协会（IMI）批准的 IMI 认证调解员的机构，也是亚洲调解协会（AMA）和亚太地区仲裁集团（APRAG）的成员。

IIAM 在法律和道德方面由咨询委员会进行指导，该委员会由来自各领域的杰出人士组成。IIAM 的管理由理事会负责。

二 仲裁特色

1. IIAM 社区调解服务（IIAM CMS）

IIAM 社区调解服务（IIAM CMS）于 2009 年 1 月 17 日由印度首席大法官在全国推出。它得到了荷兰海牙国际调解协会（IMI）的认可。

IIAM CMS 的宗旨是"解决冲突、促进和谐"，建立一个独特的"调解诊所"，为公民提供机会参与预防和早期干预冲突，作为体制机制的替代办法。其目的是建立一种以对话、利益和需求为基础的协作解决冲突的文化，这将促进社会的和谐，并使人民有能力应对冲突。IIAM CMS 的特点是邻居帮助邻居解决纠纷。调解诊所将由从社区中选择的经过培训的调解员提供服务。调解诊所通过解决更适合调解的纠纷来帮助节省大量的诉讼时间，使法院集中精力处理更严重的案件；它还为争议者节省了时间和金钱，最重要的是，调解诊所寻求双方的双赢局面。

社区调解多样化的方法有利于恢复性司法，不仅可以通过提供矫正实践来帮助社区中的罪犯进行改造，从而为每个人提供第二次机会，而且可以帮助受害者进行康复。有时，受害者需要得到答案和道歉，而不是知道犯罪者受到惩罚；有时，罪犯需要找出他们伤害的人，才能意识到他们做错了什么。没有感情就没有冲突，如果没有疏通导致冲突并维持冲突的潜在情绪，就不可能解决冲突。虽然让双方一起谈判并不是司法程序的正常部分，但调解使其成为可能。

在每个州的所有村庄建立社区调解诊所以调解争议将使印度的法律体系发生深刻变化，它还将为社会福利和赋权开辟一个新的层面，从而维护家庭稳定和促进社会健康有序发展。

2. 通过 App 提供服务

通过 Peace Gate App 提供 ADR 服务：一方可以通过 Peace Gate 启动谈判或调解服务。整个流程启动和支付将通过应用程序进行。如果是调解，该方可以通过 App 选择在线调解。

时光银行（Time Bank）服务：用户可以通过提供免费的服务来获取时间积分，并且根据所获得的时间积分享受他人的免费服务。一方可以通过 Peace Gate 应用程序获取 Time Bank 账户来启动 Peace Gate Time Bank 服务。Time Bank 账户中列出的服务可由账户持有人通过 App 获取。

三　仲裁流程

1. 仲裁申请

根据本规则提出仲裁的一方或多方应向 IIAM 提交仲裁申请表，并附上以下文件：①向被申请人送达的仲裁协议和仲裁通知副本；②向 IIAM 提交的文件/确认书，证明仲裁通知已经或正在通过确认书中的方式送达仲裁的所有当事方；③IIAM 仲裁费用表中规定的登记/备案费。IIAM 收到仲裁申请表连同所有随附的文件和申请费的日期，应视为根据本规则开始机构仲裁程序的日期；各方收到关于仲裁庭组成的通知的日期，应视为仲裁庭根据规则开始进行仲裁的日期；被申请人收到仲裁通知的日期应视为仲裁程序的开始。

2. 仲裁答辩

被申请人应在规定时间内，将其答辩书以书面形式传达给申请人和每名仲裁员，由仲裁庭裁决。被申请人可以选择将其对仲裁通知的答复视为答辩，但对仲裁通知的答复也应符合答辩的要求。答辩书应尽可能附有被申请人所依据的所有文件和其他证据，或载有对这些文件和证据的引用。在答辩书中，或者在仲裁程序的后期，如果仲裁庭认为延迟是正当的，被申请人可以提出反诉，或者在仲裁庭对其有管辖权的情况下，为抵销的目的而提出的索赔。

3. 仲裁庭的组成

如果双方同意任命一名独任仲裁员，并且如果在所有其他方收到任命独任仲裁员的建议后 21 天内，双方没有达成一致，则应一方的要求，IIAM 应任命一名独任仲裁员。IIAM 应在 21 天内尽快以任何方式任命独任仲裁员。在进行任命时，IIAM 应遵照相应程序，除非双方当事人同意不遵照该程序，或者除非 IIAM 认为该程序不适合本案。

4. 仲裁庭的权力

仲裁庭可以其认为适当的方式进行仲裁，并且在不损害前述规定的一般性的前提下，除非仲裁各方另有协议，仲裁庭可以限制每一方提出其请求或者反请求的时间。除快速仲裁的情况外，仲裁庭应在请求或者反请求提交之日起 9 个月内完成仲裁程序；在特殊情况下，IIAM 延长的时间不超过 3 个月。

5. 仲裁地点

当事人可以约定仲裁地点。如果未能达成此类协议，对于国内仲裁，仲裁地应为印度科钦，除非仲裁庭在考虑到案件的所有情况后，认为另一个仲裁地更合适。裁决应被视为在仲裁地作出。

仲裁地点可以由 IIAM 确定，选择它认为适合审议和听证的地点。尽管如此，仲裁仍应被视为在所在地进行的仲裁。

6. 仲裁语言

在当事人达成协议的情况下，仲裁庭应在成立后立即决定程序中使用的一种或几种语言。本决定应适用于索赔书、答辩书和任何进一步的书面声明，如果进行口头听证，还应适用于此类听证中使用的一种或多种语言。

在仲裁过程中提交的任何附属于索赔书或答辩书的文件，以及任何补充文件或证物，以其原语言交付时，仲裁庭可以要求其附有一份翻译成当事人商定或仲裁庭决定的一种或几种语言的译本。

7. 仲裁保密

仲裁庭、当事人各方、所有专家、所有证人、管理人和 IIAM 的工作人员应保守与仲裁程序有关的所有事项的机密，包括任何裁决，除非为了执行而有必要披露，或在法律可能要求一方披露的范围内披露，或在法庭或其他司法机关进行的法律程序中，为保护或寻求法律权利或质疑裁决而进行必要的披露。

与仲裁程序有关的事项是指程序的存在，仲裁程序中的状书、证据和其他材料，以及在程序中另一方出示的所有其他文件或由程序引起的裁决，但不包括仲裁程序涉及的公共事务。

8. 紧急仲裁员

需要紧急临时救济的一方可根据程序申请任命紧急仲裁员。除紧急临时救济外，如果一方援引紧急仲裁员程序（AMA 程序），也应指定一名紧急仲裁员开始执行规定的程序。

9. 临时措施

仲裁庭可以应一方当事人的请求，在最终裁决之前的任何时候批准临时措施。临时措施包括但不限于：①在争议裁定前维持或恢复现状；②采取可能阻止或避免采取可能导致目前或迫在眉睫的损害或损害仲裁程序本身的行动；③提供一种保存资产的方法，使随后的裁决得以执行；④保留可能与争议解决有关的和重要的证据。申请采取①至③项临时措施的一方应使仲裁庭确信：如果不下令采取措施，可能导致无法通过损害赔偿裁决得到充分赔偿，而采取措施可能造成的被请求方的损害远远小于请求方受到的损害，且请求方有合理的可能性胜诉。对这种可能性的预估不应影响仲裁庭在作出任何后续决定时的自由裁量权。关于第④款的临时措施请求，要求仅在仲裁庭认为适当的范围内适用。仲裁庭可以根据任何一方的申请，或在特殊情况下，在事先通知各方后，主动修改、中止或终止其已批准的临时措施。

仲裁庭可以要求请求采取临时措施的一方提供与该措施有关的适当担保。仲裁庭可要求任何一方及时披露请求或批准临时措施所依据的情况的任何重大变化。如果仲裁庭事后认定，在当时的情况下，不应给予临时措施，则请求临时措施的一方应对该措施对任何一方造成的任何支出和损害承担责任。仲裁庭可在仲裁过程中的任何时候裁决承担此类费用和损害赔偿。任何一方向司法机关提出临时措施请求不得被视为与仲裁协议不符，或不得被视为放弃该协议。

10. 取证

每一方均有责任证明其主张或抗辩所依据的事实。当事人提出的就任何事实或专门知识问题向仲裁庭作证的证人（包括专家证人），可以是任何个人，即使该个人是仲裁的一方当事人或与一方当事人有关。除非仲裁庭另有指示，证人（包括专家证人）的陈述可以书面形式提出并由他们签字。在仲裁程序期间，仲裁庭可要求当事人在仲裁庭决定的时间内出示文件、证物或其他证据。仲裁庭应确定所提供证据的可采性、相关性和重要性。

11. 听证

在口头审理的情况下，仲裁庭应将开庭的日期、时间和地点充分提前通知双方当事人。证人，包括专家证人，可以在仲裁庭规定的条件下进行听证，并以仲裁庭规定的方式接受审查。除非双方另有协议，听证应以非公开形式进行。仲裁庭在证人作证期间，可以要求其他证人（包括专家证人）退庭，但原则上不得要求作为仲裁一方的证人（包括专家证人）退庭。仲裁庭可以通过电信手段（如视频会议）对证人（包括专家证人）进行讯问。

12. 专家证人

仲裁庭与当事人协商后，可以指定一名或者数名独立专家，就仲裁庭决定的具体问题向仲裁庭提出书面报告。由仲裁庭确定的专家职权范围的副本应送交各方。专家在接受委托前，原则上应当向仲裁庭和当事人提交对其资格的说明和对公正独立的陈述。当事人对专家的资格、公正性和独立性有异议的，应当在仲裁庭指定的时间内通知仲裁庭。仲裁庭应迅速决定是否接受任何此类异议。专家被任命后，当事人仅可就专家被任命后当事人知道的理由对专家的资格、公正性或独立性提出异议，仲裁庭应迅速决定采取何种行动（如有）。双方应向专家提供其要求的任何相关信息或出示其要求的任何相关文件或货物，以供其检查。一方与专家之间关于所需信息的任何争议应提交仲裁庭裁决。仲裁庭收到专家报告后，应将报告副本送交当事人，当事人有机会以书面形式对报告发表意见。一方有权审查专家在其报告中所依据的任何文件。应任何一方的要求，专家在提交报告后，可在听证会上听取意见、接受询问。在听证会上，任何一方都可以提供专家证人，以便就争议点作证。

13. 和解和撤回

如果在裁决作出之前，双方当事人就争议的解决达成一致，仲裁庭应发出终止仲裁程序的命令，或者，如果双方当事人提出请求并被仲裁庭接受，则应按照商定的条款以仲裁裁决的形式记录解决。仲裁庭没有义务给出作出这种裁决的理由。如果在作出裁决之前，由于相关原因，仲裁程序的继续变得不必要或不可能，仲裁庭应将其发出终止程序命令的意图告知当事人。仲裁庭有权发出这样的命令，除非还有其他事项需要决定，而且仲裁庭认为这样做是适当的。仲裁庭应将仲裁程序终止令或经仲裁员签字同意的仲裁裁决书的副本送交双方当事人。按约定条件作出仲裁裁决的，适用第34条第2款、第3款和第5款的规定。

14. 仲裁裁决

仲裁庭可以在不同的时间对不同的问题分别作出裁决。所有裁决均应以书面形式作出，并应为最终裁决，对双方均具有约束力，双方应立即执行。仲裁庭应说明裁决所依据的理由，除非双方当事人同意不给出任何理由。裁决书应当由仲裁员签名，写明裁决的日期和仲裁地点。仲裁员为一人以上的，其中一人未签名时，裁决书应当说明未签名的原因。裁决可以在各方同意的情况下公布，或者在法律要求一方披露的情况下公布，以保护或追求法律权利，或者与在法院或其他主管当局进行的法律诉讼有关。仲裁员签署的裁决书副本应由仲裁庭通知双方。

15. 裁决书的纠正

一方当事人在收到裁决书之日起30天内，经通知另一方当事人，可以请求仲裁庭更正裁决书中的计算错误、书写错误、排印错误或任何类似性质的错误或遗漏。仲裁庭认为请求有正当理由的，应当自收到请求之日起45天内作出更正。仲裁庭可以在当事人收到裁决书后30天内主动作出更正。此类更正应采用书面形式，并应构成裁决的一部分。

四　仲裁费用

仲裁程序和仲裁庭的费用依据争议的标的额确定，按照仲裁规则确定的费用表进行收取。费用表中的费用（卢比）不包括税费和其他法律和财务上的义务。

表1　标的额超过50万卢比的本地仲裁费用标准

单位：卢比

标的额	仲裁管理费用	每名仲裁员费用
500000～2500000	15000＋12.5%×超过500000的部分	30000＋30%×超过500000的部分
2500001～10000000	4000＋7.5%×超过2500000的部分	90000＋20%×超过2500000的部分
10000001～100000000	96250＋2%×超过10000000的部分	240000＋5%×超过10000000的部分
100000001～250000000	276250＋1.25%×超过100000000的部分	690000＋2%×超过100000000的部分
＞250000000	463475＋0.75%×超过250000000的部分，最高不超过1000000	990000＋1.25%×超过250000000的部分，最高不超过2000000

如为独任仲裁员，他有权获得上述费用表金额额外的20%。如属快速仲裁，则费用为上述费用的80%。

表2　标的额少于50万卢比的本地仲裁费用标准

单位：卢比

标的额	仲裁管理费用	每名仲裁员费用
≤300000	10000	20000
300001～500000	15000	30000

如为独任仲裁员，他有权获得上述费用表金额额外的20%。如属快速仲裁，则费用为上述费用的80%。

表3　国际仲裁的费用标准

单位：卢比

标的额	仲裁管理费用	每名仲裁员费用
≤50000	2000	3500
50001～500000	2000＋0.75%×超过50000的部分	3500＋3%×超过50000的部分
500001～1000000	5375＋0.35%×超过500000的部分	17000＋1.5%×超过500000的部分

标的额	仲裁管理费用	每名仲裁员费用
1000001 ~ 5000000	7125 + 0.10% × 超过 1000000 的部分	24500 + 0.75% × 超过 1000000 的部分
5000001 ~ 10000000	11125 + 0.05% × 超过 5000000 的部分	54500 + 0.25% × 超过 5000000 的部分
> 10000000	13625 + 0.02% × 超过 10000000 的部分，最高不超过 25000	67000 + 0.075% × 超过 10000000 的部分，最高不超过 150000

如为独任仲裁员，他有权获得上述费用表金额额外的 20%。如属快速仲裁，则费用为上述费用的 80%。

五　其他事项

1. 仲裁员的指定

当根据 IIAM 仲裁规则进行仲裁时，当事人并不仅限于从 IIAM 仲裁员小组中指定仲裁员。当事人可以自由选择仲裁员。当事人和仲裁庭还可以就不同的仲裁费达成协议。

2. 仲裁员的质疑

拟对仲裁员提出异议的一方应在收到被异议仲裁员的任命通知后 15 天内，或在该方知道第 11 条和第 12 条所述情况后 15 天内，发出异议通知。异议通知应传达给所有其他当事方、被质疑的仲裁员和其他仲裁员。异议通知应当说明理由。当一方当事人对仲裁员提出异议时，各方当事人可以同意。仲裁员也可以在被提出异议后退出其职务，在任何情况下，这都不意味着接受质疑理由的有效性。

3. 快速通道

在仲裁庭正式组成之前，如果满足以下任何一个标准，一方可以书面形式向 IIAM 申请按照本规则下的快速通道程序进行仲裁：争议金额不超过 500 万卢比，即索赔、反索赔和任何抵销抗辩的总额；双方当事人同意。

当一方向 IIAM 提出申请，并且 IIAM 在考虑了各方的意见后，决定按照快速通道程序进行仲裁时，应适用下列程序：①IIAM 可根据本规则缩短任何时限；②除非 IIAM 另有决定，否则案件应提交独任仲裁员处理；

③除非双方同意争议仅以书面证据为基础作出决定，仲裁庭应举行听证会，以审查所有证人以及进行辩论；④IIAM 应在 6 个月内作出裁决，在特殊情况下，IIAM 可延长不超过 3 个月的期限；⑤仲裁庭应简要说明裁决所依据的理由，除非双方当事人同意不给出任何理由。

◇ 印度国际替代性争端解决中心（ICADR）

一　机构介绍

印度国际替代性争端解决中心（International Centre for Alternative Dispute Resolution，简称 ICADR，网址：http://icadr.nic.in/）于 1995 年 5 月根据 1860 年《社团登记法》注册为一个社团，受印度最高法院的领导。ICADR 设立的背景是有必要促进和发展 ADR 设施和技术，以便尽早解决争端，并减轻法院日益加重的案件负担。ICADR 总部设在新德里，在海德拉巴和班加罗尔设有区域中心，区域中心完全在各州政府的资助和支持下运营。

ICADR 的主要工作有：从事培训工作，传播有关法律和 ADR 程序的知识，颁发文凭、证书和其他学术或专业资格；促进替代性争端解决（ADR）和相关领域的研究，并促进争端解决制度的改革；为调解、调停、小庭审和仲裁程序的进行提供便利、行政和其他支持服务；确保有能力和有资格的人员担任仲裁员、调解员和调停人员，或担任专家、调查员等任何其他专业人员。

二　ICADR 提供的服务

1. 提供程序上的服务

为促进双方同意根据仲裁规则进行仲裁，ICADR 将：

（1）在以下情形履行中心的职能：①双方已在其合同的仲裁条款或单独协议中指定了 ICADR；②双方在仲裁协议中同意将争端提交至 ICADR，但未明确 ICADR 为唯一指定机构。

（2）在协议要求时，或在各方同意的情况下由仲裁庭要求时，提供本规则规定的行政服务。依据仲裁规则，当事人可自由选择仲裁员和首席仲裁员。

2. 作为登记处，提供服务

（1）在接收依据《仲裁法》第5条第2款或第5条第3款提出的请求后，ICADR 须将该请求登记，并以书面形式将该案件的登记号码告知各方，而该案件的登记号码须由一方在其后向 ICADR 及仲裁庭作出任何沟通时引用。

（2）ICADR 将审查每项要求及文件，在登记册内作出必要的记录，并拟备案件档案。

3. 作为仲裁机构提供的服务

（1）在接收依据《仲裁法》第5条第2款或第5条第3款提出的委任仲裁员的请求后，ICADR 须遵循以下程序：

①ICADR 将向每一方当事人传送一份名单，其中包括仲裁员名册中至少三名仲裁员的姓名、地址、国籍以及资格和经验说明；

②在收到该名单后30天内，任何一方可删除其反对的仲裁员姓名，并在按照其偏好的顺序对姓名重新编号后，将该名单交回 ICADR；

③在收到双方退回的仲裁员名单后，ICADR 将从该名单中指定仲裁员，同时考虑双方指定的优先顺序；

④如因任何原因不能按照第①条至第③条所规定的程序作出委任，则 ICADR 可从仲裁员名册中委任仲裁员。

（2）在委任仲裁员时，ICADR 会顾及《仲裁法》第5条第5款第3项所述的事项，并会仔细考虑争议的性质，以便将具备适当专业或业务经验、语言能力及国籍的人士列入仲裁员名单。

（3）所有 ICADR 的委任，均由秘书长作出，如秘书长缺席，则由主席指定的理事会成员作出；但如秘书长被委任为仲裁员，则该项委任由主席作出。

4. 提供的行政服务

（1）一方当事人向仲裁庭发出的所有口头或书面沟通，可直接送交 ICADR，由 ICADR 将其转交仲裁庭，并在适当情况下送交另一方当事人。

（2）在向一方发送信息时，ICADR 将以各当事人为此目的向 ICADR 提供的地址为准。

（3）ICADR 会协助交换资料。

（4）ICADR 将协助仲裁庭确定庭审的日期、时间和地点，并提前通知各方。

（5）ICADR 将按附表所列的收费标准，为仲裁庭和当事各方提供仲裁场地等。这些费用将单独计算，不包括在行政服务费中。

（6）应要求，ICADR 将安排提交仲裁程序或参加听证的报告人副本。报告人副本的费用单独收费，不包括在行政服务费中。

（7）应要求，ICADR 将安排口译员或翻译员的服务，相关费用将由 ICADR 确定并单独收费，不包括在行政服务费中。

（8）ICADR 将持有预付款，以支付仲裁程序的费用。在仲裁程序终止时，ICADR 将把预付款用于任何未付的行政费用以及仲裁程序的费用，向当事方提供费用明细，并将多余部分返还。

（9）应要求，ICADR 将提供其他适当的行政服务，其费用将由 ICADR 决定并单独收费，不包括在行政服务费中。可提供的服务种类如下：

①秘书支持及文书协助；

②长途和本地电话、传真和复印机设施；

③影印及其他通常的办公服务。

（10）ICADR 可要求请求提供第（6）（7）（8）（9）项所述一项或多项服务的一方，交纳其指明的作为预付该等服务费用的款额；ICADR 还可要求双方就该等服务的费用追加保证金；如果保证金没有在 ICADR 规定的时间内足额交纳，ICADR 不提供所要求的服务。

三 ICADR 提供的程序

1. 仲裁：将争端提交仲裁庭，仲裁庭对双方的争端作出有约束力的决定（裁决）的程序。

2. 协商：一种不具有约束力的程序，在该程序中，双方之间的讨论在没有任何第三方介入的情况下开始，目的是通过协商解决争端。

3. 和解/调停：一种不具有约束力的程序，在该程序中，公正的第三方（和解员/调停人）协助争端双方达成双方满意的协议以解决争端。

4. 和解/调停—仲裁：一种连接和解/调停和仲裁的程序，如果争端未能在双方事先商定的时间内通过和解/调停解决，则进入仲裁程序。

5. 小型审判：一种不具有约束力的程序，在该程序中，争议双方当事人提交案件摘要，评估案件的优势、弱点和前景，然后有机会在中立顾问的协助下协商解决纠纷的方案。

6. 快速仲裁：在特别短的时间内以较低的成本作出仲裁裁决的一种仲裁程序。

四　ICADR 仲裁程序

1. 仲裁申请

发起仲裁的申请人应向被申请人和 ICADR 发出仲裁请求通知。仲裁程序自被申请人收到仲裁请求通知之日起开始。

2. 仲裁员人数及仲裁员的任命

除非双方另有协议，仲裁庭应为一名独任仲裁员。如果仲裁协议约定仲裁员人数为偶数，则 ICADR 将另外指定一名仲裁员作为首席仲裁员。

除非当事人另有约定，仲裁员国籍不受限制。如果仲裁协议约定每一方应指定一名仲裁员，两名被指定的仲裁员应共同指定首席仲裁员。如果一方在收到另一方的仲裁请求后 30 天内未能指定仲裁员，或仲裁员自被任命之日起 30 天内未能就首席仲裁员的指定达成一致意见，则该项委任应任何一方的要求，由 ICADR 作出。在任命独任仲裁员时，如果一方当事人在收到另一方当事人的请求后 30 天内未能就仲裁员的指定达成一致意见，则应根据一方当事人的请求，由 ICADR 作出指定。ICADR 所作的委任决定是终局的，对双方均有约束力。

仲裁员自其被任命之时起，在整个仲裁程序中，应毫不拖延地以书面形式向当事各方和 ICADR 披露可能影响其独立、公正地履行职责的情形。

拟对仲裁员提出异议的一方应在获悉仲裁庭的组成或第 8 条第 1 款所述的任何情况后 15 天内，向仲裁庭和 ICADR 提交一份书面陈述，说明提出异议的理由。

3. 仲裁庭裁决其管辖权的权限

（1）仲裁庭可根据其管辖权就仲裁协议的存在或有效性异议作出裁决。

（2）对仲裁庭无管辖权的异议，应在提交答辩书之前提出；一方当事人不得仅因其已任命或参与任命仲裁员而被排除提出该异议。

（3）主张仲裁庭超出其权限范围的异议，应在仲裁程序中提出。

4. 终止委托和替换仲裁员

（1）除《仲裁法》第 9 条和第 10 条所述的情况外，仲裁员的委任须在以下情况之一出现时终止：①仲裁员因任何理由辞职；②由双方当事人作出或依据双方当事人的协议而作出。

（2）凡仲裁员的委任终止，替代仲裁员的委任方式须与其前任仲裁员的委任方式相同。

（3）如果仲裁员被替换，仲裁庭可自行决定重新进行先前举行的听证会。

5. 仲裁庭作出临时措施

（1）仲裁庭可应争议一方的申请作出命令，批准《仲裁法》第 17 条第 1 款所列的临时措施。

（2）关于临时措施，仲裁庭具有与法院相等的作出该命令的权力。

（3）仲裁庭作出的临时措施命令，可根据《1908 年民事诉讼法》（1908 年第 5 号）强制执行，与法院的命令具有同等效力。

6. 程序规则的确定及仲裁语言

在符合本规则的规定下，仲裁庭可以其认为适当的方式进行仲裁。

关于仲裁语言，如果仲裁协议没有约定在仲裁程序中使用的语言，仲裁庭应决定在仲裁程序中使用的语言。除非另有规定，该协议或决定应适用于一方当事人的书面陈述、听证会以及仲裁庭作出的仲裁裁决、决定或其他通信。仲裁庭可以要求所有书面证据应附有仲裁语言的译文。

7. 索赔和抗辩声明

在仲裁庭组成后 30 天内，申请人应向仲裁庭和被申请人提交一份索赔声明，列明其索赔、争议点和寻求的救济。被申请人应在收到索赔声明后 30 天内，向仲裁庭和申请人提交关于这些细节的答辩书，列明其反请求或抵销请求（如有）以及寻求的救济。在收到被申请人的答辩书后 15 天内，申请人应向仲裁庭和被申请人提交其对上述答辩书的抗辩。

8. 听证和书面程序

仲裁庭可以进行预审程序，与当事人讨论仲裁应遵循的程序，决定本规则所述的期间，讨论听证日期，以及决定本规则要求或允许的其他事项，以确保仲裁程序的有效进行。仲裁庭将决定是否为提交证据或进行口头辩论而举行听证，或是否根据文件进行书面审理。

一方向仲裁庭提供的所有陈述、文件或其他信息，或一方向仲裁庭提出的申请，均应传达给另一方。仲裁庭作出决定所依据的专家报告或证据文件应传达给各方。

9. 仲裁庭的裁决及其期限

在有多于一名仲裁员的仲裁程序中，仲裁庭的任何裁决须由其全体成员的过半数作出。尽管有前述规定，如果当事人或仲裁庭全体成员授权，程序问题可由首席仲裁员决定。

仲裁裁决应在申请人提出仲裁请求之日起 12 个月内作出。如果裁决是在申请人提出仲裁请求之日起 6 个月内作出的，仲裁庭有权按规定收取当事人额外费用。经当事人同意，可以延长上述作出裁决的期限，但延长的期限不得超过 6 个月。如裁决没有在规定期限内或延长期限内作出，则除非仲裁庭在期限届满之前或之后延长该期限，否则仲裁员的委任即告终止。

10. 裁决款项的利息

如果仲裁裁决是为了支付款项，仲裁庭可按其认为合理的利率，将裁决款项的全部或任何部分从仲裁原因发生之日至裁决作出之日产生的利息裁定归申请人所有。

11. 程序终止

在作出最终仲裁裁决前出现以下情形之一时，仲裁庭应作出程序终止的命令，除非被申请人反对该命令，并且仲裁庭承认其在最终裁决方面具有合法利益：（1）索赔人撤回其索赔；（2）双方同意终止仲裁；（3）仲裁庭认为，由于相关原因，继续进行程序变得不必要或不可能。

12. 裁决的更正和解释

在收到仲裁裁决后 30 天内，一方当事人在通知另一方当事人后，可要求仲裁庭更正裁决书中的计算错误、文书或印刷错误或类似性质的错误；如果当事人同意，一方当事人在通知另一方当事人的情况下，可以要求仲裁庭对裁决的某一特定点或部分作出解释。如果仲裁庭认为上述请求是合理的，应在收到请求后 30 天内作出更正或解释，解释应构成仲裁裁决的一部分。仲裁庭可在仲裁裁决作出之日起 30 天内主动纠正裁决书中的计算错误、文书或印刷错误或类似性质的错误。

13. 保证金

仲裁庭在与 ICADR 协商后，可指示每一方当事人向 ICADR 存入一笔等额的预付款，作为将产生的《仲裁法》第 28 条所述费用的预付款，但如果当事人已经向仲裁庭提出索赔请求的，仲裁庭可以分别确定索赔保证金和反索赔保证金。

五　ICADR 程序的优势

第一，节省时间和成本。

第二，国际争端各方在适用的法律、程序、语言等方面有自主选择权。

第三，确保仲裁员、和解人、调停员或中立顾问的专业性。

第四，严格保密。

六　如何将争端提交至 ICADR

争端可通过以下两种方式提交至 ICADR：

（1）以合同中的条款约定将该合同下未来所有争端提交至 ICADR；

（2）通过一份单独的协议，约定将争端提交至 ICADR。

七　国际商事仲裁/和解的费用

1. 行政费用

表 1　ICADR 行政费用

单位：美元

争议总额	行政费用
不超过 50000	1500
50000 ~ 175000	1500 + 超过 50000 部分的 3%
175000 ~ 500000	5250 + 超过 175000 部分的 2%
500000 ~ 1000000	11750 + 超过 500000 部分的 1%
1000000 ~ 2000000	16750 + 超过 1000000 部分的 0.5%
2000000 ~ 5000000	21750 + 超过 2000000 部分的 0.25%
超过 5000000	29250 + 超过 5000000 部分的 0.125%，最高不超过 35000

注：如果争议标的不能用金额计算，秘书长应根据裁量权决定行政费用的数额。

2. 仲裁员/和解员费用

表 2　一名仲裁员/和解员的费用

单位：美元

争议总额	一名仲裁员/和解员的费用
不超过 50000	3000
50000 ~ 175000	3000 + 超过 50000 部分的 4.5%
175000 ~ 500000	9250 + 超过 175000 部分的 4%
500000 ~ 1000000	22250 + 超过 500000 部分的 3%
1000000 ~ 2000000	37250 + 超过 1000000 部分的 2%
2000000 ~ 5000000	57250 + 超过 2000000 部分的 1%
超过 5000000	87250 + 超过 5000000 部分的 0.5%，最高不超过 100000

注：如果争议标的不能用金额计算，由仲裁员/和解员决定每个案件的费用。

3. 设施费

一天或不足一天为 350 美元，加上每两小时 50 美元的 Wi-Fi 费用（可选），加上每两小时 50 美元的相机费用（可选），加上 100 美元的速记服务费用（可选）。

如果设施不是由 ICADR 的办公室提供的，则费用根据个案收取并单独计费。

◇ 亚洲国际仲裁中心（AIAC）

一 介绍

吉隆坡区域仲裁中心（Kuala Lumpur Regional Center for Arbitration，简称 KLRCA）在亚非法律协商组织（Asian-African Legal Consultative Organization，AALCO）的支持下成立于 1978 年。KLRCA 是 AALCO 在亚洲设立的第一个区域中心，专门为亚洲国际仲裁程序的执行提供制度上的支持。虽然获得马来西亚政府的支持，但 KLRCA 是一个不隶属于任何政府部门或机构的非营利组织。为发挥更大的作用和拓展平台规模，该中心于 2018 年正式更名为"亚洲国际仲裁中心"（Asian International Arbitration Centre，AIAC）。

二 仲裁特色

1. 首个采用最新修订的《联合国国际贸易法委员会仲裁规则》

AIAC 是世界上首个采用最新修订的 2010 年《联合国国际贸易法委员会仲裁规则》的中心。2010 年《联合国国际贸易法委员会仲裁规则》是世界上适用最广泛的仲裁规则。在采用该仲裁规则后，AIAC 可在 48 小时内完成仲裁员的指定，还使仲裁裁决作出的期限从 9 个月缩短至 3 个月。

2. 首个制定《伊斯兰教仲裁规则》

新修订的《伊斯兰教仲裁规则》（简称 i-Arbitration Rules）于 2017 年 6 月 9 日生效，以适用于根据伊斯兰法签订的商事合同。i-Arbitration Rules 于 2012 年获得全球仲裁评论"个人或组织创新"奖，并引起世界瞩目。i-Arbitration Rules 是世界上第一套专门用以解决包含伊斯兰法的商事合同所引起的争议的仲裁规则。该规则最显著的优势在于为有合同争议的伊斯兰当事人和非伊斯兰当事人在非伊斯兰仲裁庭解决伊斯兰教争议提供方案，并根据所涉及的伊斯兰法作出裁决。

3. 定位于区域纠纷解决服务

AIAC 定位于为亚洲区域内涉及贸易、商业和投资活动的各方提供一系列解决纠纷的制度和服务。

4. 受理的主要案件类型为建筑业纠纷

AIAC 处理的案件中，60% 涉及建筑业及土地纠纷问题。建筑业纠纷中，中期付款及最终结算是两大最常见的纠纷类型。

三 仲裁流程

亚洲国际仲裁中心的仲裁规则共由两部分组成：《亚洲国际仲裁中心仲裁规则》（共 18 条，自 2018 年 3 月 9 日生效）和《联合国国际贸易法委员会仲裁规则》。其中，《亚洲国际仲裁中心仲裁规则》（以下简称本规则）采用了《联合国国际贸易法委员会仲裁规则》的框架，关于仲裁程序有如下规定。

1. 一般规定

（1）如果各方当事人根据本规则已书面同意将其争议提交仲裁，那么：

①此类争议应按照本规则通过仲裁解决；

②仲裁应由 AIAC 按照本规则进行和管理；

③如果仲裁地在马来西亚，那么《马来西亚仲裁法》（2005 年）第 41 条、第 42 条、第 43 条和第 46 条不适用。

（2）除非各方当事人另有约定，仲裁所适用的规则应为仲裁开始时有效的规则。

（3）若上述两个仲裁规则之间存在冲突，则《亚洲国际仲裁中心仲裁规则》优先得到适用。

2. 仲裁程序的开始

申请人应向中心主任提交书面的仲裁通知以开启仲裁程序。仲裁通知应包括以下内容：

①所援引的仲裁条款或仲裁协议的副本；

②包含仲裁条款或引发仲裁的合同副本；

③确认仲裁通知已经或正在依注明的一种或几种方式同时向被申请人传送;

④确认已向 AIAC 交纳不可退还的受理费。其中,国际案件为 795 美元或其他等额的外币,国内案件为 1590 马来西亚林吉特。

主任收到仲裁通知及所附的证明材料之日为仲裁程序开始之日。

3. 文书传送

根据本规则第 3、4、20 ~ 24 条的规定须送达的各书面文件,应在送达另一方当事人的同时或之后立即送达中心主任。

4. 仲裁员的指定

各方当事人同意适用本规则的,中心主任应为指定案件管理人。

各方当事人可自由决定仲裁员人数。若当事人未能就仲裁员人数达成一致,且主任也未能根据案件情况决定仲裁员人数,则仲裁庭应由三名仲裁员组成(国际仲裁案件),或由独任仲裁员组成(国内仲裁)。

若各方当事人约定指定独任仲裁员,除非当事人另有约定,指定程序为:

①各方当事人共同指定独任仲裁员;

②在另一方当事人收到仲裁通知的 30 天内,各方当事人未就独任仲裁员的指定达成合意的,则任何一方当事人可请求主任指定独任仲裁员。

若各方当事人约定指定三名仲裁员,除非当事人另有约定,指定程序为:

①每方当事人应各指定一名仲裁员,且被指定的两名仲裁员共同指定第三名仲裁员,并由其担任首席仲裁员;

②若在收到一方当事人指定仲裁员的通知后 30 天内,另一方当事人仍未告知其指定的仲裁员,则已指定仲裁员的一方可请求主任指定第二名仲裁员;

③在指定第二名仲裁员之后 30 天内,被指定的两名仲裁员在指定首席仲裁员上未达成合意的,则由主任来指定首席仲裁员。

若主任应一方当事人请求指定独任仲裁员、仲裁庭成员或紧急仲裁员,主任应依据本规则指定仲裁员。另外,主任也可向各方当事人询问有关指定仲裁员的信息。

各方当事人指定的仲裁员必须经过主任的确认。

5. 对仲裁员的质疑

若存在可导致对仲裁员的公正性或独立性产生合理怀疑的情况，或仲裁员不具备当事人约定的资格，则当事人可对仲裁员进行质疑。

一方当事人可对自己指定的仲裁员进行质疑，但仅限于该方当事人在指定该仲裁员后知悉的导致对仲裁员的公正性或独立性产生合理怀疑的事由。

一方当事人对仲裁员的质疑应在接到该仲裁员的指定通知之日后15天内提出，或在该当事人知悉存在导致对仲裁员的公正性或独立性产生合理怀疑的情况之日后的15天内提出。

质疑通知应立即传送至所有其他当事人、被质疑的仲裁员、仲裁庭其他成员（如有）以及主任。

质疑通知应以书面形式作出，且附具理由，并确认已交纳5300美元或其他货币的等额费用（国际案件），或10600马来西亚林吉特（国内案件）。

主任可中止仲裁程序直至对质疑作出决定。

若在收到质疑通知之日后的15天内，另一方当事人不同意该质疑且被质疑的仲裁员未主动辞职，则主任应以书面形式对质疑作出决定并附具理由。

替代仲裁员应依据第4条来指定。

6. 仲裁程序的开展

仲裁庭可以其认为适当的方式进行仲裁，并行使第6条规定的权利。

7. 仲裁地

各方当事人可约定仲裁地。若未约定或未能达成合意，仲裁地为马来西亚吉隆坡，除非仲裁庭综合考虑案件情况，认为其他地方作为仲裁地更合适。

除非当事人另有约定，仲裁庭可在仲裁地之外的其他任何适当的地点进行与仲裁相关的行为，包括开庭，而仲裁仍应在任何意义上被视为在仲裁地进行。

8. 临时保护措施

仲裁庭可应一方当事人的请求根据第26条的规定采取临时保护措施。

在仲裁庭组成前，一方当事人若请求紧急救济，可向主任请求任命紧急仲裁员。

9. 新增当事人的追加

仲裁庭或主任（在仲裁庭尚未组成时）有权允许在仲裁程序中追加当事人，若仲裁协议表面上同时约束新增当事人或包括新增当事人在内的各方当事人均以书面形式表示同意。

10. 仲裁合并

经当事人申请，或主任认为适当时，主任可将正在进行的两个或多个仲裁合并，但需满足以下任一条件：①各方当事人同意合并；②各仲裁中的所有请求均依据同一仲裁协议提出；③请求依据多于一个的仲裁协议提出，而争议源于同一个法律问题，且主任认为各仲裁协议彼此兼容。

11. 设施和协助

根据仲裁庭或任何一方当事人的请求，主任应为仲裁程序的进行提供所需的设施和协助或对此作出安排，包括仲裁庭在审理案件期间的适当膳宿、秘书协助、速录服务、视频会议和翻译设备。这些费用由各方当事人平均分摊，除非当事人另有约定。

12. 技术审查和裁决

在最后的口头陈述或书面陈述发表或提交之后，仲裁庭应宣布仲裁程序终结，并以书面形式告知各方当事人和主任。

仲裁庭在仲裁裁决书上签字前应向主任提供一份其起草的裁决书。主任应在仲裁庭宣布仲裁程序终结之日起的三个月内作出技术审查。

由主任负责将仲裁裁决传送至各方当事人。

若当事人在仲裁程序开始后达成和解，则仲裁庭应一方当事人的请求依据和解协议作出裁决。若当事人未请求作出和解裁决，则各方当事人应通知主任关于和解达成的情况。尽管和解协议已经达成，但只有在仲裁相关费用问题均得到解决的情况下，仲裁程序才能终结且仲裁庭才能解散。

13. 费用

《联合国国际贸易法委员会仲裁规则》第40条所指的"费用"应包括AIAC所花费的与仲裁有关的合理开支、AIAC的管理费以及AIAC根据第11条所提供的设施和协助的费用。

除非当事人和仲裁庭根据第13条第4款另有约定，仲裁庭的费用由主任根据附件1来确定。除非当事人以书面形式另有约定，附件1（A）适用于国际仲裁案件（美元收费标准），附件1（B）适用于国内仲裁案件（马来西亚林吉特收费标准）。

此外，各方当事人和仲裁庭可在仲裁庭组成之日起 30 天内就仲裁庭的费用自由协商并达成费用协议。仲裁庭应告知主任有关费用协议的执行情况。

AIAC 的管理费由主任根据附件 1 来确定。除非当事人以书面形式另有约定，附件 1（A）适用于国际仲裁案件（美元收费标准），附件 1（B）适用于国内仲裁案件（马来西亚林吉特收费标准）。

14. 预付款

在仲裁程序开始后，主任应对仲裁的费用进行预估并确定预付款金额。预付款应由各方当事人均摊。

预付款应在当事人接到 AIAC 的通知之日起 21 天内支付。

任何一方未能在规定期间内支付预付款的，主任将给予另一方当事人在特定期间内支付该预付款的机会，否则仲裁庭不会进行仲裁程序直至款项付清。

在仲裁裁决作出后，AIAC 将提供所收到的预付款的账目，并将剩余的款项返还给当事人。

15. 由调解到仲裁

若当事人依据《亚洲国际仲裁中心调解规则》将争议提交调解但未能达成和解或调解程序终止，并决定根据《亚洲国际仲裁中心仲裁规则》进行仲裁，那么当事人向 AIAC 交纳的调解程序的管理费的一半将用作仲裁的管理费。

16. 保密性

仲裁庭、当事人、所有的专家、所有的证人以及 AIAC 均应对与仲裁程序有关的任何事项保密。

17. 免责

无论是 AIAC 还是仲裁庭，都不应对任何当事人的与仲裁程序的进行有关的作为或不作为承担责任。

18. 非依赖性

各方当事人和仲裁庭同意，在仲裁程序进行期间所作的任何声明或评论，无论是书面的还是口头的，都不应作为提起或支持任何诽谤、诋毁及造谣或任何诉讼事由的依据。

四　仲裁费用

表 1　AIAC 国际仲裁费用

单位：美元

争议金额	仲裁员费用	行政费用
≤50000	3500	2050
50001～100000	3500 + 超出 50000 部分的 8.2%	2050 + 超出 50000 部分的 1.26%
100001～500000	7600 + 超出 100000 部分的 3.6%	2680 + 超出 100000 部分的 0.705%
500001～1000000	22000 + 超出 500000 部分的 3.02%	5500 + 超出 500000 部分的 0.5%
1000001～2000000	37100 + 超出 1000000 部分的 1.39%	8000 + 超出 1000000 部分的 0.35%
2000001～5000000	51000 + 超出 2000000 部分的 0.6125%	11500 + 超出 2000000 部分的 0.13%
5000001～10000000	75500 + 超出 5000000 部分的 0.35%	16700 + 超出 5000000 部分的 0.088%
10000001～50000000	93000 + 超出 10000000 部分的 0.181%	21100 + 超出 10000000 部分的 0.052%
50000001～80000000	165300 + 超出 50000000 部分的 0.0713%	最多不超过 41900
80000001～100000000	186700 + 超出 80000000 部分的 0.0535%	
100000001～500000000	197400 + 超出 100000000 部分的 0.0386%	
≥500000001	351800 + 超出 500000000 部分的 0.03%	

注：仲裁费用不包括税费。

对于国际案件，紧急仲裁员的申请费用为 2120 美元，紧急仲裁员费用为 10600 美元。

五　其他事项

1. 仲裁员名册

AIAC 拥有超过 500 名的仲裁员。AIAC 遴选仲裁员时，会充分考虑仲裁员的资格和所擅长的纠纷类型。例如，这些仲裁员必须是英国特许仲裁学会马来西亚分会的会员。其中，有大约 140 名的本地仲裁员，其余的为外籍仲裁员。

2. 示范仲裁条款

"任何因本合同引起的或与之相关的争议、纠纷或索赔，包括合同的违反、终止或效力，均应按照《亚洲国际仲裁中心仲裁规则》解决。"

还可增加以下内容：

①仲裁地为……
②仲裁程序中应使用的语言为……
③本合同应适用的准据法为……
④在将争议提交仲裁前，双方当事人应按照现行的《亚洲国际仲裁中心调解规则》通过调解方式友好解决争议。

◇ 哈萨克斯坦国际仲裁中心（KIA）

一　机构介绍

哈萨克斯坦国际仲裁中心，The Kazakhstan International Arbitrage，以下简称 KIA，网址为 https://arbitrage. kz/en。

2005 年 1 月，哈萨克斯坦共和国仲裁法和国际商事仲裁法通过后，KIA 于 2005 年 1 月在阿拉木图成立。目前，KIA 在仲裁法的基础上运作。KIA 是一个常设仲裁机构，不仅接受依照哈萨克斯坦国内法律提起的仲裁申请，也接受因当事人的选择而提交的国际仲裁申请。案件受理的具体分配，主要基于当事人国籍的识别。本国当事方之间的争议应按照仲裁中心的规则依法进行裁量；本国当事方与外国当事方之间的争议，或者至少有一方当事方为外籍的争议，应按照国际商事仲裁规则进行裁量。

多年来，哈萨克斯坦国际仲裁中心已经成为哈萨克斯坦境内的主要仲裁机构之一，也是中亚地区国家境内发展最快的仲裁机构之一，其所审理的争议数量和索赔额不断增加就是证明。

KIA 已建立的仲裁员专家库的成员来自 24 个国家，覆盖了大部分行业领域，根据 KIA 的仲裁规则，具体案件还将许可当事人邀请非前述专家库的成员来担任仲裁员。仲裁员一旦被选定，则应根据仲裁规则和与案件相关联的实体法律，公平、高效地作出案件裁决。

KIA 最新的《仲裁规则》于 2019 年 3 月 5 日修订。

二　仲裁特色

1. 充分尊重当事人的意思自治

KIA 充分尊重当事人的意思自治，双方当事人有权以事先协议的方式自主决定对争议进行仲裁的程序和条件，意思自治是仲裁规则的首要原则。在仲裁程序中当事人享有广泛的自主权，当事人可以选择仲裁地点、仲裁员、选任仲裁员的方法、仲裁所适用的程序规则和对争议所适用的实体法等。如果争议涉及专门领域，可以选择由专门机构的专家担任仲裁员。

2. 仲裁保密性强

KIA 坚持仲裁保密性原则，仲裁员未经当事人同意不得泄露在仲裁程序中得知的信息，并不得作为证人提供在仲裁程序中得知的信息。当事人提起的仲裁申请、程序进展、仲裁庭开庭审理案件等情况，均不得在新闻媒介披露，裁决结果也不得公布。一旦仲裁人员和仲裁庭在未经当事人同意的情况下披露上述信息，其行为违法并将承担罚金等法律责任。

3. 成本低、效率高

KIA 为了帮助当事人节省时间和成本，必要时可以省略一些不必要的程序设置，其具有一系列制度开放设置，具有灵活、高效的优势。

4. 设置调解程序

KIA 也可以作为调解中心，当事人的选择条款或协议中，必须明确选定仲裁、调解或者仲裁＋调解的方式，并将双方的合意表达出来。

此外，KIA 的仲裁语言可以为俄语或英语。哈萨克斯坦首都阿拉木图为 KIA 所在地和仲裁地。根据当事人约定，以及仲裁员的方便程度，仲裁庭可在哈萨克斯坦共和国领土内或领土外的任何地方进行仲裁。在这种情况下，所有在阿拉木图以外的地方仲裁的额外费用，应当由当事人承担或者按照约定分担。哈萨克斯坦国际仲裁中心有权要求当事人为该额外费用提供适当的担保。

5. 为临时仲裁提供行政管理服务

为在《联合国国际贸易法委员会仲裁规则》下解决争议的当事人提供指定机构的服务，以及其他技术或秘书性质的行政管理服务。KIA 为临时仲裁提供的行政管理服务包括：开庭场所的安排、仲裁庭进行仲裁会议地点的安排；秘书和文书服务；当事人或者仲裁员的书面信息交流；开庭的速记笔录；开庭口译服务的安排；其他可以为仲裁庭提供的服务。

三 仲裁流程

1. 仲裁申请

申请人应在申请书中列明仲裁请求并以书面形式提交 KIA。申请书副本应送交被申请人。申请书应包含如下内容：申请书的提交时间；各方姓名、邮件地址及开户行资料；申请仲裁的理由；申请人的请求；申请人请求依据之情况；支撑申请理由的证据；申请赔偿的金额，若申请需要估价；申请书附具之文件及其他清单材料。

申请书应由申请人或其代表人签名，且该代表人应有律师权利或者由其他文件证明其有代表权。

2. 答辩

被申请人应向申请人和 KIA 提交包含其对申请之反对意见的答辩书。答辩书应在仲裁规则确定的期限内送交申请人及 KIA。若仲裁规则未确定提交答辩书的期限，则答辩书应至少在仲裁庭初次开庭日 10 天前提交。

KIA 接受仲裁申请书后应当根据仲裁规则及各方同意的规则作出启动仲裁程序的决定，告知各方审理地点，并要求被申请人提交对仲裁申请书的答辩。被申请人未提交答辩书的不妨碍案件的审理。

3. 变更仲裁申请书或答辩书

当事人可以在开庭审理结束之前，不予迟延地变更其仲裁申请书或答辩书。

仲裁庭认为当事人迟延变更仲裁申请书或答辩书不合理的，可以向该当事人收取 KIA 和另一方当事人由此产生的额外费用。

考虑到迟延问题，仲裁庭可拒绝对仲裁申请书或答辩书作出的变更。

4. 证据

当事人应对其申请和答辩所依据的事实提供证据。认为当事人所提交的证据不足以判明案情的，仲裁庭有权要求当事人提供其他证据。仲裁庭也有权指定专家进行鉴定、要求第三方提供证据以及传唤证人作证。当事人可以提交书面证据的正本或认证副本。为了仲裁的需要，仲裁庭有权要求将该书面证据翻译成其他语言。

质证应当以仲裁庭指定的方式进行。仲裁庭可委托其中一位仲裁员主持质证。仲裁员应当考虑所有可获得的证据，并通过内心确信对证据作出评估。

当事人未能提交证据的，不影响仲裁庭继续质证和在可获得的证据的基础上作出裁决。

5. 保全措施

除非当事人另有约定，否则应一方当事人的要求，仲裁庭可以针对争议标的采取其认为必要的保全措施。

保全措施的申请应当向仲裁进行地或保全措施采取地有管辖权的法院提出。普通管辖法院应当考虑经过 KIA 审核的保全申请，并按照哈萨克斯坦共和国现行民事诉讼法规定的方式作出保全或拒绝保全的裁决。

6. 指定和进行专家鉴定

除非当事人另有约定，仲裁庭可以指定专家对仲裁过程中产生的专业问题进行鉴定，也可以要求任何一方当事人提交文件或其他必要材料供专家鉴定。专家意见应当以书面形式提交。

当事人无具体约定时，仲裁庭有权决定专家参与仲裁有关的问题，包括聘请专家的费用以及专家鉴定中产生的费用。

除非当事人另有约定，专家意见提交后，应一方要求，仲裁庭认为合理的，专家应当参加庭审。庭审过程中，当事人应当有机会就鉴定的相关问题和专家意见向专家发问。

7. 第三人

只有经过双方当事人和第三人本人同意，第三人才能参加仲裁。在答辩书提交期限截止之前请求追加第三人的，应当准许。第三人的同意应当以书面形式作出。

8. 延期或中止仲裁

必要时，任何一方当事人或仲裁庭可以提出延期或中止仲裁，仲裁庭应当对此作出特别决定。

9. 仲裁时间

KIA 应尽可能在仲裁庭成立（独任仲裁员被选定或指定）之日起不超过 60 天内完成仲裁。例外的情况下，这一期限可以依据 KIA 主席的决定而延长。

10. 交纳相关费用

提交申请书时，申请人应当支付立案费。立案费支付完毕前，申请应被视为未提出。立案费不予退还。

申请人应支付关于每一仲裁请求的仲裁费用。KIA 主席应申请人要求，有权允许分期支付仲裁费用。但这种情况下，首付款不得低于仲裁费用总额的 50%。除非仲裁费支付完成，否则关于此请求的仲裁程序不得启动，对整个案件也不应采取任何行动。

11. 裁决的作出

如果仲裁庭认为与争议相关的事实是充分确实的，应当宣布结束开庭审理，准备作出最终裁决。

裁决应当以仲裁庭的多数意见作出。不能以多数意见作出的，应当以首席仲裁员的意见作出。

裁决应当以书面形式作出并由仲裁员署名。不同意裁决的仲裁员应当以书面形式陈述其意见，该书面意见应附在裁决书后。

12. 宣布裁决

裁决作出后，应当向当事人口头宣布裁决结果。当事人不在场时，应当以书面形式告知。通常在仲裁庭指定的不超过 30 天的期限内，裁决会被发送给当事人。

审理结束后，仲裁庭可以下令，不经过口头宣布而直接将仲裁裁决在通常不超过 30 天的期限内发送给当事人。如果裁决结果还未向当事人宣布，必要时，仲裁庭可以再次开庭，KIA 主席可以延长规定的期限。

13. 仲裁裁决的执行

KIA 的仲裁裁决应在双方自愿的基础上在裁决要求的期限内执行，没有注明期限的，应当立即执行。

未在规定期限内自愿执行裁决的，应根据哈萨克斯坦共和国现行民事诉讼法执行。KIA 的裁决应当根据有管辖权的法院发布的强制执行命令，在执行有效期内予以执行。

四　仲裁费用

1. 费用项目

费用包括如下几项：（1）注册费用，注册费用是申请人将仲裁申请书提交至 KIA 时需交纳的费用，以支付仲裁程序开始前产生的费用；（2）仲裁费用，仲裁费是对提交至 KIA 仲裁的每一项申请收取的费用，用于支付与 KIA 仲裁业务有关的一般费用（仲裁员费用、对秘书的报酬、与仲裁程序安排有关的费用等）；（3）附加费用，KIA 附加费用是 KIA 因某一案件的仲裁而产生的特殊费用（尤其是专家报酬、翻译费、证人费用、差旅费等）；（4）当事方的费用，当争议在 KIA 仲裁时，除本条前几款所述费用外，因保护当事方利益而发生的费用。

2. 注册费用

注册费用为 70000 坚戈，不含增值税。

登记费可以美元或欧元支付，以哈萨克斯坦共和国国家银行自索赔提交之日起生效的官方汇率支付，但前提是该汇率不违反哈萨克斯坦共和国现行的货币法。根据索赔人的申请，可以允许其以美元或欧元以外的货币支付登记费，但前提是该货币不违反哈萨克斯坦共和国现行的货币法。

后期支付仲裁费用的，应当在仲裁费用中抵销注册费。注册费用不予退还。

3. 仲裁费用

仲裁费用应包含：（1）仲裁员费用，即由仲裁员产生的有关仲裁程序的费用，包含去往仲裁地的差旅费；（2）专家及笔译或者口译译者的费用；（3）由仲裁员产生的，且有关在书面证据和实物证据所在地进行调查和研究之费用；（4）证人产生的费用；（5）给付给裁决胜诉方代表人的服务费；（6）维持仲裁程序得以进行的组织管理费。

在常设仲裁中，仲裁员费用应由仲裁庭根据常设仲裁机构规则项下的费用表决定。如果该常设仲裁机构规则未确定仲裁员费用的固定比例，仲裁庭应根据索赔价值、争议复杂程度、仲裁员花费在仲裁程序上的时间及有关本案的其他情形，确定各具体案件的仲裁员费用。

在解决特定争议的仲裁中，仲裁员费用比例应由双方协议确定，无上述协议时，则应由仲裁庭视情况确定。

4. 仲裁费之分担

仲裁费用应由仲裁庭根据各方约定加以分配，若无约定，该分配应与对索赔的支持和驳回成比例；给付给裁决胜诉方代表人的服务费及其他关于仲裁程序的费用，应根据仲裁庭裁决由另一方负担，若赔偿该费用之申请在仲裁程序中提出且得到仲裁庭支持；仲裁费之分担应在仲裁庭裁决中确定。

表 1　KIA 仲裁费用

单位：坚戈

争议金额	仲裁费用
0 ~ 3000000	270000
3000001 ~ 15000000	270000 + 3000000 以上金额的 2%

续表

争议金额	仲裁费用
15000001 ~ 30000000	600000 + 15000000 以上金额的 3%
30000001 ~ 60000000	1050000 + 30000000 以上金额的 3%
60000001 ~ 150000000	1800000 + 60000000 以上金额的 3.66%
150000001 ~ 300000000	4500000 + 150000000 以上金额的 3%
300000001 ~ 1500000000	争议金额的 3%
1500000001 ~ 3000000000	争议金额的 2%
3000000000 以上	争议金额的 1.5%

注：仲裁费用不含增值税。

表 2　KIA 仲裁费用

单位：美元

争议金额	仲裁费用
10000 及以下	900
10001 ~ 50000	900 + 10000 以上金额的 2%
50001 ~ 100000	2000 + 50000 以上金额的 3%
100001 ~ 200000	3500 + 100000 以上金额的 3%
200001 ~ 500000	6000 + 200000 以上金额的 3.66%
500001 ~ 1000000	15000 + 500000 以上金额的 3%
1000001 ~ 5000000	争议金额的 3%
5000001 ~ 10000000	争议金额的 2%
10000000 以上	争议金额的 1.5%

注：仲裁费用不含增值税。

五　其他事项

1. 仲裁庭的组成

（1）当事人应有权决定仲裁员的人数，仲裁员的人数应当为奇数。除非当事人约定案件由独任仲裁员仲裁，否则仲裁庭应由三名仲裁员组成。根据当事人的申请，KIA 主席可以增加仲裁员的人数。增加仲裁员所产生的额外费用由当事人承担。独任仲裁员的职责应当参照本仲裁规则对仲裁庭职责的规定。

（2）由三名仲裁员组成仲裁庭时，每个当事人应选定一名仲裁员和一名替补仲裁员。如果一方当事人未能在本仲裁规则第 23 条第 2 款规定的期限内选定仲裁员和替补仲裁员，那么仲裁员可以由 KIA 主席来指定。

（3）由当事人选定或 KIA 主席指定的仲裁员、首席仲裁员和替补首席仲裁员应当在仲裁员名册中。如果两名仲裁员没有从选定或指定第二名仲裁员之日起 10 天内选出首席仲裁员，那么首席仲裁员应当由 KIA 主席从仲裁员名册中指定。KIA 主席也可以同样方式指定替补首席仲裁员。

（4）如果有两名以上的申请人或被申请人，那么该方当事人应共同选定一名仲裁员和一名替补仲裁员。他们也可以请求 KIA 主席代表他们指定仲裁员和替补仲裁员。

如果申请人和被申请人没能在 10 天内达成协议，那么仲裁员和替补仲裁员应当由 KIA 主席从仲裁员名册中指定。这一期限应当从有必要代多方当事人指定仲裁员和替补仲裁员时起算。

2. 独任仲裁员的选定

如果当事人约定案件由独任仲裁员仲裁，那么应根据当事人的协议选定一名独任仲裁员和一名替补独任仲裁员。当事人也可以请求 KIA 主席代表他们指定。如果当事人没能在 20 天内达成协议，那么应由 KIA 主席从仲裁员名册中指定一名独任仲裁员和一名替补独任仲裁员。

◇ 蒙古国际与国家仲裁中心（MINAC)

一 机构介绍

蒙古国际与国家仲裁中心（Mongolian International and National Arbitration Center，简称 MINAC，网址：http://www. arbitr. mn/）位于蒙古首都乌兰巴托，为蒙古国家工商会的一部分，自 1960 年以来一直在运作，是蒙古受国际公认的仲裁机构。由于蒙古的经济增长和经济外交关系的发展，从 2013 年 1 月起，蒙古国家仲裁中心（MNAC）的名称改为"蒙古国际与国家仲裁中心（MINAC)"。MINAC 的章程于 2012 年 12 月 17 日由蒙古国家工商会通过，并于 2013 年 1 月 1 日起生效。MINAC 与 21 名国际组织附属仲裁员、亚太国际商业仲裁协会成员以及 20 多个国际仲裁机构合作。

MINAC 是亚太国际商业仲裁协会的成员，拥有 46 名国内仲裁员，这些仲裁员在蒙古专门从事法律、经济、金融、矿业领域的仲裁，以及 13 名外国仲裁员（来自俄罗斯、中国、美国、德国、日本、波兰等）。该中心由主席、秘书长、仲裁员和工作人员组成。仲裁员由 MINAC 任命，任期三年。

MINAC 在蒙古推广和开展仲裁活动，开展培训，提供法律咨询，出版与仲裁有关的期刊和书籍，监督和解决由商业、经济相关协议引起的纠纷。此外，MINAC 还提供商业调解。

MINAC 最新的《仲裁规则》于 2017 年 3 月 2 日生效。

二 仲裁特色

1. 为临时仲裁提供服务

根据 MINAC 临时仲裁规则的规定，仲裁机构为临时仲裁提供以下服务：①向当事人和仲裁员提交文件；②记录仲裁裁决；③仲裁庭的翻译工作；④提供仲裁场地；⑤安排仲裁的地点和日期，并通知当事人；⑥为仲裁员安排住宿；⑦决定临时仲裁的费用；⑧其他服务。

2. 仲裁规则以《联合国国际贸易法委员会国际商事仲裁示范法》为基础

与2003年《仲裁法》一样，MINAC的《仲裁规则》基本以1985年《联合国国际贸易法委员会国际商事仲裁示范法》为基础。就其本身的管辖权而言，与1985年《联合国国际贸易法委员会国际商事仲裁示范法》的规定非常相似。

3. 临时措施

仲裁庭可应当事一方的请求，命令任何一方采取仲裁庭认为必要的临时保护措施，除非当事人另有协议。仲裁庭还可以要求提出请求的一方就此类措施提供适当的担保。

4. 保密性强

仲裁庭的组成人员、当事人、秘书、证人和专家有义务就仲裁程序和证据为所有参与仲裁的当事人保密。仲裁庭经当事人同意方可发布仲裁裁决。

5. 充分尊重当事人的意思自治

根据MINAC《仲裁规则》和2003年《仲裁法》，当事人双方拥有广泛的自主权。各方可以自由商定时限、仲裁庭的组成、提交证据的规则、专家证人的使用和和解事宜。当事人的意思自治甚至延伸到是否同意举行口头审理或是否希望仲裁庭仅根据书面证据来裁决案件。

6. 仲裁语言默认为蒙古语

根据2003年《仲裁法》，仲裁的默认语言为蒙古语，但是当事人可以协商在仲裁程序中使用另一种语言。仲裁庭可以进一步命令任何书面证据应附有双方商定的一种或多种语言的译本。

三　仲裁流程

1. 仲裁申请

向MINAC的秘书处提交仲裁申请，由秘书处登记。仲裁申请书应包括以下信息：①当事人的姓名、地址、电话、电子邮件、邮政地址，被授权人员的上述信息；②索赔要求和金额；③申请索赔的理由和争议的内容；④与争议有关的合同；⑤仲裁协议和参考文件；⑥仲裁费用的收据。另外，仲裁申请书可以包括以下信息：支持仲裁申请的法律依据，关于仲裁地点、语言和适用法律的意见，关于选择仲裁员的意见。

仲裁申请书及随附材料，被申请人的答复、反诉及随附材料可以按照仲裁案件当事人和仲裁员的数量进行复制。

如果当事人未就仲裁语言达成一致，则该仲裁申请书应以蒙古语提交，并且所附文件应以蒙古语的版本提交。

2. 退回仲裁申请的情况

仲裁庭可以退回仲裁申请的情形：①非仲裁管辖的纠纷；②没有权利或者没有代表权的人提出的仲裁申请；③法院或者仲裁庭已对这一问题作出了有效的裁决；④其他不符合申请的条件。

3. 答复与反诉

除非当事人另有约定，仲裁庭应向被申请人发出仲裁通知、仲裁员名单、发票以及随附文件。仲裁自按照规则第 9 条的规定被申请人收到仲裁通知时开始。

当事人可以针对对自己不利的仲裁申请提交答复或者反诉，收到仲裁通知后应在 30 天内提交答复，对仲裁员的指定应书面通知秘书处。如果未在规定的期限内对索赔作出回应，也未指定仲裁员，仲裁应继续进行。如果有多名申请人或被申请人，则应按照通知发送给最后一个人的时间来计算期限。

被申请人有权在案件终止前提出反诉。

4. 文件及期间的计算

案件当事人或其代理人和辩护人应提供与争议有关的所有相关文件和陈述。在可以通知的情况下，当事人应通知所有其他当事人。

通过任何其他通信手段的通知，如传真、电报、电子邮件等，均应视为已收到。

上述文件和通知的相关期限应在收到文件和通知之日予以考虑。时间以公历日计算，从收到日期算起。

如果指定期间的最后一天是假日，则最后一天被视为下一个工作日的第一天。

5. 仲裁庭的管辖权

仲裁庭应平等对待各方，并应及时有效地开展各项工作，并作出必要的努力。仲裁庭应对案件行使管辖权，并应依照仲裁庭的决定运作。仲裁庭可以根据当事人的建议，确定适当的仲裁程序规则和仲裁时间表，以确保仲裁的有效性。仲裁庭可以延长或缩短规定的或当事人约定的期限。仲裁庭与任何当事方的通信应传达给秘书处和另一方当事人。

6. 仲裁地点

当事人可以约定仲裁地点，当事人没有约定的，由仲裁庭决定仲裁地点和会议地点。

除当事人另有约定外，仲裁庭可以在仲裁地点以外的地方进行磋商，听取证人、专家、当事人的陈述，对货物、财产、文件进行检验。

7. 仲裁语言

当事人可以协商确定仲裁程序中使用的语言。当事人协商不成的，仲裁庭应当根据法律和争议的内容确定仲裁语言。

仲裁庭可以要求当事人将专家的结论和其他书面证据翻译成仲裁语言；当事人可以申请翻译人员参加仲裁程序，翻译费用由当事人自行承担；仲裁庭根据需要可以指定翻译人员。

如果当事各方使用不同的语言进行交流，仲裁员可以用其母语发表意见并参与仲裁。仲裁庭有若干仲裁员的，可以在秘书处取得翻译协助。

8. 专家证人

当事方可以请求仲裁庭任命专家证人。如果当事人对专家证人提交的报告存在疑问，其可以质疑专家证人，该质疑结果应由仲裁庭决定。

专家证人有权了解案件材料并要求仲裁庭和当事人提供补充材料。专家可以审查货物或文件，以便对案件进行审查并提出专家意见。如果其中一位专家不同意其他专家的结论，他可以作出单独的结论和解释。

仲裁庭通常任命技术专家，如工程师和建筑师。仲裁庭任命法律专家的情况并不常见，而仲裁庭将依赖当事人的法律顾问提交的法律文件。

9. 证据

双方当事人或其代表应承担证明支持其申请或答辩的事实的责任。不得允许当事人及其代表和第三方提交虚假的证据，也不得以任何非法方式收集证据，仲裁庭对以这种方式收集的证据不予采信。

证据必须在仲裁听证会前 7 天提交，如果双方当事人在仲裁过程中要求提交新证据，听证会可以暂停。

为确定争议的实际情况，仲裁庭可决定是否传唤证人、任命检查人员或者要求提供其他文件。仲裁庭可以通知证人出庭作证，当事人也可以事先申请证人出庭作证。

如果仲裁庭未能在规定的时间内收到其要求的文件、证据和其他材料，仲裁庭可以在规定的期限内作出决定。

10. 仲裁裁决

如果案件由一名以上的仲裁员仲裁，仲裁庭的任何决定均应以多数人意见作出。

仲裁裁决必须以书面形式作出，并且必须由仲裁员签名。在拥有一名以上仲裁员的仲裁庭中，仲裁庭多数成员签名即可，但是其他仲裁员未签名的原因必须在裁决中明确说明。

裁决书必须包括仲裁员的姓名、仲裁地点和裁决签署日期、裁决作出的法律依据，以及仲裁费用。

仲裁裁决将交给各方当事人，仲裁裁决生效后具有终局效力和约束力，当事人或其继承人无权向任何仲裁庭或法院提起上诉。

11. 仲裁裁决的解释、补充与更正

对仲裁裁决的解释、补充和更正应当遵循《仲裁法》第46条。当当事人提出解释、补充或更正的申请时，仲裁庭应以书面形式答复当事人。

四　仲裁费用

仲裁费用包括基本费用和额外费用，申请人应提前向仲裁中心支付。基本费用包括仲裁员的费用和管理费用。

当事人应当在仲裁庭规定的期限内，支付仲裁程序中产生的下列额外费用：支付专家和仲裁员进行与其主要职责无关的工作的费用；检查费用与仲裁员补贴；仲裁场地费用；邮费，翻译费用，证人的费用，仲裁员和秘书的差旅费；其他费用。

在仲裁期间，如索赔金额提高了，则适用 MINAC《仲裁规则》相应地提高仲裁费用，如索赔金额减少了，则仲裁费用不予退还。

表 1　MINAC 国际仲裁基本费用

单位：美元

争议总额	仲裁基本费用
1 ~ 1000	争议总额的 30%
1001 ~ 5000	300 + 1000 以上部分的 3%
5001 ~ 10000	420 + 5000 以上部分的 3%
10001 ~ 50000	570 + 10000 以上部分的 3%
50001 ~ 100000	1770 + 50000 以上部分的 3%
100001 ~ 200000	3270 + 100000 以上部分的 3%
200001 ~ 500000	6270 + 200000 以上部分的 2.5%
500001 ~ 1000000	13770 + 500000 以上部分的 2%
1000000 以上	23770 + 1000000 以上部分的 1.5%

表 2　MINAC 国内仲裁基本费用

单位：图格里格

争议总额	仲裁基本费用
1 ~ 1000000	争议总额的 15%
1000001 ~ 5000000	150000 + 1000000 以上部分的 2.5%
5000001 ~ 10000000	250000 + 5000000 以上部分的 2.5%
10000001 ~ 50000000	375000 + 10000000 以上部分的 2%
50000000 ~ 100000000	1175000 + 50000000 以上部分的 1.7%
100000001 ~ 200000000	2025000 + 100000000 以上部分的 1.5%
200000001 ~ 500000000	3525000 + 200000000 以上部分的 1.3%
500000001 ~ 1000000000	7425000 + 500000000 以上部分的 1%
1000000000 以上	12425000 + 1000000000 以上部分的 0.8%

五　其他事项

1. 仲裁庭的组成

（1）双方应从 MINAC 的仲裁员名单中指定仲裁员。仲裁员可由当事人选定或由仲裁机构指定。

（2）当事人应在收到仲裁启动通知后 30 天内指定一名仲裁员。在此期间，当事人如未指定仲裁员，或未就仲裁员的指定达成一致意见，则

MINAC 应进行任命。

（3）当事人对仲裁员人数没有约定的，有多名申请人和被申请人时，申请人一方和被申请人一方应当在 30 天内各自共同指定一名仲裁员。

（4）除非当事人另有约定，仲裁庭应由三名仲裁员组成。如果双方对仲裁员人数另有约定，则仲裁员数量应为奇数。

（5）在双方当事人同意，或者当事双方中的一方提出了建议，另一方收到建议后的 7 天内未拒绝的情况下，MINAC 应任命仲裁员。

（6）MINAC 在指定仲裁员时应考虑仲裁员是否符合当事人的要求、仲裁员的经验以及资格（包括仲裁员的管辖权、地址、时间、语言和其他情况）。

2. 仲裁员的免职

除非双方另有约定，否则仲裁员只能因第 11 条第 2 款规定的仲裁员独立性问题被免职。

仲裁员长期不履行其职责或者拒绝担任仲裁员的，仲裁员的任命应当终止，并任命新的仲裁员。仲裁员不及时履行义务、不正当履行义务、违反职业道德的，应当终止仲裁员的任命。

3. 快速仲裁程序

当事人可以协商进行快速仲裁程序。如果仲裁以快速仲裁程序进行，仲裁庭应由一名仲裁员组成，仲裁员应由仲裁主席指定。仲裁员应要求双方当事人在收到仲裁程序材料后 7 天内提交 MINAC《仲裁规则》第 16 条第 2 款所述事项的建议书，这是确定仲裁程序所必需的。仲裁员应在双方事先书面同意的基础上确定仲裁程序，如果双方有异议，应自行确定仲裁员。

仲裁员应当针对仲裁程序发出书面指示，并按照 MINAC《仲裁规则》第 29 条第 6 款规定的程序进行仲裁。

◇ 越南国际仲裁中心（VIAC）

一 机构介绍

越南国际仲裁中心（Vietnam International Arbitration Center, 简称 VI-AC, http://eng. viac. vn/bieu-phi）是一家独立、专业、长期的仲裁机构，通过仲裁和调解解决国内纠纷和涉外纠纷。VIAC 的目标是促进仲裁或替代性争端解决方法（ADR）的发展，致力于建立客观、公正、可靠的争端解决机制，以确保争端解决的有效性和便利性。VIAC 的仲裁员是来自越南各领域的高级专家。

二 仲裁特色

1. 灵活性

双方当事人可自由商定：仲裁员的选任、资格和国籍；仲裁语言（与外国当事人发生争议时）；适用法律（与外国当事人发生争议时）；仲裁地点；争议解决时间。

2. 透明性和保密性

仲裁规则是透明的，根据当事人的协议统一适用。当事人在仲裁过程中可查阅相关文件。仲裁费用可在仲裁中心的网站上公开。争议解决的信息和过程是保密的。

3. 公正性和效率性

仲裁员具有专业知识，并依法独立、公正、客观地解决争议，符合国际标准。

合理的时间和成本。VIAC 作出的仲裁裁决将直接发送给越南执行机构，无须在法院进行承认和执行程序。在外国强制执行方面，VIAC 作出的仲裁裁决可在 150 多个国家和地区强制执行，这些国家和地区是《纽约公约》的成员。

三　仲裁流程

1. 仲裁程序的开始

除非当事人另有协议，仲裁程序应自中心收到根据《仲裁规则》（以下简称本规则）第 7 条第 2 款提出的仲裁请求之日起开始。

2. 仲裁请求书

（1）申请人应向中心提交仲裁请求书。

（2）仲裁请求书应当包含下列内容：①提出仲裁请求的日期；②当事人的姓名和地址；③争议内容概要；④索赔理由；⑤争议的标的额和申请人的其他索赔；⑥申请人选定的仲裁员的姓名或根据本规则请求中心指定仲裁员；⑦申请人是组织的，由其法定代表人或者授权代表签字；申请人是个人的，由个人或者其授权代表签字。

（3）仲裁请求书应当附具仲裁协议和其他有关文件。

（4）仲裁请求书、仲裁协议和其他有关文件应当依照本规则第 3 条第 1 款的规定提交足够数量的副本。

3. 通知和仲裁请求的送达

除当事人另有约定外，中心应当自收到仲裁请求书、仲裁协议及其他有关文件和仲裁费用之日起 10 天内，向被申请人发出仲裁通知、仲裁请求书、仲裁协议及其他相关文件。

4. 答辩书

（1）除非双方另有协议，被申请人应在收到仲裁通知、仲裁请求、仲裁协议和其他相关文件之日起 30 天内，向中心提交答辩书。答辩书应包括以下信息：①作出答辩书的日期；②被申请人的姓名和地址；③答辩理由；④被申请人选定的仲裁员的姓名或根据本规则请求中心指定仲裁员；⑤被申请人是组织的，由其法定代表人或者授权代表签字；被申请人是个人的，由个人或者其授权代表签字。被申请人声称没有仲裁协议或者仲裁协议无效或不能履行的，应当在答辩书中提出；被申请人未提出异议的，视为放弃对上述事项提出异议的权利。在被申请人提出异议的情况下，被申请人仍应选择一名仲裁员或要求中心指定一名仲裁员。

（2）应被申请人的请求，中心可延长提交答辩书的期限。延期申请必须以书面形式提出，并在上述 30 天期限届满前或提交答辩书的延长期限届满前送交中心。在这种情况下，被申请人仍应在上述 30 天期限内选择一名仲裁员或请求中心指定一名仲裁员。

（3）答辩书和有关文件应当依照本规则第 3 条第 1 款的规定，提交足够数量的副本。

（4）被申请人未提交答辩书的，仲裁程序继续进行。

5. 反请求

（1）被申请人有权对申请人提出反请求。反请求必须以申请人提出仲裁请求的仲裁协议为依据。反请求须单独以书面形式提出，并须与答辩书同时呈交中心。

（2）反请求应当包含下列内容：①提出反请求的日期；②当事人的姓名和地址；③反请求的内容概要；④反请求的理由；⑤反请求的标的额和被申请人的其他请求；⑥被申请人是组织的，由其法定代表人或者授权代表签字；被申请人是个人的，由其个人或者授权代表签字。

（3）反请求书和有关文件应当依照本规则第 3 条第 1 款的规定提交足够数量的副本。

（4）除当事人对时间另有约定外，中心应在收到反请求书、有关文件和仲裁费用之日起 10 天内，依照本规则第 35 条的规定，向申请人发出通知、反请求书及有关文件。

（5）除当事人对期限另有约定外，申请人应当自收到通知、反请求书及有关文件之日起 30 天内，依照本规则第 3 条第 1 款的规定，向中心提交足够数量的反请求答辩书。

（6）反请求应当与申请人的请求一并由同一仲裁庭裁决。

6. 仲裁员人数

（1）争议可由三名仲裁员或一名独任仲裁员组成的仲裁庭解决。

（2）除非双方约定争议由一名独任仲裁员解决，否则争议应由三名仲裁员组成的仲裁庭解决。

7. 三名仲裁员仲裁庭的组成

（1）除非双方另有约定，申请人应选择一名仲裁员或请求中心指定一名仲裁员。如有多名申请人，多名申请人须就选择一名仲裁员达成一致，或同意请求仲裁中心指定一名仲裁员，并须通知仲裁中心。仲裁员名册未记载被选定仲裁员姓名的，申请人应当将仲裁员的地址告知仲裁中心。

凡申请人请求中心指定仲裁员的，中心的主席须在接到该项请求之日起 7 天内指定仲裁员。

（2）除非双方另有约定，被申请人应选择一名仲裁员或请求仲裁中心指定一名仲裁员，并应在收到通知、仲裁请求、仲裁协议和其他相关文件之日起 30 天内通知仲裁中心。如有多名被申请人，被申请人应共同选择一名仲裁员，或同意请求仲裁中心指定一名仲裁员，并应通知仲裁中心。被选定的仲裁员未列入仲裁员名册的，被申请人应将该仲裁员的地址告知仲裁中心。如果被申请人请求中心指定仲裁员，中心主席应在收到请求之日起 7 天内指定仲裁员。如被申请人未能在上述 30 天期限内选定仲裁员或请求中心指定仲裁员，中心主席应在该期限届满后的 7 天内指定仲裁员。如有多名被申请人，被申请人未能就仲裁员的选择达成一致，或未能在上述期限内请求仲裁中心指定一名仲裁员，则仲裁中心主席应在该期限届满后的 7 天内指定一名仲裁员。

（3）除非当事人另有约定，在被申请人选定或中心主席指定的仲裁员收到选定或指定通知之日起 15 天内，两名仲裁员应选择第三人担任仲裁庭的首席仲裁员，并通知中心。如果中心在期满前没有收到通知，中心主席应在期满后的 7 天内指定仲裁庭的首席仲裁员。

（4）在根据上述第（1）、（2）、（3）项以及本规则第 13 条的规定作出指定时，中心主席应适当考虑仲裁员的必要资格、仲裁员是否有足够的时间有效解决争议。

8. 独任仲裁员仲裁庭的组成

除非双方另有约定，在被申请人收到通知、仲裁请求、仲裁协议和其他相关文件之日起 30 天内，双方应就独任仲裁员的选择达成一致，或请又求仲裁中心任命独任仲裁员，并应通知仲裁中心。如果被选定的独任仲裁员未列入仲裁员名册，双方应将该独任仲裁员的地址告知仲裁中心。如果中心没有收到通知，中心主席应在上述期限届满后的 7 天内任命独任仲裁员。

9. 仲裁员的一般规定

（1）在收到被选定或指定为仲裁员的通知后，在整个仲裁程序中，被选定或指定的仲裁员应向中心及时披露任何可能对其公正性、独立性或客观性产生质疑的事实，并应将这些事实通知双方当事人。

（2）仲裁员不得为任何一方担任律师。

（3）被选定或者指定的仲裁员在下列情况下必须拒绝担任仲裁员：①仲裁员是一方当事人的亲属或者代表；②仲裁员与争议有利害关系；③仲裁员是一方当事人的调解人、代表或者律师；④有明确理由证明仲裁员不公正或不客观；⑤仲裁员不符合双方约定的具体资格；⑥仲裁员不符合仲裁法规定的资格。

（4）在仲裁程序中，仲裁员不得私下会见或联系任何一方当事人，任何一方当事人不得私下会见或联系与争议有关的仲裁员。

（5）当事人对仲裁员的具体资格已经有约定的，仲裁员应当被视为符合该资格，但当事人自收到选定或者指定仲裁员的通知之日起15天内，以仲裁员不符合约定的资格为由请求更换仲裁员的除外。在这种情况下，更换仲裁员应遵守本规则第17条的规定。

10. 更换仲裁员

（1）仲裁员有本规则第16条第3款规定的情形之一的，仲裁员应当拒绝解决争议，当事人有权要求更换仲裁员。

（2）仲裁员拒绝解决争议或一方当事人要求更换仲裁员的，应向中心提交书面申请。如果仲裁庭尚未组成的，由中心主席决定更换仲裁员；已经组成仲裁庭的，由仲裁庭其余成员决定更换仲裁员；仲裁庭其余成员不更换仲裁员的，由中心主席决定。在其他情况下，中心主席应作出决定。如果仲裁庭由独任仲裁员组成，中心主席应就更换独任仲裁员作出决定。仲裁庭其余成员或中心主席关于更换仲裁员的决定，可以不说明理由而作出，并且是终局的。

（3）仲裁庭其余成员或者仲裁中心主席决定更换仲裁员的，应当依照本规则第12条或者第13条的规定选定或者指定替换仲裁员。被替换的仲裁员不得由当事人重新选定或由中心主席重新任命。如果仲裁庭其余成员或中心主席决定不更换仲裁员，仲裁员应继续解决争议。

（4）仲裁中心或仲裁庭可确定更换仲裁的费用，并可决定由哪一方当事人承担此类费用。

（5）仲裁员死亡或者因不可抗力或者其他困难不能继续解决争议的，应当依照本规则第12条或者第13条的规定重新选定或者指定仲裁员。

（6）新成立的仲裁庭经与当事人协商后，可以对原仲裁庭已经开庭审理的问题重新进行审议。

11. 仲裁地点

（1）仲裁地点由当事人约定，否则，仲裁庭应决定其认为适当的仲裁地点。

（2）除非当事人另有约定，仲裁庭可以在其认为适当的任何地点进行听证。仲裁庭可以任何方式在其认为适当的任何地点举行会议。

四　仲裁费用

（一）费用标准

（1）对于明确争议金额的仲裁请求和反请求，仲裁费用有如下规定。

①由三名仲裁员组成仲裁庭解决争议的费用如表 1 所示。

表 1　仲裁费用

单位：越南盾

争议金额	仲裁费用
≤100000000	16500000
100000001～1000000000	16500000 + 超出 100000000 部分的 7.7%
1000000001～5000000000	85800000 + 超出 1000000000 部分的 4.4%
5000000001～10000000000	261800000 + 超出 5000000000 部分的 2.75%
10000000001～50000000000	399300000 + 超出 10000000000 部分的 1.65%
50000000001～100000000000	1059300000 + 超出 50000000000 部分的 1.1%
100000000001～500000000000	1609300000 + 超出 100000000000 部分的 0.5%
>500000000000	3609300000 + 超出 500000000000 部分的 0.3%

注：仲裁费用已含增值税。

②对于独任仲裁员解决的争议，仲裁费用应为表 1 所述仲裁费用的 70%。

③争议金额应按照提交仲裁申请或反请求时越南国家银行公布的汇率换算成越南盾。

（2）对于仲裁请求和反请求，如果未说明争议金额，仲裁费用应由 VIAC 主席根据争议的性质、估计的争议解决时间和仲裁员人数确定。

（3）仲裁请求和反请求中既有金钱请求又有非金钱请求的，仲裁费用分别按照第 1 项和第 2 项计算。

（4）以上第（1）～（3）项所述的仲裁费用不包括解决争议的仲裁员和听证秘书的差旅费和其他相关费用，资产检查和估价的费用，寻求专家意见的费用，以及应仲裁员要求提供其他协助的费用。

（5）以上第（1）～（4）项的规定，适用于对仲裁请求和反请求的任何修改或补充、增加争议价值或反请求价值的额外仲裁费用的计算。如果争议价值或反请求价值减少，仲裁费用应保持不变。

（二）退款

仲裁费用在下列情况下可以退还。

（1）撤回仲裁请求、反请求，或撤回对仲裁请求、反请求的修改或补充：

①在仲裁庭组成之前撤回的，70% 的仲裁费用可退还；

②在仲裁庭组成之后撤回的，40% 的仲裁费用可退还；

③在中心将听证会传票发送给当事人后，仲裁请求和反请求或对仲裁请求和反请求的修正或补充在听证会之前撤回的，可以退还 20% 的仲裁费用。

（2）如果仲裁庭因仲裁协议不存在或无效或无法履行而终止仲裁程序的，则仲裁费用的 30% 可退还。

（3）如果根据主管法院的判决，仲裁庭对仲裁裁决没有管辖权的，则仲裁费用的 20% 可退还。

（4）在任何情况下，其他仲裁费用不得高于 10000000 越南盾。

五　其他事项

1. 仲裁庭核实事实的权利

仲裁庭有权在另一方当事人参加的情况下，通过适当方式与一方当事人会面或讨论，以澄清与争议有关的问题。仲裁庭可以主动或者应一方当事人的请求，在当事人在场或者通知当事人的情况下，向第三人调查事实。

2. 仲裁庭收集证据的权利

（1）仲裁庭有权要求当事人提供证据，当事人有义务提供证据。

（2）仲裁庭有权应一方当事人的请求，要求证人提供与争议有关的资料和文件。

（3）仲裁庭有权主动或应一方或双方的请求，对争议资产进行检查或估价。检查或估价的费用应由请求方支付或由仲裁庭分配。在任何情况下，如果检查或估价的费用没有全部支付，仲裁庭应根据现成的文件解决争议。

（4）仲裁庭有权主动或应一方或双方的请求寻求专家意见。仲裁庭有权要求当事人向专家提供有关资料或者配合专家查阅有关文件、货物、资产。专家应当向仲裁庭提出书面报告。仲裁庭收到报告后，应当将报告副本送交当事人，并要求当事人就报告提出书面意见。专家咨询费用由请求方支付或者由仲裁庭分配。在任何情况下，如果专家咨询费用未全部支付，仲裁庭应根据现成的文件解决争议。

（5）仲裁庭或者当事人已经采取必要措施收集证据，没有取得效果的，可以书面请求有管辖权的法院依法予以支持。

3. 仲裁庭传唤证人的权利

（1）仲裁庭有权应一方当事人的请求，并在其认为必要时，传唤证人出席庭审。证人费用由请求方支付或者由仲裁庭分配。

（2）经仲裁庭正式传唤的证人，无正当理由不到庭，致使争议的解决有障碍的，仲裁庭应当向有管辖权的法院提出书面请求，由法院作出裁决命令证人出席庭审。请求书应当写明当前正在解决的争议的内容、证人的全名和地址、需要传唤证人的理由、要求证人到庭的时间和地点。

（3）如果被正式传唤的证人缺席，仲裁庭可以休庭或根据现成的文件继续开庭。

4. 临时措施

（1）仲裁庭可应一方当事人的请求，命令采取一项或多项适用于争议当事人的临时措施。临时措施有以下几种：①禁止争议资产的现状发生任何变化；②禁止争议任何一方采取具体行动或命令争议任何一方采取具体行动，以防止对仲裁程序不利的后果；③扣押争议资产；④命令保存、出售或处置一方或争议各方的资产；⑤命令双方临时支付款项；⑥禁止转让与争议资产有关的资产权利。

（2）临时措施的命令、变更、补充和终止程序，依照法律有关规定进行。

（3）在仲裁程序中，如果一方当事人已请求法院依照第（1）项的规定裁定一项或多项临时措施，然后再请求仲裁庭裁定该项临时措施的，仲裁庭应当驳回该项请求。请求法院下令采取任何临时措施的一方应立即将请求通知中心。

（4）任何一方向法院提出临时措施请求的，不得视为与仲裁协议不符，也不得视为放弃该协议。

5. 法律适用

（1）对于非涉外的争议，仲裁庭应适用越南法律。

（2）对于涉外争议，仲裁庭适用当事人约定的法律；当事人对适用法律没有约定的，由仲裁庭决定适用其认为最适当的法律。

（3）在任何情况下，仲裁庭在解决争议时都应考虑合同的约定（如果有的话）。

（4）仲裁庭可以应用任何适当的贸易惯例来解决争议。

◇ 中国国际经济贸易仲裁委员会（CIETAC）

一　机构介绍

中国国际经济贸易仲裁委员会（China International Economic and Trade Arbitration Commission，以下简称 CIETAC 或贸仲委）是世界上主要的常设商事仲裁机构之一。根据 1954 年 5 月 6 日中央人民政府政务院第 215 次会议通过的《关于在中国国际贸易促进委员会内设立对外贸易仲裁委员会的决定》，贸仲委于 1956 年 4 月由中国国际贸易促进委员会（简称中国贸促会）组织设立，当时名称为对外贸易仲裁委员会。中国实行对外开放政策以后，为了适应国际经济贸易关系不断发展的需要，根据国务院发布的《关于将对外贸易仲裁委员会改称为对外经济贸易仲裁委员会的通知》，对外贸易仲裁委员会于 1980 年改名为对外经济贸易仲裁委员会，又于 1988 年根据国务院《关于将对外经济贸易仲裁委员会改名为中国国际经济贸易仲裁委员会和修订仲裁规则的批复》，改名为中国国际经济贸易仲裁委员会。2000 年，中国国际经济贸易仲裁委员会同时启用中国国际商会仲裁院的名称。

贸仲委以仲裁的方式，独立、公正地解决国际国内的经济贸易争议及国际投资争端。

贸仲委设在北京，并在深圳、上海、天津、重庆、杭州、武汉、福州、西安、南京、成都、济南分别设有华南分会、上海分会、天津国际经济金融仲裁中心（天津分会）、西南分会、浙江分会、湖北分会、福建分会、丝绸之路仲裁中心、江苏仲裁中心、四川分会和山东分会，在香港特别行政区设立香港仲裁中心。贸仲委在加拿大温哥华设立北美仲裁中心，在奥地利维也纳设立欧洲仲裁中心。根据仲裁业务发展的需要，以及就近为当事人提供仲裁咨询和程序便利的需要，贸仲委先后设立了 29 个地方和行业办事处。

贸仲委及其分会/仲裁中心是一个统一的仲裁委员会，适用相同的《仲裁规则》和《仲裁员名册》。贸仲委《章程》规定，分会/仲裁中心是贸仲委的派出机构，根据贸仲委的授权接受并管理仲裁案件。

CIETAC 最新《仲裁规则》于 2015 年 1 月 1 日生效。

二 仲裁特色

1. 受案范围宽，程序国际化

自 1956 年成立以来，贸仲委共受理了近三万件国内外仲裁案件。贸仲委既可受理涉外和国际案件，也可受理国内案件；同时，其受理案件的范围也不受当事人行业和国籍的限制。近些年来，贸仲委平均每年的受案数量已超过两千件，位居世界知名仲裁机构前列。

从《仲裁规则》和仲裁员的角度而言，贸仲委也实现了国际化。贸仲委第一套《仲裁规则》制定于 1956 年，之后进行了八次修改，其现行有效的《仲裁规则》自 2015 年 1 月 1 日起施行。贸仲委现行的《仲裁规则》与国际上主要仲裁机构的仲裁规则基本相同，在现行《仲裁法》允许的范围内最大限度地尊重了当事人意思自治。此外，贸仲委的《仲裁员名册》中有 1441 名仲裁员，均为国内外仲裁或其他行业的知名专家。其中，外籍及港澳台仲裁员 408 名，分别来自 65 个国家和地区。

2. 独立公正

作为国际上主要的仲裁机构，贸仲委独立于行政机关，其办案不受任何行政机关的干涉。贸仲委的仲裁员，包括当事人选定的仲裁员，均不代表任何当事人，必须保持独立和公正。在仲裁程序中，各方当事人均有平等的机会陈述自己的意见。在过去几十年中，贸仲委的独立、公正、廉洁以及裁决的质量得到了国内外当事人的广泛认可。

3. 仲裁程序快捷高效

在贸仲委的仲裁中，当事人可以约定仲裁程序如何进行。对于当事人提交的证据和陈述，贸仲委将以书面形式在当事人之间进行充分的交换，贸仲委的开庭审理一般只需 1~3 天。因此，贸仲委的仲裁程序具有快捷高效的特点，其受理的仲裁案件绝大多数均在仲裁庭组成之后 4~6 个月内结案。

4. 仲裁费用相对低廉

作为国际仲裁机构，贸仲委的仲裁收费标准在世界主要仲裁机构中较为低廉。与国内其他仲裁机构相比，同等条件下收费基本相同。与诉讼相比，由于仲裁一裁终局、程序快捷等特点，采用仲裁对当事人而言更为经济。

5. 仲裁与调解相结合

仲裁与调解相结合是贸仲委仲裁的显著特点。该做法将仲裁和调解各自的优点紧密结合起来，不仅有助于解决当事人之间的争议，而且有助于保持当事人的友好合作关系。

仲裁和调解相结合可以在仲裁程序中进行。即经当事人请求或在征得当事人同意后，仲裁庭在仲裁程序进行过程中担任调解员的角色，对其审理的案件进行调解，以解决当事人之间的争议。如果任何一方当事人认为调解没有必要或者不会成功，可以随时要求终止调解，恢复仲裁程序。

此外，当事人在贸仲委之外通过调解达成和解协议的，可以凭当事人达成的由贸仲委仲裁的仲裁协议和他们的和解协议，请求贸仲委主任指定一名独任仲裁员，按照和解协议的内容作出仲裁裁决。此时，贸仲委可以视工作量的大小和实际开支的多少，减少仲裁收费。

6. 专业的仲裁管理服务

贸仲委及其分会/仲裁中心的仲裁院拥有众多高素质的专业人员，对贸仲委受理的案件进行管理。对于每个仲裁案件，仲裁院向当事人发出仲裁通知后，即会指定一名工作人员负责该案件的程序管理工作。贸仲委的工作人员大多具有法学硕士、博士学位，精通英语、法语或俄语等外语，并以积极向上的态度和勤勉尽责的工作作风为仲裁员和当事人提供优质的服务。

三　仲裁流程

1. 仲裁申请

申请仲裁时，申请人应当向仲裁院提交仲裁申请书、书面仲裁协议、案件事实所依据的证据材料，并根据贸仲委制定的仲裁费用表预交仲裁费。仲裁申请书应写明：申请人和被申请人的名称和住所，包括邮政编码、电话、传真、电子邮件或其他电子通信方式；申请人申请仲裁所依据的仲裁协议；基本案情与争议要点；申请人的仲裁请求；仲裁请求所依据的事实和证据。仲裁申请书应由申请人及/或申请人授权的代理人签名及/或盖章。

申请仲裁之后，申请人仍可以对其仲裁请求提出修改；但是，如果仲裁庭认为其修改提出过迟而影响仲裁程序正常进行的，可以拒绝受理其更改请求。

仲裁程序自仲裁院收到仲裁申请书之日开始。

2. 仲裁答辩和反请求

在向被申请人发出仲裁通知的同时，仲裁院向被申请人寄发申请人的仲裁申请书及附件材料一式一份，并附具贸仲委《仲裁规则》《仲裁员名册》各一份。涉外案件的被申请人应在收到仲裁通知之日起45天内提交答辩书和有关证明文件。国内案件以及简易程序案件的被申请人应在收到仲裁通知之日起20天内提交答辩书和有关证明文件。

被申请人可以在仲裁程序中提出反请求。反请求应当满足三个条件：基于申请人申请仲裁的同一合同关系或法律关系；被申请人的反请求针对申请人提出；反请求所涉争议不同于仲裁请求所涉争议。反请求最迟应在收到仲裁通知之日起45天内（涉外案件）或20天内（国内案件、简易程序案件）提交。仲裁庭认为有正当理由的，可以适当延长此期限。被申请人提出反请求，应当按照贸仲委的仲裁费用表的规定预交仲裁费。

3. 管辖权异议

贸仲委有权对仲裁协议的存在、效力以及仲裁案件的管辖权作出决定。如有必要，贸仲委也可以授权仲裁庭作出管辖权决定。

当事人如有正当理由，可向贸仲委提出管辖权抗辩。对仲裁协议及/或仲裁案件管辖权的抗辩，应当在仲裁庭首次开庭前书面提出；对书面审理案件管辖权的抗辩，应当在第一次实体答辩前提出。管辖权异议及/或决定包括仲裁案件主体资格异议及/或决定。

4. 放弃异议

一方当事人知道或者理应知道《仲裁规则》或仲裁协议中规定的任何条款或情事未被遵守，但仍参加仲裁程序或继续进行仲裁程序，而且不对此不遵守的情况及时地、明示地提出书面异议的，视为放弃其提出异议的权利。

5. 仲裁地和开庭地点

双方当事人书面约定仲裁地的，从其约定。如果当事人对仲裁地未作约定，贸仲委或其分会所在地为仲裁地；贸仲委也可视案件的具体情形确定其他地点为仲裁地。仲裁裁决应视为在仲裁地作出。

当事人约定了开庭地点的，仲裁案件的开庭审理应当在约定的地点进行，但除外情形按照规则有关规定处理。除非当事人另有约定，由仲裁院或其分会/仲裁中心仲裁院管理的案件应当分别在北京或分会/仲裁中心所在地开庭审理；如仲裁庭认为必要，经仲裁院院长同意，也可以在其他地点开庭审理。

6. 审理

除非当事人另有约定，仲裁庭可以按照其认为适当的方式审理案件。在任何情形下，仲裁庭均应公平和公正地行事，给予各方当事人陈述与辩论的合理机会。

仲裁庭应当开庭审理案件，但经当事人申请或者征得当事人同意，仲裁庭也认为不必开庭审理的，仲裁庭可以只依据书面文件进行审理。除非当事人另有约定，仲裁庭可以根据案件的具体情况采用询问式或辩论式审理案件。仲裁庭可以在其认为适当的地点或以其认为适当的方式进行合议。

除非当事人另有约定，仲裁庭认为必要时可以发布程序指令、发出问题单、举行庭前会议、召开预备庭、制作审理范围书等。

各方当事人应当委派代表或者仲裁代理人参加仲裁开庭，被申请人无正当理由不出席庭审，仲裁庭可以进行缺席审理并作出缺席裁决，申请人无正当理由不出席庭审，可以视为撤回仲裁申请。

7. 专家证人与鉴定人

仲裁庭可以就案件中的专门问题向专家咨询或者指定鉴定人进行鉴定，当事人有义务向专家或鉴定人提供或出示任何有关资料、文件或财产、货物，以供专家或鉴定人审阅、检验或鉴定。当事人也可以自行聘请专家出庭作证。

专家报告和鉴定报告的副本，应送给各方当事人，给予各方当事人对专家报告和鉴定报告提出意见的机会。任何一方当事人要求专家或鉴定人参加开庭的，经仲裁庭同意后，专家或鉴定人应当参加开庭，并在仲裁庭认为必要和适宜的情况下就他们的报告作出解释。

8. 仲裁期限

普通程序案件仲裁庭作出裁决的期限为仲裁庭组成之日起 6 个月内

（涉外案件）或 4 个月内（国内案件）。简易程序案件仲裁庭应在仲裁庭组成之日起 3 个月内作出裁决。仲裁庭要求并经贸仲委秘书长批准，裁决期限可以适当延长。

9. 仲裁语言

当事人对仲裁语言有约定的，从其约定。当事人对仲裁语言没有约定的，以中文为仲裁语言。仲裁委员会也可以视案件的具体情形确定其他语言为仲裁语言。

10. 当事人缺席

申请人无正当理由开庭时不到庭的，或在开庭审理时未经仲裁庭许可中途退庭的，可以视为撤回仲裁申请；被申请人提出反请求的，不影响仲裁庭就反请求进行审理，并作出裁决。

被申请人无正当理由开庭时不到庭的，或在开庭审理时未经仲裁庭许可中途退庭的，仲裁庭可以进行缺席审理并作出裁决；被申请人提出反请求的，可以视为撤回反请求。

11. 仲裁裁决

仲裁庭的裁决依多数仲裁员的意见决定。仲裁庭应当在签署裁决前将裁决草案提交给贸仲委，贸仲委可以在不影响仲裁庭独立性的前提下，就裁决书的有关问题提请仲裁员注意。贸仲委实行的裁决书草案核阅制度，有助于确保裁决质量和裁决在全球范围内的可执行性。

作出仲裁裁决书的日期，即为仲裁裁决生效的日期。仲裁裁决是终局的，对双方当事人均有约束力。

四　仲裁费用

1. 中国国际经济贸易仲裁委员会仲裁费用表（一）

本费用表适用于《仲裁规则》第 3 条第（2）款第 1 项和第 2 项所规定的仲裁案件。

争议金额（人民币）	仲裁费用（人民币）
1000000 元及以下	争议金额的 4%，最低不少于 10000 元
1000001 元至 2000000 元	40000 元 + 争议金额 1000000 元以上部分的 3.5%
2000001 元至 5000000 元	75000 元 + 争议金额 2000000 元以上部分的 2.5%

续表

争议金额（人民币）	仲裁费用（人民币）
5000001 元至 10000000 元	150000 元 + 争议金额 5000000 元以上部分的 1.5%
10000001 元至 50000000 元	225000 元 + 争议金额 10000000 元以上部分的 1%
50000001 元至 100000000 元	625000 元 + 争议金额 50000000 元以上部分的 0.5%
100000001 元至 500000000 元	875000 元 + 争议金额 100000000 元以上部分的 0.48%
500000001 元至 1000000000	2795000 元 + 争议金额 500000000 元以上部分的 0.47%
1000000001 元至 2000000000	5145000 元 + 争议金额 1000000000 元以上部分的 0.46%
2000000001 元及以上	9745000 元 + 争议金额 2000000000 元以上部分的 0.45%，最高不超过 15000000 元

申请仲裁时，每案另收立案费人民币 10000 元，其中包括仲裁申请的审查、立案、输入及使用计算机程序和归档等费用。

2. 中国国际经济贸易仲裁委员会仲裁费用表（二）

本费用表适用于本仲裁规则第 3 条第（2）款第 3 项所规定的仲裁案件。

（1）案件受理费收费标准

争议金额（人民币）	案件受理费（人民币）
1000 元及以下	最低不少于 100 元
1001 元至 50000 元	100 元 + 争议金额 1000 元以上部分的 5%
50001 元至 100000 元	2550 元 + 争议金额 50000 元以上部分的 4%
100001 元至 200000 元	4550 元 + 争议金额 100000 元以上部分的 3%
200001 元至 500000 元	7550 元 + 争议金额 200000 元以上部分的 2%
500001 元至 1000000 元	13550 元 + 争议金额 500000 元以上部分的 1%
1000001 元及以上	18550 元 + 争议金额 1000000 元以上部分的 0.5%

（2）案件处理费收费标准

争议金额（人民币）	案件处理费（人民币）
200000 元及以下	最低不少于 6000 元
200001 元至 500000 元	6000 元 + 争议金额 200000 元以上部分的 2%
500001 元至 1000000 元	12000 元 + 争议金额 500000 元以上部分的 1.5%
1000001 元至 2000000 元	19500 元 + 争议金额 1000000 元以上部分的 0.5%
2000001 元至 5000000 元	24500 元 + 争议金额 2000000 元以上部分的 0.45%

争议金额（人民币）	案件处理费（人民币）
5000001 元至 10000000 元	38000 元 + 争议金额 5000000 元以上部分的 0.4%
10000001 元至 20000000 元	58000 元 + 争议金额 10000000 元以上部分的 0.3%
20000001 元至 40000000 元	88000 元 + 争议金额 20000000 元以上部分的 0.2%
40000001 元至 100000000 元	128000 元 + 争议金额 40000000 元以上部分的 0.15%
100000001 元至 500000000 元	218000 元 + 争议金额 100000000 元以上部分的 0.13%
500000001 元及以上	738000 元 + 争议金额 500000000 元以上部分的 0.12%

仲裁费用表中的争议金额，以申请人请求的数额为准；请求的数额与实际争议金额不一致的，以实际争议金额为准。

3. 中国国际经济贸易仲裁委员会仲裁费用表（三）

本费用表适用于本仲裁规则第六章规定的由仲裁委员会香港仲裁中心管理的仲裁案件。

申请人向仲裁委员会香港仲裁中心提交仲裁申请时，应同时支付案件受理费港币 8000 元整，用于对仲裁申请的审查、立案、输入及使用计算机程序、归档及人工费用。案件受理费不予退还。

（1）机构管理费用

争议金额（港币）	机构管理费（港币）
500000 元及以下	16000 元
500001 元至 1000000 元	16000 元 + 争议金额 500000 元以上部分的 0.78%
1000001 元至 5000000 元	19900 元 + 争议金额 1000000 元以上部分的 0.65%
5000001 元至 10000000 元	45900 元 + 争议金额 5000000 元以上部分的 0.38%
10000001 元至 20000000 元	64900 元 + 争议金额 10000000 元以上部分的 0.22%
20000001 元至 40000000 元	86900 元 + 争议金额 20000000 元以上部分的 0.15%
40000001 元至 80000000 元	116900 元 + 争议金额 40000000 元以上部分的 0.08%
80000001 元至 200000000 元	148900 元 + 争议金额 80000000 元以上部分的 0.052%
200000001 元至 400000000 元	211300 元 + 争议金额 200000000 元以上部分的 0.04%
400000001 元及以上	291300 元

（2）机构管理费包含案件秘书的工作报酬以及使用仲裁委员会及其分会/中心开庭室的费用。

（3）在确定争议金额时，仲裁请求和仲裁反请求的金额合并计算。争议金额不能确定或为情况特殊的,由仲裁委员会结合案件具体情况确定机构管理费。

(4)除按照机构管理费用表收取机构管理费外,仲裁委员会香港仲裁中心可以按照《仲裁规则》的有关规定收取其他额外的、合理的实际开支,包括但不限于翻译和笔录费用,以及在非仲裁委员会及其分会/中心开庭室进行开庭所产生的场地费用。

(5)收取的案件受理费、机构管理费为非港币时,仲裁委员会香港仲裁中心按照机构管理费用表的规定收取与港币等值的货币。

4. 金融争议仲裁费用表

争议金额(人民币)	仲裁费用(人民币)
1000000 元及以下	争议金额的 1%,最低不少于 5000 元
1000001 元至 5000000 元	10000 元 + 争议金额 1000000 元以上部分的 0.8%
5000001 元至 50000000 元	42000 元 + 争议金额 5000000 元以上部分的 0.6%
50000001 元及以上	312000 元 + 争议金额 50000000 元以上部分的 0.5%

申请仲裁时,每案另收立案费人民币 10000 元,其中包括审查、立案、输入及使用计算机程序和归档等费用。

申请仲裁时未确定争议金额或为情况特殊的,由仲裁委员会秘书处或仲裁委员会分会秘书处决定仲裁费用的数额。

收取的仲裁费用为外币时,按本仲裁费用表的规定收取与人民币等值的外币。

仲裁委员会或其分会除按照仲裁费用表收取仲裁费外,可以按照《中国国际经济贸易仲裁委员会仲裁规则》的规定收取其他额外的、合理的实际开支。

五 其他事项

1. 仲裁庭的人数及组成

根据贸仲委的《仲裁规则》,仲裁庭分为独任仲裁庭和合议仲裁庭两种,独任仲裁庭由一名仲裁员组成,双方当事人可以共同选定或者共同委托贸仲委主任指定一名仲裁员作为独任仲裁员。双方当事人也可以分别推荐一至五人作为独任仲裁员人选。

合议仲裁庭由三名仲裁员组成。申请人和被申请人应当各自在收到仲裁通知之日起15天内选定一名仲裁员或者委托贸仲委主任指定。当事人未在上述期限内选定或委托贸仲委主任指定的，由贸仲委主任指定。

首席仲裁员由双方当事人在被申请人收到仲裁通知之日起15天内共同选定或者共同委托贸仲委主任指定。双方当事人可以各自推荐一至五名仲裁员作为首席仲裁员人选，并将推荐名单在《仲裁规则》规定的期限内提交至贸仲委。

适用简易程序的案件，一般由一名仲裁员组成独任仲裁庭予以审理。适用普通程序的案件，一般由三名仲裁员组成的合议仲裁庭审理。当事人也可以特别约定仲裁庭的组成形式。

2. 仲裁员名册

当事人从贸仲委制定的《仲裁员名册》中选定仲裁员。当事人约定在贸仲委《仲裁员名册》之外选定仲裁员的，当事人选定的或根据当事人之间的协议指定的人士经贸仲委主任依法确认后可以担任仲裁员、首席仲裁员或独任仲裁员。

3. 多方当事人对仲裁员的指定

仲裁案件有两个或者两个以上申请人及/或被申请人时，申请人及/或被申请人应当各自协商，在贸仲委《仲裁员名册》中各方共同选定或者各方共同委托贸仲委主任指定一名仲裁员。首席仲裁员或独任仲裁员应参照三人仲裁庭组成的相关条款规定的程序选定或指定。如果申请人方及/或被申请人方未能在收到仲裁通知后15天内各自共同选定或各自共同委托贸仲委主任指定一名仲裁员，则由贸仲委主任指定仲裁庭三名仲裁员，并从中确定一人担任首席仲裁员。

◇ 中国海事仲裁委员会（CMAC）

一　机构介绍

中国海事仲裁委员会（China Maritime Arbitration Commission，简称CMAC 或中国海仲，网址：www.cmac.org.cn）根据中华人民共和国国务院 1958 年 11 月 21 日的决定，于 1959 年 1 月 22 日设立于中国国际贸易促进委员会内，并于 2017 年 5 月正式独立运营，是一家以海事海商、交通物流争议解决为特色的专业仲裁机构。

中国海事仲裁委员会设在北京，在上海、天津、重庆设有分会。仲裁委员会分会可以受理并处理案件。仲裁委员会及其分会设秘书处，秘书处设秘书长，分别领导仲裁委员会秘书处和分会秘书处处理日常事务。中国海仲下设专家咨询委员会、案例编辑委员会、资格审查考核委员会、仲裁委员会办事处等办事机构。

仲裁委员会制定仲裁规则。仲裁委员会设立仲裁员名册。仲裁员由仲裁委员会从在航海、保险、法律等方面具有专门知识和实际经验的中外人士中聘任。中国海仲现有仲裁员 279 名，其中内地仲裁员 216 人，港澳台及外籍仲裁员 63 人，外籍人士来自 17 个有影响的航运国。

最新《中国海事仲裁委员会仲裁规则》（以下简称本规则）于 2018 年10 月 1 日起生效。

二　仲裁特色

1. 历史悠久，体制完善

中国海事仲裁委员会现已发展成为世界上重要且著名的国际海事仲裁机构。开放、现代化的仲裁规则为赢得中外当事人的广泛信任、建立亚太海事仲裁中心奠定了良好的基础，中国海仲裁决的独立性、公正性、专业性和权威性得到国内外的普遍认可，在国际上享有广泛声誉。几十年的海事仲裁实践，培养、造就了一支秉承职业道德、业务水平精湛、实践经验丰富的海事仲裁员队伍，以及一支高素质的办案秘书人员队伍，为当事人和仲裁员提供快速高效、专业规范、国际化的一流服务。

2. 受案范围广泛

随着国家海洋经济、涉海行业、多式联运及物流业的快速发展，中国海仲的业务也不断向纵深和更广泛、更新型的领域开拓，中国海仲根据当事人的约定受理以下争议案件：海事、海商争议案件；航空、铁路、公路等相关争议案件；贸易、投资、金融、保险、建筑等其他商事争议案件；当事人协议由仲裁委员会仲裁的其他争议案件。特别是航运金融、航运保险、物流、航空、海（水）上工程、海洋资源开发等广泛的海事和商事争议均已成为中国海仲主要的案源。

前述案件包括：国际或涉外争议案件；涉及香港特别行政区、澳门特别行政区及台湾地区的争议案件；国内争议案件。

3. 仲裁简易程序

根据《中国海事仲裁委员会仲裁规则》，除非当事人另有约定，凡争议金额不超过人民币200万元的，或争议金额超过人民币200万元但经一方当事人书面申请并征得另一方当事人书面同意的，或双方当事人约定适用简易程序的，应当适用简易程序；没有争议金额或者争议金额不明确的，由仲裁委员会根据案件的复杂程度、涉及利益的大小以及其他相关因素综合考虑决定是否适用简易程序。适用简易程序的案件，仲裁庭应在组庭之日起3个月内作出裁决。当然，仲裁庭也可以根据案件复杂程度，在期限届满之前提前作出裁决，或者向仲裁委员会申请延长审限，仲裁委员会认为确有正当理由和必要的，可以延长该期限。

4. 当事人可以选择适用仲裁调解程序

当事人同意适用《中国海事仲裁委员会仲裁规则》调解的，仲裁庭可以适用仲裁程序调解当事人之间的纠纷。中国海事仲裁委员会成立了海事调解中心、航空纠纷调解中心、物流纠纷调解中心、渔业纠纷调解中心。这些领域内的专业仲裁员可以为当事人提供专业、高效的调解服务，促成当事人达成和解。为了灵活、高效、低成本地解决当事人之间的争议，中国海事仲裁委员会与上海海事法院、广州海事法院建立了委托调解机制。

在当事人达成调解协议后，上海海事法院、广州海事法院可以把提交到法院的案件委托中国海事仲裁委员会调解。

三 仲裁流程

1. 仲裁申请

当事人应提交由申请人或申请人授权的代理人签名及/或盖章的仲裁申请书。仲裁申请书应写明：申请人和被申请人的名称和住所，包括邮政编码、电话、传真、电子邮箱或其他电子通信方式；申请仲裁所依据的仲裁协议；案情和争议要点；申请人的仲裁请求；仲裁请求所依据的事实和理由。除仲裁申请书外，还须附具证据材料清单、证据材料复印件以及被申请人身份证明文件（此项材料仅需一份）。

上述材料在普通程序（争议金额为 200 万元以上）中一式五套，在简易程序（争议金额为 200 万元及以下）中一式三套。被申请人每增加一人，在上述基础上，份数相应增加一套。申请人为企业的：申请人的营业执照、法定代表人证明书、授权委托书与申请书及证据清单、证据材料保持相应份数。申请人为自然人的：申请人的身份证复印件、授权委托书与申请书及证据清单、证据材料保持相应份数。

若申请财产保全，提交财产保全申请书、担保书一式两份（注明"此致中国海事仲裁委员会并转××法院"），并再增加一套完整的仲裁材料。

2. 当事人预交仲裁费

中国海仲在符合仲裁受理条件，并且收到当事人预交的仲裁费用后，发出仲裁通知书。

3. 仲裁庭的组成及仲裁员的选定

根据仲裁庭的组成人数，可以将仲裁庭区分为独任仲裁庭和合议仲裁庭。独任仲裁庭是由 1 名仲裁员单独组成的仲裁庭，合议仲裁庭由 3 名仲裁员组成。根据现行《中国海事仲裁委员会仲裁规则》，申请人和被申请人应各自在收到仲裁通知后 15 天内选定或委托仲裁委员会主任指定仲裁员。仲裁委员会制定统一适用于仲裁委员会及其分会/仲裁中心的仲裁员名册，当事人从仲裁委员会制定的仲裁员名册中选定仲裁员。当事人约定在仲裁委员会仲裁员名册之外选定仲裁员的，当事人选定的或根据当事人约定指定的人士经仲裁委员会主任确认后可以担任仲裁员。

4. 答辩

被申请人应在收到仲裁通知后 30 天内提交答辩书。被申请人确有正当理由请求延长提交答辩期限的，由仲裁庭决定是否延长答辩期限；仲裁庭尚未组成的，由仲裁委员会仲裁院作出决定。

答辩书由被申请人或被申请人授权的代理人签名及/或盖章，并应包括下列内容及附件：被申请人的名称和住所，包括邮政编码、电话、传真、电子邮箱或其他电子通信方式；对仲裁申请书的答辩及所依据的事实和理由；答辩所依据的证据材料以及其他证明文件。

仲裁庭有权决定是否接受逾期提交的答辩书。被申请人未提交答辩书，不影响仲裁程序的进行。

5. 反请求

被申请人如有反请求，应在收到仲裁通知后 30 天内以书面形式提交。被申请人确有正当理由请求延长提交反请求期限的，由仲裁庭决定是否延长反请求期限；仲裁庭尚未组成的，由仲裁委员会仲裁院作出决定。

被申请人提出反请求时，应在其反请求申请书中写明具体的反请求事项及其所依据的事实和理由，并附具有关的证据材料以及其他证明文件。被申请人提出反请求，应按照仲裁委员会制定的仲裁费用表在规定的时间内预交仲裁费。被申请人未按期交纳反请求仲裁费的，视同未提出反请求申请。

仲裁委员会仲裁院认为被申请人提出反请求的手续已完备的，应向双方当事人发出反请求受理通知。申请人应在收到反请求受理通知后 30 天内针对被申请人的反请求提交答辩。申请人确有正当理由请求延长提交答辩期限的，由仲裁庭决定是否延长答辩期限；仲裁庭尚未组成的，由仲裁委员会仲裁院作出决定。

仲裁庭有权决定是否接受逾期提交的反请求和反请求答辩书。申请人对被申请人的反请求未提出书面答辩的，不影响仲裁程序的进行。

6. 变更仲裁请求和反请求

申请人可以申请对其仲裁请求进行变更，被申请人也可以申请对其反请求进行变更；但是仲裁庭认为其提出变更的时间过迟而影响仲裁程序正常进行的，可以拒绝其变更请求。

7. 仲裁文件的提交与交换

当事人的仲裁文件应提交至仲裁委员会仲裁院。仲裁程序中需发送或转交的仲裁文件，由仲裁委员会仲裁院发送或转交仲裁庭及当事人，当事人另有约定并经仲裁庭同意或仲裁庭另有决定者除外。

8. 开庭地点

当事人约定了开庭地点的，仲裁案件的开庭审理应当在约定的地点进行，但出现本规则第79条第（3）款规定情形的除外。

除非当事人另有约定，由仲裁委员会仲裁院或其分会/仲裁中心仲裁院管理的案件应分别在北京或分会/仲裁中心所在地开庭审理；如仲裁庭认为必要，经仲裁委员会仲裁院院长同意，也可以在其他地点开庭审理。

9. 保密

仲裁庭审理案件不公开进行。双方当事人要求公开审理的，由仲裁庭决定是否公开审理。不公开审理的案件，双方当事人及其仲裁代理人、仲裁员、证人、翻译、仲裁庭咨询的专家和指定的鉴定人，以及其他有关人员，均不得对外界透露案件实体和程序的有关情况。

10. 举证与质证

当事人应对其申请、答辩和反请求所依据的事实提供证据加以证明，为其主张、辩论及抗辩要点提供依据。仲裁庭可以规定当事人提交证据的期限，当事人应在规定的期限内提交证据，逾期提交的，仲裁庭可以不予接受。当事人在举证期限内提交证据材料确有困难的，可以在期限届满前申请延长举证期限，是否延长，由仲裁庭决定。当事人未能在规定的期限内提交证据，或虽提交证据但不足以证明其主张的，负有举证责任的当事人承担因此产生的后果。

开庭审理的案件，证据应在开庭时出示，当事人可以质证；对于书面审理的案件的证据材料，或对于开庭后提交的证据材料且当事人同意书面质证的，可以进行书面质证。书面质证时，当事人应在仲裁庭规定的期限内提交书面质证意见。

11. 专家报告及鉴定报告

仲裁庭可以就案件中的专门问题向专家咨询或指定鉴定人进行鉴定。专家和鉴定人可以是中国或外国的机构或自然人。

仲裁庭有权要求当事人，当事人也有义务向专家或鉴定人提供或出示任何有关资料、文件或财产、实物，以供专家或鉴定人审阅、检验或鉴定。

专家报告和鉴定报告的副本应转交当事人，给予当事人提出意见的机会。一方当事人要求专家或鉴定人参加开庭的，经仲裁庭同意，专家或鉴定人应参加开庭，并在仲裁庭认为必要时就所作出的报告进行解释。

12. 当事人缺席

申请人无正当理由开庭时不到庭的，或在开庭审理时未经仲裁庭许可中途退庭的，可以视为撤回仲裁申请；被申请人提出反请求的，不影响仲裁庭就反请求进行审理，并作出裁决。

被申请人无正当理由开庭时不到庭的，或在开庭审理时未经仲裁庭许可中途退庭的，仲裁庭可以进行缺席审理并作出裁决；被申请人提出反请求的，可以视为撤回反请求。

13. 作出裁决的期限

仲裁庭应在组庭后6个月内作出裁决。经仲裁庭请求，仲裁委员会仲裁院院长认为确有正当理由和必要的，可以延长该期限。程序中止的期间不计入裁决期限。

14. 裁决书的更正与补充

仲裁庭可以在发出裁决书后的合理时间内自行以书面形式对裁决书中的书写、打印、计算上的错误或其他类似性质的错误作出更正。任何一方当事人均可以在收到裁决书后30天内就裁决书中的书写、打印、计算上的错误或其他类似性质的错误，书面申请仲裁庭作出更正；如确有错误，仲裁庭应在收到书面申请后30天内作出书面更正。

如果裁决书中有遗漏事项，仲裁庭可以在发出裁决书后的合理时间内自行作出补充裁决。任何一方当事人可以在收到裁决书后30天内以书面形式请求仲裁庭就裁决书中遗漏的事项作出补充裁决；如确有漏裁事项，仲裁庭应在收到上述书面申请后30天内作出补充裁决。

15. 裁决的履行

当事人应依照裁决书写明的期限履行仲裁裁决；裁决书未写明履行期限的，应立即履行。一方当事人不履行裁决的，另一方当事人可以依法向有管辖权的法院申请执行。

四　仲裁费用

表 1　中国海事仲裁委员会案件处理费标准

争议金额（人民币）	案件处理费（人民币）
200000 元及以下	最低不少于 6000 元
200001 元至 500000 元	6000 元加争议金额 200000 元以上部分的 2%
500001 元至 1000000 元	12000 元加争议金额 500000 元以上部分的 1.5%
1000001 元至 2000000 元	19500 元加争议金额 1000000 元以上部分的 0.5%
2000001 元至 5000000 元	24500 元加争议金额 2000000 元以上部分的 0.45%
5000001 元至 10000000 元	38000 元加争议金额 5000000 元以上部分的 0.4%
10000001 元至 20000000 元	58000 元加争议金额 10000000 元以上部分的 0.3%
20000001 元至 40000000 元	88000 元加争议金额 20000000 元以上部分的 0.2%
40000001 元至 100000000 元	128000 元加争议金额 40000000 元以上部分的 0.15%
100000001 元至 500000000 元	218000 元加争议金额 100000000 元以上部分的 0.13%
500000001 元及以上	738000 元加争议金额 500000000 元以上部分的 0.12%

仲裁费用表中的争议金额，以申请人或反请求申请人请求的数额为准；请求的数额与实际争议金额不一致的，以实际争议金额为准。申请仲裁时争议金额未确定的或情况特殊的，由仲裁委员会决定仲裁费用的数额。

收取的仲裁费用为外币时，按本仲裁费用表的规定收取与人民币等值的外币。仲裁委员会及其分会/仲裁中心除按照本仲裁费用表收取仲裁费外，可以按照仲裁规则的有关规定收取其他额外的、合理的实际开支。

五　其他事项

1. 多份合同的仲裁

申请人可就多份合同项下的争议在同一仲裁案件中合并提出仲裁申请，但应同时符合下列条件：多份合同系主从合同关系或多份合同所涉当事人相同且法律关系性质相同；争议源于同一交易或同一系列交易；多份合同中的仲裁协议内容相同或相容。

2. 合并仲裁

（1）符合下列条件之一的，经一方当事人请求，仲裁委员会可以决定将根据本规则进行审理的两个或两个以上的仲裁案件合并为一个仲裁案件审理：第一，各案仲裁请求依据同一个仲裁协议提出；第二，各案仲裁请求依据多份仲裁协议提出，该多份仲裁协议内容相同或相容，且各案当事人相同、各争议所涉的法律关系性质相同；第三，各案仲裁请求依据多份仲裁协议提出，该多份仲裁协议内容相同或相容，且涉及的多份合同为主从合同关系；第四，所有案件的当事人均同意合并仲裁。

（2）仲裁委员会应考虑各方当事人的意见及相关仲裁案件之间的关联性等因素，包括不同案件的仲裁员的选定或指定情况。

（3）除非各方当事人另有约定，合并的仲裁案件应合并至最先开始仲裁程序的仲裁案件。

（4）仲裁案件合并后，在仲裁庭组成之前，由仲裁委员会仲裁院就程序的进行作出决定；在仲裁庭组成之后，由仲裁庭就程序的进行作出决定。

3. 财产保全与证据保全

当事人申请海事请求保全或其他财产保全的，仲裁委员会应当将当事人的申请提交至被申请人住所地或其财产所在地的海事法院或其他有管辖权的法院作出裁定；当事人在仲裁程序开始前申请海事请求保全或其他财产保全的，应当依照《中华人民共和国海事诉讼特别程序法》的规定或其他有关规定，直接向被保全财产所在地的海事法院或其他有管辖权的法院提出。

当事人申请证据保全的，仲裁委员会应当将当事人的申请提交至证据所在地的海事法院或其他有管辖权的法院作出裁定；当事人在仲裁程序开始前申请证据保全的，应当依照《中华人民共和国海事诉讼特别程序法》的规定或其他有关法律规定，直接向被保全证据所在地的海事法院或其他有管辖权的法院提出。

4. 海事强制令

当事人申请海事强制令的，仲裁委员会应当将当事人的申请提交海事纠纷发生地的海事法院作出裁定；当事人在仲裁程序开始前申请海事强制令的，应当依照《中华人民共和国海事诉讼特别程序法》的规定，直接向海事纠纷发生地的海事法院提出。

5. 海事赔偿责任限制基金

当事人申请设立海事赔偿责任限制基金的,仲裁委员会应当将当事人的申请提交事故发生地、合同履行地或者船舶扣押地的海事法院作出裁定;当事人在仲裁程序开始前申请设立海事赔偿责任限制基金的,应当依照《中华人民共和国海事诉讼特别程序法》的规定,直接向事故发生地、合同履行地或者船舶扣押地的海事法院提出。

◇ 北京仲裁委员会（BAC）

一　机构介绍

北京仲裁委员会（Beijing Arbitration Commission，简称 BAC 或北仲，网址：www.bjac.org.cn）设立于 1995 年 9 月 28 日，是独立、公正、高效地解决平等主体自然人、法人和其他组织之间发生的合同纠纷和其他财产权益纠纷的常设仲裁机构。自设立以来，北仲已迅速成长为在国内享有广泛国际声誉、在国际上具有一定地位和影响的仲裁机构。

北仲办公室是北仲的常设办事机构，由秘书长领导，负责执行委员会决议和处理日常事务。北仲办公室的办案秘书均毕业于国内外著名高校法学专业，具备扎实的法律功底和卓越的综合素质，精通多门外语，可为不同国家和地区的当事人提供高效优质的服务。

北京仲裁委员会现聘有 568 名仲裁员。这些仲裁员均为精通法律、道德品行良好且在经贸等相关领域具有一流专业水准的资深专家和学者。他们来自 26 个不同的国家和地区，其中港台地区的仲裁员有 23 名，外籍仲裁员有 126 名。在这些仲裁员中，精通股票、证券、公司法的专家有 130多名，精通建筑工程的专家有 80 多名，除此之外，仲裁员的专业遍及投资金融、能源环保、国际贸易、建设工程、房地产、知识产权、特许经营、租赁等领域，可以为各种复杂经济纠纷提供专业仲裁服务。

二　仲裁特色

1. 国际化的仲裁规则

北京仲裁委员会的《仲裁规则》（以下简称本规则）呈现国际化的特点，主要表现在以下几个方面：当事人可以约定在北京以外的地点开庭；

当事人可以申请指定紧急仲裁员并采取临时措施；允许国际商事案件的当事人在北仲的仲裁员名册之外选定仲裁员；规定在国际商事案件中，仲裁庭在任何情况下均应根据有效合同条款并考虑有关交易惯例作出裁决；规定在国际商事案件中可以进行友好仲裁等。

2. 不断创新的制度

北仲《章程》规定：北京仲裁委员会主任及工作人员不兼任仲裁员，副主任和委员只有在双方选定的情况下才可担任仲裁员。

北仲《仲裁员守则》规定：仲裁员不得在北仲案件中担任代理人。北仲在国内仲裁机构中率先制定《仲裁员聘用管理办法》，采用公开、透明、注重专业素养的选聘标准，同时创设仲裁员培训制度，将经过仲裁员培训并考核合格作为选聘和优先指定仲裁员的条件，确保仲裁员的专业化、精英化。

北仲在国内仲裁机构中率先制定《提高仲裁效率规定》和一系列办案规范，对仲裁员在接受选定或指定、信息披露、庭前准备、开庭审理、制作文书、延长审限、鉴定等各个程序环节上的时间和重要事项提出明确要求，确保为当事人提供更加优质的服务。

北仲首先实行仲裁员暂不列入名册制度，对具有违反《仲裁员守则》及《仲裁员聘用管理办法》中有关公正、独立规定嫌疑的仲裁员，在查证核实情况前，暂时不列入仲裁员名册。

3. 发展中的多元化纠纷解决机制

北仲在国内首先制定单独的《调解规则》并设置《调解员名册》，创设独立于仲裁程序的调解程序，同时具备几大优势：遵循和强调自愿原则；受理范围不受书面协议限制；实行调解员推荐制；程序迅捷、灵活、保密；费用透明，成本低；独立于仲裁，又和仲裁相互衔接。

2009年3月1日，《北京仲裁委员会建设工程争议评审规则》开始施行。建设工程争议评审是北仲在探索多元化争议解决机制方面的新尝试。北仲在这方面进行积极探索，不仅为该领域的当事人解决商事争议提供了多样选择，也有利于促进整个建设工程行业的健康发展。

4. 设施先进

北仲地处北京CBD（中央商务区）中心位置的招商局大厦，交通便利，具备一流的办公设施和工作环境。北仲现拥有7000平方米的办公用房和70余个停车位，2个国际会议室和11个仲裁厅，且均配有数字化多媒体及远程会议通信设备，可实现异地开庭、调解、培训等功能，部分可以实现全球远程开庭功能。其中，2 个国际会议室和 3 个仲裁厅还配有同声传译设施，可满足举办国际仲裁会议、仲裁员沙龙、仲裁员培训、受理国际商事仲裁案件的需要。北仲开发了仲裁专业办公自动化系统、即时消息提示系统、网上办公系统等，可以通过电话、手机短信、电子邮件等各种现代通信方式快速传递信息。

5. 以当事人为核心的服务意识和以服务取胜的市场理念

北仲从仲裁规则、程序中最大限度地尊重当事人意愿的制度设计，到便于当事人仲裁权利实现的技术设施和手段（如仲裁员信息查询系统，程序事项通知即时消息系统，展示各类音视频媒体格式、介质的证据的音视频系统，可供身处不同地区、国家的仲裁员、当事人、代理人同步进行开庭、调解活动的远程会议系统，等等），处处体现了这种服务意识和市场理念，体现了尊重当事人、代理人的平等意识和设身处地为他人着想的人文关怀。

三　仲裁流程

1. 仲裁申请

申请仲裁应当提交仲裁协议和写明下列内容的仲裁申请书：（1）申请人、被申请人的姓名或者名称、住所、邮政编码、电话号码、传真、电子邮件以及其他可能的快捷联系方式；法人或者其他组织法定代表人或主要负责人的姓名、职务、住所、邮政编码、电话号码、传真、电子邮件以及其他可能的快捷联系方式；（2）仲裁请求和所依据的事实、理由；（3）仲裁申请所依据的证据或者其他证明文件；（4）申请人身份证明文件。

当事人申请仲裁，应预交仲裁费用。当事人的请求没有明确争议金额的，由北仲确定争议金额或者应当预交的仲裁费用。

当事人预交仲裁费用有困难的，可以申请缓交，由北仲决定是否批准。当事人不预交仲裁费用，又不提出缓交申请或者在北仲批准的缓交期限内未预交全部仲裁费用的，视为未提出或者撤回仲裁申请。

2. 受理

收到仲裁申请后，北仲认为符合受理条件的，自当事人预交仲裁费用之日起 5 日内予以受理。仲裁程序自北仲受理仲裁申请之日开始。

3. 答辩

被申请人应当自收到答辩通知之日起 15 日内提交答辩书、答辩意见和被申请人身份证明文件。

北仲自收到答辩书之日起 10 日内,将答辩书及其附件发送给申请人。

被申请人未提交答辩书的,不影响仲裁程序的继续进行。

4. 反请求

被申请人如有反请求,应当自收到答辩通知之日起 15 日内提交反请求申请书。逾期提交的,仲裁庭组成前由北仲决定是否受理;仲裁庭组成后由仲裁庭决定是否受理。

北仲或者仲裁庭决定是否受理逾期提出的反请求时,应当考虑反请求与本请求合并审理的必要性、逾期提出的时间、是否会造成程序的不必要拖延以及其他有关因素。

反请求的提出和受理参照本规则第 7 条和第 8 条的规定。

自受理反请求申请之日起 10 日内,北仲将反请求答辩通知连同反请求申请书及其附件发送给申请人。

5. 仲裁保全

一方当事人认为另一方当事人的行为或者其他原因,可能使裁决难以执行或者造成当事人其他损害的,可以提出申请,要求对另一方当事人的财产进行保全、责令其作出一定行为或者禁止其作出一定行为;在证据可能灭失或者以后难以取得的情况下,当事人可以提出证据保全申请。

当事人提出上述申请的,北仲将当事人的申请提交至有管辖权的法院。

因情况紧急,不立即申请保全将会使其合法权益受到难以弥补的损害或者证据可能灭失或以后难以取得的,当事人可以在申请仲裁前提出上述申请。

6. 仲裁地点和庭审地点

除非当事人另有约定,北京仲裁委员会的地点为仲裁地。仲裁裁决视为在仲裁地作出。

开庭审理在北京仲裁委员会所在地进行,当事人另有约定的,也可以在其他地点进行。当事人约定在北京仲裁委员会所在地以外的其他地点进行开庭的,应承担由此产生的费用。当事人应当在北京仲裁委员会规定的期限内按照约定或者仲裁庭确定的比例预交上述费用,未预交的,在北京仲裁委员会所在地开庭。

7. 仲裁庭调解

仲裁庭可以根据当事人的请求或者在征得当事人同意的情况下按照其认为适当的方式进行调解。

调解达成协议的，当事人可以撤回仲裁申请，也可以请求仲裁庭根据调解协议的内容制作调解书或者裁决书。调解书应当写明仲裁请求和当事人协议的结果。调解书由仲裁员签名，加盖北仲印章，送达双方当事人。调解书经双方当事人签收即发生法律效力。

调解不成的，任何一方当事人均不得在之后的仲裁程序、司法程序和其他任何程序中援引对方当事人或仲裁庭在调解过程中的任何陈述、意见、观点或建议作为其请求、答辩或者反请求的依据。

8. 单独调解

案件审理过程中，双方当事人可以自行和解或者依据《北京仲裁委员会调解规则》向北仲申请由调解员进行调解。

9. 仲裁裁决

由三名仲裁员组成仲裁庭的，裁决应当按照多数仲裁员的意见作出，少数仲裁员的不同意见可以记入笔录。不能形成多数意见时，裁决应当按照首席仲裁员的意见作出。

裁决书应当写明仲裁请求、争议事实、裁决理由、裁决结果、仲裁费用的承担和裁决日期、仲裁地点。当事人另有约定的，以及按照双方当事人的和解协议作出裁决的，可以不写明争议事实和裁决理由。裁决书由仲裁员签名。对裁决持不同意见的仲裁员，可以签名，也可以不签名；不签名的仲裁员应当出具个人意见。北仲将其个人意见随裁决书送达当事人，但该意见不构成裁决书的一部分。不签名的仲裁员不出具个人意见的，视为无正当理由拒签。

裁决书经仲裁员签名后，加盖北仲印章。裁决书自作出之日起发生法律效力。仲裁庭认为必要或者当事人提出并经仲裁庭同意时，可以在最终裁决作出前，就案件争议问题作出中间裁决或者部分裁决。当事人不履行中间裁决或者部分裁决的，不影响仲裁程序的进行和最终裁决的作出。

10. 仲裁裁决的更正和补充

对裁决书中的文字、计算错误或者仲裁庭意见部分对当事人申请仲裁的事项已经作出判断但在裁决主文中遗漏的，仲裁庭应当补正。裁决书对当事人申请仲裁的事项遗漏的，仲裁庭应当作出补充裁决。

当事人发现裁决书有上述规定情形的，可以自收到裁决书之日起30日内，书面请求仲裁庭补正或者作出补充裁决。

仲裁庭作出的补正或者补充裁决，是原裁决书的组成部分。

11. 仲裁保密

仲裁不公开审理。当事人协议公开的，可以公开，但涉及国家秘密的除外。不公开审理的案件，当事人及其代理人、证人、仲裁员、仲裁庭咨询的专家和指定的鉴定人、北仲的有关人员，均不得对外界透露与案件实体和程序有关的情况。

四 仲裁费用

表 1 北京仲裁委员会案件收费标准

争议金额（人民币）	仲裁员报酬（人民币）	机构费用（人民币）
25 万元以下（含 25 万元）	12000 元	5000 元
25 万元至 50 万元（含 50 万元）	12000 元加争议金额 25 万元以上部分的 2.00%	5000 元加争议金额 25 万元以上部分的 1.2%
50 万元至 100 万元（含 100 万元）	17000 元加争议金额 50 万元以上部分的 1.20%	8000 元加争议金额 50 万元以上部分的 0.75%
100 万元至 300 万元（含 300 万元）	23000 元加争议金额 100 万元以上部分的 0.41%	11750 元加争议金额 100 万元以上部分的 0.30%
300 万元至 500 万元（含 500 万元）	31200 元加争议金额 300 万元以上部分的 0.40%	17750 元加争议金额 300 万元以上部分的 0.28%
500 万元至 1000 万元（含 1000 万元）	55000 元加争议金额 500 万元以上部分的 0.50%	23500 元加争议金额 500 万元以上部分的 0.45%
1000 万元至 2000 万元（含 2000 万元）	80000 元加争议金额 1000 万元以上部分的 0.40%	46000 元加争议金额 1000 万元以上部分的 0.35%
2000 万元至 4000 万元（含 4000 万元）	120000 元加争议金额 2000 万元以上部分的 0.35%	81000 元加争议金额 2000 万元以上部分的 0.30%
4000 万元至 1 亿元（含 1 亿元）	190000 元加争议金额 4000 万元以上部分的 0.31%	141000 元加争议金额 4000 万元以上部分的 0.25%
1 亿元至 2 亿元（含 2 亿元）	376000 元加争议金额 1 亿元以上部分的 0.28%	291000 元加争议金额 1 亿元以上部分的 0.20%

争议金额（人民币）	仲裁员报酬（人民币）	机构费用（人民币）
2 亿元至 5 亿元（含 5 亿元）	656000 元加争议金额 2 亿元以上部分的 0.26%	491000 元加争议金额 2 亿元以上部分的 0.19%
5 亿元至 10 亿元（含 10 亿元）	1436000 元加争议金额 5 亿元以上部分的 0.24%	1061000 元加争议金额 5 亿元以上部分的 0.18%
10 亿元以上	2636000 元加争议金额 10 亿元以上部分的 0.20%	1961000 元加争议金额 10 亿元以上部分的 0.17%

争议金额 50 亿元（含）以上时，机构费用封顶为 876.1 万元；争议金额 86.82 亿元（含）以上时，仲裁员报酬封顶为 1800 万元。

争议金额以申请人请求的金额为准，请求的金额与争议金额不一致的，以实际争议金额为准。反请求和追加当事人时提出的请求，适用相同原则确定争议金额。

争议金额未确定的，由北京仲裁委员会办公室确定争议金额或仲裁费用。

争议金额不超过 500 万元（指人民币，下同），当事人约定适用普通程序的，按照适用普通程序的最低费用确定仲裁员报酬和机构费用。争议金额超过 500 万元，当事人约定适用简易程序的，按照适用普通程序应当收取的仲裁员报酬的 60% 收取仲裁员报酬，但最低不低于 39200 元；机构费用按照普通程序的标准正常收取。

北京仲裁委员会可以根据案件具体情况在上述收费标准的基础上加收一定比例的仲裁员报酬和机构费用，上述情况包括但不限于：案件有两个或两个以上的申请人或被申请人；仲裁依据为多份合同；当事人约定的仲裁语言为双语或多种语言；其他特殊情况。

北京仲裁委员会除按照本收费标准收取仲裁员报酬和机构费用外，可以按照仲裁规则的有关规定收取其他额外的、合理的实际开支。

在当事人约定的情况下，仲裁员报酬可以按照小时费率计算：

（1）当事人选定的仲裁员，其适用费率由仲裁员和选定该仲裁员的当事人协商确定；

（2）独任仲裁员或首席仲裁员适用费率由仲裁员和各方当事人协商确定；

（3）如当事人未能在约定或北京仲裁委员会通知的期限内协商确定仲裁员适用费率，可由北京仲裁委员会确定；

（4）无论通过何种方式确定，仲裁员小时费率原则上不得超过5000元；

（5）当事人约定按小时费率计算仲裁员报酬的，北京仲裁委员会可以根据案件程序进展情况要求当事人预交适当金额的仲裁员报酬；

（6）当事人就仲裁员报酬的支付承担连带责任，无论该仲裁员由哪方当事人选定。

五　其他事项

1. 仲裁员名册

北仲制定有仲裁员名册，当事人从提供的仲裁员名册中选择仲裁员。北仲国际商事仲裁对于此项的特别规定：当事人可以从本会提供的仲裁员名册中选择仲裁员，也可以在仲裁员名册外选择仲裁员；当事人在仲裁员名册外选定仲裁员的，应当向本会提供候选人的简历和具体联系方式。候选人经本会确认后可以担任仲裁员，除非本会决定将其列入仲裁员名册，否则其任期至案件审理终结时止。

2. 仲裁庭的组成

（1）除非当事人另有约定或本规则另有规定，仲裁庭由三名仲裁员组成。

（2）双方当事人应当自收到仲裁通知之日起15日内分别选定或者委托北仲主任指定一名仲裁员。当事人未在上述期限内选定或者委托北仲主任指定仲裁员的，由主任指定。

（3）双方当事人应当自被申请人收到仲裁通知之日起15日内共同选定或者共同委托主任指定首席仲裁员。双方当事人也可以在上述期限内，各自推荐一至三名仲裁员作为首席仲裁员的人选；经双方当事人申请或者同意，北仲也可以提供五至七名首席仲裁员候选名单，由双方当事人在第（2）项规定的期限内从中选择一至四名仲裁员作为首席仲裁员的人选。推荐名单或者选择名单中有一名相同的，为双方当事人共同选定的首席仲裁员；有一名以上相同的，由主任根据案件具体情况在相同人选中确定，确定的仲裁员仍为双方当事人共同选定的首席仲裁员；推荐名单或者选择名单中没有相同人选的，由主任在推荐名单或者选择名单之外指定首席仲裁员。

（4）双方当事人未能依照上述规定共同选定首席仲裁员的，由主任指定。

（5）案件有两个或者两个以上的申请人或者被申请人时，申请人方或者被申请人方应当共同协商选定或者共同委托主任指定一名仲裁员；未能在最后一名当事人收到仲裁通知之日起 15 日内就选定或者委托主任指定仲裁员达成一致意见的，由主任指定。

（6）在追加当事人的情况下，被追加的当事人可与申请人或被申请人作为一方选定仲裁员；未能共同选定该方仲裁员的，则仲裁庭全部成员均由主任指定。

（7）当事人选择居住在北京以外地区的仲裁员的，应当承担仲裁员因审理案件所必需的差旅费。如果未在北仲规定的期限内预交的，视为未选定仲裁员。主任可以根据本规则的规定代为指定仲裁员。

（8）仲裁员拒绝接受当事人的选定或者因疾病以及其他可能影响正常履行仲裁员职责的原因不能参加案件审理的，当事人应当自收到重新选定仲裁员通知之日起 5 日内重新选定仲裁员。

未能在该期限内重新选定仲裁员的，由主任指定。

北仲对于国际商事仲裁在仲裁庭组成方面的特别规定：双方当事人应当自收到仲裁通知之日起 20 日内按照本规则第 18 条的规定分别选定或者委托主任为其指定一名仲裁员、共同选定或者共同委托主任指定首席仲裁员。当事人未能按照上述规定选定或者委托指定仲裁员的，由主任指定。

经当事人同意增加的外籍仲裁员的报酬，当事人应当在北仲规定的期限内预交。未在规定的期限内预交的，视为未选定仲裁员。主任可以根据本规则的规定代为指定仲裁员。

◇ 香港国际仲裁中心（HKIAC）

一　机构介绍

香港国际仲裁中心（Hong Kong International Arbitration Centre，HKI-AC）是亚洲历史最悠久的仲裁机构之一，成立于1985年。该中心由香港商界领军人物及专业人士建立，目的是满足亚太地区对解决争议的仲裁服务日益增长的需求。成立之初，香港国际仲裁中心得益于香港商界和香港政府的慷慨相助。如今，香港国际仲裁中心已在财务上自给自足，完全独立，不受任何形式的影响和控制。目前，香港国际仲裁中心是亚洲领先的争议解决中心，专注于仲裁、调解、审裁和域名争议解决。

香港国际仲裁中心由理事会管理。香港国际仲裁中心设有一个国际咨询委员会，为香港国际仲裁中心的政策和未来发展提供意见。执行委员会是根据理事会批准的政策指引香港国际仲裁中心活动的核心机构，其下设三个常设委员会，即程序委员会、委任委员会、财政委员会。这些委员会负责香港国际仲裁中心的业务运作，以及香港国际仲裁中心的仲裁规则规定的和香港仲裁条例（第609章）授权香港国际仲裁中心履行的职能。香港国际仲裁中心设秘书处，由秘书长领导，处理各类日常争议解决事宜。

香港国际仲裁中心秘书处负责所有提交到中心的争议案件的日常管理。秘书处管理仲裁、调解、审裁和域名争议，并提供其他支持服务，包括预订房间和案金托管。秘书处人员包括律师和助理，有来自普通法系的，也有来自大陆法系的，并能用多种语言工作，包括普通话、广东话、英语、韩语、印度语、法语、西班牙语和菲律宾语等。目前，秘书长为来自新西兰的 Sarah Grimmer。

目前，香港国际仲裁中心分别设有香港办公室、上海办公室和首尔办公室。

二 仲裁特色

1. 仲裁服务领先世界水平

HKIAC 在《环球仲裁评论》（*Global Arbitration Review*）于 2016 年、2017 年及 2018 年发布的庭审中心调查排名中名列第一，各项调查包括但不限于最佳位置、最物超所值、最佳工作人员、最佳信息科技服务等。《环球仲裁评论》2018 年的区域仲裁导引对香港国际仲裁中心的评价是：区域仲裁基本始于香港国际仲裁中心，没有任何一家区域仲裁机构运行了如此长时间，并取得如此成就。

2. 受理的争议类型主要为国际贸易/货物销售纠纷

2018 年 HKIAC 受理的 521 起案件中，争议类型主要包括：国际贸易/货物销售（29.6%）、公司（18.6%）、海事（15.1%）、建筑工程（13.7%）、银行及金融服务（11.9%）、专业服务（8.0%）、知识产权（1.8%）、国家与投资者之间的争端（0.9%）、保险（0.4%）。

3. 受理案件绝大部分为涉及亚洲当事人的国际案件

2018 年由 HKIAC 管理的仲裁案件中有 80.7% 为国际仲裁案件，只有 8.4% 不涉及亚洲当事人。

4. 当事人主要来自香港和中国内地

2018 年，来自 40 个国家或地区的当事人参与了 HKIAC 的仲裁。这些当事人所属国家或地区排名前 10 位的为（按案件数量排列）：中国香港、中国内地、英属维尔京群岛、美国、开曼群岛、新加坡、韩国、中国澳门、越南、马来西亚。

5. 仲裁地基本在香港地区

2018 年发起的仲裁中有 94.7% 的案件仲裁地在香港。其余的（非基于条约的）仲裁案件确定的仲裁地有澳门、新加坡或者"香港和印度"。

6. 适用的准据法主要为香港地区法律、英国法和中国法

在 2018 年提交 HKIAC 的争端中，有 19 个不同的准据法被选择适用，其中香港地区法律是最常见的准据法，其次是英国法和中国法。除此之外，按适用频率排序，还包括马来西亚法、美国加州法、开曼群岛法、国际货物销售合同公约、印度尼西亚法、国际公法、美国伊利诺伊州法、蒙古法、西澳大利亚州法、萨摩亚法、澳门地区法律、美国纽约州法、意大利法、新加坡法、瑞士法、国际统一私法协会原则。

7. 仲裁语言主要为英文和中文

HKIAC 使用的仲裁语言 74% 是英文，12.4% 是中文，7.2% 是中英双语。其余 6.4% 的案件仲裁语言为"日语和英语"或者"韩语和英语"。

8. 被指定或选定的仲裁员主要来自香港和英国

2018 年，被 HKIAC 直接指定的仲裁员所属的国家或地区，按指定频率排在前七位的为：英国 29.6%（37 名），中国香港 20.0%（25 名），加拿大 5.6%（7 名），新加坡 5.6%（7 名），澳大利亚 4.8%（6 名），法国 4.8%（6 名），中国内地 4.8%（6 名）。

被当事人或者边裁指定并由 HKIAC 确认的仲裁员所属的国家或地区，按指定频率排在前六位的为：中国香港 29.0%（27 名），英国 28.0%（26 名），中国内地 5.4%（5 名），新加坡 5.4%（5 名），美国 5.4%（5 名），澳大利亚 4.3%（4 名）。

9. 允许第三方资助

鉴于仲裁当事人接受案外第三方资助在香港已经不存在法律上的障碍，2018 年的《香港国际仲裁中心机构仲裁规则》首次明确允许仲裁庭在确定和分配仲裁费用的时候考虑任何第三方资助的安排。

三　仲裁流程

《香港国际仲裁中心机构仲裁规则》（以下简称《2018 年规则》）已于 2018 年 11 月 1 日正式生效。《2018 年规则》对科技运用、第三方资助、多个当事人和多份合同仲裁、初期争议解决、替代性争议解决、紧急仲裁员程序以及裁决作出的期限等诸多方面进行了修订。

1. 仲裁通知

申请人及其代理人应向 HKIAC 和被申请人传送仲裁通知。仲裁通知需使用书面形式，但无须采用特定的格式撰写，也无须签署或公证。申请人可自行决定如何提交该仲裁通知及其附随的辅助材料。仲裁通知应使用当事人约定的仲裁语言书写并提交。若当事人未就仲裁语言达成一致意见，则该仲裁通知应使用英语或中文提交。仲裁通知的内容包括：①将争议提交仲裁的请求；②各方当事人及其代理人的名称、地址、传真号码及/或电子邮件地址；③仲裁协议副本；④引发争议或与争议有关的一份或多份合同或其他法律文件的副本；⑤对仲裁请求的基本性质的描述及所涉金额；⑥寻求的救济或补救；⑦建议一名或三名仲裁员（若事先未约定）；⑧提名独任仲裁员或一位仲裁员；⑨披露是否存在资助协议和任何出资第三方的身份；⑩确认仲裁通知及辅助材料副本已经或正在依注明的一种或多种方式同时向被申请人传送。

仲裁通知可包含仲裁申请书。仲裁申请书应包含以下各项信息：①对请求所依据的事实的陈述；②争议事项；③支持请求的法律论证；④寻求的救济或补救。

在提交仲裁通知时，申请人应向 HKIAC 交付受理费。

2. 对仲裁通知的答复

收到仲裁通知后 30 日内，被申请人应向 HKIAC 和申请人传送对仲裁通知的答复。

若仲裁通知中包含仲裁申请书，则答复中也可包含答辩书。

3. 仲裁员人数的确定

在仲裁程序前或被申请人收到仲裁通知后 30 日内，当事人未约定仲裁员人数的，由 HKIAC 决定将案件提交独任仲裁员或三位仲裁员组成的仲裁庭。

4. 独任仲裁员的指定

在仲裁程序启动前，当事人应在被申请人收到仲裁通知之日起 30 日内共同提名独任仲裁员。在仲裁程序启动后，当事人应在达成约定之日起 15 日内共同提名独任仲裁员。若当事人未在规定的期限内提名独任仲裁员，则由 HKIAC 指定独任仲裁员。

5. 三位仲裁员的指定

在仲裁程序启动前，双方当事人应各自在仲裁通知和对仲裁通知的答复中提名一位仲裁员；在仲裁程序启动后，申请人在达成约定之日起 15 日内提名一位仲裁员，被申请人在收到申请人提名仲裁员的通知后 15 日内提名一位仲裁员。按上述方式产生的两位仲裁员应提名首席仲裁员。若未能在规定的期限内提名一位仲裁员或首席仲裁员，则由 HKIAC 来指定。

无论是由当事人还是由仲裁员提名的仲裁员，均须得到 HKIAC 的确认。

6. 仲裁员资格和质疑

原则上，独任仲裁员或首席仲裁员不得具有与任何一方当事人相同的国籍。

若质疑其提名的或参与指定的仲裁员的公正性或独立性、仲裁员的资格以及行事不当迟延，当事人应在其收到指定或确认该仲裁员的通知后 15 日内，或在其获悉上述情况后 15 日内，向 HKIAC、所有其他当事人、被质疑的仲裁员及仲裁庭任何其他成员发出质疑通知。

7. 仲裁的进行

在仲裁程序早期，在与当事人商议后，仲裁庭应制定一份暂行时间表，提供给当事人和 HKIAC。

任何一方当事人与仲裁庭之间的所有书面通信，应同时传送给其他各方和 HKIAC。

在与当事人商议后，仲裁庭可指定一名秘书。在被指定后及整个仲裁过程中，秘书应立即向当事人披露可能导致对其公正性和独立性产生合理怀疑的情形，除非其已告知当事人。

当事人可自由选择代理人，并应提供代理人的姓名、地址、传真号码及/或电子邮件地址，但无须提供代理人的授权证明，除非被要求提供。

在仲裁启动后，当事人约定尝试以其他方式解决争议的，应任何一方当事人要求，HKIAC、仲裁庭或紧急仲裁员可决定暂停仲裁或紧急仲裁程序。

8. 仲裁庭和开庭地

当事人可约定仲裁地。若未约定，则仲裁地一般为香港。

除非当事人另有约定，仲裁庭可在仲裁地之外的其认为适当的任何地点进行仲裁庭内部讨论，听取证人证言、专家证言或当事人陈述，或检查货物、其他财产或文件，但仲裁仍应在任何意义上被视为在仲裁地进行。

9. 仲裁语言

仲裁应以仲裁语言进行。若当事人未事先约定，在仲裁庭组成后决定仲裁语言前，任何一方当事人应以英文或中文进行通信。

10. 答辩书

答辩书应答复仲裁请求书中的各项内容。若被申请人对仲裁庭的管辖权或其组成提出异议，答辩书中应包含该异议的事实和法律依据。被申请人还可在答辩书中提出反请求、抵销答辩或交叉请求。

11. 请求或答辩的变更

在仲裁过程中，当事人可变更或补充其请求或答辩，但不得超出仲裁庭的管辖权范围。HKIAC 可调整其管理费和仲裁庭的收费。

12. 仲裁庭管辖权

仲裁庭有权对就仲裁协议的存在、效力或范围提出的任何异议作出决定。对仲裁庭管辖权的抗辩，应在对仲裁通知的答复中提出，最晚应在答辩书中提出。

13. 期限

仲裁庭设定的传送书面陈述的期限不应超过 45 日，但若存在合理理由，仲裁庭可予以延长。

14. 临时保护措施和紧急救济

经任何一方当事人申请，仲裁庭可指令其认为必要或适当的临时措施。经任何一方当事人申请，仲裁庭可变更、暂停或终止其指令的临时措施。仲裁庭可要求申请临时措施的当事人为此提供适当担保。

15. 仲裁庭指定的专家

为协助其审定证据，经与当事人商议，仲裁庭可以指定一名或数名专家。由仲裁庭在征求当事人意见的基础上，制作专家任务书。在提交专家报告后，经任何一方当事人请求，专家应出庭接受当事人当场询问。

16. 缺席

若申请人未在设定期限内传送书面陈述，又未给出充分理由，则仲裁庭可终止仲裁。若被申请人未在设定期限内传送书面陈述，又未给出充分理由，则仲裁庭可继续仲裁。

17. 新增当事人的追加

仲裁庭或 HKIAC（在仲裁庭尚未组成时）有权允许在仲裁中追加新增当事人，若仲裁协议表面上同时约束新增当事人或包括新增当事人在内的各方当事人均明示同意。

18. 仲裁合并

经当事人申请，并与当事人和被确认或指定的仲裁员商议后，HKIAC可将依本规则正在进行的两个或多个仲裁合并，但需满足以下条件之一：①各方当事人同意合并；②各仲裁中的所有请求均依据同一仲裁协议提出；③请求依据多于一个的仲裁协议提出，而所有仲裁中存在相同的法律或事实问题，请求救济的权利均涉及或源于同一交易或同一系列相关联的交易，且各仲裁协议彼此兼容。

19. 多份合同下启动单个仲裁

源于或涉及两份或两份以上合同的请求可在单个仲裁中提出，但需同时满足以下条件：①导致仲裁的各仲裁协议涉及共同的法律或事实问题；②请求救济的权利均涉及或源于同一交易或同一系列相关联的交易；③请求所依据的各仲裁协议彼此兼容。

20. 平行程序

征得当事人同意后，仲裁庭可在以下条件同时满足时，依本规则同时进行两个或两个以上仲裁，或相继进行仲裁，或暂停任何仲裁直至任何其他仲裁作出决定：①各仲裁中的仲裁庭组成相同；②所有仲裁均涉及共同的法律或事实问题。

21. 审理终结

裁决不得晚于仲裁庭宣布整个仲裁程序或其任何阶段审理终结之日后的三个月作出，但裁决时限可以经当事人同意后延长或在适当情况下由HKIAC延长。

22. 仲裁庭的裁决、决定和指令

当仲裁员多于一位时，应按多数仲裁员的意见作出裁决或决定。若无多数意见，则应按首席仲裁员一人的意见作出。经仲裁庭所有成员事先同意，首席仲裁员可独自作出程序指令。

仲裁庭可就不同事项、在不同时间、就各方当事人作出单个或多个分别的临时裁决、中间裁决、部分裁决或最终裁决。仲裁庭可就费用作出临时裁决。裁决以书面形式作出。裁决应说明其所依据的理由，除非当事人约定无须说明。裁决应由仲裁庭签署，应载明作出裁决的日期和仲裁地。HKIAC应在裁决书原件上加盖其印章后传送至各方当事人。

23. 适用法律、友好公断人

仲裁庭应适用当事人指定的法律作为准据法（实体法律）。当事人未指定的，仲裁庭应适用其认为适当的法律。

只有在当事人明确授权的情况下，仲裁庭才可以作为友好公断人或依公允善良的原则作出裁决。

24. 因和解或其他原因终止仲裁

在仲裁庭组成前，如一方当事人希望终止仲裁，则应告知所有其他当事人和HKIAC。若其他当事人未表示反对，则HKIAC可终止仲裁。

在仲裁庭组成后、最终裁决作出前，当事人对争议达成和解的，仲裁庭应发出终止仲裁的指令，或根据和解内容作出和解裁决。

25. 裁决的更正和补充

在收到裁决后 30 日内，经通知所有其他当事人，任何一方当事人均可要求仲裁庭更正裁决中的任何计算错误、笔误或排印错误或任何类似的错误，还可要求仲裁庭补充裁决在仲裁程序中已提出而裁决中遗漏的请求。另外，仲裁庭可在裁决作出之日后 30 日内主动更正和补充裁决。

26. 简易程序

在仲裁庭组成前，当事人可向 HKIAC 申请按照简易程序进行仲裁，但需满足下列条件之一：①争议金额（请求和反请求金额之和）不超过由 HKIAC 设定并于仲裁通知提交之日公布于其网站上的金额；②各方当事人同意；③出现极为紧急的情况。

27. 初期决定程序

出现下列情形之一的，经任何一方当事人申请，并在征求所有其他当事人意见后，仲裁庭有权通过初期决定程序作出决定：①一个或多个法律或事实问题明显缺乏依据；②该法律或事实问题明显不在仲裁庭的管辖权范围内；③即便该法律或事实问题是由另一方当事人提出且假定是正确的，仲裁庭也无法作出有利于主张该问题的一方的裁决。

28. 第三方资助仲裁的披露

若已签订资助协议，受资助方应将关于以下信息的书面通知传递至所有其他当事人、仲裁庭、任何紧急仲裁员和 HKIAC：①已签订资助协议的事实；②出资第三方的身份。

四　仲裁费用

《2018 年规则》在保留原有收费架构的基础上，在紧急仲裁员收费、第三方资助费用等方面有所创新，进一步降低了当事人的仲裁费用。

HKIAC 的机构仲裁包括以下三部分的费用。

第一，受理费。申请人根据《2018 年规则》提交仲裁通知时，应交付 8000 港币受理费。如申请人多于一人，除非他们另有约定，应由他们平均分担。受理费一般不予退还，除非 HKIAC 在例外情形下根据其完全自由裁量权另作决定。该受理费主要用于 HKIAC 对仲裁通知的审核以及与当事人就如何推进仲裁程序进行沟通。申请人可通过三种途径支付受理费，即通过支票、银行转账或 PayPal 来支付。HKIAC 的网站上有在线计费的计算器供当事人使用。申请人应于付款后向 HKIAC 提供载有付款人、当事人名称及其他有用信息的付款凭证，以便于查找该款项。

第二，管理费。管理费金额依争议金额而定（见表1）。除《2018 年规则》第 18.2、27.15、28.10 或 30.2 款及 HKIAC 认定的特殊情况外，管理费上限为 400000 港元。若争议金额不能确定，则 HKIAC 将依《2018 年规则》附录1第 2.6 款参酌案件情况确定其管理费。

表 1　香港国际仲裁中心管理费

单位：港元

争议金额	管理费
≤400000	19800
400001～800000	19800 + 400000 以上部分的 1.3%
800001～4000000	25000 + 800000 以上部分的 1.0%
4000001～8000000	57000 + 4000000 以上部分的 0.545%
8000001～16000000	78800 + 8000000 以上部分的 0.265%
16000001～40000000	100000 + 16000000 以上部分的 0.2%
40000001～80000000	148000 + 40000000 以上部分的 0.11%
80000001～240000000	192000 + 80000000 以上部分的 0.071%
240000001～400000000	305600 + 240000000 以上部分的 0.059%
>400000000	400000

第三，仲裁庭的费用。《2018 年规则》延续了 HKIAC 一贯的双轨制，即当事人可选择按争议金额或按小时费率支付仲裁庭的费用。这也是 HKIAC 的特色机制之一，旨在赋予当事人更多的自主权，按需选择适合的收费方式。

仲裁庭的费用应依表2确定，依表2计算的费用为一位仲裁员可收取的最高费用。

表 2　香港国际仲裁中心仲裁员费用

单位：港元

争议金额	仲裁员费用
≤400000	争议金额的 11%
400001～800000	44000 + 400000 以上部分的 10%

争议金额	仲裁员费用
800001～4000000	84000 + 800000 以上部分的 5.3%
4000001～8000000	253600 + 4000000 以上部分的 3.78%
8000001～16000000	404800 + 8000000 以上部分的 1.73%
16000001～40000000	543200 + 16000000 以上部分的 1.06%
40000001～80000000	797600 + 40000000 以上部分的 0.44%
80000001～240000000	973600 + 80000000 以上部分的 0.25%
240000001～400000000	1373600 + 240000000 以上部分的 0.228%
400000001～600000000	1738400 + 400000000 以上部分的 0.101%
600000001～800000000	1940400 + 600000000 以上部分的 0.067%
800000001～4000000000	2074400 + 800000000 以上部分的 0.044%
＞4000000000	3482400 + 4000000000 以上部分的 0.025%，最高为 12547000

若当事方无法于被申请人收到仲裁通知之日起 30 日内就仲裁庭的收费方式达成一致，则仲裁庭应适用小时费率的收费方式。其中，若为履行仲裁员职责须出行，则仲裁员有权按以下标准收费：未用于工作的出行时间按商定的小时费率的 50% 计费，用于工作的出行时间按商定的小时费率的全额计费。仲裁员的小时费率原则上不得超过 6500 港元，除非各方另行同意或 HKIAC 在特殊情形下另作决定。

值得注意的是，一旦确认被申请人已切实收到了仲裁通知，HKIAC 原则上会要求当事人平均分摊相关费用：①HKIAC 管理费的预付款；②仲裁庭费用及开支的预付款。HKIAC 通常会要求当事人于被申请人收到仲裁通知之日起 15 日内交付首期预付款。HKIAC 通常会向当事人每一方收取 50000 港元作为预付款，用以支付独任仲裁员的费用。同时，若由三位仲裁员组成仲裁庭，HKIAC 通常会向每一方收取 100000 港元作为预付款。

《2018 年规则》首次对紧急仲裁员可收取的总费用设定了上限。除非各方同意或 HKIAC 在特殊情况下另作决定，紧急仲裁员可收取的总费用上限目前为 200000 港元。同时，原有的 6500 港元的仲裁员小时费率上限仍然适用。

五 其他事项

1. 紧急仲裁员程序

申请紧急救济的当事人可在提交仲裁通知之前、同时或之后，但仲裁庭组成之前，向 HKIAC 提交指定紧急仲裁员的申请。若 HKIAC 决定接受申请，则应设法在收到申请与申请预付款后 24 小时内指定紧急仲裁员。指定紧急仲裁员后，HKIAC 应通知申请的当事人各方并将案卷交紧急仲裁员。当事人约定的仲裁地即紧急救济程序仲裁地。当事人未约定的，紧急救济程序仲裁地为香港。紧急仲裁员可以其认为适当的方式进行紧急救济程序，并有权决定对其管辖权的异议。紧急仲裁员应自 HKIAC 向其移交案卷之日起 14 日内，就申请作出决定、指令或裁决。紧急决定在以下情况下不再具有约束力：①紧急仲裁员或仲裁庭决定其不具有约束力；②仲裁庭作出最终裁决；③在最终裁决作出前仲裁程序终止；④仲裁庭未能在紧急决定作出后 90 日内组成。一旦仲裁庭组成，紧急仲裁员无权继续行事。若在 HKIAC 收到申请后的 7 日内，申请人未向 HKIAC 提交仲裁通知，则紧急仲裁程序应终止。

2. 仲裁员名册

为帮助仲裁当事人寻找适合解决其争议的仲裁员，HKIAC 分设了仲裁员名册和仲裁员名单。其中，仲裁员名册中的成员都是仲裁界比较资深的，可能曾在多个案件中出任仲裁员，并有撰写裁决的丰富经验。仲裁员名单中的一些成员可能还未曾出任或未曾多次出任仲裁员，可能适合在金额较小或没有太多复杂问题需要处理的案件中出任仲裁员。

当事人可按资质（如国籍、执业地点、执业司法区、仲裁专长、其他 ADR 技能和语言）搜索，寻找合适的仲裁员人选。也可按姓名搜索，以便了解仲裁员的经验和资质的详情。其中，中国籍的仲裁员共有 82 位。

值得注意的是，如果当事人的国籍不同，则独任仲裁员或首席仲裁员必须与当事人国籍不同（除非当事人之间有相反约定）。

3. 示范仲裁条款

希望依《2018 年规则》解决未来争议的当事人，可在合同中约定："凡因本合同所引起的或与之相关的任何争议、纠纷、分歧或索赔，包括合同的存在、效力、解释、履行、违反或终止，或因本合同引起的或与之相关的任何非合同性争议，均应提交香港国际仲裁中心管理的机构仲裁，并按照提交仲裁通知时有效的《香港国际仲裁中心机构仲裁规则》最终解决"。

若争议已发生，当事人之间既无仲裁条款，也未事先订立仲裁协议，当事人可约定："以下签字各方，同意将因（简单描述已出现或可能引起争议、纠纷、分歧或索赔的合同）引起的或与之相关的任何争议、纠纷、分歧或索赔（包括任何有关非合同性义务的争议），提交香港国际仲裁中心，按照《香港国际仲裁中心机构仲裁规则》进行机构仲裁。"另外，当事人应同时约定以下内容："本仲裁协议适用的法律为……""仲裁地为……""仲裁员人数为……名（一名或三名）""仲裁程序应按照（选择语言）来进行"。

参考文献

Anil Xavier、吴俊、杨瑶瑶：《印度的调解：起源与发展》，《北京仲裁》
　　2011 年第 3 期。

陈聪：《赴美国仲裁协会考察报告——对仲裁机构管理的思考》，《北京仲
　　裁》2007 年第 2 期。

陈辉萍：《中非投资争议解决机制创新：南南法律合作新模式》，《国际经
　　济法学刊》2018 年第 2 期。

陈静：《浅析瑞士国际仲裁中的排除协议》，《仲裁研究》2009 年第 1 期。

陈霄：《关于完善越南商事仲裁中临时措施的几点思考》，《企业科技与发
　　展》2018 年第 1 期。

陈小燕：《香港仲裁立法的新发展及对粤港仲裁合作的影响》，《法治社会》
　　2019 年第 1 期。

陈新华：《台湾地区仲裁机构与法院关系的相关规定及其启示——以〈民事
　　诉讼法〉和〈仲裁法〉的修改为视角》，《学术探索》2012 年第 2 期。

崔学杰、何云：《论对涉及违反管理性强制性规范的合同所作出的外国仲
　　裁裁决的承认和执行——利夫糖果（上海）有限公司申请承认和执行
　　新加坡国际仲裁中心仲裁裁决案评析》，《北京仲裁》2010 年第 2 期。

房沫：《仲裁庭组成前的临时救济措施——以新加坡国际仲裁中心仲裁规
　　则为视角》，《社会科学家》2013 年第 6 期。

傅攀峰、Richard Garnett：《〈纽约公约〉项下外国仲裁裁决的承认与执
　　行——澳大利亚与新西兰的实践》，《商事仲裁》2016 年 1 期。

何晶晶、耿振善：《开启北仲仲裁事业新征程——专访北京仲裁委员会/北
　　京国际仲裁中心秘书长林志炜》，《人民法治》2018 年第 5 期。

何晶晶、张慧超：《发展海事仲裁　助力国际海事司法中心建设——专访
　　中国海事仲裁委员会副秘书长兼仲裁院副院长陈波》，《人民法治》
　　2017 年第 5 期。

郐中林、陈宏宇：《〈关于认可和执行台湾地区仲裁裁决的规定〉的理解与适用》，《人民司法（应用）》2016 年第 7 期。

黄瑞：《谈庭前审理措施对提高仲裁案件审理效率的作用——兼评北京仲裁委员会 2015 年〈仲裁规则〉》，《北京仲裁》2015 年第 2 期。

贾怀远：《胜诉在迪拜——迪拜国际仲裁中心国际工程争议仲裁案》，《项目管理评论》2017 年 1 期。

赖晨野：《哈萨克斯坦国际商事仲裁法律制度评析》，《新疆大学学报》（哲学·人文社会科学版）2016 年第 1 期。

赖晨野：《试论哈萨克斯坦国际商事仲裁的原则和特点》，《政法学刊》2015 年 3 期。

黎明、潘伟：《浅析越南〈商事仲裁法〉仲裁庭组成制度》，《广西警察学院学报》2017 年第 4 期。

李垒：《评香港国际仲裁中心 2018 版管理仲裁规则——从中国内地用户视角出发》，《世界海运》2019 年第 1 期。

李莉：《马来西亚经济贸易仲裁制度介评》，《中国经贸导刊》2011 年第 13 期。

李莉：《越南商事仲裁制度的最新发展》，《特区经济》2011 年第 11 期。

李连君：《关于香港及英国第三方资助仲裁的最新发展及对海事仲裁的影响》，《中国海商法研究》2017 年第 4 期。

李韶华：《美国仲裁协会争议解决小组指南规范》，《仲裁研究》2017 年第 1 期。

梁枫、崔逢铭：《从选定仲裁员视角看仲裁规则的完善——以北京仲裁委员会仲裁规则为例》，《中国律师》2019 年第 3 期。

刘奋宇：《美国仲裁协会概述》，《仲裁研究》2007 年第 2 期。

刘润东：《新加坡国际仲裁中心：来自中国的声音逐渐增强》，2018 年 9 月 4 日《法制日报》。

柳雪：《越南承认与执行外国仲裁裁决若干问题研究》，《河南司法警官职业学院学报》2017 年 4 期。

孟思洋、张欣雨：《评瑞士商事仲裁协议效力扩张之实践——兼论对我国的启发》，《黑龙江省政法管理干部学院学报》2010 年第 1 期。

欧丹：《中东欧仲裁制度比较研究——以波兰、捷克为例》，《政法学刊》2016 年第 4 期。

欧丹：《仲裁：捷克诉讼程序的一种替代性程序》，2016 年 6 月 24 日《人民法院报》

朴顺善：《论韩国国际商事仲裁裁决的承认及执行》，《黑龙江省政法管理干部学院学报》2016 年第 3 期。

芮安牟：《浅谈香港仲裁法》，陈星楠译，法律出版社出版，2014。

上海国际经济贸易仲裁委员会国际商事仲裁研究中心：《中非联合仲裁机制：以行动收获信心》，《上海律师》2018 年第 12 期。

苏南：《论国际商务仲裁的台湾特色》，《仲裁研究》2011 年第 4 期。

孙南翔：《国际商事仲裁员资格特征研究——兼评我国贸仲委选聘仲裁员之实践》，《国际经济法学刊》2013 年第 1 期。

覃华平：《沙特仲裁法评述：现代商事仲裁制度与伊斯兰法的对抗与共存》，《北京仲裁》2018 年第 2 期。

王瑞华：《我国商事仲裁中间裁决制度的运行实践考察及思考——以北京仲裁委员会/北京国际仲裁中心为样本》，《北京仲裁》2017 年第 1 期。

伍俐斌：《香港建设"一带一路"仲裁中心的机遇、挑战与路径》，《特区实践与理论》2018 年第 3 期。

徐世杰、金万红，《中韩仲裁制度比较研究——以承认和执行外国仲裁裁决案例为视角》，《大连海事大学学报》（社会科学版），2015 年第 3 期。

杨安山、余正：《简评〈2010 年新加坡国际仲裁中心仲裁规则〉》，《中国海商法年刊》2011 年第 2 期。

杨慈：《罗马尼亚仲裁制度的新发展》，2016 年 7 月 15 日《人民法院报》。

杨慈：《罗马尼亚仲裁制度述评》，《司法改革论评》2016 年第 1 期。

杨翠柏、张雪娇：《印度商事仲裁裁决执行制度》，《南亚研究季刊》2017 年第 2 期。

杨家华：《越南外国商事仲裁裁决的承认与执行制度浅析》，《广西政法管理干部学院学报》2018 年第 1 期。

杨剑壕：《印度仲裁制度的新发展》，《东南司法评论》2016 年卷总第 9 卷。

杨炎龙：《国际商事争议解决：如何在新加坡和香港进行国际商事仲裁》，中国商务出版社，2011。

殷峻：《瑞士国际仲裁执行豁免的新发展及其借鉴》，《社会科学动态》2019 年第 1 期。

《在全方位对外开放中展现新担当新作为——专访全国政协委员、中国贸促会会长高燕》，2019 年 3 月 10 日《人民日报》（海外版）。

张恒：《论美国仲裁协会国际仲裁规则中的紧急保全措施》，《北京仲裁》2008 年第 3 期。

张建：《评印度仲裁制度改革的得与失——以 2016 年〈仲裁与调解法（修正案）〉为中心》，《印度洋经济体研究》2017 年第 4 期。

张莉：《新〈调解规则〉出台 向国际仲裁贡献"东方智慧"》，《中国对外贸易》2018 年第 10 期。

张圣翠：《中国仲裁法制改革研究》，北京大学出版社，2018。

张文广：《"一带一路"倡议背景下的国际海事司法中心建设》，《国际法研究》2017 年第 5 期。

张月明：《新加坡与香港国际仲裁中心仲裁规则修改之比较》，《广西社会科学》2009 年第 10 期。

张宗峦：《中韩商事仲裁法律制度比较研究》，《商事仲裁》2014 年第 1 期。

赵秀文：《国际商事仲裁法》，中国人民大学出版社，2012。

周国清：《外国仲裁裁决在越南的承认与执行研究》，《法制与经济》2018 年第 11 期。

朱伟东：《非洲仲裁法律环境的现代化》，《国际工程与劳务》2018 年第 8 期。

朱伟东：《美国仲裁协会〈可选择性上诉仲裁程序规则〉》，《仲裁研究》2014 年第 2 期。

朱伟东：《南非法院对外国仲裁裁决的承认和执行》，《仲裁研究》2005 年第 3 期。

朱伟东、Mohamed Abdel Raouf：《开罗地区国际商事仲裁中心主持下的仲裁及其他 ADR 程序》，《中国仲裁与司法论坛暨 2010 年年会论文集》，2010。

Abdul Jinadu, *Arbitrating in Mauritius*, http://www.keatingchambers.com/wp-content/uploads/2017/12/AJ-Arbitrating-in-Mauritius.pdf.

Abdulrahman Yahya Baamir, *Shari'a Law in Commercial and Banking Arbitration: Law and Practice in Saudi Arabia*, Ashgate, 2013.

Aditya Singh, *Arbitration and Conciliation Laws in India: Understanding their*

Evolution and Future Prospects, LAP LAMBERT Academic Publishing, 2012.

Alexander J. Belohlávek, Nadezda Rozehnalová, Filip Cerny, Czech (& Central European), *Yearbook of Arbitration*, *Independence and Impartiality of Arbitrators* – 2014, 2014th Edition, JurisNet, LLC; 2014.

American Arbitration Association, *AAA Handbook on Arbitration Practice*, JurisNet, 2016.

Andrew Tweeddate, Keren Tweeddale, *Arbitration of Commercial Disputes*: *International and English Law and Practice*, Oxford University Press, 2007.

Aniruddha Rajput, *Protection of Foreign Investment in India and Investment Treaty Arbitration*, Kluwer Law International, 2017.

Arbitration in Mongolia, *Report for Amending the Law on Arbitration*, https://www. wipo. int/edocs/lexdocs/laws/en/mn/mn025en. pdf, 2013.

Asia Arbitration Guide, https://www. rf-arbitration. com/upload/document/asia-arbitration-guide – 2017. pdf, 2017.

Gary B. Born, *International Arbitration*: *Law and Practice*, Kluwer Law International, 2015.

Giacomo Marchisio, *The Notion of Award in International Commercial Arbitration*: *A Comparative Analysis of French Law*, *English Law and the Uncitral Model Law*, Kluwer Law International, 2016.

Kenneth May, *How Arbitration Works*, Bloomberg BNA, 2016.

Klaus Peter Berger, Catherine Kessedjian, *Forum International*: *The New German Arbitration Law in International Perspective*, Kluwer Law International, 2000.

Margaret L. Moses, *The Principles and Practice of International Commerical Arbitration*, Cambridge University Press, 2017.

Mark Kantor, Comparing Expedited Emergency Relief Under The AAA/ICDR, ICC And LCIA Arbitration Rules, 24 (8) *Alternatives to the High Cost of Litigation*, 2006.

Martin F. Gusy et al, *A Guide to the ICDR International Arbitration Rules*, Oxford University Press, 2011.

Maureen A. Weston, Kristen M. Blankley, *Arbitration*: *Law*, *Policy and Practice*,

Carolina Academic Press, 2019.

Mauritius International Arbitration Conference Handbook 2014, http://miac.
mu/wp-content/uploads/2019/01/Mauritius-International-Arbitration-Con-
ference-Handbook – 2014. pdf.

Mohie-Eldin, Alam-Eldin, *Arbitral Awards of the Cairo Regional Centre for In-
ternational Commercial Arbitration IV*, Kluwer Law International; Abridged
edition, 2014.

National Industrial Conference Board, *Conciliation and Arbitration in New Zeal-
and*, Palala Press, 2015.

Reed, Jan Paulsson, Nigel Rawding, *Guide to ICSID Arbitration*, Kluwer Law
International, 2010.

Stephen Ware, Ariana Levinson, *Principles of Arbitration Law*, West Academic
Publishing, 2017.

Tushar Kumar Biswas, *Introduction to Arbitration in India: The Role of the Judi-
ciary*, Kluwer Law International, 2014.

图书在版编目(CIP)数据

"一带一路"国际商事仲裁指引/付俊伟主编. ‑‑
北京：社会科学文献出版社，2020.9（2022.4 重印）
（北理国际争端预防和解决研究丛书／李寿平总主
编）
ISBN 978 ‑ 7 ‑ 5201 ‑ 5531 ‑ 1

Ⅰ.①一… Ⅱ.①付… Ⅲ.①"一带一路"‑国际商
事仲裁‑指南 Ⅳ.①D997.4 ‑ 62

中国版本图书馆 CIP 数据核字（2019）第 198517 号

北理国际争端预防和解决研究丛书
"一带一路"国际商事仲裁指引

主　　编／付俊伟

出　版　人／谢寿光
责任编辑／易　卉

出　　　版／社会科学文献出版社（010）59366453
地址：北京市北三环中路甲 29 号院华龙大厦　邮编：100029
网址：www.ssap.com.cn
发　　　行／市场营销中心（010）59367081　59367083
印　　　装／三河市东方印刷有限公司

规　　　格／开　本：787mm × 1092mm　1/16
印　张：26.5　字　数：444 千字
版　　　次／2020 年 9 月第 1 版　2022 年 4 月第 4 次印刷
书　　　号／ISBN 978 ‑ 7 ‑ 5201 ‑ 5531 ‑ 1
定　　　价／158.00 元

本书如有印装质量问题，请与读者服务中心（010 ‑ 59367028）联系